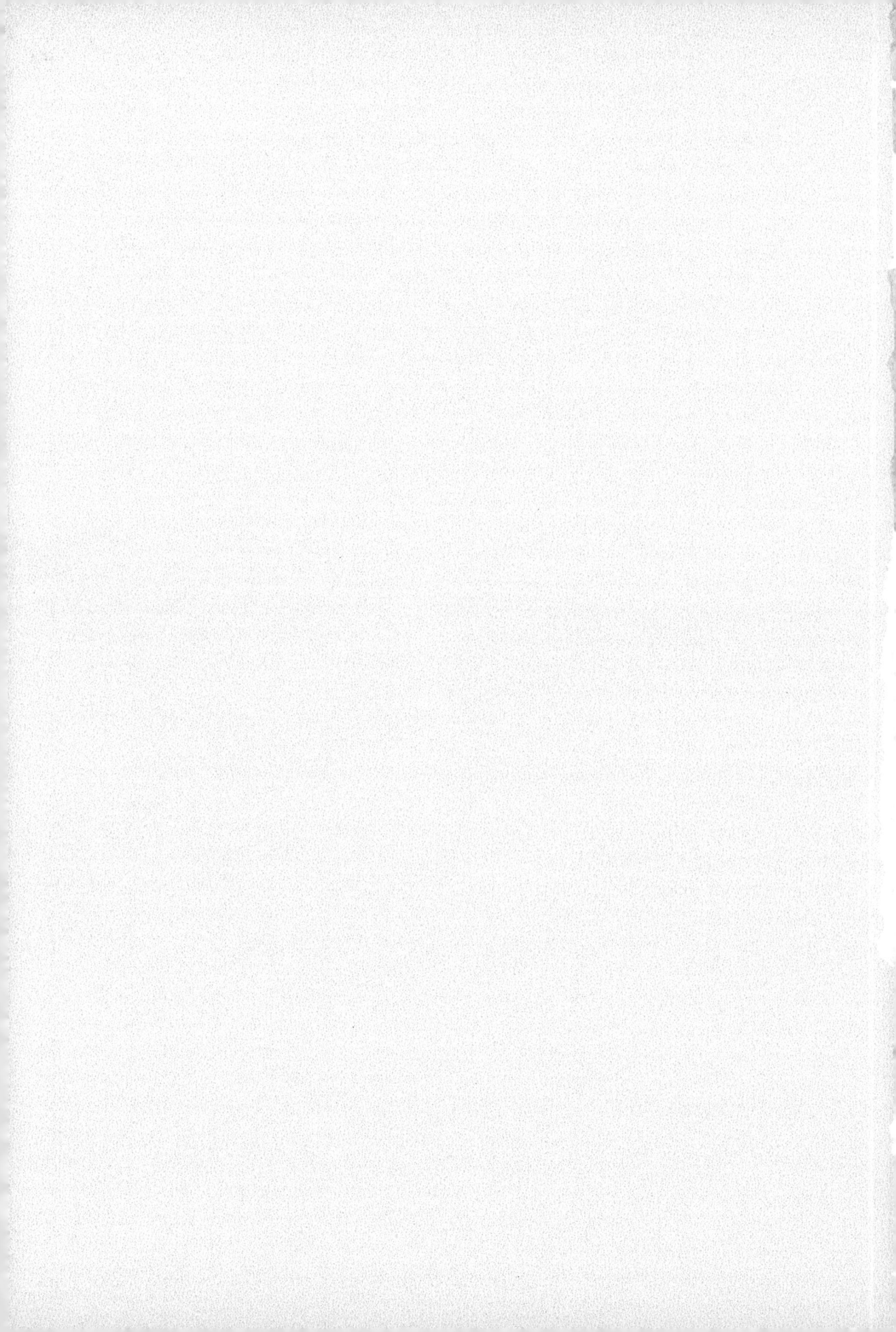

# 湖北 博物馆年鉴

YEARBOOK OF MUSEUMS

## 2019 2019 HUBEI

湖北省博物馆协会·编

武汉大学出版社
WUHAN UNIVERSITY PRESS

图书在版编目(CIP)数据

湖北博物馆年鉴. 2019 /湖北省博物馆协会编.—武汉:武汉大学出版社,
2020.11
　　ISBN 978-7-307- 21915-1

　　Ⅰ.湖…　Ⅱ.湖…　Ⅲ.博物馆—湖北—2019—年鉴　Ⅳ.G269.276.3-54

中国版本图书馆 CIP 数据核字(2020)第 223311 号

责任编辑:杜筱娜　　　责任校对:杨赛君　　　装帧设计:吴　极

出版发行:**武汉大学出版社**　　(430072　武昌　珞珈山)
　　　　(电子邮件:whu_publish@163.com　网址:www.stmpress.cn)
印刷:武汉市金港彩印有限公司
开本:787×1092　1/16　印张:16.25　插页:10　字数:426 千字
版次:2020 年 11 月第 1 版　　2020 年 11 月第 1 次印刷
ISBN 978-7-307- 21915-1　　定价:168.00 元

# 编辑委员会

▲1月，荆楚"红色文化轻骑兵"鄂州市博物馆分队到古楼街道镜园社区开展送文化活动

▲3月23日，湖北省博物馆与随州市博物馆联合开展礼乐学堂"乐享编钟"中小学生研学活动

▲4月19日，十堰市博物馆"十博课堂——话说监察法"走进三堰小学

▲4月，长阳职教中心"班级实践周"活动

▲5月，黄冈市博物馆廉政文化宣传月专题系列活动

▲5月9日，襄阳市博物馆邀请襄阳四中高一"卓越班"学生来馆开展"昭明课堂"研学旅行主题教育活动

▲5月16日，辛亥革命武昌起义纪念馆联合省内19家文博单位举办"培根铸魂 歌献祖国""5·18"国际博物馆日快闪活动

▲"5·18"国际博物馆日孝感市博物馆活动之"山水微景观"蛋糕制作

▲"5·18"国际博物馆日潜江市博物馆讲解员讲解

▲6月1日，咸宁市博物馆举办"云鬐花颜 锦衣霓裳"系列活动

▲6月1日，武汉博物馆教育空间对外开放

▲6月6日，"闻烟拾萃——湖北省文物交流信息中心藏鼻烟壶展"在荆门市博物馆开展

▲7月2日，"鄂北地区水资源配置工程文物保护工作及出土文物展"开幕式在随州市博物馆主馆大厅举行

▲7月8—9日，中国博物馆协会民族博物馆专业委员会2019恩施年会暨学术研讨会在恩施土家族苗族自治州博物馆召开

▲9月5日，天门市博物馆开展拥军活动

▲9月5日，汉江高中高一新生参观沔阳名人馆

▲9月6日，宜昌市博物馆新馆开馆

▲9月25日，"大美神农架——中国画·摄影艺术邀请展"在神农架
自然博物馆举行

▲10月，湖北省博物馆"5G智慧博物馆"现场情况

▲10月1日，荆州博物馆举办"我为祖国送祝福——热烈庆祝新中国七十华诞"活动

▲10月8日，黄石市工业遗产保护中心（湖北水泥遗址博物馆）挂牌成立

▲11月6日，"碧瓦朱甍——荆楚古建筑图片展"在威海市博物馆开展

◀11月13日（印度新德里当地时间），"礼乐·华章——中国湖北文物特展"暨"湖北，从长江走来"文化旅游图片展在印度国家博物馆开展

▲12月21日，湖北省博物馆协会2019年理事会暨学术研讨会在宜昌市博物馆召开

▲ 湖北省博物馆协会2019年理事会暨学术研讨会合影

# 序

2019 年,在湖北省文化和旅游厅的领导和中国博物馆协会的指导下,在湖北省民政厅等相关部门的关心和支持下,在湖北省博物馆协会理事会及各专业委员会、秘书处和全体会员的协助和共同努力下,湖北省博物馆协会紧紧围绕博物馆提供公共文化服务这一中心,在博物馆精品陈列评审、社会教育及学术活动组织和协会建设等方面做了一些富有成效的工作。

这一年,全省博物馆突出展陈重点工作,努力提升公共文化服务水平。5月,湖北省博物馆协会组织了第三届(2018 年度)湖北省博物馆、纪念馆六大陈列展览精品奖评选活动;5 月,组织开展了 2019 年度湖北省文博系统"十佳"社教团队推介展示活动,评出了 10 个"最佳社教团队"和 10 个"优秀社教团队",并在"5·18"国际博物馆日主场城市活动中举行了颁奖仪式;9 月,举办了 2019 年湖北省文博系统"小小讲解员"讲解大赛;12 月,举办了 2019 年湖北省文博系统社会教育工作培训班。此外,湖北省博物馆协会联合同方知网湖北分公司开展了"传统文化知识大闯关"活动。

这一年,湖北省博物馆协会继续秉承和发扬优良学术传统,举办了多项学术活动,推动了博物馆学术研究工作。按照每年编撰一部年鉴的协会工作安排,编撰出版了《湖北博物馆年鉴 2018》;以"作为文化中枢的博物馆:传统的未来"为主题,组织开展了年度学术研讨会论文征集活动,并评出一等奖 6 名,二等奖 12 名,三等奖 22 名,其后出版了《作为文化中枢的博物馆:传统的未来——2019 年湖北省博物馆协会学术研讨会论文集》,该论文集具有一定的理论探索和经验总结价值,为博物馆工作的开展提供了借鉴。

这一年,湖北省博物馆协会注重规范行业行为,加强自身建设。根据社会团体年检等相关规定,湖北省博物馆协会于 2016 年 8 月换届后,按照要求进行了换证工作,取得了换届后的社会团体法人登记证书,办理了法人变更手续。同时,完成了 2018 年年检工作。核准事项履行工作也按照要求完成了相关手续。委托第三方机构对换届后的财务状况进行了审计,出具了审计报告。

当今博物馆正在重新定义自身,博物馆在社会中扮演的角色也在不断变化,博物馆不再是静止不变的机构,而是变得更具有交互性,更加关注观众和社会需求,更具灵活性、适应性和可移动性。博物馆是文化中枢,是创造力与知识相结合的场所,也是与观众共同创造、分享和互动的平台。今天,博物馆应该为解决现代社会问题和矛盾寻找新方法。博物馆应更贴合当地社区,通过积极宣传来缓解全球性问题,主动应对当今社会的挑战,推进博物馆事业更好地发展。

  是为序。

湖北省博物馆协会理事长  方勤

2020 年 9 月 17 日

# 目录

# 黄 石

# 十 堰

# 荆 州

# 荆 门

# 鄂 州

# 孝 感

# 黄 冈

# 咸 宁

# 随 州

# 恩 施

# 仙 桃

# 天 门

# ❮ 潜 江 ❯

# ❮ 神 农 架 ❯

# 事 业 发 展

## 2019 年全省博物馆工作概述

2019 年,在国家文物局关心和支持下、在省委、省政府高度重视下,全省博物馆以习近平新时代中国特色社会主义思想为引领,深入学习贯彻落实习近平总书记关于文物博物馆工作重要论述和指示批示精神,认真贯彻落实《关于加强文物保护利用改革的若干意见》《关于进一步加强文物工作的指导意见》,围绕让馆藏文物"活"起来的主题,着力提升博物馆展览展示和服务水平,积极开展社会教育活动项目,大力推进博物馆文创产品开发工作,落实"互联网＋中华文明"行动部署和推动智慧文博新融合产业发展,努力发挥博物馆在传承和弘扬中华优秀传统文化,宣传和展示荆楚文化,培育和践行社会主义核心价值观,服务和保障文化民生等方面的积极作用,全省博物馆事业发展取得可喜成绩。

截至 2019 年底,湖北省有各级各类博物馆 226 家,其中,国有博物馆 166 家,非国有博物馆 60 家。国家一、二、三级博物馆 46 家。全省馆藏文物和标本 206 万余件(套),其中三级以上珍贵文物 109663 件(套)。2019 年全省博物馆举办基本陈列和临时展览 1108 个,开展各类社会教育活动超过 9600 场次,接待观众 4305 万余人次,其中未成年人超过 1300 万人次,取得良好社会效益。

### 一、博物馆基础设施建设与规范管理

推进全省博物馆建设。省博物馆三期扩建工程顺利推进,游客服务中心、文物保护中心、研究中心和文展大楼外装饰幕墙工程基本完成,完成文展大楼部分内装饰和安装工程;完成陈列布展施工和监理招标工作,并完成布展方案深化设计及图纸审查。宜昌市博物馆、孝感市博物馆新馆对外开放,襄阳市博物馆、荆门市博物馆新馆封顶并进入布展阶段。

加强博物馆规范管理。开展全省博物馆备案工作,完善博物馆文物藏品、馆舍面积、陈列展览、观众人次等基本信息管理,向社会发布全省博物馆名录。严格馆藏文物借展审批,对省博物馆、荆州博物馆、武汉博物馆等博物馆文物借展进行审批,共批复同意借展文物 449 件(套),其中一级文物 210 件(套)。规范非国有博物馆备案,2019 年,共完成湖

北逸龙崖柏文化博物馆、恩施市夷水民族民俗博物馆、武汉市秋枫记忆老物件博物馆、武汉贞元博物馆等4家博物馆的备案工作。深入开展全省非国有博物馆调研，形成《湖北省非国有博物馆发展调研报告》。

## 二、博物馆藏品管理与科技保护

加强全省博物馆馆藏文物的借用、复制等业务活动的规范管理和行政审批。开展馆藏一级文物"双随机一公开"相关工作。全省博物馆严格按照《中华人民共和国文物保护法》《博物馆条例》《博物馆藏品管理办法》等有关规定，加大馆藏文物保护力度，建立健全藏品管理制度，不断改善文物库房保管条件，增强安防消防设施设备，提高人防、物防、技防能力，完善安全保卫制度。全年未发生馆藏文物安全事故，实现了博物馆安全年目标。

扎实推进全省文物科技保护工作。申报2020年度国家文物保护专项资金4901.07万元，预算控制数2851.32万元。完成19项可移动文物保护修复项目的评审工作，其中15项通过。武汉博物馆《妙手呈金——武汉博物馆馆藏青铜文物保护修复报告》正式出版。设在湖北省的"出土木漆器国家文物局重点科研基地"（由省文物保护中心和荆州文物保护中心组成）的研究与技术推广水平处于全国领先。2019年，荆州文物保护中心科研成果《出土饱水简牍保护修复关键技术研究及应用》荣获湖北省科技进步二等奖，并编制各类文物保护方案23个，修复保护竹木漆器2178件（套）、简牍4993枚、其他文物861件（套），在全国建设的7个工作站运转良好。

## 三、博物馆陈列展览与对外交流

依托全省博物馆展览联盟，整合利用馆藏资源，积极开展馆际交流合作，策划举办专题展，为观众提供丰富的文化产品，让文物"活"起来。实施博物馆展览提升项目，批复同意襄阳市博物馆新馆陈列布展、红安董必武纪念馆展览提升等9个项目，共争取经费1350万元。围绕中心，服务大局，策划出一批主题展览精品。为庆祝中华人民共和国成立70周年，省博物馆举办"壮丽70载 荆楚颂华章"图片特色展赴全国各地巡展，武汉革命博物馆举办"光辉永存——武昌毛泽东旧居人物展"，辛亥革命博物馆推出原创展览"祖国立交桥：武汉70年'路'与'城'的协奏曲"，等等。为了给武汉市举办第七届世界军人运动会营造良好氛围，江汉关博物馆举办"近百年前的体育风云"展、武汉博物馆推出"与军运同行——中国近现代体育文化暨军事体育珍藏品特展"。此外，武汉革命博物馆"日出江城——庆祝武汉解放70周年展览"入选2019年度"弘扬优秀传统文化、培育社会主义核心价值观"主题展览推介的100个项目。

加强博物馆对外交流。为落实国家主席习近平与印度总理莫迪在武汉非正式会晤期间关于加强鄂印博物馆合作交流的共识，履行鄂印博物馆谅解备忘录的约定，湖北省博物馆于2019年11月13日至2020年1月10日在印度新德里国家博物馆举办"礼乐·华章——中国湖北文物特展"暨"湖北，从长江走来"文化旅游图片展。为纪念《中日文化交流协定》签署40周年，湖北省博物馆、武汉博物馆、鄂州市博物馆和赤壁市博物馆积极组织展品参与中日双方共同主办的"三国志"展，展览在日本获得强烈反响。

## 四、博物馆免费开放与社会教育

全省博物馆深入推进博物馆免费开放，坚持以满足人民群众对美好生活的向往为工作导向，积极开展"百馆微展览五进""我们的节日"等主题活动，运用网上虚拟展览拓展服务空间等多种方式，丰富展览形式，举办流动展览进校园、进社区、进军营、进乡村、进企业，为满足人民群众对美好生活的向往做出积极努力。全省博物馆年接待观众超过4300万人次，开展各类社会教育活动9600场次，参与观众超过80万人次。其中，203

家博物馆向社会免费开放。

全省博物馆在春节、中秋节等传统节日开展"我们的节日"主题教育活动300余场次，持续开展"百馆微展览五进"活动300余场次。加强馆校联系，继续开展"百万学生走进博物馆""博物馆进校园"活动。以省博物馆"礼乐学堂"为示范，带动省、市、县三级博物馆逐步形成"荆楚瑰宝讲堂""行走的课堂""孝礼雅塾"等一批博物馆教育活动品牌。指导省博物馆协会社教专委会开展2019年度湖北省文博系统"十佳"社教团队推介展示活动，对我省社教团队进行集中推介展示。加强博物馆讲解员队伍建设，组织我省4名优秀讲解员积极参与"伟大历程 辉煌成就——庆祝中华人民共和国成立70周年大型成就展"的讲解工作，在国家平台展示我省博物馆讲解员积极向上的良好风貌。

### 五、博物馆数字化与文化创意产品开发

积极落实"互联网＋中华文明"行动部署，指导全省各级博物馆以实现公共文化服务的便利化、均等化为目标，充分发挥全国"互联网＋中华文明"示范基地示范作用，大力推进博物馆数字化。重点支持荆门市博物馆、随州市博物馆、中南民族大学民族学博物馆开展可移动文物数字化项目，给予经费支持900万元。9月，由国家文物局主办，中国文物信息咨询中心承办，湖北省文化和旅游厅、中南民族大学协办的全国"互联网＋中华文明"培训班在武汉开班，通过理论指导、案例剖析、实践操作等课程，系统梳理三年来"互联网＋中华文明"行动计划的项目成果，来自全国各地的100多名学员，在一周时间里充分交流研讨工作中的经验和体会，为进一步推动互联网和文物工作的融合发展，更好地推进互联网与中华优秀传统文化的融合与创新提供了交流平台。推动智慧博物馆建设，5月，湖北省博物馆在全国博物馆中率先实现了5G网络的全覆盖，并联合中国移动为游客量身定制了"5G智慧博物馆"App，开通了观众预约系统，提升了观众的体验感。

重点指导推进湖北省博物馆文创工作。1月23日，省文化和旅游厅党组副书记、副厅长杨军受该厅党组书记、厅长雷文洁委托，率省文化和旅游厅产业处、博物馆与社会文物处、省博物馆相关人员赴故宫博物院考察学习文创产品开发工作。通过座谈，故宫博物院与省博物馆达成包括文创在内的全面战略合作。截至2019年底，省博物馆结合馆藏荆楚文化特色，自主开发各系列文创产品936款，其中，荆楚特色文创产品深受欢迎，楚文化系列和田玉首饰月均销售额近50万元。馆内文创总收入达2400万元，创历史新高。

# 省　直

## 湖北省博物馆

2019年，湖北省博物馆、湖北省文物考古研究所在省文化和旅游厅的领导下，提高政治站位，抢抓时间，克服多种困难，深入开展了与印度的文化交流工作；军运会期间，湖北省博物馆在安全保障、志愿者服务、城市宣传等方面做了大量工作；圆满完成了年度工作任务，取得了一定成绩。

### 一、博物馆藏品管理

#### （一）藏品征集

**1.藏品征集数量与内容**

2019年，共征集文物藏品161件（套），包括日本瓷器、茶道文物、地契、象牙制品等。

**2.所征集藏品的作用与意义**

增加了博物馆藏品数量，丰富了藏品种类，完善了藏品体系。

#### （二）藏品管理

**1.藏品的账目与档案整理情况**

馆藏文物建立了完备的电子档案。完整、详细记录了文物藏品的级别、年代、数量、质量、尺寸、完残和出土情况。

**2.藏品的保管、修复、保护**

清理编目登记馆藏文物6000余件（套）。对文物进行了整理、分类、归纳、统计等工作，撰写了《可移动文物普查成果与发现》，清理徐行可捐赠文物，拟出版捐赠目录。配合馆藏文物信息数字化，扫描、拍摄文物3000余件（套）。2019年，共开展涉案文物鉴定工作32批次，鉴定评估涉案瓷器、青铜器、玉器、书画、钱币等可移动文物4300余件（套），古墓葬、古建筑等不可移动文物13处。

全年共编制文物保护方案11项，包括文物本体保护方案4项，文物预防性保护方案7项。

2019年，湖北省博物馆全年同时开展金属、纸质文物保护项目10项，其中4项文物保护项目结项，4项正在实施中，全年保护修复文物1162件（套），其中青铜文物1024件（套），古籍善本114册，书画24幅。

**3.藏品的数字化工作**

馆内所有文物均已采集完备的电子数据，为数字化建设提供了科学依据。

## 二、博物馆陈列展览

### (一) 基本陈列

继续举办湖北省博物馆基本陈列，共 8 个，包括"郧县人——长江中游的远古人类""屈家岭——长江中游的史前文化""盘龙城——长江中游的青铜文明""曾侯乙""凤舞九天——楚文物精品展""梁庄王墓——郑和时代的瑰宝""土与火的艺术——古代瓷器专题展""荆楚百年英杰"。

### (二) 临时陈列

馆内举办临时展览 5 个，在境内其他博物馆举办原创展览 6 次、联办展览 11 次。

#### 1. 馆内举办展览

本年度共引进了国内外的 5 个展览在本馆举办临时展览，分别是"自然的力量：洛杉矶郡艺术博物馆藏古代玛雅艺术品""藏源藏缘·美丽山南""现代化之路——共和国七十年""国宝礼赞——蒋昌忠中国画作品展"，以及与武汉市文学艺术界联合会联合举办的"军运会美术作品展"。

#### 2. 境内原创展览

2019 年推出境内原创展览共 6 次，分别是"江汉汤汤 南国之纪——曾侯与他的时代""书之大者——杨守敬的书法艺术""万里茶道"，分别在武夷山博物馆、山西博物院、河北博物馆、内蒙古博物院展出。

#### 3. 境内联办展览

湖北省博物馆 2019 年参与境内联办展览共 11 次，主要是根据展览需求提供馆藏文物参与展览，分别是"美的历程——中国意大利蛇形艺术展"(又名"灵蛇传奇")、"海宇会同——元代瓷器文化展"、"大美亚细亚——亚洲文明展"、"根·魂——中华文物物语展"、"明十五世纪中期景德镇瓷器大展"、"越王的时代——吴越楚文物精粹"、"无界——海上丝绸之路的故事"、"平天下——秦的统一展"、"江汉泱泱 商邑煌煌——盘龙城遗址陈列"、"中国历代简帛书法展"、"长江文明物语——长江文明与海上丝绸之路展"。

## 三、博物馆教育

### (一) 教育项目

#### 1. 常设性教育项目

"礼乐学堂"创建 4 年多来，课程内容的基本构架已形成，即特色馆藏、引进的临展、传统节日、主题日等 4 个方面。每年工作的重点和难点是不断推出新的课程，满足受众对美好文化的需求。2019 年，湖北省博物馆"礼乐学堂"围绕特色馆藏、引进的临展、传统节日、主题日等开展教育活动 929 场次。

第七届世界军人运动会于 2019 年 10 月在武汉举行。10 月，"礼乐学堂"以古代贵族需要熟练掌握的体育运动"御""射"以及"古代兵器"专题为切入点，采取多种形式助力武汉军运会，引导公众体验古人的"奥林匹克"，感受古代先民的勤劳智慧，感受奥林匹克精神和体育竞技的魅力。

#### 2. 临时性教育项目

配合"自然的力量——洛杉矶郡艺术博物馆藏古代玛雅艺术品"及"法老的国度——古埃及文物展"，湖北省博物馆策划推出"认识古埃及密码"系列教育活动，共举办 23 场次，吸引 276 组家庭参与。临展系列教育活动在双休日、法定节假日为公众，特别是青少年提供新颖的博物馆学习体验，使博物馆成为公众的"终身课堂"。

### (二) 教育活动

2019 年湖北省博物馆推出关爱服刑人员教育项目，与湖北省汉口监狱合作，为监狱服刑人员搭建学习平台，依托文物承载的优秀文化帮教受众，策划推出了"助力新起航文化志愿帮教"项目。

作为国家文物局推荐、教育部授予称号的"全国中小学生研学实践基地"，湖北省博物馆依托馆藏自身资源和文化价值，为广大青少年不断打造新的研学之旅。同时，湖北省博物馆带动全省各地文博单位，整合文物资源,先后走进随州、天门、荆门以及荆州等地为当地中小学生开展研学活动。

除了社教方面已树立品牌外,湖北省博物馆在志愿者建设上也取得了很大的成绩。2019年全年招募、培训、上岗的"小小讲解员"达60人,中学生志愿者达60人,大学生志愿者达20人。志愿者总服务时长为3万余小时。

### (三)"互联网＋教育"

湖北省博物馆结合馆藏文物、临展、传统节日推出不同主题的微课堂共23个,实现传统文化广覆盖。

## 四、博物馆研究

### (一)学术活动

#### 1.举办学术会议

湖北省博物馆成功主办、承办和组织各类国内国际相关学术会议、课题会议、专家咨询会、结项验收会共12个,例如2018年湖北考古业务成果交流会、2019中国南方基建考古区域协作会、湘鄂豫皖楚文化研究会第十六次年会等。

#### 2.参加学术会议

湖北省博物馆组织专业人员出任第二届中国考古学大会等相关专业委员会委员及参加其他相关学术会议48批次,62人次参加学术会议,提交学术论文29篇。

### (二)学术成果

湖北省博物馆编辑出版考古报告、科普读物、展览图录等书籍9部,在各类学术刊物发表考古学简报、报告及论文100余篇。

举办"荆楚文明讲坛"5期。

2019年度湖北省博物馆申请并获得国家社科基金立项的课题有4项,其中重大课题1项,一般课题3项。

截至2019年底,湖北省博物馆和湖北省文物考古研究所主持或参与的在研课题项目达到了21个,其中主持的课题项目15个,参与实施的项目6个;结项课题2个。

### (三)学术刊物

湖北省文物考古研究所全年发行《江汉考古》订刊、赠刊10000余册,与国内其他馆所交换图书、期刊共计5000余册。

## 五、博物馆公共服务

2019年,湖北省博物馆共接待来馆参观观众240.02万人次,再创历史新高,其中未成年人突破30万人次,境外观众达到3.28万人次。

2019年,湖北省博物馆为观众提供讲解服务13835批次,其中英文讲解849批次;为观众提供语音导览租借17915部,为观众提供轮椅、婴儿推车借用服务387次,收集观众意见1580条,接听观众咨询预约电话104000人次。

## 六、智慧博物馆

湖北省博物馆完成了馆区5G网络的全覆盖工作;联合中国移动湖北分公司、中移在线服务有限公司、华为公司、渲奇公司制作并成功推出5G乐·兵主题VR体验、5G智慧博物馆App、文物三维模型展示、曾侯乙编钟5G全景直播等5G应用成果,成为全国首家5G智慧博物馆。

湖北省博物馆联合中国移动湖北公司和华为公司完成曾侯乙编钟全息投影的内容制作及展台设计工作,观众可在体验区伸出手隔空敲击显示在LED大屏中的编钟,编钟随敲击而摆动并发出对应乐音。此外,曾侯乙编钟全息投影参加了在上海举办的2019全球移动互联网大会及在乌镇举办的2019年世界互联网大会的展示,引起了国内外观众及相关行业人士的广泛关注。

## 七、博物馆文创产品开发

2019年,湖北省博物馆继续做好文创授权工作,加强版权保护,完成了"湖北省博物馆"、湖北文创联盟"楚博汇"商标注册工作。

推动跨界合作,湖北省博物馆与武汉地铁集团联合推出荆楚文化联名珍藏卡;与新华网合作举办全球首例编钟乐团与山东古琴5G跨时空协奏活动;与和玉缘有限公司联合推出10余款楚文化系列和田玉首饰,销售情况良好,月均销售额近50万元。

加强数字文创工作,以鹿角立鹤为元素联合腾讯公司及全国多家知名博物馆推出《一起来捉妖》手游。

完成《湖北省博物馆文化创意产品图录》出版工作,对历年来湖北省博物馆文创工作进行了系统的总结。

2019年销售额(含编钟演出)突破2400万元。

## 八、博物馆建设与管理

### (一)发展规划与建设

1.湖北省博物馆三期扩建工程

(1)基建施工。

2—3月,为做好军运会重要接待工作,改善湖北省博物馆贵宾车行接待环境,对综合陈列馆贵宾车行通道进行改造,委托原设计单位中南建筑设计院设计,并采用植筋和粘钢等方法进行结构加固。三中心(接待中心、文保中心、研究中心)外装饰幕墙工程施工全部完成,室内机电安装工程(安防、消防、给排水、暖通、强电、弱电、机械车库)主管道、桥架、线缆敷设和机房设备安装基本完成,电梯工程安装调试完成,并通过特检所验收,室内装饰工程施工基本完成;12月,文保中心家具进场安装;室外道路、管网、绿化和围墙工程正抓紧施工。文展大楼外装饰幕墙工程已基本完成,文展大楼和三中心配电房高低压设备全部安装调试完成,并通过供电公司验收,已正式供电。

12月,三期扩建工程完成接待中心食堂天然气接入单一来源采购,并签订施工和供气合同。启动三期水、电、风和室内环境检测,消防检测,能效测评,文展大楼壁画、标识标牌等项目招标工作。

2019年10月,湖北省博物馆三期扩建工程被评为湖北省建筑结构优质工程。

(2)陈列布展。

2019年湖北省博物馆积极推进三期新馆陈列布展工作,建立了工程责任管理以及运作机制,明确了布展工作人员安排。以完善确立展览深化设计方案为主体工作内容,并由规划至实践,完成了布展工程进场的初步工作。

三期新馆展览深化设计方案正式确定。在完善形式设计的同时,展览团队积极研讨,特别是针对"曾侯乙""楚国八百年"等难度大、学术争议多的展览,均多次召开专项会议,集中探讨重点、难点问题,积极听取专家意见,使文本大纲得以不断深化、完善。与此同时,"曾国之谜"所选取的叶家山出土文物的整理工作也基本完成。

湖北省博物馆三期新馆陈列布展工作实施小组自4月起,每周与基建、布展、监理、审计等各方召开例会,商讨相关事宜,恒温恒湿系统上下水、安防、弱电点位,消防分区,天花隔栅选用均得以确定。

(3)其他工作。

湖北省博物馆完成了三中心各房间和文展大楼、综合馆、楚文化馆、编钟馆功能布局的划分和调整,确定了教育、文创空间布局。完成了接待中心的整体出租招标,按照规范确定了燃气点,编制了装修方案,结合实际对原有厨具采购清单进行了调整。编制了文创经营柜台和文创产品开发招标文件,结合实际提请调整了新编钟演奏厅的座椅数量和布局。

启动了5G智慧博物馆的建设,完成了5G智慧博物馆系统需求设计框架方案初稿,并召开了专家评审会,得到了与会专家的初步认可和相关专业建议,最后确定了进一步深化该方案的专家团队及时间表,首期实施的综合业务平台完成了招标文件的制定。

2.木兰湖考古基地

首先,进一步完善组织系统,确保基地的

日常工作正常开展。3月4日田桂萍接任木兰湖基地负责人,并招标物业公司进行维护。4月1日物业公司进场,7月1日新招聘的大学生到基地上班,9月26日分管领导明确,基地组织架构基本建立,日常工作的开展有了组织保障。

其次,最大限度优化科研工作环境,服务好考古人和考古整理项目。整理间水电畅通,环境安全整洁,生活区吃住方便。目前基地建筑处于质保期,须边使用边完善,为了服务好考古整理项目,2019年实现了A、B栋的通水通电和B栋的正常开工,并完成了基地部分窗帘的安装和非工作区域的地表清理工作。确保基地的工作环境安全、宜居。

再次,基地考古教学、科研走上正轨。8月5日下午和6日上午,海峡两岸考古教学交流参访团一行50多人,在基地整理大楼参观了阳新大路铺遗址、江陵雨台山墓地等文物点文物;6日下午在2号楼2楼多媒体室举行结营仪式。5月10日、11日,湖北省文物考古研究所2012年打包的100多个文物点的文物搬运到基地,至此收藏几十年的文物有了更好的归宿。之后,基地工作人员对阳新大路铺遗址、江陵雨台山墓地和武昌放鹰台遗址文物进行了清点核对和电子表格录入、文物信息化,其中包括照片和器物描述等12大项内容。截至2019年底,完成了1002件完整器(包括修复完整)和标本的资料录入。基地工作人员在清理核对和数据化文物的同时,还为相关机构和人员提供服务,全年接待来访参观和学习人员10余批次,共计90多人。

### 3.考古工作站

纪南城工作站是湖北省文物考古研究所全权管理的工作站。本年度纪南城工作站共承担两项主动性考古项目,分别为屈家岭遗址考古资料室内整理工作和楚纪南故城城垣及护城河的考古发掘工作。完成发掘面积1200平方米;共发表发掘简报3篇,研究文章2篇。

铜绿山考古工作站是湖北省文物考古研究所与大冶市铜绿山古铜矿遗址保护管理管委会合作共建的,是全国首个矿冶考古工作站,2018年底正式揭牌并投入使用,一年来运行良好。本工作站的重点工作是对铜绿山古铜矿遗址进行持续发掘,对考古发掘资料进行整理,并联合同时挂牌的"北京大学考古实验实践教学基地""国家文物局金属与矿冶文化遗产研究重点科研基地北京科技大学铜绿山工作站"与"国家文物局重大研究项目之长江中游地区文明进程研究铜绿山基地"开展矿冶考古研究。

7月11日,湖北省文物考古研究所武当山考古研究中心揭牌仪式在武当山旅游经济特区文物管理所举行。此中心由湖北省文物考古研究所与武当山旅游经济特区管委会合作成立,是为推动武当山世界文化遗产保护而建立的研究性工作基地。

### (二)制度建设

为进一步做好博物馆法人治理结构改革工作,促进湖北省博物馆事业发展,湖北省博物馆在法人治理结构改革方面开展了一系列工作。

### 1.加强沟通交流,积极探索建立中国特色的博物馆理事会制度,推进法人治理结构改革工作

按照省文化和旅游厅的统一部署,2019年,湖北省博物馆积极探索建立中国特色的博物馆理事会制度,修订了《湖北省博物馆理事会章程》,强化了湖北省博物馆理事会决策咨询、社会监督功能,以理事会为桥梁调动社会各界力量参与湖北省博物馆建设,扩大湖北省博物馆影响力。

### 2.充分发挥理事会职能,为馆所各项重点工作做好服务

作为湖北省博物馆2019年工作的重中之重,坚持高标准做好三期陈列布展深化设计方案是湖北省博物馆2019年的首要任务。

在这一过程中,湖北省博物馆充分利用社会资源,发挥湖北省博物馆理事会理事的作用,刘玉堂理事、陈伟理事等知名楚文化专家、考古专家深入参与了陈列布展大纲的设计工作,为三期布展陈列展览大纲的完善做了大量工作,为下一步布展施工奠定了良好的基础。

3. 安全管理

(1) 联动融合齐抓共管。

2019年,湖北省博物馆牢固树立安全工作是"红线"的思想,要求全馆所必须齐抓共管,利用各部门合力"联动联防",开创安全管理的新方式方法。按照"管业务必须管安全"的工作要求,年初,博物馆内部组织签订了《安全生产目标管理责任书》百余份,并制定了《安全管理三级责任书》,明确了各岗位的安全职责,落实"一岗双责",建立横向到边、纵向到底的安全责任制度。2019年,湖北省博物馆通过现场会、成立专班、业务检查、联合检查、调研、慰问等形式检查馆所工地、工作站3次50余点次,检查博物馆26次,发现各类安全隐患与问题657次,并由保卫部门以安全工作简报的形式转发各部门,使安全工作与上级、平级部门之间有了联系,信息得到了共享,各部门的安全工作有了抓手,使安全隐患与问题及时整改完成率达到了100%。

(2) 内强素质注重培养。

为建立一支高素质、高效率的安全管理队伍,湖北省博物馆主要以练"内功"为主。一是健全部门安全管理体系。2019年,安保部门先后招聘7名派遣人员,建立了一支消防安全管理队伍,确保了管理向"精细化"发展。二是加强业务培训,提高安保人员业务能力。2019年安全管理人员参加专门培训6次(参加消防培训2次、博协培训2次、外单位调研学习1次、市安全培训1次)共22人次,有效提高了部门业务水平。三是加强了安保骨干队伍建设。在安保公司中实行"能者上、庸者下"骨干选拔制度,2019年共调整骨干7人,确保安保骨干能发挥作用,也提高了安保人员的积极性。四是组织开放部门员工安全培训。2019年,部门通过自己培训、请专家培训、请维保单位培训,共培训人员600余人次,基本覆盖了开放部门一线工作人员,提高了工作人员的安全意识和处理突发事件的能力。

(3) 外树形象适时调整。

为落实"外树形象,提高游客参观质量"的安全与秩序维护要求,湖北省博物馆做了如下努力:一是加强开放区域管理。开放区域开放时间车辆进出、施工等均实行申报审批制度,减少因非参观造成的秩序混乱,还空间于游客。二是适时修订进馆程序。2019年,为了提升游客参观的获得感,对进馆流程进行了2次修订,由只能安检入馆到持证入馆,再到预约入馆,有效控制了进馆人数,确保了游客的参观质量。三是加强安保队员服务形象管理。为提高安保服务形象,安保部门对重要岗位安保人员的招聘、调整均进行把关,力保将适合的人放在适合的岗位上。

(4) 利用契机强化管理。

为确保安全工作持续有效处于高警戒状态,湖北省博物馆在如下方面加强了管理:一是加强制度建设管理。为规范馆区施工管理,5月份部门在馆领导的指导下,制定了《湖北省博物馆馆区施工安全管理流程》,明确了施工各级管理责任、施工管理办理审批流程。另还制定了"入馆预约流程""车辆出入管理规定""'三期'建设施工配合管理流程"等。二是借"东风"提高服务质量。利用军运会、重要接待等契机,增强馆区职工、游客的安全服务意识。三是加强保安队伍管理。建立了会议讲评制度,每月月中和月尾要开一次骨干会议,对前段时间工作进行讲评,后期工作进行布置;军运会期间,保卫部实行每天形势研判交接制度,平时班组每天早晚进行形势研判和讲评。四是加强人员管理。全年为来馆工作人员办理临时工作证167张,车辆通行证67张,外来进馆车辆放行单95次。

（5）前瞻筹划加大投入。

一是进一步明确了管理责任人,细化了服务要求,规定了检查内容与记录内容。军运会前期,部门专门请政府职能部门对馆所安全管理进行了检查与规范,目前为全区典范。二是增加投入,补充了部分消防设施、安防设施。2019年增加了两个移动消防站,规范了控制室制度牌;新增安全经费50余万元,临时增加外围监控和安装安检机等。三是实时调整视频监控设备。为确保全馆24小时360°无死角监控,因施工临时调整增改视频设备30余次50多台。目前,湖北省博物馆完成了安检门、安全门窗的维保工作,及时有效地确保了安全管理。更换维修各类消防器材1500余件（次）。

（6）加强建设联防联动。

一是建立警报联动机制。馆保卫部、安保服务单位、区内保大队和武警中队共同合作,建立警报联动机制,并定期进行线路检查,确保互联互通。二是加强业务指导。每月召集保卫部、保安大队负责人与消防部门、公安部门沟通,充分听取关于安全工作的意见和建议,加强对安全保卫工作的业务指导。三是共建一支应急力量队伍。湖北省博物馆投资90万元,与区消防安全管理部门联合建立一支10人的消防应急力量。四是加强馆所自身应急力量建设。馆所现建立了一支7人的消防和处置突发事件的应急队伍,配备了消防车等应急器材,并规定每周四为演练日。

（三）人才培养

1.开展各类人才申报和跟踪服务

（1）根据省委宣传部《关于做好2019年文化名家暨"四个一批"人才等推荐工作的通知》精神,做好馆所"荆楚百优"宣传思想文化青年人才推荐工作,凡国栋、江旭东、于淼

入选。

（2）根据《关于开展第四届湖北省杰出专业技术人才、优秀博士后和优秀留学归国人员评选表彰活动的通知》（鄂人社奖〔2019〕65号）要求,开展第四届湖北省杰出专业技术人才推荐工作。

（3）开展1994年以前享受国务院政府特殊津贴人员信息核查工作。

（4）落实馆所"万人计划"支持资金的自查。

2."三区"人才支持计划

根据省文化和旅游厅安排,馆所有两项"三区"人才支持计划。康豫虎赴五峰县,开展万里茶道申遗的相关工作,包括为五峰县文化遗产局提供申遗及其他文物保护工作的相关咨询与建议。陈子繁赴孝昌县,帮助制定文物保护方案,包括参与孝昌县博物馆《草店坊城遗址保护方案》编制、参与《草店坊城遗址107国道绿化规划》编制、监测记录孝昌县博物馆文物展陈及保存环境、编制《孝昌县博物馆馆藏文物预防性保护方案》、养护孝昌县博物馆馆藏文物。

3.开展人才培训

继续把人才培训作为馆所人才队伍建设的重点,全年组织14批次32人次专业技术人员参加文创、社会教育等培训。

## 九、公众评价

### （一）观众满意度

2019年,湖北省博物馆通过观众意见簿及调查问卷、官方微博等形式,进行观众信息采集汇总工作,并及时对观众提出的意见及建议进行了回复,并对相关问题予以认真整改。

### （二）社会关注度

2019年,加大了信息撰写和推送力度,完善了信息报送机制,全年完成馆所网站各类信息上传223条,并报送省文化和旅游厅发布信息40条,原省文物局网站发布信息

43 条。

全年馆所网站点击量 982207 人次,馆所微信推送文章 419 篇,总用户数 311983 人。

全年馆所微博推送文章 493 篇,粉丝数 170701 人。社教部微信公众号推送文章 220 篇,总用户数 15241 人。江汉考古微信公众号推送文章 29 篇,总用户数 3459 人。

继续加强与各新闻媒体合作,宣传馆所各项工作。全年召开重要记者招待会 3 次,配合中央电视台、《楚天都市报》等中央、地方媒体和自媒体拍摄专题片 37 次,其中 23 次拍摄影像已播出。据不完全统计,中央、地方电视台和电台播出新闻报道、专题片 68 条(集),中央、地方报纸刊发新闻报道 215 条。

2019 年,配合中央电视台、湖北电视台开展重点宣传工作,进一步扩大馆藏重点文物、重点遗址和"礼乐学堂"、志愿者社会教育品牌的知名度。

（撰稿人:汪静文）

# 辛亥革命武昌起义纪念馆

2019 年,在省文化和旅游厅的正确领导下,辛亥革命武昌起义纪念馆以习近平新时代中国特色社会主义思想为指导,深入贯彻落实党的十九大精神和习近平总书记视察湖北重要讲话精神,按照"强基础,补短板,增活力,努力提升管理和服务水平"的工作思路,认真开展全年工作,圆满完成本年度各项目标任务。

## 一、博物馆藏品管理

### （一）藏品征集

#### 1. 藏品征集数量与内容

全年共征集文物藏品 85 件(套),包括孙中山先生瓷胸像、记载大冶籍辛亥志士刘复家世的《刘氏宗谱》、记载大冶籍 5 名纪姓辛亥志士的《纪氏宗谱》、民国双旗绣荷包、民国双旗铜尺和民国系列课本、《可爱的中国——方志敏狱中手稿》1 册、1912 年发行的《东方杂志》1 册、1916 年日本发行的《历史写真》(五月号、八月号)、鸠山友纪夫题赠《友爱》墨迹 1 幅、《民主革命志士冯亚佛(生平)》复印本、《证果园诗艸》复印本、《湖北冯氏通谱》(卷七)复印本、中华民国军政府鄂军都督黎元洪告示、《时务报》合订本、《知新报》、《湘学报》、《万国公报》,以及民国年间改嫁聘金、地契、礼单等。

#### 2. 所征集藏品的作用与意义

记载辛亥志士刘复家世的《刘氏宗谱》和记载大冶籍 5 名纪姓辛亥志士的《纪氏宗谱》丰富了辛亥志士研究相关资料,有助于对辛亥志士刘复和大冶籍辛亥志士开展深入研究;民国双旗绣荷包,民国双旗铜尺和民国系列课本,民国年间改嫁聘金、地契、礼单等民国时期社会生活用品,为该馆以后举办近代社会生活变迁方面的展览提供了丰富的实物藏品;《知新报》《湘学报》《万国公报》,以及《时务报》合订本等近代知名报纸入藏辛亥革命武昌起义纪念馆,进一步充实了该馆此类馆藏文物。

### （二）藏品管理

#### 1. 藏品的账目与档案整理情况

整理主楼库房历史留存资料 588 件

（套）；完成 85 件（套）新征集藏品的接收与入账工作；对新征藏品进行整理、测量、拍照、登记每件文物具体信息及来源，制作藏品原始登记表清册；聘请专家对该馆拟征集的文物进行鉴定，根据专家鉴定结果，购买其中 36 件（套）文物。

做好临时展览、交流展览及展厅改造期间的文物交接工作，对这些展览中涉及的文物一一清点、造册、标记，严格按文物保管制度办理签批手续。

2. 藏品的保管、修复、保护

做好库房管理日常工作，维护文物库房设施设备，保证库房恒温恒湿；清查文物库房，针对鼠害及时采取预防性措施，包括填补漏洞、安装钢丝纱窗、封堵门缝等。

组织清查纸质文物，发现亟须修复的文物 68 件（套），并咨询专业修复公司，制订修复方案；做好展厅文物的保管、保护工作，将西配楼"红楼鸟瞰"展览中出现病害的文物做撤柜处理，将出现霉变和虫害的 4 件（套）字画进行重新揭裱和复制。采购瓷器库房文物柜，文物全部有序上架，确保瓷器文物安全。

3. 藏的数字化工作

配合中国文物信息中心做好"辛亥革命武昌起义纪念馆数字化保护平台建设方案"的编制工作。

## 二、博物馆陈列展览

### （一）基本展览

馆内常年开放两个基本陈列和两个专题展览。两个基本陈列：一是"鄂军都督府旧址复原陈列"，以鄂军都督府旧址主楼为载体，复原了鄂军都督府初创之际的机构和格局；二是"为天下先——辛亥革命武昌起义史迹陈列"，布置于馆内的议员公所旧址，全景式地展示了武昌起义的背景、经过、结局与影响。

两个专题展览分别是"辛亥革命武昌起义纪念馆导览"和"湖北谘议局史迹陈列"。"辛亥革命武昌起义纪念馆导览"布置于西配楼一楼，分为"红楼鸟瞰""名人留踪"两个部分。"红楼鸟瞰"以大屏幕投影，用 3 分钟时长概述该馆所依托旧址的历史沿革以及该馆的职能、收藏、研究、展览特色。"名人留踪"则展出了视察参访该馆的党和国家领导人、国际友人和各界名流留下的图片、手迹、纪念物。

"湖北谘议局史迹陈列"布置于议员公所旧址前楼东侧一楼，分为"湖北谘议局史事"和复原陈列两部分："湖北谘议局史事"部分以照片、实物、图表等形式，介绍和展示了湖北谘议局的成立、组织结构、活动以及建筑格局；复原陈列部分通过复原议员居室、谘议局办事厅、议长会客室、议员公所西餐室，再现了当年湖北谘议局议员工作、生活的场景。

### （二）临时展览

1. 馆内展览（含馆内原创展览与引进展览）

2019 年共推出或引进 6 个临时展览。2 月至 5 月，由该馆与中国文物报社及 20 余家博物馆联合举办的"金猪拱福图片联展"展出；为庆祝中华人民共和国成立 70 周年，弘扬爱国主义精神，与江西省方志敏研究会联合举办的"可爱的中国——方志敏诞辰 120 周年纪念展"于 4 月 30 至 5 月 30 日展出；6 月 6 日至 8 月 30 日，与南京中国近代史遗址博物馆联合举办的"林森图片史料展"在该馆东配楼二楼临展厅展出；9 月 10 日至 11 月 30 日，与南京孙中山纪念馆联合举办的"孙中山与早期中国共产党人"展览在东配楼展厅展出；为庆祝中华人民共和国成立 70 周年和中俄建交 70 周年，与黑龙江省黑河市瑷珲历史陈列馆联合举办的"俄罗斯铜版画艺术展"于 2019 年 11 月 8 日至 2020 年 2 月 28 日在东配楼一楼临展厅展出；12 月，原创展览"辛亥革命珍品展"展出。

2. 境内馆外展览

在境内馆外，联合推出 4 个临时展览。

其中,辛亥革命武昌起义纪念馆原创展览"流年似水——旧上海广告月份牌特展"赴新疆库尔勒民俗文化博物馆、黑河市瑷珲历史陈列馆展出,"辛亥首义人物谱"展先后在南京中国近代史遗址博物馆、南京孙中山纪念馆展出。

"流年似水——旧上海广告月份牌特展"走进新疆库尔勒民俗文化博物馆是继2013年辛亥革命武昌起义纪念馆送展至博州、伊犁、塔城后的再次进疆,此次展览让更多的新疆群众欣赏到了精美的文化产品,同时进一步加强了湖北与新疆的文化交流,加深了彼此间的了解。

### 三、博物馆教育

#### (一)教育项目

1.常设性教育项目

一是"首义课堂"。为满足中小学需求,全年在馆内外共组织开展"首义课堂"92场,4600余名学生参与,已经成为武汉地区较为知名的博物馆品牌社教项目。

二是爱国主义教育基地共建挂牌项目。全年与武汉传媒学院、湖北第二师范学院管理学院、华中科技大学研究生院等6所高等院校、研究所签订爱国主义教育基地共建协议,并正式挂牌。

三是博物馆"五进"项目。组织展览"五进"活动9场,流动展览"辛亥首义人物谱""在孙中山的旗帜下"等走进武汉体育学院、武汉大学经济与管理学院、浙江一建湖北分公司等地,两万名大学生、工地工人、社区居民观看了流动展览。

2.临时性教育项目

一是"小小讲解员"培训活动。2019年,辛亥革命武昌起义纪念馆在暑假期间组织"小小讲解员"培训活动,全市100多名中小学生报名参与,通过全方位培训,共培养出40名小小讲解员,为观众提供义务讲解服务,得到观众的良好评价。其中,申沐晨代表该馆荣获2019年湖北省文博系统"小小讲解员"讲解大赛一等奖。

二是传统节日非遗"面塑"研学活动。9月13日,该馆开展青少年中秋非遗"面塑"研学活动,制作以馆藏文物"铁血十八星旗"为模型的面塑;12月底,该馆应邀前往水果湖第二小学开展"一顿特别的年夜饭"——面塑体验活动,100多名学生参加了本次非遗"面塑"研学活动。

三是"庆国庆 迎军运 童心同行"青少年社教活动。在军运会前夕,开展了以"庆国庆 迎军运 童心同行"为主题的专题活动,在武汉市中小学校共开展了10余场主题教育活动。

四是"从'禁锢'到'解放'——纪念三八妇女节"教育活动。为庆祝国际妇女节,与十堰市博物馆联合在武昌水果湖第一小学、武昌实验小学、湖北省省直机关第二保育院等院校开展了22场"从'禁锢'到'解放'——纪念三八妇女节"专题社教活动,宣传女性独立自主意识和精神。

五是"5·18"国际博物馆日活动。5月16日,该馆联合湖北省博物馆、湖北省博物馆协会高校博物馆专委会等19家单位共同举办了主题为"培根铸魂 歌献祖国"的快闪活动,数百名高校大学生志愿者集体合唱《我和我的祖国》,讴歌伟大祖国。活动被多家媒体报道,活动视频登上学习强国App,进一步扩大了该馆的社会影响力。

3.代表性教育项目

"首义课堂"以讲好首义故事、传承首义精神、弘扬革命文化、进行爱国主义教育为目的展开。活动对象主要是中小学生。

"首义寻踪"是辛亥革命武昌起义纪念馆已经开展20余年的品牌社教项目,活动对象范围广。活动内容是带领参与者徒步重走武昌首义遗址遗迹,包括武昌起义军政府旧址、蛇山炮台、起义门、楚望台等遗址遗迹。

## （二）教育活动

### 1. 法定节假日和寒暑假策划实施的活动

在清明节、端午节、中秋节等重要节日期间积极组织开展青少年社教活动15场，参与活动人数达800人次；暑假培训小小讲解员40余人，大学生志愿者讲解员6人，志愿者完成服务时长共计2200小时。

### 2. 面向不同公众策划实施的特色教育活动

针对国际妇女节，开展以"从'禁锢'到'解放'——纪念三八妇女节"为主题的教育活动；为武汉开发区黄陵小学的留守儿童开展了"传承历史文化 弘扬雷锋精神"活动；在七一建党节前后，为来馆开展党员教育活动的单位和组织提供免费讲解服务以及学习交流场所。

### 3. 学校教育活动

（1）为学校提供支持和帮助。

4月中旬，将"辛亥首义人物谱"及"在孙中山的旗帜下"两个展览送往武汉体育学院，并与该学院校团委联合开展"青春心向党 建功新时代"团组织活动及"颂首义精神 谱青春华章"教育活动；配合水果湖小学开展线上德育课程。

（2）接纳在校学生社会实践。

在保留原有志愿者服务团队的基础上，又从在校大学生中新招6名讲解员志愿者，且其通过面试和培训后从清明节开始正式开展讲解工作，受到观众好评。

为省内外学校提供研学旅行、暑期实践、志愿服务共35600人次。

## 四、博物馆研究

### （一）学术活动

#### 1. 举办学术会议

10月19日，由辛亥革命武昌起义纪念馆与武昌辛亥革命研究室共同主办的第十一届辛亥革命研究青年学者论坛在武汉洪山宾馆成功召开，论坛邀请了华中师范大学严昌洪教授、朱英教授、罗福惠教授，武汉大学李少军教授等辛亥革命研究知名专家莅临指导。第十一届辛亥革命研究青年学者论坛，规模虽小但主题相对集中，与会专家和青年学者就如何深入开展辛亥革命研究作了多方面的探讨；作为主办单位之一，该馆也进一步扩大了学术影响力。

#### 2. 参加学术会议

2019年，辛亥革命武昌起义纪念馆职工积极撰文参加中国博物馆协会博物馆学专委会2019年学术研讨会、第二届孙中山与近代中国研究青年学术研讨会、2019年湖北省博物馆协会学术研讨会、中国博物馆协会保管专业委员会2019年会暨第23届学术研讨会、第十七届全国文物修复技术研讨会、马口窑艺术理论研讨会等学术会议。

### （二）学术成果

全馆职工在《中国纪念馆研究》《总统府研究》《东南文化》等期刊发表文章21篇，其中章旖《博物馆在初中历史教学中的应用价值研究》一文获湖北省博物馆协会征文一等奖；李邱军《利用博物馆的教育资源优势为公众服务》、蒲依《博物馆公共文化服务水平提升途径探讨——基于博物馆旅游体验调查》均获三等奖。

段君峰的《1894年孙中山是否到过武汉？》在第十一届辛亥革命研究青年学者论坛、第二届孙中山与近代中国研究青年学术研讨会上被交流。

### （三）学术刊物

编辑出版4期《辛亥革命研究动态》，李媛丽论文集《红楼追梦集》由线装书局出版。

## 五、博物馆公共服务

### （一）观众服务

#### 1. 观众人数

2019年，辛亥革命武昌起义纪念馆共接待观众122.9万人次，最高日接待量为19501人次，接待中小学生70329人次，港澳台同胞2万余人次；完成各项讲解接待任务

3429 场(其中重要接待 13 场,免费讲解 1252 场);多次接待共建单位、学校来馆开展社会实践活动,开展"首义课堂"等社教、研学活动 1097 场,展览"五进"活动 9 场。

2.特殊观众服务

馆内配套公共设施设备齐全,增添观众休息座椅,完善残疾人无障碍通道,提供母婴室、借用轮椅等人性化服务,为前来参观的特殊观众提供便利。

3.未成年观众服务

依托"首义课堂"不定期开展青少年研学活动,开展免费讲解、首义历史知识讲授、手工制作等社教活动。

(二)社会服务

1.举办讲座

2019 年的 10 场学术讲座,紧贴该馆主题与业务工作实际,内容丰富,涉及辛亥革命史、海外中国近现代史、民国建筑研究、武汉对外文化交流、职业着装与形象、安全保卫等方面,对提高职工文化素养、推动相关工作都有重要作用。

2.为高校、科研院所等社会单位提供服务

接受高校学生来馆开展社会实践、调研;接待鲁俊英、张善子、李国恺、余祖言、殷子衡、郭绍汾等 10 余位辛亥志士的后裔,为后裔查询资料提供相关材料。

协助鄂州徐达明纪念馆策展工作,根据对方要求提供了 21 张辛亥革命时期的相关图片资料;协助王若飞纪念馆策展工作,根据对方要求提供了 13 张辛亥革命时期的相关图片资料。

## 六、智慧博物馆

继续做好网上展览工作,及时将临时展览的音视频资料发布到该馆网站上,使无法到现场参观的观众通过网站即可欣赏到该馆的最新展览;充分发挥微信公众号的作用,完善自助文字、语音讲解功能,观众通过扫描二维码即可自助收听语音讲解。

## 七、博物馆文创产品开发

9 月,加入全国性文创项目"博物馆护照",成为首批发起、参与该项目的 17 家博物馆之一。

## 八、博物馆建设与管理

(一)发展规划与建设

2019 年,该馆按照"强基础,补短板,增活力,努力提升管理和服务水平"的工作思路,对标《国家一级博物馆运行评估指标》,扎实推进各项工作,努力提升业务、服务和综合管理水平。

(二)制度建设

进一步完善法人治理结构,起草并通过《辛亥革命武昌起义纪念馆理事会章程》《第一届理事会工作方案》,正式成立辛亥革命武昌起义纪念馆理事会,充分发挥理事会决策咨询、社会监督职能,调动社会力量参与纪念馆的事业发展。

(三)安全管理

1.安全设施设备

2019 年,全面升级安全软硬件设备,包括保养、维护安全防范系统及火灾报警系统;规划设计安防安检等设施设备;更换新安检机、手持安检仪、安检闸机、液体检测仪等新设备各 2 套。

消防设备方面,对失效的灭火器进行换药,更换消防水枪、水带、强光照明灯、全套消防员灭火防护服、过滤式防毒面具、消防空气呼吸器、消防应急柜等消防设备。

2.安全运行

辛亥革命武昌起义纪念馆与属地公安消防部门、周边单位建立了日常安全工作交流联系机制,不断加强联系,学习借鉴成功经验,联防联治,确保了馆区安全。

加大巡查力度,防患于未然。该馆保卫部和微型消防站坚持每周进行安全检查,共计 46 次,邀请省文化和旅游厅、武昌区内保大队等单位来馆联合开展安全检查 2 次，查共出隐患 26 处，已全部整改到位。

### （四）人才培养

鼓励和选派职工参加与本岗位相关的技能、职称、资格、学历等各种形式的馆外进修学习，全年共有 40 人次参加各类培训学习。

## 九、公共评价

### （一）观众满意度

该馆推出形式多样、内容丰富的展览和社教活动，馆区环境整洁优美，服务水平不断提高，受到了来馆观众的高度认可和好评，观众满意度比较高。在微信公众号、官方网站留言区收到百余条观众点赞和留言。

### （二）社会关注度

1. 官网

全年官方网站浏览量突破 105 万人次，发布工作动态、通知公告共 81 条，向省文化和旅游厅报送并采纳通信 34 条。

2. 微信公众号

该馆微信公众号为微信服务号，名称为"辛亥革命武昌起义纪念馆"，由专人负责运营，进一步完善了微信公众号的菜单服务功能，全年共发布推送文章 31 篇，内容包括展讯、临时展览介绍、社教活动、志愿者服务等方面，微信公众号发挥出了更大的宣传和传播功能。

3. 新闻媒体

2019 年，《楚天都市报》、《湖北日报》、《长江日报》、《武汉晚报》、华夏经纬网、湖北卫视、湖北新闻综合频道等多家新闻媒体和电视台对该馆"5·18"国际博物馆日"培根铸魂 歌献祖国"快闪活动，"剑胆琴心——辛亥名人翰墨展""俄罗斯铜版画艺术展"展览开幕式，中秋节非遗"面塑"、"小小讲解员"培训等社教活动进行了报道。

（撰稿人：张艳平）

# 湖北明清古建筑博物馆

湖北明清古建筑博物馆隶属于湖北省文化和旅游厅，全部职能受湖北省文化和旅游厅监督指导。2019 年，在全馆干部职工的努力下，湖北明清古建筑博物馆举办"记忆荆楚——湖北省古建筑摄影大赛"，以摄影的形式集中展现古建筑的美，在丰富群众精神文明生活之余，更好地保护古建筑；积极开展馆际交流，举办基本陈列、临时展览，提升博物馆影响力；开展展览、"古建课堂"系列进校园活动，进一步完善博物馆的社会教育功能；积极组织讲解员参加讲解培训，以提升讲解服务质量；加强安全防护，全面提升博物馆综合管理水平。

2019 年，湖北明清古建筑博物馆共举办陈列展览 1 个、临时展览 2 次，对外办展 2 次，博物馆坚持"引进来"与"走出去"相结合的办展方针，突出本馆特色，举办更多高质量、高水准的展览，推进博物馆事业更好发展。

配合展览策划社会教育活动，组织"荆楚古建筑图片展"巡回展览，先后走进塔耳中学、天门市实验小学、崇阳县第二实验小学等中小学,推出"古建课堂"系列进校园活动,在"5·18"国际博物馆日、中国传统节假日举办相关社教活动。

湖北明清古建筑博物馆全年共接待国内外观众30万余人次,积极发挥博物馆的宣传教育功能。

联合黄陂区政府及公安、消防、反恐部门开展消防反恐演练1次,提升博物馆安全应急能力。为提升博物馆的安防能力,改造博物馆四个出入口的门禁系统,新增大门入口物品检查设备。

绿化方面,根据馆区内各类植物习性,做好草坪修枝、防虫、保果等工作并兼顾馆区内、外卫生清洁。

## 一、博物馆藏品管理

### 1.藏品的账目与档案整理情况

对库房内藏品按品名、类别、质地细化分类、统计,为信息化管理奠定基础。

### 2.藏品的保管、修复、保护

古代建筑位于室外,建筑物外的气候难以控制,但建筑物内的小气候环境则可以设法改善。安装控制室内温度、湿度的空调设备,完成库房安防设施建设,定期检修设备,防范火灾发生,确保藏品的日常性保护设备设施运行正常,从而使文物安全得到进一步保障。

### 3.藏品的数字化工作

为服务"建设国家文物资源大数据库",推进不可移动文物信息数据库构建工作,湖北省3.6万余处不可移动文物点的文物信息全部上线。做好博物馆信息数据库构建,完成湖北省53家非国有博物馆约13万件藏品备案工作,并建成湖北省非国有博物馆藏品数据库;完成湖北省博物馆信息数据库模板设定,上线全省216家博物馆共157万余件馆藏文物基础信息。

## 二、博物馆陈列展览

### (一)基本陈列

湖北明清古建筑博物馆的基本陈列为

"雨霖古建筑群展览""湖北明代藩王历史文化专题展览""神工意匠——古建筑知识展"。"雨霖古建筑群展览"的主体为已在馆内搬迁复建的12栋名人故宅、富商豪宅、百姓民居、宗祠、会馆等古民居建筑。"湖北明代藩王历史文化专题展览"汇集了湖北省历年来在明代武汉楚昭王墓、钟祥梁庄王墓、郧靖王墓、蕲春荆敬王墓等处考古发掘的精美文物,王府、陵墓建筑构件,以及相关的科研成果等,专题展示湖北明代藩王的历史人文轨迹。"神工意匠——古建筑知识展"以中国古代建筑基本组成架构为主线,通过光、电等现代科技展示建筑构件和模型等实物、湖北省内典型建筑图片,重点表现我国古代建筑的辉煌成就。

### (二)临时展览

#### 1.馆内展览

突出博物馆特色,将基本陈列展览与临时展览、巡回展览相结合,充分发挥博物馆的社会教育功能。

(1)2019年6月11日,湖北明清古建筑博物馆"记忆荆楚——明信片上的老武汉展"开展。

此展览为博物馆原创展览,通过王炎先生提供的100张明信片,以前世与今生对比的形式集中将武汉展现在观众面前,拼接出大武汉的绝代风华,使观众穿越历史,知往鉴今,更直观地了解老武汉的风土人情,同时感受时代变迁的独特魅力,唤醒民众对这座城市的记忆。明信片中还有部分内容是专家寻找多年未果的新发现,为认识和评价武汉的历史提供了准确的依据,同时填补了一些武汉近现代档案资料的空白,对研究武汉近现代史有着非同寻常的意义。

(2)2019年6月11日,引进辛亥革命博物馆"首义之城辛亥革命旧址遗迹图片展"开展。

展览由"探寻遗迹""铁血英雄""百年纪念"三部分组成,展出图片100余幅,其中包含武汉地区关于辛亥革命的遗址、陵墓、纪念设施43处,如武昌起义军政府旧址、起义门、辛亥首义烈士祠、孙中山辛亥铜像等辛亥革命遗迹遗址,基本反映了武汉地区现存的辛亥革命旧址遗迹的面貌、背景故事及保护情况,图文并茂、言简意赅。

### 2.境内馆外展览

为了加强博物馆之间的文化交流,除引进展览,博物馆还"走出去"办展。

(1)2019年6月6日至8月20日,"闻烟拾萃——湖北省文物交流信息中心藏鼻烟壶展"在荆门市博物馆临展厅开展。

此次展览展出的190余件鼻烟壶,都是收藏精品,包括料器、陶瓷、玉石等多种材质。造型变化多端,纹饰题材多样,反映了当时的时尚审美情趣,以及工艺水平和社会经济发展状况。此次展览不仅传递了中国传统的审美意境,更体现了中华民族的精神气韵。

(2)2019年11月6日至2020年1月5日,"碧瓦朱薨——荆楚古建筑图片展"在威海市博物馆开展。

本次展览选取了最能代表和反映荆楚地区人类文明和智慧的明清建筑遗产,并对其进行了系统整理和集中展示。展览以67个图片展板为依托,配合6个古建筑模型,对城池防御建筑、陵墓、宗教祭祀建筑、书院会馆建筑、古塔、桥梁建筑、居住和纪念建筑等遗存的佳作和典范进行展出,全面、客观、真实地体现了荆楚古建筑的悠久历史、传统风貌和保护工作成就。

## 三、博物馆教育

### (一)教育项目

#### 1.常设性教育项目

为让同学们不出校门就能了解古建筑,湖北明清古建筑博物馆为广大学生准备了一场底蕴深厚、丰富多彩的文化盛宴。经过精心筹备,湖北明清古建筑博物馆先后走进塔耳中学、天门市实验小学、崇阳县第二实验小学等中小学,开展"碧瓦朱薨——荆楚古建筑图片巡展"活动。

湖北明清古建筑博物馆宣教人员利用巡展作品,为学生提供现场讲解,以加深他们对中华传统古建筑的了解,帮助其追寻历史脉络,激发其对传统文化审美的诉求。"移动博物馆"展览有效结合了学生的认知特点,主题鲜明、内容丰富,使本来厚重的历史变得鲜活生动起来,是非常有意义的爱国主义教育活动,得到了广大师生的认可。

#### 2.代表性教育项目

2019年,湖北明清古建筑博物馆"古建课堂"系列进校园活动开设有"古人是如何建造房屋的""头顶上的华丽——雀替""五彩斑斓的古代建筑""无雕不成屋之木雕""五脊六兽"等古建筑知识课堂。

入门课程为"古人是如何建造房屋的",课程分为认识我国古代建筑的基本特征、古代建筑的材料与工具、古代建筑的建造顺序、古建筑保护、知识回顾与趣味体验环节五个板块。博物馆宣教人员从现代建筑与古代建筑的对比,引出中国古建筑,并引导学生总结古建筑的特征。在古建筑的建造材料与工具部分,通过播放墨斗使用视频、让学生上台亲手操作墨斗等环节,增加古建课堂的可操作性和直观性,拉近学生与古建筑之间的距离。在古建筑的建造顺序部分,让学生进行排序,既提升了课堂互动性,又巩固了学生关于房屋建造的知识点,区别于普通学校的学科教育,体现出博物馆教育的特点。第四部分进行升华,教育学生保护古建筑的重要性,培养学生从自身做起、树立保护古建筑的意识。最后进行知识点回顾,加深学生对古建课堂知识的掌握。

古建课堂内容新颖、形式多样,具有较强的可操作性、直观性和互动性,能够激发学生对历史文物和古代建筑的浓厚兴趣,课堂氛围活跃,让学生感受到博物馆教育的趣味性,为学生带来丰富有趣的学习体验,深受广大师生欢迎。

（二）教育活动

1. 节假日和寒暑假策划实施的活动

（1）2019 年春节期间，湖北明清古建筑博物馆举办"2019·博物馆里闹新春"春节社教活动。

举办"瑞气盈门"送春联、"迎春接福"派门神活动，邀请黄陂区职业技术学院的教师和木兰乡老年大学的教师在现场写春联、送春联和门神。

博物馆借中国传统节日为群众提供丰富的非物质文化，充分发挥博物馆公众服务窗口的作用。

（2）清明节社教活动。

2019 年 3 月 29 日，湖北明清古建筑博物馆开展了以"扬传统文化·承爱国情怀"为主题的清明社教活动。

活动内容有清明知识小课堂、蹴鞠友谊赛、踏青、送寒食。

（3）"5·18"国际博物馆日，湖北明清古建筑博物馆与辛亥革命武昌起义纪念馆、湖北省博物馆、长江文明馆、湖北省各高校博物馆联合举办以"培根铸魂 歌献祖国"为主题的合唱快闪活动，快闪歌曲 2 首：《我和我的祖国》和《一眼千年》（纪录片《国家宝藏》主题曲）。

（4）重阳节社教活动。

2019 年 10 月 7 日，湖北明清古建筑博物馆举办中国传统节日系列——重阳节社教活动。

活动内容：给孩子们介绍重阳节来历，有关重阳节的传说、故事和诗词；让孩子们给家长捶捶背、揉揉肩；让小朋友排队领取菊花茶，给家长敬茶；让小朋友和家长一起制作重阳贺卡；贺卡制作完成后给小朋友和家长合影留念。

2. 学校教育活动

湖北明清古建筑博物馆作为华中科技大学专业学位研究生联合培养实践基地，于 6 月接收了该校 11 名研究生到单位实习。

通过带领实习生现场实践、参与文物保护项目等形式，将学校的人才、专业、科研优势与省古建筑保护中心的文化遗产保护项目、平台、实践优势更紧密地结合，提高研究生的培养质量，促进古建人才队伍建设，推动双方共同发展。

四、博物馆研究

（一）学术活动

1. 举办学术会议

5 月 28—31 日，为了提高广大文物建筑保护、古建筑修建工作者的专业技能水平，保障文物保护工程的质量，湖北省古建筑保护中心与武大巨成结构股份有限公司联合组织开展了"文物保护技术交流研讨会"。

2. 参加学术会议

（1）李奇、张济夏、黎畅参加上海视觉艺术学院 2019 文物保护与修复国际会议。

（2）李奇、王汉生、袁方、黎畅赴宁夏参加第 17 届文物保护研讨会。

（3）李奇、张济夏、余艺参加"西北大学文物保护技术专业成立 30 周年纪念活动"。

（4）参加湖南省文物总店举办的湖南文物国际博览会。

（5）7 月，李长盈赴咸丰参加第三届唐崖土司城址保护与利用论坛。

（6）10 月，李长盈赴北京参加中国考古学会建筑遗产保护委员会会议。

（7）11 月，李长盈赴黄石参加第二届中国工业遗产保护与利用高峰论坛。

（8）11 月，吴红敬书记、李长盈同志赴绍兴参加中国博物馆协会名人故居委员会2019 年会议。

（9）11 月，朱祥德主任、李长盈同志赴京山参加荆楚大遗址保护与利用研讨会。

（10）12 月 20—22 日，吴红敬书记、朱祥德主任、龙永芳副主任、龚泽标副馆长参加在宜昌博物馆召开的湖北省博物馆协会 2019

年理事会暨学术研讨会。

（二）学术成果

1.承担课题

（1）湖北省国有博物馆馆藏陶瓷类文物保护利用研究课题于2019年1月29日通过了省文物局的验收。

（2）国家文物局科研课题"田野文物安全巡查制度研究"结项。

（3）开展"湖北大别山区革命文物点资料收集与实地调研"课题项目。

（4）开展"湖北省国有博物馆藏品征集需求调研"等科研项目。

（5）承担国家文物保护利用示范区创建导则的编写。

2.出版成果

编撰《湖北省国有博物馆馆藏陶瓷文物保护及活化研究》一书。

3.发表或交流论文

【1】李奇.出土破损陶瓷器的保护与修复.浙江省文物考古研究所学刊.

【2】袁方.瓷器修复中的粘接问题.文博之友.

【3】袁方.浅谈古陶瓷修复中补缺的常见问题.武汉文博.

【4】袁方.探索传统博物馆服务社区新模式.作为文化中枢的博物馆：传统的未来——2019年湖北省博物馆协会学术研讨会论文集,2019.

【5】黎畅.文物价值认知与修复行为的关系概论——以古瓷器修复为例.自热与文化遗产研究.

【6】黎畅.陶瓷文物修复里的文物信息采集.第十七届全国修复会议.

【7】章庆.战国可拆装便携式弩小考.江汉考古.

【8】章庆.新技术条件下文物鉴定与鉴赏方法研究.新丝路.

【9】余艺.文化生态视角下的博物馆文创.作为文化中枢的博物馆：传统的未来——

2019年湖北省博物馆协会学术研讨会论文集,2019.

【10】方天宇.从项目评估结果看湖北文物保护技术方案质量的改进和提升.文旅湖北,2019.

【11】方天宇、刘真.基于功能延续的建筑遗产保护与利用——以德国慕尼黑老绘画陈列馆和意大利米兰库卡涅农庄为例.作为文化中枢的博物馆：传统的未来——2019年湖北省博物馆协会学术研讨会论文集,2019.

【12】邓蕴奇.基于实践的文物建筑水患应对.中国文物报遗产保护周刊,CN-0170.2019.

【13】邓蕴奇.Research on Protection and Adaptive Utilization of Cultural Heritages in Water-towns.乡土未来——2019年国际古迹遗址国际学术研讨会论文集,2019.

【14】方天宇、方若晗.五祖寺塔林宋代石塔形制研究.江汉考古,2019.

【15】方若晗、马福敬、雷祖康.王世杰故居·老屋文物保护工程勘察设计研究.武汉文博,2019.

【16】赵艳红、方若晗.浅议博物馆与社区文化的双向互动协调发展关系.作为文化中枢的博物馆：传统的未来——2019年湖北省博物馆协会学术研讨会论文集,2019.

【17】程禹农.文物建筑土坯砖墙修复实践——以孝昌石凤翔故居为例.中外建筑,2019.

【18】胡义斌、李长盈.英山段氏宅保护修缮研究.华中建筑,2019.

【19】柯萍萍.中国博物馆国际化进程中的传统的未来.作为文化中枢的博物馆：传统的未来——2019年湖北省博物馆协会学术研讨会论文集,2019.

【20】王钰沂.遗址类博物馆的"场景"特性及发展建议——以湖北明清古建筑博物馆为例.作为文化中枢的博物馆：传统的未来——2019年湖北省博物馆协会学术研讨

会论文集,2019.

【21】孙甜、刘真.浅议湖北省非国有博物馆藏品现状——基于2018全省非国有博物馆藏品备案数据.作为文化中枢的博物馆:传统的未来——2019年湖北省博物馆协会学术研讨会论文集,2019.

【22】方淑秀.博物馆新功能初探.作为文化中枢的博物馆:传统的未来——2019年湖北省博物馆协会学术研讨会论文集,2019.

## 五、博物馆公共服务

### (一)观众服务

2019年,湖北明清古建筑博物馆全年共接待国内外观众30万人次,其中未成年观众9万人次,境外观众0.04万人次,积极发挥了博物馆的宣传教育功能。

### (二)社会服务

1.举办讲座

(1)古陶瓷修复技艺的新时代特性及其在博物馆中的运用探讨。

6月25日,李奇在首都博物馆作了题为"古陶瓷修复技艺的新时代特性及其在博物馆中的运用探讨"的学术讲座。

(2)博物馆陶瓷藏品保护修复技艺。

9月2日,李奇在广东民间工艺博物馆作了题为"博物馆陶瓷藏品保护修复技艺"的学术讲座。

(3)残损古陶瓷再创作。

9月24日,李奇在湖北工业大学作了题为"残损古陶瓷再创作"的学术讲座。

(4)湖北省文物交流信息中心、湖北省古建筑保护中心在文物保护事业发展与人才队伍建设上的实践。

11月30日,张济夏在西北大学作了题为"湖北省文物交流信息中心、湖北省古建筑保护中心在文物保护事业发展与人才队伍建设上的实践"的学术讲座。

2.文物鉴定与欣赏

在单位服务窗口完成社会文物鉴定232件,接待上门、电话咨询400多次。对外窗口的鉴定接待工作安全无事故,做到了"零"投诉;配合有关单位完成"5·18"国际博物馆日公益活动,在崇阳、荆门等地开展民间文物鉴定活动,共为两地的民间收藏爱好者免费鉴定各类藏品530件(套),收到了良好的社会效益。全年共鉴定文物762件(套)。

3.对外文物修复、复制

(1)英山县博物馆34件珍贵瓷器文物保护修复。

2016年英山县博物馆将出土瓷器进行整理,委托湖北省文物交流信息中心编制了《英山县博物馆馆藏瓷器修复方案》,并于2017年2月27日获得国家文物局批准(文物博函〔2017〕387号),年底经费下达。由湖北省文物交流信息中心作为中标单位(修复方)、英山县博物馆作为项目单位开展该项目。经过为期1年多的实施,完成全部文物的保护修复工作。

(2)1件一级瓷器文物本体保护修复。

2016年12月20日,英山县博物馆委托湖北省文物交流信息中心,对其馆藏一级文物"宋青白釉瓜棱执壶(带盖)"进行保护修复方案的编制。2017年9月4日,国家文物局批复了关于《湖北省可移动文物保护修复项目计划》的文件(文物博函〔2017〕1350号);2018年4月16日,湖北省文物局批复了关于《英山县博物馆馆藏宋青白釉瓜棱执壶保护修复方案》的文件(鄂文物综〔2018〕83号)。2019年6月10日,英山县文物局开展项目实施招标工作;2019年6月28日,湖北省文物交流信息中心成为此修复项目实施的中标单位。

(3)崇阳县博物馆5件瓷器文物保护修复工作。

崇阳县借力国家文化政策,积极抢救发掘本地文化精髓。湖北省文物交流信息中心为实现2018年度"三区"人才支持计划,秉持目前国际通行的"最小干预、可再处理和可识别"文物修复三原则,对崇阳县博物馆5件馆藏瓷器文物进行了保护修复作业,以此协助崇阳县博物馆提高展陈水平。

4.为高校、科研院所等社会单位提供服务

进一步完善对外合作,先后与中国文物信息咨询中心、中国(海南)南海博物馆、湖北工业大学、上海视觉艺术学院签订合作协议,开展双向互派人员交叉培养人才合作,创新人才培养机制。与华中科技大学、武汉大学联合培养文物保护专业人才;开展文物保护工程等专业培训,提升文博专业技术人才的理论水平和实践能力。

## 六、博物馆文创产品开发

完成湖北明清古建筑博物馆举办的"记忆荆楚——湖北古建筑摄影大赛"奖品"古瓷新妍"文创产品的设计和制作工作。

"记忆荆楚——湖北古建筑摄影大赛"奖品——"古瓷新妍"镜框系列产品由湖北明清古建筑博物馆整理文字资料,由湖北工业大学的师生进行美术设计,经手工工坊制作成形,是一套老瓷片镜框摆件,镜框背面贴有该奖品的铭牌,铭牌标明了瓷片的制作年代、奖项等信息。每份奖品还附有一张卡片,介绍了瓷片纹样、瓷片原母体等信息。此外,还给奖品摆件设计了同系列配套的包装盒、包装袋、印章、胶带。

## 七、博物馆建设与管理

### (一)制度建设

经过多年的努力,已经初步建立起比较完善的制度体系。主要有以下几个方面。

1.博物馆安保制度

(1)博物馆设立安全保卫工作领导小组,负责博物馆安全保卫工作的部署。

(2)博物馆设物业与安全保障部,在博物馆安全保卫工作领导小组的领导下,具体负责全馆的日常安全保卫工作。

2.博物馆出入管理制度

(1)外来人员进入博物馆,一律须刷身份证,未带身份证人员须填写单位、姓名、事由、人员数量和联系方式等信息。

(2)由本馆工作人员进行身份验证或凭有效工作证件出入。

3.文物库房安全制度

(1)文物库房要有防火、防盗、防震的设备和措施,库管员必须熟悉上述设备的保养及使用方法。

(2)要认真做好文物库房防虫、防潮、防污染等工作,定期检查,根据文物保存现状及时提出问题,采取必要措施加以保护。

4.交接班制度

(1)接班人员必须提前15分钟做好接班的准备工作,正点交接班。

(2)交班人员要对接班人员负责,要交安全、交记录、交工具、交场所卫生、交设备运行动态,双方要签字办手续。

### (二)安全管理

1.安全设施设备

博物馆大门安装人脸识别系统;监控室安装与公安部门联动的"一键报警"装置;不定期对文物库房进行全面检查;举行消防演练,博物馆主体职工对消防栓、灭火器进行了模拟灭火试用;博物馆消防系统全面维护,明确每栋建筑消防责任人,加强进入博物馆游客火种检查,增设安全警示标志;积极配合省消防总队、省文物局的消防、安防检查,对博物馆存在的安全隐患积极整改;对博物馆防雷设备进行维护;更换现有灭火器材、按要求增加部分灭火器材,设立微型消防站,公示博物馆消防责任人。

2.安全运行

安排全体男职工轮流值班,双人双岗,持证上岗;采用不间断连续巡查模式,进一步明确巡查内容和问题处理机制。

对馆区实现24小时监控;为了确保消防安全,博物馆举行了1次消防安全演练和2次消防安全培训,并定期检查消防栓、消防水带,排查安全隐患。

（三）人才培养

（1）5月，周静思参加单位举办的文物保护责任设计师培训学习班。

（2）8月18—31日，王林前往北京，参加故宫博物院举办的"2019官式古建筑木构保护与木作营造技艺培训班"。

（3）9月，邓蕴奇、谢辉前往山西，参加国家文物局举办的新技术在文化遗产保护中的应用与研究培训班。

（4）12月，周静思参加了国家文物局办公室举办的"革命文物保护利用"网上专题培训班，按时完成全部学时并获得结业证书。

（撰稿人：方淑秀）

# 条　目

## 辛亥革命武昌起义纪念馆

【举办辛亥革命研究所客座研究员座谈会】　举办2019年客座研究员座谈会，武汉大学吴剑杰教授、李少军教授，华中师范大学魏文享教授，省社科院潘洪钢研究员，该馆原馆长梁华平研究员、王兴科研究员参加座谈。

【"剑胆琴心——辛亥名人翰墨展"开展】展览选取了孙中山、黄兴、宋教仁等28位辛亥人物的31件（套）墨宝，包括孙中山为王和顺题"博爱"横披、黄兴书赠吴崑"力不胜于胆"四条屏等二级文物，张难先书赠尹南轩诗轴以及其他文物、作品。这些作品一方面彰显了辛亥志士的政治理想和社会主张，另一方面也反映了他们高水平的艺术修为和情趣追求。

【"5·18"国际博物馆日"培根铸魂 歌献祖国"快闪活动】　5月16日，该馆联合湖北省博物馆、湖北省博物馆协会高校博物馆专委会等19家单位共同举办了主题为"培根铸魂 歌献祖国"的快闪活动，数百名高校大学生志愿者集体合唱《我和我的祖国》，讴歌伟大祖国。活动被多家媒体报道，活动视频登上学习强国App，进一步扩大了辛亥革命武昌起义纪念馆的社会影响力。

【专题展览"五色交辉——馆藏共和纪念文物展"荣获第三届（2018年度）湖北省博物馆、纪念馆陈列展览精品推介活动"精品奖"】共和纪念文物是该馆的特色馆藏之一。本展览按文物质地共分为四个部分，分别为纸本、瓷器、金属器具、杂件。通过这些共和纪念文物，观众能够感受到共和制度建立后扬眉吐气的社会心理，感叹世事之沧桑，礼赞时代之进步。

【举办首届"小小讲解员"培训活动】　7月24日—8月15日，来自武汉市多所中小学的40多名学生组成该馆第一批"小小讲解员"队伍，经过专业培训后，为观众义务讲解辛亥首义历史知识，受到了广大观众的一致好评。

【日本前首相鸠山由纪夫参访该馆】　9月25日，日本前首相鸠山由纪夫一行在武汉大学有关方面的陪同下参访辛亥革命武昌起义纪念馆，馆长魏德勋、副馆长黄春华出面接待。参观结束后，鸠山由纪夫题赠该馆《友爱》墨迹一幅。

【参加博物馆护照项目启动仪式】　9月，该馆派员参加由中国文物交流中心主办的博物馆护照项目启动仪式,成为首批发起、参与该项目的17家博物馆之一。

**【举办第十一届辛亥革命研究青年学者论坛】** 10月19日,由该馆与武昌辛亥革命研究室共同主办的第十一届辛亥革命研究青年学者论坛在武汉洪山宾馆成功召开,馆长魏德勋、副馆长张艺军等参加了开幕式。论坛邀请了华中师范大学严昌洪教授、朱英教授、罗福惠教授,武汉大学李少军教授等辛亥革命研究知名专家莅临指导,共有来自全国各地的近30位青年学者提交论文并参与了讨论。

**【第三次获得"省直机关文明单位"荣誉称号】** 12月,辛亥革命武昌起义纪念馆被中共湖北省委省直机关工作委员会授予"省直机关文明单位"荣誉称号。这是该馆第三次荣获此项荣誉。

**【召开第一届理事会成立大会暨第一次理事会会议】** 12月30日,该馆理事会正式成立并召开第一次理事会会议。会上,馆长魏德勋介绍了第一届理事会筹建情况和理事会基本情况,副馆长张艺军介绍理事长提名人选,魏德勋当选为第一届理事会理事长,并向所有理事会成员颁发聘任证书。魏德勋理事长主持召开了第一次理事会会议,会议审议通过了《第一届理事会工作方案》《辛亥革命武昌起义纪念馆理事会章程(草案)》及《辛亥革命武昌起义纪念馆2019年工作总结》。

## 湖北明清古建筑博物馆

**【基础设施完善】** 为了提升观众服务质量,给观众更好的参观体验,改造了博物馆四个出入口的门禁系统,新增大门入口物品检查设备。馆区内、外卫生清洁,绿化全面清理,美化了博物馆环境,使博物馆朝园林化方向发展。

**【展览丰富多彩】** 突出博物馆特色,将基本陈列展览与临时展览、巡回展览相结合,充分发挥博物馆的社会教育功能。基本陈列展览"神工意匠——古建筑知识展"、原创展览"记忆荆楚——明信片上的老武汉展"、引进展览"首义之城辛亥革命旧址遗迹图片展"等相继开展。为了加强博物馆之间的文化交流,除引进展览外,博物馆还"走出去"办展,"闻烟拾萃——湖北省文物交流信息中心藏鼻烟壶展"在荆门市博物馆开展,"碧瓦朱甍——荆楚古建筑图片展"在威海市博物馆开展。

**【宣教工作多元】** 配合展览策划社会教育活动,举办"2019·博物馆里闹新春"春节社教活动,以"扬传统文化·承爱国情怀"为主题的清明社教活动,以"培根铸魂 歌献祖国"为主题的"5·18"国际博物馆日活动,中国传统节日系列——重阳节社教活动,"碧瓦朱甍——荆楚古建筑图片展""古建课堂"2019年进校园活动,并组织巡回展览先后走进塔耳中学、天门市实验小学、崇阳县第二实验小学等中小学,让更多人享受精神文明成果。

**【安全工作加强】** 联合黄陂区政府及公安、消防、反恐等部门开展一次消防反恐演练。

**【学术交流广泛】** 为提高办展水平,与荆门市博物馆、威海市博物馆等博物馆和管理机构进行学术交流。举办文物保护技术交流研讨会,先后参加2019文物保护与修复国际会议、第17届文物保护研讨会、"西北大学文物保护技术专业成立30周年纪念活动"、湖南文物国际博览会、第三届唐崖土司城址保护与利用论坛、中国考古学会建筑遗产保护委员会会议、第二届中国工业遗产保护与利用高峰论坛、中国博物馆协会名人故居委员会2019年会议、荆楚大遗址保护与利用研讨会。积极开展学术研究工作,在相关期刊上发表论文20余篇。

# 大 事 记

## 湖北省博物馆

### 1月

1月4日,国家文物局公布了2018年度"弘扬中华优秀传统文化、培育社会主义核心价值观"主题展览推介项目名录,湖北省博物馆策划的"万里茶道"展览入选十大重点推介项目。

1月29日,第二届湖北省博物馆理事会第一次会议在湖北省博物馆召开。

### 2月

2月5日(正月初一)至2月10日(初六)春节假期六天共接待海内外观众70387人次。为了向公众提供更好的文化服务,湖北省博物馆"礼乐学堂"举办内容丰富的教育活动36场次,参与活动人数逾2万人次。

### 3月

3月19日,新疆生产建设兵团第五师双河市党委宣传部常务副部长、双河市文体广新局局长桂东风一行考察湖北省博物馆。双方就博物馆陈列展览、社会教育等方面进行了深入交流,并达成了开展共建工作的共识。

### 4月

"自然的力量——洛杉矶郡艺术博物馆藏古代玛雅艺术品"于4月26日至7月26日在湖北省博物馆展出。

### 5月

5月11日,由湖北省博物馆举办、招商银行武汉分行和湖北广播电视台生活广播联合承办的"为国宝发声"活动在湖北省博物馆开幕。

5月17日上午,2019年"5·18"国际博物馆日(湖北)活动在湖北省博物馆举办。

### 6月

6月17日上午,印度驻华大使唐勇胜在陈邂馨副市长及市委外办、市文化旅游局、市商务局负责人的陪同下参访湖北省博物馆。

### 7月

7月8日,湖北省博物馆与湖北省老年大学举行共建教学体验基地签约仪式。

### 8月

8月6日上午,国家文物局举行考古中国重大项目新进展工作会,通报了湖北随州枣树林墓地考古发掘情况,两组曾侯夫妇合葬墓的发掘填补了春秋中期曾国考古空白,这也是首次明确发现曾侯夫妇合葬墓。

8月31日,湖北省博物馆网上预约系统正式开放。

### 9月

9月5日,由湖北省博物馆、中国移动湖北分公司、中移在线服务有限公司、华为公司、宣奇公司联合打造的湖北省博物馆"5G智慧博物馆"应用在湖北省博物馆综合馆大厅启用。

9月13—14日,2019年湖北省文博系统"小小讲解员"讲解大赛在湖北省博物馆多功能报告厅成功举行。

9月30日上午,由湖北省博物馆、湖北画报社联合举办的"壮丽70载荆楚颂华章"庆祝中华人民共和国成立70周年图片巡展在武汉东湖生态旅游风景区东湖小学拉开序幕。

## 10月

10月15日,"礼乐学堂"社教团队走进湖北省汉口监狱,开展"不忘初心、牢记使命"——第九期助力新起航文化志愿帮教活动。

## 11月

印度新德里当地时间11月13日下午,"礼乐·华章——中国湖北文物特展"暨"湖北,从长江走来"文化旅游图片展,在印度国家博物馆隆重开幕。

11月28日,湖北省博物馆与山东博物馆运用5G网络,让战国曾侯乙编钟和唐代"天风海涛"古琴在相隔几百千米的武汉、济南两地进行了一场"隔空"协奏,并向全球观众直播。

## 12月

12月4日,德国萨克森州民族志收藏与湖北省博物馆签订合作协议。

12月7—9日,由湖北省文化和旅游厅指导,湖北省博物馆协会、湖北省博物馆主办的2019年湖北省文博系统社会教育工作培训班在湖北省博物馆学术报告厅开班。

12月25日,"国宝礼赞——蒋昌忠中国画作品展"在湖北省博物馆编钟馆一楼展厅举办。

## 辛亥革命武昌起义纪念馆

### 1月

1月18日,举办2019年客座研究员座谈会,武汉大学吴剑杰教授、李少军教授,华中师范大学魏文享教授,省社科院潘洪钢研究员,辛亥革命武昌起义纪念馆原馆长梁华平研究员、王兴科研究员参加座谈。

1月22日,由应急管理部、文化和旅游部、国家文物局组成的博物馆和文物建筑消防安全大检查督导调研组到馆开展督导调研工作。

1月29日,"剑胆琴心——辛亥名人翰墨展"在东配楼二楼临展厅开幕。

1月29日,举办中小学生辛亥名人字画临摹活动。

### 2月

2月1日,召开2018年度民主生活会。
2月25日,召开全馆职工大会。

### 3月

3月4日,与十堰市博物馆联合在武汉经济技术开发区(汉南区)黄陵小学4个班级开展"传承历史文化 弘扬雷锋精神"研学活动。

3月6—8日,与十堰市博物馆联合在武昌水果湖第一小学、武昌实验小学、湖北省省直机关第二保育院开展了"从'禁锢'到'解放'——纪念三八妇女节"专题社教活动。

3月8日,举办主题为"着装魅力与形象礼仪"的专题讲座。

3月12日,湖北省暨武汉市纪念孙中山逝世94周年纪念仪式在辛亥革命武昌起义纪念馆举行。仪式结束后,省政协常务副主席李兵、省政府副秘书长刘仲初一行参观该馆。

3月21日,湖北省委常委、宣传部部长

王艳玲同志到该馆调研。

3月29日，外交部"外交外事知识进党校"培训组参观考察该馆。

## 4月

4月8日，与武汉市第二十五中学共同开展了"祭英烈 念初心"——清明祭扫主题教育活动。

4月10日，省文化和旅游厅副厅长陈祖刚一行来馆进行安全检查。

4月16—18日，送展览进武汉体育学院。

4月20日，"可爱的中国——方志敏诞辰120周年纪念展"正式开展。

4月23日，与江汉石油公司共建志愿者服务基地。

## 5月

5月10日，中央扫黑除恶第12督导组组长王伟光等一行来馆考察。

5月15日，馆藏珍贵文物展柜预防性保护项目通过专家验收。

5月16日，携手省内多家博物馆举办"5·18"国际博物馆日"培根铸魂 歌献祖国"主题活动。

5月17日，专题展览"五色交辉——馆藏共和纪念文物展"荣获第三届（2018年度）湖北省博物馆、纪念馆六大陈列展览精品推介活动"精品奖"，社教团队荣获"优秀社教团队"荣誉称号。

5月18—22日，该馆讲解员参加第十一届中国中部投资贸易博览会讲解工作。

5月20日，进行消防安全知识培训。

## 6月

6月1—2日，派员参加中国人民抗日军事政治大学陈列馆庆祝抗大建校83周年系列主题活动。

6月5日，《辛亥革命武昌起义档案文

献》被列入第一批湖北省档案文献遗产名录。

6月8日，"林森图片史料展"正式开展。

6月17日，召开"不忘初心、牢记使命"主题教育工作会议。

6月20日，开展"迎七一博物馆进校园"活动。

## 7月

7月1日，该馆办公室党支部荣获"红旗党支部"称号。

7月1日，该馆"不忘初心、牢记使命"主题教育读书班正式开班。

7月9日，两岸企业家峰会陆台双方理事长郭金龙、萧万长一行来馆参观，省文化和旅游厅厅长雷文洁陪同。

7月10—12日，该馆党委领导班子深入各部室开展座谈调研。

## 8月

8月5日，该馆安检设施升级改造后正式投入使用。

8月6日，省文化和旅游厅党组成员吴凤端同志到该馆进行主题教育工作指导并讲授党课。

8月12日，派员赴南京参加第31届孙中山、宋庆龄纪念地联席会议。

8月16日，举办"小小讲解员"结业典礼。

8月19日，该馆党委开展"不忘初心、牢记使命"专题学习和谈心谈话。

8月28日，召开"不忘初心、牢记使命"专题民主生活会。

## 9月

9月4日，全国政协委员视察团来馆考察。

9月6日，派员参加全省文化和旅游系统办公室主任暨信息、节清工作人员培训班。

9月10日，"孙中山与早期中国共产党

人"展览开展。

9月13日，举办青少年中秋非遗研学活动。

9月16日，小小讲解员申沐晨代表该馆参加湖北省博物馆协会主办的2019年湖北省文博系统"小小讲解员"讲解大赛，并荣获一等奖。

9月17日，共庆中华人民共和国成立70周年，该馆"流年似水——旧上海广告月份牌特展"走进新疆库尔勒民俗文化博物馆。

9月25日，该馆职工荣获湖北省委省直机关工作委员会"劳动筑梦"演讲比赛二等奖。

9月25日，日本前首相鸠山由纪夫来馆参观访问，并题赠该馆《友爱》墨迹一幅。

9月29日，《长江日报》客户端现场直播该馆学术讲座活动。

## 10月

10月19日，辛亥革命武昌起义纪念馆主办的第十一届辛亥革命研究青年学者论坛成功召开。

10月22日，省文化和旅游厅杨军副厅长来馆督查安全工作并进行工作调研。

## 11月

11月12日，省市有关部门在该馆隆重举行"纪念孙中山先生诞辰153周年"活动。

11月29日，派员参加在孝感市举办的辛亥革命北伐与"黄孝战役"研讨会。

## 12月

12月2日，该馆党委组织全体党员集中学习党的十九届四中全会精神。

12月12日，第三次获得"省直机关文明单位"荣誉称号。

12月30日，召开第一届理事会成立大会暨第一次理事会会议。

# 湖北明清古建筑博物馆

## 1月

1月8日，省文物交流信息中心、省古建筑保护中心通过机关档案工作目标管理省一级考评。

1月18日，省文化和旅游厅厅长雷文洁一行5人，在中心领导的陪同下调研单位事业发展情况。

1月23日，湖北明清古建筑博物馆举办春节趣味运动会。

1月28日，湖北明清古建筑博物馆举办"2019·博物馆里闹新春"春节社教活动。

1月29日，湖北省国有博物馆馆藏陶瓷类文物保护利用研究课题通过了省文物局的验收。

## 3月

3月，完成《重庆中国三峡博物馆馆藏敦煌遗书保护修复方案》编制工作。

3月，完成英山县博物馆馆藏文物修复方案中的34件文物及报告的撰写。

3月，完成中国（海南）南海博物馆馆藏15件出水瓷器文物保护修复档案编制工作。

3月7日，举行"女性健康保健专题讲座"。

3月8日，举行三八妇女节健步行活动。

3月12日，召开湖北省地方标准《湖北省历史文化街区划定及历史建筑确定标准》专家咨询会。

3月18日，保管部全体工作人员赴荆门市博物馆开展业务交流学习活动。

3月21日，保管部接待省委宣传部部长进行市场调研工作。

3月29日，湖北明清古建筑博物馆举办"扬传统文化·承爱国情怀"清明节社教活动。

## 4 月

4 月 9 日,湖北明清古建筑博物馆"古建课堂"走进塔耳中学。

4 月 26 日,湖北明清古建筑博物馆"古建课堂"走进天门市实验小学。

## 5 月

5 月 10 日,在崇阳县文化广场内一楼大厅,举办"2019 年'5·18'国际博物馆日收藏品公益鉴定活动";湖北明清古建筑博物馆"古建课堂"走进崇阳县第二实验小学。

5 月 15 日,湖北省古建筑保护中心组织全体党员赴红安党员教育基地开展学习教育活动。

5 月 16 日,参加"5·18"国际博物馆日"培根铸魂 歌献祖国"主题活动。

## 6 月

6 月 6 日至 8 月 20 日,"闻烟拾萃——湖北省文物交流信息中心藏鼻烟壶展"在荆门市博物馆临展厅开展,展期两个半月。

6 月 11 日,湖北古建筑摄影大赛启动仪式开办,"神工意匠——湖北古建筑知识展""记忆荆楚——明信片上的老武汉展""首义之城辛亥革命旧址遗迹图片展"开展。

6 月 22 日,规划科研部全体人员赴西安、南京参加 2019 年度文物保护工程专业人员资格考试。

6 月 25 日,李奇在首都博物馆开展以"古陶瓷修复技艺的新时代特性及其在博物馆中的运用探讨"为题的讲座。

6 月 27 日至 7 月 1 日,开展"不忘初心、牢记使命"主题教育读书班活动。

## 7 月

7 月 5 日,湖北省文化和旅游厅"不忘初心、牢记使命"主题教育第八指导组指导湖北

省古建筑保护中心开展主题教育工作。

7 月 9 日,湖北省古建筑保护中心党委组织全体党员干部赴光谷创意产业基地参观学习。

7 月 18 日,省文化和旅旅厅党组成员、副厅长徐勇来单位为全体党员干部讲题为"聚共识 抓关键 增强主题教育针对性、时效性"的党课。

## 8 月

8 月,完成湖北省古建筑保护中心举办的"荆楚记忆——湖北古建筑摄影大赛"大赛奖品"古瓷新研"文创产品的设计和制作工作。

8 月 15 日,组织单位退休人员赴宜昌开展重阳节活动。

## 9 月

9 月,完成崇阳县博物馆 5 件瓷器文物保护修复工作。

9 月 2 日,李奇在广东民间工艺博物馆开展以"博物馆陶瓷藏品保护修复技艺"为题的讲座。

9 月 24 日,李奇在湖北工业大学开展以"残损古陶瓷再创作"为题的讲座。

## 10 月

10 月 7 日,湖北明清古建筑博物馆举办中国传统节日系列——重阳节社教活动。

10 月 28 日,湖北省古建筑保护中心开展"我为精准扶贫办实事"爱心捐款活动。

10—12 月,启动湖北省古建筑保护中心大集体人员纳入武汉市企业养老保险工作。

## 11 月

11 月 4 日,组织湖北省古建筑保护中心全体工作人员及退休人员到中南医院进行体检。

11 月 6 日,"碧瓦朱甍——荆楚古建筑

图片展"在威海市博物馆开展。

11月18日,湖北明清古建筑博物馆获评2017—2018年度省直机关文明单位、武昌区最佳文明单位。

## 12月

12月,完成湖北省古建筑保护中心古陶瓷修复基地建设实施方案制定、招标工作。

12月,开展荆州博物馆135件瓷器文物

保护修复档案及修复报告投标及编制工作。

2019年全年,湖北省古建筑保护中心创建学雷锋志愿服务队并与徐东路社区联合开展文明交通劝导、"迎军运、清洁武汉、美化家园"等12期志愿者服务活动。

2019年完成省文化和旅游厅直属事业单位公开招聘工作人员摸底情况、岗位申报、网上报考人员资格审查、面试资格复审、面试、体检、政审等工作。

# 荣 誉 集 锦

## 辛亥革命武昌起义纪念馆

1月,章旖获中宣部颁发"先进个人"奖、湖北省博物馆协会颁发"全省红色故事特别贡献奖"。

5月,在第三届(2018年度)湖北省博物馆、纪念馆六大陈列展览精品推介活动上,该馆原创展览"五色交辉——馆藏共和纪念文物展"荣获"精品奖";该馆社教团队在2019年度湖北省文博系统"十佳"社教团队推介展示活动中荣获"优秀社教团队"荣誉称号。

6月,办公室党支部荣获湖北省文化和旅游厅系统"红旗党支部"称号。

9月,志愿讲解员申沐晨代表该馆参加2019年湖北省文博系统"小小讲解员"讲解大赛,荣获全省一等奖。

11月,荣获"2017—2018年度省直机关文明单位"称号。

12月,陈清赴上海参加由中宣部、文旅部举办的"第二届全国红色故事讲解大赛",荣获全国优秀讲解员称号。在湖北省博物馆

协会2019年学术研讨会论文征集中,章旖获一等奖,李邱军、蒲依获三等奖。

## 湖北明清古建筑博物馆

方天宇、刘真撰写的论文《基于功能延续的建筑遗产保护与利用——以德国慕尼黑老绘画陈列馆和意大利米兰库卡涅农庄为例》荣获"湖北省博物馆协会2019年学术研讨会论文征集"三等奖。

柯萍萍撰写的论文《中国博物馆国际化进程中的传统的未来》荣获《作为文化中枢的博物馆:传统的未来——2019年湖北省博物馆协会学术研讨会论文集》三等奖。

方淑秀撰写的论文《博物馆新功能初探》荣获《作为文化中枢的博物馆:传统的未来——2019年湖北省博物馆协会学术研讨会论文集》二等奖。

刘乾国参加省直机关工委围棋赛荣获奖项。

# 武 汉

## 武汉市 2019 年度博物馆工作综述

2019 年,武汉市博物馆处在上级党委的领导下,在各基层单位的积极配合下,群策群力、攻坚克难,对照全年绩效目标和处室重点工作,做到了按时完成任务。现将 2019 年工作完成情况和 2020 年工作思路汇报如下。

### 一、年度绩效目标完成情况

(1)安全无事故。

全市市直博物馆馆藏文物安全率100%,全市博物馆未发生安全责任事故。

(2)全市博物馆基本情况。

目前全市共计有 121 家博物馆、纪念馆,其中 2019 年新增博物馆 3 家,分别是中国共产党纪律建设历史陈列馆、武汉市秋枫记忆老物件博物馆、武汉市贞元博物馆。全市博物馆常设基本陈列 121 个,举办临时展览152 个,接待观众 1200 万余人次。其中,市文化和旅游局直属博物馆举办临时展览 125个,举办各类活动 378 场,接待观众 735.11万人次。

(3)积极推进博物馆建设工作。

中国共产党纪律建设历史陈列馆建成开放。5 月 9 日,中国共产党纪律建设历史陈列馆正式开馆,历时 3 年打造的"纪律建设永远在路上——中国共产党纪律建设历史陈列"展览对外展出,引发《人民日报》、中央电视台和新华网等媒体的高度关注。

武汉博物馆二期工程完工。目前,武汉博物馆二期工程建设已完工,代建及监理已进行了预验收,最后等相关部门进行安全、消防验收,展览提升及改造基本完成。该馆还结合展览内容和特色,对博物馆现有展览及公共空间出现的设备老化现象、陈列展示落后等问题进行了处理。

盘龙城遗址博物院建成开放。继 2018年 12 月 28 日对外试运行开放以来,该馆共计接待观众 60 余万人次,该院认真总结各方建议,扎实推进展览提升,在 2019 年 9 月 27日,完全实现博物院正式对外开放。

(4)开展爱国主义教育基地和中国特色社会主义教育基地建设,加强文化与旅游结合及旅游标准化建设,打造博物馆之旅。

根据中央和省市部署,全市"红色博物馆"积极发挥红色资源以政育人、以文化人、以情感人的教育功能,大力推动爱国主义教育基地和中国特色社会主义教育基地建设,结合自身实际推出系列红色教育活动。如武汉革命博物馆举办的毛泽东诗词大赛活动，武汉博物馆举办的"着汉家衣裳、诵诗词经典、学国学礼仪"——武博"六一"汉服礼仪秀等活动，全市市直文博系统和教育部门联合开展的"红色主题班会"活动，均获得了社会各界的高度评价。同时全市各文博单位不断探索文化产业与旅游相结合的工作新思路，中山舰博物馆、辛亥革命博物馆、晴川阁等单位不断创新形式，积极学习借鉴兄弟城市先进经验，逐步加强文化与旅游的结合。

（5）推动江汉关博物馆、八路军武汉办事处旧址纪念馆等场馆进行安防改造。

为深入贯彻落实国家文物安全大检查的文件精神，提升各馆的安防水平，保证文物安全，詹天佑故居和江汉关大楼、新四军军部旧址三处文保单位开展了安防改造工程，相关工作已经开始组织实施。

（6）完成2018年民办和行业博物馆考核。

依照《武汉市促进民办和行业博物馆发展实施办法（暂行）》《武汉市民办和行业博物馆考核办法》的要求，通过各馆自评、各区排名、实地抽查、专家论证等环节对全市73家民办及行业博物馆从场馆建设、日常运行开放和临展巡展3个方面进行了考核。根据考核的结果制定了差异化的奖励和补助方案，并进行了公示公告，做到公平、公正、公开，补助资金已经市财政局拨付给各区局。

（7）完成市委、市政府交办的督办件和省市人大、政协议（提）案办理工作。

2019年共收到各级各类人大、政协主办、协办、会办提案21件，全部按照要求圆满完结。同时市委、市政府交办的其他督办件也都按期完成。

（8）每月报送信息1~2条。

截至2019年，市直文博单位共报送文化信息100余条，市以上媒体宣传报道200余次，积极引入"互联网＋"手段，运用微博、微信等自媒体手段进行宣传，进一步提升了市直博物馆的知名度，扩大了影响力。

（9）完成上级交办的其他任务。

及时完成上级领导交办的临时任务，无任何推诿延误现象发生。

## 二、全年工作特色

2019年以来，按照习近平总书记"让文物活起来"的重要指示精神，全市文博系统创造性转化、创新性发展中华传统文化，积极弘扬革命传统、传承红色基因，立足自身特点，结合重大节点，积极开展特色精品活动。

### （一）主题展览

市直博物馆2019年举办临时展览125个，其中原创展览27个，引进和输出展览98个。

1. 传承红色基因，红色主题展览内容丰富

武汉中共中央机关旧址纪念馆举办了"新时代的先声——五四新文化运动展"；八路军武汉办事处旧址纪念馆举办了"伟人与八办""白山黑水铸英雄——东北军民14年抗战史实展"展览；武汉革命博物馆举办了"不忘初心——马克思主义在中国早期传播""可爱的中国——方志敏烈士生平展"等红色展览。

2. 弘扬传统文化，特色展览精彩纷呈

春节期间，晴川阁（武汉大禹文化博物馆）推出了"喜犬欢猪——南阳出土陶俑精品展"；三八妇女节，辛亥革命博物馆推出特展"风尚与变革——近代百年中国女性生活形态掠影"；清明期间，八路军武汉办事处旧址纪念馆举办了"画为刀——抗战漫画回眸"巡展。

3. 迎国庆、贺军运，推出精品展览活动

2019年是中华人民共和国成立70周年，又喜逢第七届世界军人运动会在武汉召开，全市文博系统积极行动起来，推出了系列精品展览活动。

辛亥革命博物馆举办了"祖国立交桥：武

汉 70 年'路'与'城'的协奏曲";八七会议会址纪念馆举办了"伟大开端——中国共产党创建历史图片展";武汉革命博物馆推出了"日出江城——庆祝武汉解放 70 周年展""敢教日月换新天——武汉 70 年巨变";武汉博物馆在军运会举办前夕,推出了"与军运同行——中国近现代体育文化暨军事体育珍藏品特展";武汉中共中央机关旧址纪念馆也将"人间正道是沧桑——元帅与武汉"展览送至军运会赛事承办单位的武汉商学院展出;晴川阁(武汉大禹文化博物馆)推出了"秀美江山于心——王克斌中国画精品展"。

(二)社教活动

2019 年以来,全市直属文博单位开展特色精品活动 378 场。

1."5·18"国际博物馆日活动影响日益增强

2019 年的国际博物馆日主题是"作为文化中枢的博物馆:传统的未来"。全市文博系统突出博物馆作为"文化中枢"的定位,主动融入武汉市经济社会发展大局,在武汉博物馆主会场,市文化和旅游局党委书记、局长杨相卫宣布全市文博系统国际博物馆日系列活动启动,文博专家还进行了免费鉴定活动。同时在武昌分会场,"共和国故事汇——武汉市红色故事宣讲大赛"启动仪式暨"纪念武汉解放七十周年红色故事分享会"活动在武汉革命博物馆成功举行。

2.红色主题活动

红色情景演出剧是武汉革命博物馆、武汉中共中央机关旧址纪念馆等红色博物馆借鉴外地经验,结合自身红色历史资源,采用与观众互动的沉浸式表演方式打造的红色博物馆情景剧。红色会演是八路军武汉办事处旧址纪念馆主办的"闪闪小红星,拥抱新时代"——"孩子剧团"献礼中华人民共和国成立 70 周年活动。"红色故事汇"讲解比赛是市委宣传部以及市文化和旅游局等单位联合主办的活动,全市文博系统讲解员积极参与、

讲述革命故事、宣传红色真理,该比赛选拔出来的讲解员还作为全市文博系统的优秀代表参加了全市"同上一堂思政课——红色故事进校园"巡回宣讲活动。

3.结合重大节点组织的文博活动

清明期间,武汉革命博物馆举办"为了不能忘却的记忆——庄严的宣誓"清明祭奠活动,江汉关博物馆联合鄱阳街小学开展"出彩江汉关·清明追思"活动;中秋前夜,晴川阁举办了"诗韵金秋——2019 晴川迎国庆军运中秋诗会",武汉市中山舰博物馆策划了"中秋佳月最端圆"活动。

(三)对外交流活动

武汉博物馆提供 5 件馆藏瓷器参加上海博物馆"灼烁重现——十五世纪中期景德镇瓷器大展",13 件(套)馆藏文物赴日本参加"三国志"特别展;江汉关博物馆"江城往事——19—20 世纪武汉生活记忆"展览在广东开平市展出,同时 11 件(套)馆藏文物借展于湖北省博物馆"万里茶道八省巡回展览";武汉中共中央机关旧址纪念馆"那些年 那些人 那些书——连环画中的红色经典"巡展至 17 个省内外单位,巡展观众突破 100 万人次。

(四)试点夜间开放 促进文旅深度融合

根据市领导的指示精神,江汉关博物馆、中国共产党纪律建设历史陈列馆进行了公共文化场馆的夜间试点开放,开放期间共有 3 万余人夜间走进博物馆(两家单位为保证观众和馆舍及展品安全,均采取了限流措施)。吸引了新华社、人民网等中央媒体和《湖北日报》《长江日报》等省市主流新闻媒体的高度关注,同时学习强国 App 等网络平台全程参与了报道并作出推荐。

(五)博物馆自身建设卓有成效,研究成果丰富

2019 年长江文明馆(武汉自然博物馆)"大河之旅 生命之歌——武汉自然博物馆常

设展览"荣获全国博物馆十大陈列展览精品推介优胜奖。武汉革命博物馆"大江弄潮——庆祝改革开放40周年"、盘龙城遗址博物院"盘龙城——武汉城市之根"获选第三届（2018年度）湖北省博物馆、纪念馆六大陈列展览精品推介活动"精品奖"，武汉中共中央机关旧址纪念馆"那些年 那些人 那些书——连环画中的红色经典"、辛亥革命博物馆"我爱我'家'——江城百姓生活四十年变奏曲"获优胜奖，长江文明馆（武汉自然博物馆）"大河之旅 生命之歌——武汉自然博物馆常设展览"获特别奖。同时，在2019年度湖北省文博系统"十佳"社教团队推介展示活动中，武汉博物馆、武汉革命博物馆和长江文明馆获"最佳社教团队"称号，武汉市中山舰博物馆、辛亥革命博物馆、八七会议会址纪念馆和江汉关博物馆获"优秀社教团队"称号。

武汉革命博物馆编撰出版《为有牺牲多壮志——武汉红色文化故事》《敢教日月换新天——武汉70年巨变》2本著作；晴川阁（武汉大禹文化博物馆）出版学术研究丛书卷二《禹功》；中山舰博物馆出版《舰证中德——从中山舰出水文物看清末民初时期的中德交往》和《城阙烟尘》2本著作。

**（六）非国有博物馆取得长足发展**

近年来，大力推动非国有博物馆发展，截至2019年，全市已登记注册的非国有博物馆达到46家，备案藏品数130000余件（套），涵盖历史综合、革命文物和金石美术、自然科技、非遗传承等众多门类。10月16日，为喜迎第七届世界军人运动会在武汉隆重举行，由中共武汉市委宣传部、武汉市文化和旅游局指导，武汉市文化发展集团有限公司主办，中南民族大学、武汉市民办和行业博物馆协会共同承办了"盛世藏宝——首届武汉市非国有博物馆馆藏艺术精品展"。本次武汉市非国有博物馆馆藏艺术精品展，集中展示了武汉市非国有博物馆协会24家会员单位的近300件（套）藏品，这是对武汉市非国有博物馆文化和旅游资源的一次展示，体现出武汉市文博行业多元文化发展的自信与担当。

# 武汉博物馆

武汉博物馆地处武汉市江汉区后襄河畔，是历史文化综合类博物馆，于2001年建成，2005年获评国家AAAA级旅游景区，2008年成为首批国家一级博物馆，是武汉地区研究保护、展示传播历史文化遗产的重要场所。武汉博物馆建筑面积25000余平方米，陈列面积7000平方米，库房面积4000平方米。2009年经武汉市人民政府批准，武汉市博物馆与武汉市文物商店合并，更名为"武汉博物馆（武汉市文物交流中心）"，实行两块牌子、一套领导班子的管理模式。武汉博物馆经过近20年的不懈努力，先后被中宣部、原文化部授予"全国爱国主义教育示范基地""全国文化工作先进集体""全国青年文明号"等荣誉称号，集体荣获"武汉市五一劳动奖状"，连续8年获得"湖北省文明单位"称号。2019年在全市"双评议"活动中，被市治庸问责领导小组评为全市公共服务企业类"十优满意单位"。

2019年，在武汉市文化和旅游局的正确领导和悉心关怀下，全馆上下认真贯彻落实习近平总书记关于文化和旅游工作的重要论述和重要指示批示精神,全面贯彻落实党的十九大、十九届四中全会关于文化建设的各项要求,围绕举旗帜、聚民心、育新人、兴文化、展形象的使命任务,积极有序展开工作,圆满完成各项工作要点和目标任务。

## 一、博物馆藏品管理

武汉博物馆藏品丰富、来源广泛,既有见证武汉城市发展、记录地方民风民俗的各类考古发掘品,又有门类齐全、质量上乘的历代传世珍品,同时还有众多文物爱好者的无私捐献以及近年来博物馆向社会主动征集的各类珍贵文物。截至2019年,武汉博物馆共有藏品5万余件,涉及陶瓷、青铜器、书画、玉器、竹木牙雕、珐琅器、印章等众多种类。

### (一)藏品征集

2019年,武汉博物馆根据年初文化工作目标要求,按照上级主管部门指示,拟订馆藏品文物征集计划,为武汉博物馆征集文物共计40件(套),同时为同行业博物馆提供有价值文物征集品共计15件(套),向武汉革命博物馆提供征集铜币共计4000余枚。

### (二)藏品管理

武汉博物馆文物库房面积近2000平方米,内有现代化的金属密集架及全实木柜架,各种环境监测设施设备齐全,自动监管库房内的温度及湿度。每套环境监测系统由控制中心、控制设备及监控软件等组成。目前武汉博物馆文物库房共有4台恒温恒湿机组24小时控制库房温湿度,按照文物类别分库设定温湿度。库房内配备有8台空气洁净屏,有效地改善了库房内空气质量。部分珍贵文物逐年制作囊匣装放,有效控制文物保存微环境。严格建立一整套科学的藏品管理方法,包括鉴定、定名、定级、分类、登记、入库排架、编目建档等,严格依照国家制定的文物管理办法规范执行,保证了藏品保管工作规范有序。

在文物保管日常工作中,武汉博物馆严格按照库房管理制度完成库房文物的进出保管、漆木器文物的保护等工作,认真对文物普查中拆箱的各类文物开展点交、登记、排柜等工作。严格按库房管理制度完成库房文物的日常保管、保护、科研、交流等工作,做到文物安全率100%。同时根据季节、气候的变化,科学调节库房温湿度,并做好库房温湿度的记录。坚持每月两次库房安全检查和清洁卫生大扫除。

武汉博物馆现有文物保护修复实验室面积近160平方米,现有中、高级职称工作人员7人,并配备有各类文物常规分析检测和保护处理等较为先进的仪器设备。历年来已修复陶瓷、青铜器、书画等各类文物500余件。为了弥补人员和技术方面的不足,武汉博物馆还先后与省内外多家科研机构建立良好的合作关系,保证了文物保护修复工作水平的不断提高。近年来,武汉博物馆力争国家重点文物保护专项补助资金支持,先后实施了馆藏青铜器保护修复项目和馆藏文物预防性保护项目。

2019年6月,在湖北省文化和旅游厅博物馆处的主持下,武汉博物馆邀请全国多位文保专家参与评审"武汉博物馆馆藏书画保护修复项目""武汉博物馆可移动文物预防性保护项目""武汉博物馆馆藏文物预防性保护——文物展柜保护项目",顺利通过专家验收结项。

## 二、博物馆陈列展览

2019年,武汉博物馆对基本陈列内容,展厅、展柜等展览配套设施进行改造提升。展陈效果、安全防范措施都得到了极大提升。武汉博物馆举办高质量临时展览19个,含原创展览3个,对外输出展览8个,圆满完成了全年既定的各项展览计划。

### (一)基本陈列

武汉博物馆目前常设的"武汉古代历史

陈列""武汉近现代历史陈列"是系统反映武汉城市文明绵延的两大基本陈列,根据最新研究成果和观众建议,在保持基本陈列原有风格的基础上,进行有针对性、有重点的提升改造,紧密围绕展览内容进行合理设计,使艺术设计与内容设计形成高度的和谐统一。

"武汉古代历史陈列"以武汉地区出土和传世的珍贵历史文物为基石,以历史学、考古学等学科研究成果为科学依据,将新石器时代至清代武汉数千年的历史发展脉络清晰、形象地展示在观众面前。当前展区面积1000余平方米,展线长600米,展出文物500余件。展览由江汉曙光、商风楚韵、军事要津、水陆双城、九省通衢等五个部分组成。该展览荣获全国博物馆陈列展览的最高奖项——"第五届全国十大陈列展览精品"奖。

"武汉近现代历史陈列"通过武汉近现代历史文物与相关文献资料的综合展示,运用大量的艺术作品和复原场景,全景展现了从1838年林则徐在武汉实施禁烟起,直至1949年人民政权建立这百余年间武汉壮丽辉煌的革命发展史,展区面积1000平方米,展线长420米,展出文物100余件,复原了波澜壮阔的武汉抗战、武汉解放场景。展览以科学、严谨、生动、形象为主旨,立足文物,突出亮点,运用浮雕、仿真硅胶雕像、油画等设计元素,为观众营造了一个充满地域文化特色的武汉近现代历史空间氛围。

2019年,武汉博物馆将常设展览"历代文物珍藏"进行改陈,上展了20余件新藏品,于10月26日在武汉博物馆珍藏厅展出。展览汇集了武汉博物馆馆藏青铜器、玉器、竹木牙雕、砚台、印章、鼻烟壶及珐琅器等多门类艺术精品200余件。此外,"古代陶瓷艺术"作为常设展览对外开放。

### (二)临时展览

在馆内展览方面,2019年,武汉博物馆举办高质量临时展览19个,其中原创展览2个。具体包括"金猪拱福——己亥新春生肖文物图片联展""海上风——嘉兴博物馆馆藏海派书画精品展""契约中国——马鞍山市博物馆馆藏契约展""陶韵瓷魂——中国陶瓷文化巡礼展""千古一枝 卓然自立——汉剧艺术大师陈伯华诞辰一百周年纪念展""丝路霓裳——哈密清代维吾尔族服饰展""西京印迹——大同辽金元文物展""浓缩世界历史见证百年风云——世界珍邮展""八百年不熄的神灯——祭祀成吉思汗的鄂尔多斯蒙古族历史文化""穿越七十万年——世界文化遗产周口店文物特展""圣贤之道——阳明的故事""庆祝中华人民共和国成立70周年'新时代大武汉'武汉市群众文化美术书法摄影作品展""湖北省女摄影家协会第八届摄影艺术展""庆祝中华人民共和国成立70周年——书画艺术作品展""表诉情怀——新中国手表工业展""与军运同行——中国近现代体育文化暨军事体育珍藏品特展""百年金石·汉上印风""武汉的故事:第十八届全国民间收藏文化高层论坛主题展""雅舍清风:武汉画廊藏品展"等19个精彩临时展览。

"天涯咫尺——武汉博物馆馆藏书画手卷精品展"参与第三届(2018年度)湖北省博物馆、纪念馆六大陈列展览精品推介活动,荣获"精品奖"殊荣。

在境内馆外展览方面,2019年,武汉博物馆秉持"走出去"的文化交流方针,积极向全国其他博物馆推出一系列馆藏文物精品展,对外输出展览8次,已在国内博物馆界颇具知名度和影响力。"掌中珍玩——武汉博物馆藏鼻烟壶展"赴哈密博物馆、连云港博物馆、绍兴博物馆展出;"天地精灵 璀璨江汉——武汉博物馆馆藏玉器精品展"赴沈阳故宫博物院、北京周口店遗址博物馆、杭州南宋官窑博物馆、鄂尔多斯博物馆展出;"铜镜的故事——武汉博物馆馆藏铜镜展"赴马鞍山市博物馆展出。

这些展览主要依托武汉博物馆馆藏精品文物,通过与合作方共同进行科学精心筹划、高水平设计及布展工作,内容及形式设计不断提升。通过彼此间相互合作,加强了馆际交流,提升了武汉博物馆的知名度,传递了城市之间的友谊,受到兄弟博物馆的高度评价,同时也获得了当地观众的一致认可与好评。

武汉博物馆积极开展对外文物交流活动,逐渐搭建起了一条馆际文物交流桥梁。2019年,武汉博物馆提供多件馆藏瓷器参与上海博物馆"灼烁重现——十五世纪中期景德镇瓷器大展";馆藏佛像参加浙江省博物馆"佛影灵奇——十六国至五代佛像精品展";馆藏印章参加成都博物馆"灵蛇传奇"展览。

在出国展览方面,2019年7月,为纪念《中日文化交流协定》签署40周年,促进中日两国文化交流,让日本民众更深入理解中华民族的文化精髓,武汉博物馆13件(套)馆藏文物赴日本参加由中国文物交流中心、日本东京国立博物馆、九州国立博物馆、日本放送协会等机构和组织主办的"三国志"特别展。展览从政治、经济、军事、文化、生活、宗教等方面展现了三国时代以及后世演义故事的历史风貌。展览汇集全国18个省、自治区、直辖市46家收藏单位220多件(套)展品,对传播武汉城市文化、加强武汉博物馆国际文化交流具有重要意义。

## 三、博物馆教育

为了深入学习、贯彻落实党的十九大精神,充分发挥博物馆"公益性、教育性、服务性"功能,积极响应武汉市委、市政府建设"文化五城"的号召,积极配合国家文物局、省文物局关于"百万学生走进博物馆"五年计划,2019年,武汉博物馆社教工作以本馆陈列和临时展览为载体,配合重大节假日和社会事件,不断创新活动内容和形式,精心策划不同主题的教育活动50余次。同时,围绕"博物馆进校园"和"走进武汉博物馆"两条思路,"走出去"与"请进来"相配合,精心策划组织了一系列主题活动,获得了良好的社会口碑和反响。

武汉博物馆坚持"以文化自信传承城市文明"的理念,继续增加配套社会教育项目和志愿者培训活动。武汉博物馆"行走的课堂"研发推出"武汉记忆""墓葬探秘""国学礼仪""民俗节庆""匠心独运"等六大系列传统文化体验课程,开展教育活动270场次,其中馆内教育活动138场次,馆外教育活动132场次,受到了社会各界的广泛好评。

(一)教育项目

2019年,武汉博物馆继续融合教育之力,与武汉地区教育部门、中小学建立合作关系,共同挖掘、提炼博物馆青少年教育资源,以"博物馆进校园活动"为契机,研发博物馆教育课程项目及互动活动,积极探索建立中小学生利用博物馆开展学习的长效机制。元旦期间,武汉博物馆"行走的课堂"——"皇家气象——沈阳故宫清代宫廷生活用品展"社教活动走进江汉区清芬路小学;元宵节,"弘扬中华优秀传统文化 欢度美丽幸福中国年"元宵喜乐会民俗体验活动走进武汉市汉铁高级中学新疆班;清明节,武汉博物馆"行走的课堂"——"杏花春雨话清明"民俗体验活动走进武昌区中华路小学、武汉市十一初级中学;春末夏初,武汉博物馆"行走的课堂"走进武汉市第一聋哑学校;中秋节,武汉博物馆"天涯共此时 月圆话中秋"传统文化体验活动走进邬家墩小学;9月中旬,武汉博物馆以特有的方式助力2019年世界军人运动会,将"行走的课堂"——"穿越古今看军运"特色课程送到了江汉区邬家墩小学。这些课程围绕中华传统文化、武汉城市的缘起等,以PPT与实物相结合的形式展开生动讲述和趣味互动,增强孩子们对民俗文化、武汉人文历史的了解。

在第109个国际妇女节到来之际,武汉博物馆精心策划了"风姿华彩·古韵新容"妇女节传统文化体验活动,走进江汉区团区委;第29个"全国助残日",武汉博物馆特邀常青街40余名残疾人朋友来馆内做客,使他们感受到了一次独具特色的爱心人文之旅；端午节期间，武汉博物馆"行走的课堂"走进江汉区友谊青少年空间，为社区群众带去了"艾叶清香说端午"武博传统文化体验活动。

### （二）教育活动

"5·18"国际博物馆日，武汉博物馆教育空间正式面向全社会开放。教育空间面积约800平方米，可容纳600人，由青少年互动区、教学体验区、交流展览区等多个功能区域组成。武汉博物馆作为武汉市重要的公众教育基地，主要从馆藏特色和青少年教育角度出发，整合现有教育资源，通过传统授课、自主探究、藏品阅读、美术实践等多种模式，推出具有趣味性、参与性强的互动项目，为不同年龄段公众开展教育、研修活动提供了灵活便利的场地空间，拓展了武汉博物馆的公共服务功能，让公众在博物馆里进行创造、分享和互动。

2019年，武汉博物馆志愿者队伍建设取得新成效。全年分四季度招募、培训小志愿者37人，高校学生志愿者129人，社会志愿者50人，为武汉博物馆志愿者团队注入了新的活力，志愿者总服务时长达4600小时。每季度开展的专家导览、学习考察等志愿者活动推动了武汉博物馆志愿者团队的可持续发展，以多种形式助力武汉博物馆志愿工作薪火相传、吐故纳新。

2019年3月，武汉博物馆进行了2019年春季志愿者招募及培训活动，组织志愿者开展岗前综合知识培训。5月22日，第十一届华中科技大学阳光解说员表彰大会在武汉博物馆举行，11年来秉承着"传承历史、撒播阳光、传递友爱"的信念，经过不懈努力，武汉博物馆将"阳光解说站"打造成武汉博物馆志愿者团队的知名品牌。7月中旬，2019年度"童心飞扬、绽放武博——小志愿者暑期培训体验营"在万众期待中拉开了帷幕。小志愿者的培训以"武博教育空间"为依托，以"讲解礼仪规范"为基础，以"历史文化知识"为核心，通过沉浸式博物馆课程、创意空间手工体验、一对一礼仪指导讲解、博物馆宣讲服务等形式在青少年心中播下优秀传统文化的种子，使他们成为博物馆文化的终身受益者和传播者。共有37位小志愿者在暑假期间为武汉博物馆观众提供志愿服务，讲述"江城宝藏"故事、传承武汉城市文明。

为拉近博物馆与普通市民的距离，2019年，武汉博物馆依托民俗节庆、特色展览在馆内开展丰富多彩的公众活动。如春节期间，"金猪贺岁"武汉博物馆2019年春节期间民俗体验活动；5月4日，"忆往昔、学历史"弘扬"五四"精神——武博探秘体验营纪念"五四运动"100周年特别活动；6月1日，民族团结一家亲、童心共筑中国梦——武汉博物馆"六一"文化体验活动；8月28日，"穿越七十万年、探寻人类起源"——武汉博物馆"疯狂原始人"青少年体验活动；9月28日，"童心向党、庆祝建国七十周年"——"七十米长卷绘中华"活动。

2019年武汉博物馆作为武汉市庆祝第43个"国际博物馆日"主会场，紧紧围绕2019年国际博物馆日主题——"作为文化中枢的博物馆：传统的未来"，组织开展了一系列内容丰富、形式多样的主题宣传活动，特别是"妙手呈金"青铜器修复亲子体验活动，让公众通过体验文物修复的过程，感受文物修复师孜孜以求、精益求精的工匠精神，从而强化文物保护的意识和理念。

在湖北省博物馆2019年"5·18"国际博物馆日庆祝活动中，武汉博物馆社教团队喜获"2019年度湖北省文博系统十佳社教团队"称号。"行走的课堂"项目获评中共武汉市委宣传部授予的"武汉市2018年度爱国主义精品项目"。9月中旬，在2019年湖北省文博系统"小小讲解员"讲解大赛中，武汉博物馆小志愿者容歆然、查米多发扬武博志愿精神，讲述"江城宝藏"背后的故事，传承武汉城市文明，并在来自全省文博系统的19支代表队近 30 名小小讲解员中脱颖而出,共创佳绩,双双荣获全省大赛二等奖。

（三）"互联网＋"教育

2018 年度国家文物局"互联网＋中华文明"专项资金项目——"博物馆文物知识图谱平台构建"已经完成初步设计和资料整理工作。

## 四、博物馆研究

（一）学术活动

12 月,湖北省博物馆协会年会在宜昌召开,武汉博物馆裴少菲撰写的论文《博物馆公众教育连接传统与未来的纽带——以武汉博物馆公众教育的实践为例》荣获《作为文化中枢的博物馆:传统的未来——2019 年湖北省博物馆协会学术研讨会论文集》一等奖;雷晓洁撰写的《守正创新——武汉博物馆展览工作实践》荣获二等奖;陈朝霞撰写的论文《发挥藏品社会性 增加公众参与度》荣获三等奖。武汉博物馆社会教育部主任裴少菲进行了学术专题发言,以武汉博物馆公众教育的实践为例,就如何发挥博物馆的文化资源、社会教育优势,将各种崭新的技术、创新手段与历史文物相结合,以开放、共享的社教新模式,实现博物馆独有的文化效应,进行了交流分享,为各博物馆公众教育的研究工作提供了借鉴。

（二）学术成果

2019 年,武汉博物馆科学研究成果丰硕。出版《古镜涵容——武汉博物馆藏铜镜》,武汉博物馆藏中国铜镜 5000 余面,涵盖从战国到清代各个时期的镜种,可以说是一个铜镜宝库,该书较为系统、全面地展现了本馆馆藏铜镜的文化面貌。出版《妙手呈金——武汉博物馆馆藏青铜文物保护修复报告》,本报告是武汉博物馆青铜器保护修复工作和相关研究成果的实例汇编,较为全面地展现了武汉博物馆馆藏青铜器修复项目实施工作的全过程。主持武汉社科联项目"博物馆助力于社会历史文化微改造研究",完成结

项;围绕抗日战争胜利后武汉地区的政治、经济、文化和社会等专题,向江汉大学城市研究中心提交开放性重点课题申报 3 项,目前已获批并进入研究阶段。

（三）学术刊物

2019 年,武汉博物馆学术期刊《武汉文博》全年编辑出版 4 期,刊发文章 40 多篇,文博简讯 20 多条。

2019 年,武汉博物馆在各类期刊、报纸上发表论文 30 余篇。

## 五、博物馆公共服务

（一）观众服务

据统计,截至 2019 年 12 月底,武汉博物馆累计接待社会观众 66.2 万人次,其中普通观众 50.82 万人次（包括输出展览的外省市观众人数）,未成年观众 5.9 万人次,外宾 7700 多人次。

在观众服务方面,武汉博物馆始终致力于弘扬中华民族传统文化及武汉本土地域历史文化,树立"以人为本、热情服务"的宗旨意识,以扎实的业务素质,细致周到的服务,开展丰富多彩的社会教育工作,努力使广大群众共享文化发展的新成果。2019 年,武汉博物馆讲解员为观众提供人工讲解服务 1389 批次,为特殊观众提供轮椅、婴儿推车免费租用服务 395 次,收集观众意见 70 条,接听观众咨询预约电话 7960 人次。

（二）社会服务

2019 年,武汉博物馆多次开展文物专题类讲座,如"铜镜小识""武汉历史知多少"等,深入浅出的解读让听众受益匪浅。此外,武汉博物馆还多次开展专家导览讲座,结合武汉博物馆展览内容,特邀兄弟馆专家在展厅内结合展出文物为观众进行专场导览。

在文物鉴定方面,2019 年,武汉博物馆鉴定中心为社会各界提供文物、艺术品鉴定共计 16 批次,其中涉案文物、艺术品 11 批次,共计 60 件（套）;社会文物、艺术品 5 批

次,咨询人数达 500 人次,143 名收藏爱好者前来武汉博物馆鉴定中心鉴定文物、艺术品共计 729 件(套)。

此外,武汉博物馆还积极开展结对帮扶活动。以"传递正能量、关爱下一代"为基本方略,以建档立卡贫困户中的青少年群体为主要帮扶对象,深入推进"微心愿"活动,充分发挥共青团组织统筹资源、聚合力量等组织优势,整合青年文明号集体资源,通过公益活动帮助一批青少年解决生活困难。同时,组织动员全馆广大青年关注贫困问题、关爱贫困人口、关心扶贫工作,增进与贫困青少年的情感交流与双向互动,用实际行动成就贫困青少年的梦想和希望,为脱贫攻坚贡献力量。

为配合 2019 年在武汉举办的第七届世界军人运动会及全国文明城市长效机制的建设,武汉博物馆与常青街道贺家墩社区、扬子社区展开合作,完成了青年路学雷锋志愿者站岗服务的各项工作,保证了所负责片区的公共秩序和卫生。此外,武汉博物馆还按照全省文明单位的建设要求,在馆内组织开展了多次"道德讲堂"活动,各项精神文明建设成绩喜人。

## 六、智慧博物馆

2019 年 5 月 18 日,武汉博物馆新版微信公众号正式上线,新增了语音导览功能,可以即点即播,操作简单方便;新增了社会教育在线报名功能,志愿者可以直接通过微信公众号志愿者功能报名,通过在线填表的方式,直接向武汉博物馆提出申请。观众只需关注武汉博物馆微信公众号,就可以随时获取讲解员全程专业细致的讲解。武汉博物馆还将陆续推出多种风格的讲解,以满足不同观众的个性化需要。与此同时,观众也可以在网络上报名参加社会教育活动。改版后的武汉博物馆微信公众平台关注人数飙升,截至2019 年突破 22697 人,是改版前的 5 倍多。

2019 年武汉博物馆在智慧博物馆运行

方面取得了长足的进步。观众可通过"江汉集珍:武汉博物馆馆藏文物精粹"手机 App系统,了解武汉博物馆六大类共 70 余件馆藏精品文物的深度信息。目前该系统运行良好,取得了较好的社会效益。

## 七、博物馆文创产品开发

2019 年武汉博物馆继续以展览陈列为核心,依托本馆藏品资源优势,开发了能反映展览内容,具有实用、欣赏和收藏价值的文化纪念品。武汉博物馆与湖北楚天书局传媒有限公司合作开发了可伸缩卡套、三角形行李牌、软尺手环;与武汉爱语洋文化创意有限公司合作开发了轿子书签、梅瓶小夜灯、雨伞、文具套盒等文创产品,受到了广大观众的喜爱。

## 八、博物馆建设与管理

### (一)发展规划与建设

2019 年,武汉博物馆基础设施建设稳步推进。在武汉市文化和旅游局的科学指导下,武汉博物馆积极与工程代建方及其相关协作单位密切配合、紧密协作,于 11 月中旬完成武汉博物馆二期工程的验收;12 月,代建单位与武汉博物馆完成工程交接;2020 年正式投入使用。

为解决现有文物库房容量严重不足的问题,在博物馆二期办公楼投入使用后,武汉博物馆拟将原一期办公区改造为文物库房及保护修复室,面积共计 3000 平方米。

2019 年武汉博物馆展厅进行了提升及改造,完成了基本陈列"武汉古代历史陈列""武汉近现代历史陈列"和"古代陶瓷艺术"展览提升及改造,包括序厅改造、展厅展板设计及制作、场景改造、展台及展架制作、更换视频设备等。完成了一楼至三楼九个展厅原电路及线路拆除和新电路及线路安装与调试工作。对原有休闲服务中心进行改造,拆除原区域,重新设计、制作、装饰服务中心;购置展示柜、休闲椅、相关配套设施。对青少年活动中心进行升级与改造,包括青少年互动项目的开发与制作、活动中心展示布置、平面设计等。

为了更好地提升博物馆的展览水平,突出馆藏优势,挖掘文物背后的故事,让文物"活起来",武汉博物馆拟于2020年对陶瓷专题展厅进行升级改造。此次升级改造内容将围绕馆藏一级文物"元青花四爱梅瓶",拟打造全新的梅瓶特色参观体验区。

### (二)制度建设

武汉博物馆自成立以来,按照国家相关规定及最新政策法规,坚持将制度建设作为博物馆今后发展的重要保障,制定并不断完善自身管理制度体系。武汉博物馆依据《博物馆条例》制定了《武汉博物馆章程》。这是全馆管理制度体系中的纲领性文件,武汉博物馆各项业务工作的展开必须以本章程为依据。为了对武汉博物馆工作人员、各项工作和活动有目标地进行计划、组织、实施、检查等一系列科学管理,武汉博物馆制定了岗位职责制度、行政管理制度、业务管理制度。

同时,随着博物馆建设、文物工作的不断发展,按照上级主管部门的要求和指导,武汉博物馆每年不断更新和补充新的制度和规定,努力使博物馆工作科学化、制度化、规范化、现代化,最大限度提高武汉博物馆的社会文化服务效益。

### (三)安全管理

2019年,为妥善应对国内公共场所安全防范工作的新局势、新特点,预防并遏制各类安全事故的发生,武汉博物馆继续强化安全保卫工作,始终坚持"预防为主、确保安全"的工作方针,全面落实各项防范措施,科学统筹管理,建立长效机制,继续强化安全保卫工作。确保馆藏文物安全率100%,全年无重大安全事故发生。

2019年初在全馆制定了相应三个级别的治保、防火岗位安全责任书,3月安全责任书全部签署完毕,将安全责任制落到实处。春节、劳动节、端午节、中秋节、国庆节等重大节假日前,组建安全检查专班对全馆展区、办公区、施工区等重点区域进行细致排查,对发现的隐患开具书面整改意见并督促整改,确保节假日期间文物安全和观众的生命财产安全。

2019年全体员工参加了5次安全、消防技能培训。为响应省文化和旅游厅举行的"安全生产月"及"安全生产万里行"活动,特别邀请了消防专家来武汉博物馆举办消防知识讲座,教授基本消防常识和初期火灾的救援处置方法,并在现场组织一线操作人员参加消防演练,使大家基本掌握了消防的初级技能。武汉博物馆严格按照国家规定,要求一线操作人员持证上岗。5月组织监控人员参加全市组织的"中级消防员"笔试和实操考试,目前已有3人拿到资格证。

武汉博物馆一期消防维修工程已通过验收、审计和第三方年检;安防升级改造工程已经完工并通过湖北省电子信息产品质量监督检验院的第三方检测,进入审计阶段;馆内安防视频已接入市公安局网络监测中心、消防设备完成与区消防应急部门的对接,可以实时监测武汉博物馆消防设施设备联动情况。因武汉博物馆二期办公楼定于年底交付使用,于是向市文化和旅游局申请增加安保人员数量和库房安防、消防升级改造资金,以进一步全方面保障博物馆的安全。

### (四)人才培养

武汉博物馆在科研工作实践中培养锻炼了一支学有所长的以中青年为骨干的科研人才队伍。截至2019年底,有副高级以上专业技术职称13人,中级专业技术职称31人,其中获得博士学位2人,硕士学位9人。

## 九、公众评价

### (一)观众满意度

武汉博物馆通过观众意见簿及调查问卷

等形式,进行观众信息采集汇总工作,并及时对观众提出的意见及建议进行了回复,对相关问题予以认真整改。

观众普遍认可武汉博物馆的环境和服务,认为其"环境优雅""讲解员业务水平高""安保人员引导热心"。根据留言及反馈,观众对武汉博物馆的展览、环境、服务等均比较满意,普遍认为武汉博物馆展品种类众多、陈列有序,参观设施齐全,服务热情周到、人性化。

在2019年全市"双评议"活动中,被市治庸问责领导小组评为全市公共服务企业类"十优满意单位"。

## (二)社会关注度

为了进一步扩大影响力,武汉博物馆不断加大宣传力度。2019年接受《中国文物报》、东方卫视、武汉电视台等各类媒体采访报道近200次,内容涵盖电视新闻报道、专题节目制作、报纸杂志报道、电台报道等各大类。通过媒体报道、网络宣传等手段,向市民及时传递展览、藏品、活动信息。2019年武汉博物馆官方网站发布展览、社教信息70余条;实发微博200余条,粉丝75000余人;武汉博物馆微信公众号及时发布展览、社教活动以及文物解读等信息60余条,公众号关注人数25000人,取得了较好的宣传效果。

(撰稿人:刘明哲)

# 大 事 记

## 武汉博物馆

### 1月

1月2日,武汉博物馆"行走的课堂"——"摆驾回宫"文化体验课走进江汉区清芬路小学。

1月16日,"海上风——嘉兴博物馆馆藏海派书画精品展"在二楼交流厅开幕。

1月29日,举办"金猪贺岁"春节元宵节民俗体验活动;"铜镜的故事——武汉博物馆馆藏铜镜展"赴马鞍山市博物馆展出。

### 2月

2月,武汉博物馆年度"志愿者之星"出炉,路遥、许萌、徐咏、王晴、劳珊、马靖宇、黄葵、柳英、张馨怡等9位志愿者获得此荣誉称号。

2月18日,"弘扬中华优秀传统文化 欢度美丽幸福中国年"元宵喜乐会民俗体验活动走进武汉市汉铁高级中学新疆班。

### 3月

3月,"天涯咫尺——武汉博物馆馆藏书画手卷精品展"参与第三届(2018年度)湖北省博物馆、纪念馆六大陈列展览精品推介活动,获"精品奖";文创产品开发方面,与湖北楚天书局传媒有限公司合作开发了可伸缩卡套、三角形行李牌、软尺手环;与武汉爱语洋文化创意有限公司合作开发了轿子书签、梅瓶小夜灯、雨伞、文具套盒。

3月6日,"契约中国——马鞍山市博物

馆馆藏契约展"在一楼书画厅开幕。

3月8日,"风姿华彩·古韵新容"妇女节特别活动,走进江汉区团区委。

3月21日,"掌中珍玩——武汉博物馆馆藏鼻烟壶展"赴连云港博物馆展出。

3月22日,杭州南宋官窑博物馆"陶韵瓷魂:中国陶瓷文化巡礼"展在二楼交流厅开幕。

3月24日,"千古一枝 卓然自立——汉剧艺术大师陈伯华一百周年诞辰纪念展"在一楼书画厅开幕。

3月25日,"点亮微心愿,照亮大梦想"结对帮扶活动,走进新洲区三店街保河村、肖堤村。

3月29日,武汉博物馆"行走的课堂"——"杏花春雨话清明"走进武汉市十一初级中学。

## 4月

4月1日,武汉博物馆"行走的课堂"——"杏花春雨话清明"民俗体验活动走进武昌区中华路小学。

4月3日,大同市博物馆"西京印迹——大同辽金元文物展"在一楼珍藏厅开幕。

4月25日,"天地精灵 璀璨江汉——武汉博物馆馆藏玉器精品展"赴沈阳故宫博物院展出。

4月29日,武汉博物馆"行走的课堂"——"字传千百年"走进武汉市第一聋哑学校。

## 5月

5月4日,联合将军路街团工委组织将军路小学学生和将军路街各社区团干到博物馆里"忆往昔、学历史"。

5月11日,哈密博物馆"丝路霓裳——哈密清代维吾尔族服饰展"在一楼书画厅开幕。

5月18日,作为武汉市庆祝第43个"国际博物馆日"主会场,在广场举办"纪念五四运动100周年""红色记忆——中共中央在武汉""辛亥革命博物馆展览巡礼""保卫大武汉的100个瞬间"等多个主题展;邀请多位文物鉴定专家,在馆内为市民提供玉器、铜器、书画、杂项等门类的文物鉴定咨询公益服务;武汉博物馆教育空间正式面向全社会开放,举办专题讲座"青铜文化与青铜器修复";以网络直播的方式,开展了"妙手呈金"青铜器修复亲子体验活动;武汉博物馆新版微信公众号上线,新增了语音导览、社会教育在线报名、志愿服务在线管理、精品文物小程序等功能;社教团队获得"2019年度湖北省文博系统十佳社教团队"称号,"行走的课堂"项目获评中共武汉市委宣传部授予的"武汉市2018年度爱国主义精品项目"。

5月20日,"浓缩世界历史 见证百年风云——世界珍邮展"在一楼现代艺术厅开幕。

5月22日,特邀常青社区40余名残疾人朋友参加武博"爱心相守 文化共享"全国助残日特别体验活动。

5月28日,4件馆藏明代瓷器受邀参与上海博物馆"灼烁重现——十五世纪中期景德镇瓷器大展"展出。

## 6月

6月,2019年度"童心飞扬、绽放武博——小志愿者暑期培训体验营"启动;"武汉博物馆馆藏书画保护修复项目""武汉博物馆可移动文物预防性保护项目"通过结项验收。

6月1日,联合硚口区南垸坊小学、武汉市汉铁高级中学策划开展"民族团结一家亲、童心共筑中国梦"武汉博物馆六一体验活动。

6月5日,"掌中珍玩——武汉博物馆馆藏鼻烟壶展"赴绍兴博物馆展出。

6月6日,武汉博物馆"行走的课堂"——"艾叶清香说端午"传统文化体验活动走进江汉区友谊青少年空间。

6月29日,鄂尔多斯博物馆"八百年不熄的神灯——祭祀成吉思汗的鄂尔多斯蒙古族历史文化"展在一楼珍藏厅开幕。

## 7月

7月,13件(套)馆藏文物赴日本参加由中国文物交流中心、日本东京国立博物馆、九州国立博物馆、日本放送协会等机构和组织主办的"三国志"特别展。

7月2日,周口店遗址博物馆"穿越七十万年——世界文化遗产周口店文物特展"在二楼交流厅开幕。

7月6日,绍兴博物馆"圣贤之道——阳明的故事"在一楼书画厅开幕。

7月13日,"天地精灵 璀璨江汉——武汉博物馆馆藏玉器精品展"赴北京周口店遗址博物馆展出。

## 8月

8月,《妙手呈金——武汉博物馆馆藏青铜文物保护修复报告》出版发行。

8月20日,AAAA级景区复核。

8月22日,组织小志愿者团队前往武汉自然博物馆·贝林大河生命馆开展学习交流活动。

8月27日,"童心飞扬、绽放武博"武汉博物馆暑期小志愿者体验营举行结业仪式。

8月28日,开展"穿越七十万年、探寻人类起源"——武汉博物馆"疯狂原始人"青少年体验活动。

## 9月

9月,完成全省AAAA级旅游景区整改、复核检查工作;《古镜涵容——武汉博物馆藏铜镜》出版发行;"给力武博,因为有你"大学生志愿者招募海选活动在湖北大学、江汉大学、华中科技大学等高校举行。

9月3日,"天地精灵 璀璨江汉——武汉博物馆馆藏玉器精品展"赴杭州南宋官窑博物馆展出。

9月6日,"湖北省女摄影家协会第八届摄影艺术展"在一楼中厅开幕。

9月7日,江苏省收藏协会"表诉情怀——新中国手表工业展"在二楼交流厅开幕。

9月12日,武汉博物馆"行走的课堂"——"穿越古今看军运"特色课程及"天涯共此时 月圆话中秋"传统文化体验活动走进江汉区邬家墩小学。

9月14日,小志愿者容欣然、查米多参加2019年湖北省文博系统"小小讲解员"讲解大赛,荣获二等奖。

9月18日,"新时代·大武汉:武汉市群众文化美术书法摄影作品展"在一楼书画厅、现代艺术厅开幕。

9月21日,"庆祝中华人民共和国成立70周年——书画艺术作品展"在一楼中厅开幕。

9月28日,举行"童心向党、庆祝建国七十周年"——武汉博物馆"七十米长卷绘中华"活动,邀请莫林艺树美术馆、邬家墩小学百余名青少年和家长到馆参观。

9月29日,参与"智慧消防"物联网对接工作。

## 10月

10月15日,武汉市文化和旅游局以及中国收藏家协会体育文化收藏委员会主办的"与军运同行——中国近现代体育文化暨军事体育珍藏品特展"在一楼书画厅开幕。

10月25日,武汉博物馆"传统文化与军运同行"特别活动走进长春街小学。

10月26日,专题陈列"历代文物珍藏"展恢复开放。

10月30日,武汉博物馆"行走的课堂"——"着我汉家衣裳,兴我礼仪之邦"国学礼仪课程走进武昌区中华路小学。

## 11 月

11 月 12 日,"武汉的故事:第十八届全国民间收藏文化高层论坛主题展"在武汉博物馆二楼交流厅开幕。

11 月 13 日,武汉市文化和旅游局副局长张宏斌、组织人事处处长文艺辉、博物馆处处长张疆雁到馆召开中层干部以上会议,宣布新任党委书记、馆长王瑞华到任(老馆长刘庆平到龄退休)。

## 12 月

12 月 2 日,即日起,每周闭馆维护时间调整为每周一(节假日除外)。

12 月 3 日,二期工程顺利交付。代建单位武汉新纪建设工程管理有限公司向武汉博物馆移交项目资料清单和建筑钥匙。

12 月 15 日,武汉市文联、书法报社联合主办的"百年金石·汉上印风"展在一楼书画厅开幕。

12 月 18 日,廊坊博物馆"年末辞旧 画意迎春——北方特色木板年画展"在二楼交流厅开幕。

12 月 24 日,武汉博物馆"行走的课堂"——"中华女子成人礼——'及笄礼'"传统礼仪体验活动走进武汉市供销商业学校;"天地精灵 璀璨江汉——武汉博物馆馆藏玉器精品展"赴鄂尔多斯博物馆展出。

12 月 25 日,"雅舍清风:武汉画廊藏品展"在一楼现代艺术厅开幕。

# 荣 誉 集 锦

## 武汉博物馆

(1)"天涯咫尺——武汉博物馆馆藏书画手卷精品展"参与第三届(2018 年度)湖北省博物馆、纪念馆六大陈列展览精品推介活动,荣获"精品奖"殊荣。

(2)在湖北省博物馆 2019 年"5·18"国际博物馆日庆祝活动中,武汉博物馆社教团队获"2019 年度湖北省文博系统十佳社教团队"称号。

(3)"行走的课堂"项目获评中共武汉市委宣传部授予的"武汉市 2018 年度爱国主义精品项目"。

(4)在 2019 年全市"双评议"活动中,被市治庸问责领导小组评为全市公共服务企业类"十优满意单位"。

(5)获评"2019 年全市内保工作先进集体"。

# 襄　阳

## 襄阳市博物馆工作综述

2019年,襄阳全市11家博物馆、纪念馆坚持以习近平新时代中国特色社会主义思想为指导,积极发挥博物馆收藏、保护、研究、教育功能,响应文博事业发展新形势、新要求,认真履职尽责,为满足人民群众美好生活向往做出了积极贡献。

### 一、概况

截至2019年底,襄阳市全市共有各级博物馆、纪念馆11家,分别为襄阳市博物馆(襄阳市文物考古研究所、襄阳市文物修复中心)、襄阳市襄州区博物馆、老河口市博物馆、宜城市博物馆、枣阳市博物馆、保康县博物馆、南漳县博物馆、谷城县博物馆、尧治河博物馆、米芾纪念馆、宜城市张自忠将军纪念馆。其中,二级博物馆1家,为襄阳市博物馆(襄阳市文物考古研究所、襄阳市文物修复中心);三级博物馆1家,为宜城市博物馆。

### 二、藏品收藏

襄阳市属中国历史文化名城,楚文化、汉文化、三国文化的发源地,已有2800多年历史,为历代经济、军事要地,素有"华夏第一城池""铁打的襄阳""兵家必争之地"之称。出土文物包括金银器、青铜器、陶瓷器、玉石器、漆木器、古字画、碑帖墓志、石刻木雕等。截至2019年底,全市博物馆、纪念馆馆藏文物藏品及标本总量10万余件(套),其中一级文物149件(套),珍贵文物6113件(套)。

### 三、陈列展览

(一)基本陈列

全市博物馆、纪念馆依据各自馆区类型主题与地域特色,设有不同的陈列展览。如襄阳市博物馆以"聆文明之足音,品南北之遗韵"为主题,设置"襄阳古代历史文化展"基本陈列,按历史阶段分为5个展厅,分别为史前时期、先秦时期、秦汉时期、三国两晋南北朝时期、隋唐至明清时期;宜城市博物馆设置"楚风汉韵——宜城地区出土楚汉文物陈列",由"车辚马萧""楚都雄风""陪都岁月""大汉名城""天地精华""群星璀璨"六个单元组成;枣阳市博物馆六项基本陈列分别为雕龙碑古人类遗址陈列展,九连墩古墓群图片展,汉光武刘秀故里筑图片展,明清古建筑图片展,汉民俗文物陈列展,石碑、石雕、石刻展。

## （二）临时展览

为丰富群众文化生活，襄阳市各博物馆、纪念馆积极通过馆际交流，引进专题展览，如襄阳市博物馆引进的"'方寸天地 唯印示信'东皋印派印章专题展""镌刻的历史——泰山石刻拓片艺术展""翰墨诗韵·名家与晴川阁书画珍藏展""金石六百年——武当碑拓艺术展""契约中国——马鞍山市博物馆馆藏契约展"等专题展览。枣阳市博物馆在"5·18"国际博物馆日开展了主题为"作为文化中枢的博物馆：传统的未来"（Museums as Cultural Hubs：the Future of Tradition）图片宣传活动。

## 四、文物勘探

襄阳市地处汉江中游，自古以来便是南北交通要道和文化传播的重要通道。作为荆楚文化、三国文化的重要发祥地，襄阳市历经朝代更替，见证历史变迁，有着独特的民风民俗，承载着文化的延续，这也使得襄阳市基建考古工作大有可为。

2019 年度襄阳市博物馆（襄阳市文物考古研究所）与建设单位、考古技术服务公司密切配合，完成 50 多个建设项目的考古勘探，勘探面积 14862.87 亩（1 亩≈666.67 平方米），完成 11 个项目的考古发掘，发掘面积 6027.25 平方米。

谷城县殡葬管理所和谷城烈士陵园文物勘探面积 470 亩，清理土坑墓 1 处，该墓出土的器物有陶瓷、陶鼎、陶壶，根据出土器物和墓葬形制推测，M1 为西汉时期墓葬。

南漳县博物馆完成了李庙镇赵店村蔬菜大棚基地用地文物勘探和考古发掘任务、城关镇张林村北宋时期墓葬考古发掘工作和九集镇老官庙疑似古墓葬盗洞调查等文物调查勘探任务，调查勘探率达 100%。

保康县博物馆协助湖北省文物考古研究所对沮水流域遗址进行了调查勘探，通过勘探调查，发现新石器文化遗址 2 处，丰富了荆山区域早期人类活动遗存，为屈家岭文化的地域类型研究提供了极有价值的参考材料。

## 五、社会教育

为积极发挥教育功能，襄阳市博物馆、纪念馆通过各具特色的教育项目、活动等大力开展社会教育。

### （一）教育项目

通过常设性公益课堂项目，面向广大未成年人，普及历史文化知识，弘扬优秀传统文化，培养爱国、爱家乡情怀。谷城县博物馆于 5 月 18 日启动"谷博课堂"社教活动；襄阳市博物馆依托馆藏文物资源，以襄阳古城文化地标建筑——昭明台为背景，打造"昭明课堂"社教品牌，开发了"印在砖上的画""三国遗韵""'考古勘探'是这么玩的""中国古代铜镜""襄阳名人知多少"等具有襄阳历史文化特色的传统文化课件。

### （二）教育活动

#### 1. 传统节日文化活动

以重要节日和纪念日为时间节点，大力弘扬中华民族传统美德，发挥博物馆社会教育功能，提高民众对文博事业的认识和了解，激发了广大群众保护历史文物古迹的热情。

襄阳市博物馆开展了"博物馆里贺新年——寻福猪""博物馆里闹元宵""来博物馆过端午——巧手做香包""我们的节日·中秋""以鼎为礼，献礼祖国"等文化体验活动；在"学雷锋纪念日""'5·18'国际博物馆日"等节日，开展"学雷锋树新风，文化志愿者共建文明城""襄博鉴宝""读城"等社会公益活动。宜城市博物馆利用"国际博物馆日""文化和自然遗产日"等各种特殊节日开展了形式多样的宣传活动：现场对市民收藏的文物进行免费鉴定；设置宣传展板、设立咨询点；发放《宜城市博物馆陈列宣传册》《〈中华人民共和国文物保护法〉宣传册》。保康县博物馆在"国际博物馆日"期间，联络县音苑琴行学生入馆进行"亲近历史，体验民俗"研学活动，邀请襄阳市民间文艺家协会入馆参观交流荆楚民俗。

2.针对不同公众策划实施的特色教育活动

积极发挥社会教育功能,针对不同群众策划实施不同类型的特色教育活动,向群众普及文物常识,让群众感悟荆楚文化魅力。

襄阳市博物馆接待襄城区税务局等单位来馆开展主题党日等教育活动;接待南漳希望小学等学校师生来馆开展"扣好人生第一粒扣子"等爱国主义教育和未成年人思想道德建设活动;联合湖北省博物馆"礼乐学堂"社教团队走进湖北华电襄阳发电有限公司,送去"聆听历史足音 乐享编钟"教育课程;联合武当山博物馆社教团队走进襄城区昭明台社区,带去"承古拓今"传统技艺学习体验活动。保康县博物馆积极联系县市场监督管理局职工入馆参观,进行爱国主义教育;邀请国家一级书画家王秋人来馆参观。

（三）社会教育影响

2019年,襄阳市博物馆"昭明课堂"开展各类教育活动61场次,参与学生达6900余人次,被报纸、电视、广播、网站等媒体报道107次。"昭明课堂"公益课堂项目荣获2019年襄阳市委文明办公布的"最佳志愿服务项目",该品牌社教团队荣获"2019年湖北省文博系统优秀社教团队"称号,品牌影响力不断增强。宜城市博物馆积极开展"进校园"活动,组织学生到博物馆参观,接待未成年人28578人次。举办文物保护法律法规和历史文化知识讲座11次,参加活动的未成年人有2467人次。

## 六、遗址保护

2019年10月,襄阳市凤凰咀遗址、三线火箭炮总装厂旧址被国务院确定为全国第八批重点文物保护单位。其中凤凰咀遗址被纳入荆楚大遗址传承发展工程项目库,并作为湖北省文化遗址公园进行打造。计划在凤凰咀遗址筹建武汉大学考古教学实习基地,这将为凤凰咀遗址公园提供有力的技术支撑和考古成果展示平台。启动了凤凰咀考古遗址公园的规划编制工作,已将《凤凰咀遗址公园规划编制立项报告》报送省文化和旅游厅待批,远期计划是将该处打造为集科研、教学、教育、旅游休闲等功能于一体的考古遗址公园。

## 七、建设与管理

（一）发展规划与建设

博物馆、纪念馆作为襄阳市公共文化体系建设的重要组成部分,对实现文化遗产保护成果惠及民生,丰富公众文化生活发挥了积极作用,为促进地域经济社会发展做出了重要贡献。随着襄阳历史文化研究的不断深入,考古发掘工作的持续开展,现有博物馆及纪念馆建筑体量、展览空间、展陈设施等已无法满足文化展示需求,也无法满足人民群众日益增长的美好生活需要。为弘扬古城历史文化,加强城市文化底蕴,提高城市居民精神文化素养,襄阳市部分博物馆、纪念馆开展了馆区建设工程。

2019年8月,襄阳市博物馆新馆三大单体建筑综合楼、学术报告厅、修复中心相继封顶;11月,整个主体结构工程全部封顶,圆满完成了年度任务,开始进行内部二次结构安装。启动装修和布展的前期工作,聘请专业公司对旧的陈展大纲进行深化修改。10月21—25日,组织馆内专业人员赴宜昌、长沙两地的博物馆专门就新馆陈列布展、运行管理等进行了考察学习,提交了考察报告。

枣阳市博物馆新馆建设工程进入施工招投标阶段。新馆建筑结构为三层的仿古建筑,第一层建筑面积为2643.19平方米,第二层建筑面积为1624.34平方米,第三层建筑面积为688.86平方米。

保康县博物馆新馆主体工程和外装修基本结束,正在进行水电和消防工程施工,并优化内装设计工程,合理布局馆区功能。通过召集县域文史陈展专家对陈展大纲进行讨论修改，呈送县委、县政府领导审定。

南漳县博物馆陈列布展工程基本框架已经完成，年底竣工。

宜城市博物馆拟进行博物馆东西附楼（文物库房、文物修复中心）建设工作，2019年已启动东附楼的建设。

### （二）制度建设

为做好管理工作，襄阳市博物馆、纪念馆对馆内各项制度进行梳理，规范相关制度管理，督促全体干部职工严格遵守相关制度规定。

2019年襄阳市博物馆根据各级文件以及事业单位改革和文明创建等要求，在原有规章制度基础上，进一步加强和完善制度建设，制定了《襄阳市博物馆（考古所）业务车辆管理制度（试行）》《襄阳市博物馆加班和值班误餐补助管理办法》《襄阳市博物馆体育活动室管理制度》《襄阳市博物馆图书室管理制度》《襄阳市博物馆阅览室管理制度》等，使内部管理更加规范化、程序化、标准化。

宜城市博物馆在行政管理方面，先后制定了《宜城市博物馆领导班子民主生活会制度》《宜城市博物馆党务公开制度》《宜城市博物馆党员学习教育培训制度》《宜城市博物馆民主评议党员制度》《宜城市博物馆党员干部服务承诺制度》《宜城市博物馆工作制度》等一系列规章制度。

枣阳市博物馆在馆内行政管理、文物安全、陈列开放、文物库房等方面制定了一系列的规章制度，包括《博物馆工作人员考勤、奖惩制度》《消防安全管理制度》《财务管理制度》《文物库房保管规章制度》《安全保卫制度》《安保部门责任人职责》《报警控制室值守人员安全职责》《夜间警卫人员职责》《免费开放管理制度》等，做到以制度管人，以制度管事，使各项工作走向了规范化、制度化。

### （三）安全管理

襄阳市博物馆、纪念馆吸取巴黎圣母院火灾事故教训，进一步加强安防措施，完善了人防、物防、技防体系。2019年确保了全市博物馆、纪念馆安全消防无事故，创造了馆藏文物连续32年安全无事故佳绩。

襄阳市博物馆切实落实安全工作主体责任和"一岗双责"责任制，对外与主管部门、辖区办事处，对内与馆领导和各部门，层层签订"安全工作目标责任书"，压实各级安全责任，落实各项安全措施。积极开展消防安全检查，整改隐患问题，开展消防实战操作演练。做好各项临展和外展期间的文物出入库、运输、布展等安全工作，节假日免费开放期间加强值班制度的落实，有序疏导入馆观众，各项工作实现安全平稳运行。

老河口市博物馆狠抓文物安全，加强文物安全监管，全年定期与不定期对各处古建筑进行消防隐患检查，及时发现和消除隐患。春、夏两季分别为"太平街民居"各处古建筑及重点民居统一更换了灭火器，确保文物建筑消防安全。

宜城市博物馆落实建立安全保护"一处一策"工作机制，强化文物安全精细化、精准化管理。把综合治理及平安建设工作纳入重要议事日程，明确目标任务，制定奖惩措施，与业务工作同检查、同考核。安装数字化安防、消防监控报警设备，与公安110报警系统联网，对馆内外实行全天候电视监控。安保部设独立控制中心，展厅、文物库房、修复室、办公区等处设置红外探头、红外报警器、二氧化碳灭火器等消防设施。

枣阳市博物馆高度重视文物安全工作，制定了文物库房、香草亭展厅日常安防管理制度，加强这两处的日常安全管理，确定"安保部门责任人职责"，做到文物安全责任到人。日常做好24小时监控，对110联网报警系统进行维护，定期检查库房、监控室用电设备和线路运行，确保监控设备及线路正常使用。做到有问题及时发现、及时整改，全力以赴确保文物、人员及公共财产的安全。

南漳县博物馆强化日常文物巡查。制定巡查台账,强化安全自查自纠,落实各项安全防范措施,确保安全隐患巡查不留死角,问题整改不留空当,制度落实不图形式。进行不定期、不定时的安全检查,确保不发生事故。落实文物安全工作各项措施,有效遏制文物安全事故的发生。

保康县博物馆建立"一处一策"安全责任机制,坚持定期对各级文物保护单位进行日常巡查。同时将馆区安防监控与110指挥中心联网,并更新博物馆消防报警系统、更换消防灭火器、购置小型消防站;组织全馆干部职工参与博物馆和文物建筑消防安全培训及消防现场培训演练。

# 襄阳市博物馆

2019年,在襄阳市文化和旅游局的正确领导下,襄阳市博物馆以习近平新时代中国特色社会主义思想为指导,以庆祝中华人民共和国成立70周年为主线,发挥博物馆收藏、保护、研究、教育功能,深化免费开放,有序开展基建考古,加强文物修复保护,加快推进新馆建设,各项工作取得新进展。

## 一、博物馆藏品管理

### (一)藏品征集

现有馆藏文物7万余件(套),其中一级文物112件、二级文物385件、三级文物4738件。馆藏文物包括金银器、青铜器、陶瓷器、玉石器、漆木器、古字画、碑帖墓志、石刻木雕等。先秦时期的文物,尤其是大量带有铭文的青铜器是襄阳市博物馆的馆藏特色文物,构成了襄阳历史文化的特色。

### (二)藏品管理

1.藏品的账目与档案整理情况

完善馆藏文物电子档案登录工作,全年补充1000件郭家庙墓地出土文物及33件馆藏画像砖的档案信息,完成馆藏307件(套)字画的拍照及100件字画的基础性档案资料

整理,并建立电子档案,完成馆藏80余件传世印章的释读考证等基础性资料整理及编目。

2.藏品的保管、修复、保护

修复馆藏瓷器22件、考古工地出土陶器967件、青铜器26件。采集74套、115件馆藏纸质文物资料,编制了《襄阳市博物馆馆藏纸质文物保护修复方案》,报省文化和旅游厅立项;针对馆藏9块南宋壁画出现的病害现象,委托敦煌研究院编制了《襄阳市博物馆馆藏南宋壁画保护修复方案》,申报国家文物局修复计划;60件出土瓷器保护修复的立项及方案获省文化和旅游厅批准。根据陈列展览需要,委托北京乐石文物修复中心有限公司对300件馆藏拓片进行托裱,委托河北元和文化传播有限公司对菜越三国墓14件(套)出土文物进行仿制。

3.藏品的数字化工作

为适应博物馆数字化建设和发展的需要,采集并不断完善馆藏文物电子数据,建立电子档案,为新馆建设以及更好地发挥藏品在展示、教育和研究等方面的作用打好基础。

## 二、博物馆陈列展览

### （一）基本陈列

继续做好基本陈列——"襄阳古代历史文化展"，以"聆文明之足音，品南北之遗韵"为主题，按历史阶段分为5个展厅，分别为史前时期、先秦时期、秦汉时期、三国两晋南北朝时期、隋唐至明清时期。共展出文物900多件（套），器类有金银器、青铜器、陶瓷器、玉石器、砖瓦等。

### （二）临时展览

#### 1.馆内展览

通过馆际交流，引进外地博物馆5个专题展览："'方寸天地 唯印示信'东皋印派印章专题展"（江苏如皋博物馆）、"镌刻的历史——泰山石刻拓片艺术展"（山东泰安市博物馆）、"翰墨诗韵·名家与晴川阁书画珍藏展"（武汉市晴川阁）、"金石六百年——武当碑拓艺术展"（武当山博物馆）、"契约中国——马鞍山市博物馆馆藏契约展"（安徽马鞍山市博物馆）。

围绕庆祝中华人民共和国成立70周年的主题，襄阳市博物馆与云奕画学会、襄阳市美术家协会在馆内合办"墨韵襄阳——当代中青年画家作品展"，与襄阳市老年大学合办"'不忘初心、牢记使命'主题教育摄影展"，该展览也入选为市委、市政府公布的15项庆祝中华人民共和国成立70周年活动之一。

#### 2.境内馆外展览

原创展览"天国之享——襄阳地区出土南朝画像砖艺术展"赴广东、武汉、江苏、武当山、安徽等地博物馆举办外展5场次，"米芾书法拓片展"在黄石市博物馆、襄阳唐城景区举办外展2场次。

4块馆藏南宋壁画继续在西安曲江艺术博物馆参加"中国古代壁画源流——色彩形象穷神变"展览；18件精品青铜器在国家典籍博物馆参加"我从哪里来——中国古代姓氏文化专题展"。

## 三、博物馆教育

### （一）教育项目

#### 1.常设性教育项目

"昭明课堂"公益课堂项目创建于2015年，是襄阳市博物馆依托馆藏文物资源，以襄阳古城文化地标建筑——昭明台为背景打造的社教品牌。开发了"印在砖上的画""三国遗韵""'考古勘探'是这么玩的""中国古代铜镜""襄阳名人知多少"等具有襄阳历史文化特色的传统文化课件，面向广大未成年人，普及历史文化知识，弘扬优秀传统文化，培养爱国爱家乡情怀。2019年，"昭明课堂"开展各类教育活动61场次，参与学生达6900余人次，被报纸、电视、广播、网站等媒体报道107次。"昭明课堂"公益课堂项目获评2019年襄阳市委文明办公布的"最佳志愿服务项目"，该品牌社教团队荣获"2019年湖北省文博系统优秀社教团队"称号，品牌影响力不断增强。

#### 2.临时性教育项目

充分发挥博物馆公共文化服务窗口和爱国主义教育基地作用，积极接纳各类学校、单位及社会团体来馆参观学习和开展各类教育实践活动。

#### 3.代表性教育项目

7月10—11日，举办了2019年襄阳市博物馆"我学我讲"小小讲解员暑期培训班，培训课程主要分为"认识博物馆""讲解技巧与普通话发音训练""文明礼仪在我心""襄阳文物与考古""展厅观看讲解"几个部分。通过两天的集中培训，孩子们能够更好、更深入地学习讲解技巧，掌握历史知识，培养独立讲解的能力和"奉献、友爱、互助、进步"的志愿服务精神，能在寓教于乐中了解襄阳历史，宣传襄阳的历史文化，让博物馆真正成为青少年的"第二课堂"。

## （二）教育活动

### 1. 法定节假日和寒暑假策划实施的活动

2019年襄阳市博物馆以重要节日和纪念日为时间节点，大力弘扬中华民族传统美德。以庆祝中华人民共和国成立70周年为主线，以传统节日为重点，邀请少年儿童、残疾人等特殊群体来馆开展"博物馆里贺新年——寻福猪""博物馆里闹元宵""来博物馆过端午——巧手做香包""我们的节日·中秋""以鼎为礼，献礼祖国"等文化体验活动。在"学雷锋纪念日""国际博物馆日"等节日，开展"学雷锋树新风，文化志愿者共建文明城""襄博鉴宝""读城"等社会公益活动。

### 2. 面向不同公众策划实施的特色教育活动

先后接待襄城区税务局、民进襄阳市委会、襄阳市气象局等单位到馆内开展主题教育活动；接待龙城之星幼儿园、南漳希望小学、随州广水市长岭镇港昌小学等市内外学校师生到馆开展"扣好人生第一粒扣子""开学第一课""研学旅行""公益小天使"等爱国主义教育和未成年人思想道德建设活动42场次；联合湖北省博物馆"礼乐学堂"社教团队走进湖北华电襄阳发电有限公司，为公司员工带去"聆听历史足音 乐享编钟"教育课程，弘扬荆楚文化，献礼祖国70华诞；联合武当山博物馆社教团队走进襄城区昭明台社区，为社区居民和儿童带去"承古拓今"传统技艺学习体验活动，丰富暑期社区文化生活。

### 3. 学校教育活动

2019年襄阳市博物馆先后走进襄城区职业高级中学、襄阳市第四十二中学、襄州区潘台小学、襄州区第七中学等中小学校，讲授"襄阳名人知多少""中国铜镜文化"等课程，增加手工制作铜镜等体验环节，寓教于乐，增强同学们学习传统文化的热情。通过送展览、办讲座、捐赠图书文具等活动，将"昭明课堂"文化课程送到市、县及乡镇中小学校，拉近传统历史文化与未成年人之间的距离，实现创新性传承和发展。

建立了由四川大学、中国人民大学、厦门大学、郑州大学、武汉大学等5所高校组成的考古发掘合作定点高校项目库，根据实际情况，拿出部分发掘项目与这些大学开展业务和研究合作，接纳这5所高校的在校大学生到考古工地实践学习。2019年，先后就国网绝缘子发掘项目与中国人民大学和武汉大学、209二期发掘项目与郑州大学和厦门大学开展了实际合作，促进了发掘保护和研究水平的提升。

## （三）"互联网＋"教育

利用襄阳市博物馆及襄阳市文化和旅游局网站、微信公众号推送博物馆工作动态、教育活动和历史文化知识，组织转发清明节网上祭祀活动及新时代党的政策、理论的链接等，通过宣传先进典型事迹、宣传正确舆论导向等方式传递社会正能量。

# 四、博物馆研究

## （一）学术活动

2019年10月16—18日，胡俊玲、袁伟参加了在西安举办的"中博协社教专委会2019年会暨使命——博物馆教育的责任与情怀研讨会"，会上交流论文《馆校合作模式的实践探索——以襄阳市博物馆"昭明课堂"社教活动为例》。2020年1月4日，相关业务人员参加了在黄冈市召开的"2019年湖北考古业务成果交流会"，周婷、徐舸在会上交流酒店墓地和贾巷墓地考古发掘成果。

## （二）学术成果

### 1. 承担课题

继续与湖北省文物考古研究所联合开展国家社科基金项目——"周代邓国考古学文化研究"。

### 2. 发表或交流论文

《襄阳市博物馆馆藏两合墓志考释》（作者张靖）在《文物春秋》2019年第3期发表，《明镇国将军朱祐柯及夫人墓志铭浅释》（作者张靖）在《江汉考古》2019年第4期发表，

《湖北枣阳九连墩 M1 发掘简报》(梁超参与编写)在《江汉考古》2019 年第 3 期发表,《襄阳柿庄南朝画像砖墓发掘简报》(作者刘江生)在《文物》2019 年第 8 期发表,《湖北襄阳市柿庄一号东晋纪念砖墓》(作者刘江生、杨一)在《考古》2019 年第 1 期发表;《襄阳余岗墓地出土青铜容器的金相及成分分析》(梁超、王志刚参与撰写)在《江汉考古》2019 第 3 期发表。

### (三)学术刊物

编辑出版《襄阳考古年报 2018》,总结回顾了 2018 年襄阳考古工作,收录了配合基建进行的欧庙赵山遗址发掘、东津新区后岗墓地发掘等 12 个考古项目的发掘工作情况汇报、简报。

## 五、博物馆公共服务

### (一)观众服务

2019 年,襄阳市博物馆全年免费开放 313 天,共接待国内外观众 55 万余人次,其中未成年人 18.5 万余人次。讲解接待 251 场次,其中接待未成年人(专场)43 场次。成人志愿者、"小小讲解员"利用周末、节假日定期来馆为观众提供咨询、引导及便民服务。

### (二)社会服务

3 月 5 日,襄阳市博物馆在其门前广场开展了"学雷锋树新风,文化志愿者共建文明城"志愿服务活动,为观众提供免费讲解,为市民群众现场作画,引导人们践行雷锋精神,传播先进文化。"5·18"国际博物馆日,"襄博鉴宝"品牌服务活动免费为市民鉴定藏品 200 多件(套)。周末和节假日,组织馆内职工到交通路口开展文明引导志愿服务,助力全国文明城市创建。配合社区和有关单位开展消防安全、禁毒、扫黑除恶、"欢乐襄阳"文化惠民演出等宣传和活动,发挥窗口单位作用。

配合基本建设,完成 48 个基本建设项目的考古勘探任务,勘探面积 460 余公顷(1 公顷=10000 平方米),完成 11 个项目的田野发掘工作,发掘面积 7900 余平方米,出土各类器物 3568 件。保质按时完成全市 14 个开发区、工业园区、产业功能区的区域性统一评价文物保护专题改革试点工作,调查、勘探面积达 4640.26 公顷,并获襄阳市推进政府职能转变和"放管服"改革协调小组办公室通报表彰。

## 六、智慧博物馆

与襄阳电信公司合作,在昭明台免费开放馆区 Wi-Fi,让观众在馆内任何地方通过扫描二维码,进入博物馆网站、微信公众号和网上数字博物馆,获取文物藏品、展览、活动等信息及语音讲解服务。

新馆陈列布展加强信息化建设,突出智慧博物馆理念,搭建数字化平台,提升公众服务水平。

## 七、博物馆文创产品开发

与武汉圣宝莱文化传播有限公司合作,推出了以馆藏代表文物为元素的博物馆纪念币,广受游客欢迎,填补了文创产品的空白。同时,积极协调研发具有襄阳历史文化特色的明信片、书签、3D 打印等文创产品,努力满足游客更多的文化休闲需求,让游客在参观博物馆之余,也能将博物馆文化带回家,在延伸服务的同时传播襄阳文化。

## 八、博物馆建设与管理

### (一)发展规划与建设

#### 1.新馆建设

2019 年 8 月,新馆三大单体建筑综合楼、学术报告厅、修复中心相继封顶;11 月,整个主体结构工程全部封顶,圆满完成了年度任务,开始进行内部二次结构安装。启动装修和布展的前期工作,聘请专业公司对旧的陈展大纲进行深化修改。10 月 21—25 日,组织馆内专业人员赴宜昌、长沙两地的博物馆专门就新馆陈列布展、运行管理等进行了考察学习,提交了考察报告。

### 2.理事会建设

定期召开理事会,提请审议 2019 年工作报告、预算执行情况,并为博物馆发展征求理事意见和建议。理事们积极建言献策,在业务建设、社会宣传、新馆陈展大纲深化完善等方面提供了许多建设性意见,并参与博物馆一些重要工作。张成宪理事带领襄阳市收藏家协会成员在"5·18"国际博物馆日活动当天,来馆为广大收藏爱好者免费鉴定藏品,叶植理事亲自担负新馆陈展大纲的修改和完善工作。

### (二)制度建设

2019 年,根据各级文件、事业单位改革和文明创建等要求,在原有规章制度上,进一步加强和完善制度建设,制定了《襄阳市博物馆(考古所)业务车辆管理制度(试行)》《襄阳市博物馆加班和值班误餐补助管理办法》《襄阳市博物馆体育活动室管理制度》《襄阳市博物馆图书室管理制度》《襄阳市博物馆阅览室管理制度》等,使内部管理更加规范化、程序化、标准化。

### (三)安全管理

切实落实安全工作主体责任和"一岗双责"责任制,对外与主管部门、辖区办事处,对内与馆领导和各部门,层层签订"安全工作目标责任书",压实各级安全责任,落实各项安全措施。

2019 年,根据各级文件开展消防安全检查 10 余次,整改各类隐患问题 30 余项,重点改造了昭明台部分老化和不规范的电力线路,清理了长期堆积的易燃品等杂物。

邀请襄阳市消防大队等专业消防培训机构开展消防安全知识讲座 2 次,开展消防实战操作演练 1 次,提高文博单位工作人员的消防安全意识和专业技能。

做好各项临展和外展期间的文物出入库、运输、布展等安全工作,节假日免费开放期间加强值班制度落实,有序疏导入馆观众,各项工作实现安全平稳运行,实现第 32 个文物安全年目标。

### (四)人才培养

2019 年 5 月,完成 10 名专业人员岗位晋级工作,着力解决已评高级职称业务人员的岗位聘用问题。12 月,襄阳市人社局批复同意博物馆申报的岗位设置调整方案,将原来 30 个编制的岗位数调整到实际 41 个编制的岗位数,并适当增大高、中级专业人员比例。7—12 月,进行了 4 名公开招录人员的岗位申报、笔试、面试等工作。12 月,随同市委组织部和市文旅局赴武汉、济南、西安、北京等地,对申报的 2 名田野考古、展览策划急需的高层次专业人才进行了考察。2020 年 1 月 14 日,市委组织部、市编办、市人社局和市国资委联合公示了拟引进的 2 名考古博物馆人员名单,博物馆专业人才队伍和结构将得到加强和改善。

## 九、公众评价

### (一)观众满意度

2019 年,襄阳市博物馆通过观众意见簿、网站、微信公众号、政府热线等广泛收集观众意见、建议,并及时回复,观众整体满意度较高,同时促进了博物馆服务水平的提升。

### (二)社会关注度

2019 年,报纸、电视、广播、网站等媒体播发涉及博物馆各类活动的报道达 107 条,"'天国之享——襄阳地区出土南朝画像砖艺术展'走进武当"在十堰电视台等播出,社会关注度不断提高。

(撰稿人:何志京)

# 大 事 记

## 襄阳市博物馆

### 1月

1月15日,"方寸天地 唯印示信"东皋印派印章专题展在襄阳市博物馆开展。

1月24日,原创展览"天国之享——襄阳地区出土南朝画像砖艺术展"在广东瑶族博物馆开展。

### 2月

2月17日,襄阳市博物馆召开"2018年度优秀志愿者、小小讲解员表彰大会"。

2月20日上午,襄阳市政协副主席曾玉平到市博物馆走访慰问,看望了市"十佳政协委员"、考古专家杨一,并就发挥政协委员作用,加强文化的传承、保护和利用相关问题与市文体新广局、市博物馆有关方面的负责人进行了交流座谈。

### 3月

3月10日上午,中国民主促进会襄阳市委会一行40余人到襄阳市博物馆参观,开展"与历史对话,与文化同行"的主题教育活动。

3月12日,泰安市博物馆"镌刻的历史——泰山石刻拓片艺术展"在襄阳市博物馆开展。

### 4月

4月17日,与武汉圣宝莱文化传播有限公司合作,推出了以馆藏代表文物为元素的博物馆纪念币,填补了文创产品的空白。

4月25日上午,襄阳市博物馆组织全体干部职工和保安公司安保队员约50人,在昭明台门前广场进行了消防实战演练。

### 5月

5月9日,原创展览"天国之享——襄阳地区出土南朝画像砖艺术展"展览在江苏南通如皋市博物馆开展。

5月18日是第43个国际博物馆日,主题是"作为文化中枢的博物馆:传统的未来"(Museums as Cultural Hubs：the Future of Tradition)。襄阳市博物馆围绕该主题,开展了主题日宣传、"读城"、"襄博鉴宝"、拓印城砖、铭文砖等活动。

5月26日,武汉市晴川阁管理处(武汉大禹文化博物馆)"翰墨诗韵·名家与晴川阁书画珍藏展"在襄阳市博物馆四楼临时展厅开展。

### 6月

6月27日上午,襄阳市博物馆"昭明课堂"和湖北省博物馆"礼乐学堂"社教团队走进湖北华电襄阳发电有限公司,为该公司40名员工带去一堂"聆听历史足音 乐享编钟"精品教育课程。

6月28日上午,湖北省博物馆社教团队为襄阳市博物馆社教人员、志愿者和湖北昊友旅行社研学团队共30余人开展了业务培训,省博物馆社教部主任钱红以"礼乐学堂"为例,介绍了省博物馆社教活动的先进经验,用潜移默化、润物无声的方式,让现场人员感受礼乐,大家受益颇多。

## 7月

7月10—11日上午,2019年"我学我讲"小小讲解员暑期培训班开班。

7月11日,原创展览"天国之享——襄阳地区出土南朝画像砖艺术展"在山东泰安市博物馆开展。

7月23日下午,襄阳市博物馆携手武当山博物馆走进襄阳昭明台社区,与20名社区居民一起开展"承古拓今"传拓交流活动。

7月25日,安徽马鞍山市博物馆"契约中国——马鞍山市博物馆馆藏契约展"在襄阳市博物馆四楼临时展厅开展。

## 8月

8月13日下午,襄阳市委书记李乐成调研市博物馆新馆建设情况。

8月18日,与云奕画学会、襄阳市美术家协会合办的"墨韵襄阳——当代中青年画家作品展"在襄阳市博物馆四楼临时展厅开幕。

8月28日下午,襄阳市博物馆2019年"我学我讲"小小讲解员暑期培训班结业典礼在博物馆"道德讲堂"举行。

## 9月

9月1日下午,襄阳五中实验中学730名穿着统一校服的初一新生走进襄阳市博物馆,参加了"开学第一课"新生入学礼主题活动。

9月13—14日,襄阳市博物馆小小讲解员孙谱原参加了在湖北省博物馆举办的"2019年湖北省文博系统'小小讲解员'讲解大赛",荣获三等奖。

9月25日下午,襄阳市博物馆第一届理事会2019年第一次会议在襄阳市文物考古研究所召开。

9月26日,与襄阳市老年大学合办的"不忘初心、牢记使命"主题教育摄影展在襄阳市博物馆四楼临时展厅开幕。

## 10月

10月1日上午,为庆祝中华人民共和国成立70周年,"以鼎为礼,献礼祖国"主题社教活动在"昭明课堂"活动室举行。

## 11月

11月13日,原创展览"米芾书法拓片展"在黄石市博物馆开展。

## 12月

12月7日,与襄阳市群艺馆联合举办的"我和我的另一面"主题画展在襄阳市博物馆四楼临时展厅开展。

12月20日,原创展览"米芾书法拓片展"在襄阳唐城环殿开展。

# 宜　昌

## 宜昌市博物馆工作综述

2019 年,在党中央、国务院高度重视文化遗产保护利用的纲领性文件指引下,全市 18 家博物馆、纪念馆以确保文物保护工作安全为底线,以扎实的党建工作、综合工作、信息化工作、科研及业务工作为依托,实现全市博物馆免费开放工作安全有序进行,全年接待观众 328.04 万人次,取得了良好的社会效益。

### 一、博物馆藏品管理

#### (一)藏品征集

##### 1.藏品征集数量与内容

2019 年全市博物馆新征集藏品 989 件(套)。其中宜昌博物馆征集藏品 124 件(套),包括西北大学捐赠林乔利虫化石和长阳中华盘虫化石、宜昌市人民政府移交汪国新绘画、伍家岗区人民检察院移交涉案文物与违禁品、宜昌市人民政府转交台湾同胞杜安息捐赠哀欧拿学校照片及成绩单、老红军余冰同志家人捐赠其遗物等。兴山县民俗博物馆征集文物 370 余件(套),类别为瓷器、竹木器、铜器等。长阳土家族自治县博物馆征集民俗藏品 144 件(套)。枝江市博物馆征集民俗藏品 79 件(套)。远安县博物馆征集藏品 261 件(套)。当阳市淯溪民俗博物馆征集民俗藏品 10 件(套)。秭归县博物馆征集民俗文物 1 件(套)。

##### 2.所征集藏品的作用与意义

所征集藏品中,古生物化石、近现代藏品、民俗藏品具有较高的科研和教育价值,对于充实博物馆展陈、丰富藏品类别、发挥博物馆功能具有积极意义。民俗藏品中,土家族绣品的刺绣图案和刺绣技法的收集整理,为研究土家族文化、刺绣艺术的发展和保护提供了依据,也为研究土家族文化、巴文化提供了丰富、翔实的资料。

#### (二)藏品管理

##### 1.藏品的账目与档案整理情况

2019 年,全市博物馆藏品总量 139884 件(套),严格按照出入有据、账物相符的管理制度规范建档。其中,宜昌博物馆完成了 146 件(套)新入藏文物及修复完成文物的藏品编目及图像资料存储备份,并导入馆藏文物电子数据库。宜昌夷陵区博物馆完成 9764 件(套)馆藏文物的建档工作。兴山县民俗博物馆完成了馆藏6853件（套）文物的档案及总登记账、分类账、编目卡建立工作。当阳市博物馆完成5926件（套）馆藏文物的建档工作。长阳土家族自治县博物馆完成了10453件（套）文物的总登记账建立工作。

**2. 藏品的保管、修复、保护**

宜昌博物馆为满足新馆展陈需求，对780件（套）藏品进行修复、清洗、维护保养；完成了125件（套）纸质类展品的修复及托裱工作；完成了225件（套）楚国金属饰片、57件（套）纸质文物的修复工作；馆藏纸质文物（书画）文物保护修复项目、馆藏珍贵文物柜架囊匣项目顺利结项验收；"珍贵文物保存环境质量监控与柜架囊匣配置解决方案"获准立项。远安县博物馆编制完成"远安县博物馆馆藏金属文物保护性修复方案"。

**3. 藏品的数字化工作**

按照全国第一次可移动文物普查标准，宜昌博物馆藏品基本信息实行数字化管理，建立电子档案；馆藏珍贵文物建立宜昌特色文物数据库。宜都市博物馆建立珍贵文物藏品管理数据库系统，一般文物数据库管理系统建设正在实施。长阳土家族自治县博物馆完成馆藏文物基本数据采集。当阳市博物馆建立了较完备的数字化电子档案。

## 二、博物馆陈列展览

### （一）基本陈列

宜昌各区、市、县博物馆维持常设展览，仅宜昌博物馆新馆建成对公众开放，夷陵区博物馆对"夷陵楼"进行展陈提升。宜昌博物馆展陈面积12988平方米，展览以"峡尽天开"为主题，设置基本陈列"远古西陵""巴楚夷陵""千载峡州""近代宜昌"，常设专题陈列"风情三峡——民俗文物展""开辟鸿蒙——动植物化石及岩石矿物标本展""物竞天择——贝林先生捐赠动物标本展""古城记忆——宜昌古城风貌展"，共8个板块。展陈手法新颖、科技手段适宜、展品种类丰富、地域特色鲜明，深受观众好评。

### （二）临时展览

**1. 馆内展览**

2019年，全市博物馆围绕中华人民共和国成立70周年、文化遗产保护和地方人文风物等主题举办特色临展。宜昌博物馆原创性展览"书香墨韵——馆藏书画展"随新馆开放推出后引起书画爱好者的争相观摩。秭归县博物馆举办"古民居水府庙屈原蝴蝶展""芈绣展""归州砚馆"。宜都市博物馆举办"家和万事兴——家教家风主题展""纪念杨守敬诞辰180周年书法作品展"'歌颂祖国·感谢党恩·我爱宜昌'全市离退休干部庆祝新中国成立七十周年书画剪纸作品展"。宜都市正国民俗博物馆举办"红色记忆进校园进社区流动展"。当阳市博物馆举办"关公、关平生平事迹展"。兴山县民俗博物馆举办了"作为文化中枢的博物馆：传统的未来""保护文物人人有责 守望家园你我同行"图片展。长阳土家族自治县博物馆举办"我们的中国梦文化进万家""传承文化根脉 共筑民族未来"等临时展览。远安县博物馆举办"'嫘祖故里·古楚远安'文化遗产图片展"。五峰土家族自治县民族博物馆举办"宜红茶历史宣传展览"。夷陵区博物馆举办"'夷陵楼杯'庆祝中华人民共和国成立70周年书法展"。

**2. 境内馆外展览**

当阳市博物馆遴选30件文物参加宜昌博物馆"峡尽天开"陈列展览，在当阳关陵举办"当阳皮影戏""当阳打鼓说书"等非物质文化遗产展演。秭归县博物馆举办了"秭归民俗古家具暨宜昌文物精品展览"。宜昌博物馆承办了"庆祝中华人民共和国成立70周年暨'生态长江 大美三峡'采风作品展"。

## 三、博物馆教育

### (一)教育项目

#### 1.常设性教育项目

加大教育项目投入力度,推动教育活动品牌化。秭归县博物馆分众制定中华礼仪、屈原文化、端午习俗文化、峡江文化、非遗文化课程,学生们祭屈原,颂楚辞,接受爱国主义教育,以屈原的"求索"精神激励奋发图强的意志。宜昌博物馆开设"传统文化小课堂""文明参观小课堂"活动,培养青少年对祖国优秀传统文化的自豪感,传承民族精神。兴山县民俗博物馆以馆藏文物和不可移动文物为展览主题,联合县图书馆、昭君艺术团走进全县中小学校园开设"文化遗产·在我身边"移动课堂,加深青少年对兴山历史文化知识的了解。长阳土家族自治县博物馆常年与县清江高中和职业教育中心联合开展"班级周实践活动",组织在校生常态化地走进博物馆了解地方历史、浸染民族文化。

#### 2.临时性教育项目

宜昌博物馆开展"向国旗敬礼"爱国主义专题教育活动、"爱我家乡"教育活动、"云想衣裳花想容"古代妆容体验及古代服饰走秀活动、"走进博物馆"系列研学活动及教育活动,丰富未成年观众的参观学习体验。夷陵区博物馆联合夷陵区科学技术协会举办"礼赞共和国、智慧新生活"科普进校园活动,以实操体验让学生探索科技魅力。兴山县民俗博物馆联合兴山县职业教育中心举办"传承民俗文化·弘扬国学"主题研学活动。

#### 3.代表性教育项目

宜昌博物馆与三峡广电、中国地质调查局武汉调查中心联合开展"地质科普公益系列课",通过普及宜昌地质史、古生物史相关知识弘扬科学精神,增强学生对科学知识的求知欲和探索欲;与《三峡晚报》小记者站"达成长期合作意向,让小记者们作为每一期社教活动新推出后的试课体验者,在媒体专

题板块中谈心得、发感言,影响、带动更多的未成年人走进博物馆。兴山县民俗博物馆开展的"博物馆里过大年"活动,通过吉祥祈福等民俗形式营造传统节庆气氛,帮助观众找回农历新年的文化传统。当阳市博物馆策划的"关陵研学旅行项目"利用文旅融合优势资源为学生校外素质教育开辟了新途径。远安县博物馆在"嫘祖文化节"上推出全国重点文物保护单位和可移动文物保护宣传"微展",树立群众在地方文化活动中的文化遗产保护意识。

### (二)教育活动

#### 1.法定节假日和寒暑假策划实施的活动

宜昌博物馆的"暑期小小志愿者培训班"成功指导142名学员上岗。枝江市博物馆、兴山县民俗博物馆在六一儿童节面向低龄儿童和家长举办"宝贝爱家乡"博物馆亲子体验活动。夷陵区博物馆举办暑期"第五届小小志愿讲解员培训班",丰富中小学生暑期生活的同时增强了未成年人的文物保护意识,突出博物馆的教育优势和传播功能。夷陵区博物馆文化小分队春节期间在鸦鹊岭镇金和村举办第二届"我到乡村过大年"活动,用书画流动展和灯谜竞猜的形式为乡村欢庆传统佳节增添了气氛。

#### 2.面向不同公众策划实施的特色教育活动

(1)学生群体。

宜昌博物馆面向学生群体开展"三峡的孩子话三峡"系列活动、"传统文化小课堂——花好月圆庆中秋"活动、"阳光团队 感恩前行"活动、"志愿在 我在"志愿服务系列活动等,并注重体现分众教育特色。秭归县博物馆针对中小学生设计了"回眸百年三峡梦,求索点燃中国情"三峡工程、屈原故里研学课题,将拜师礼、包粽子等一系列节礼传统生动融汇、沿袭传承。长阳土家族自治县博物馆"行走的博物馆课堂""'嫘祖故里·古楚远安'文化遗产图片展"均依托校园学生群

体与师生实现教育共建。

（2）社会群体。

宜昌博物馆与市导游协会联合开展了"献礼70周年 探索宜昌故事 倡导文明出行"志愿服务活动。当阳市博物馆举办"2019湖北当阳关陵祭祀大典"，吸引国内外知名关公文化研究学者、海内外关公信众、当地群众等参加活动。兴山县文物局、兴山县博物馆联合南阳镇政府在南阳镇棋盘亭举办"首届双泉寨杯民间棋艺大赛"。夷陵区博物馆在官庄举办"第四届腊八民俗文化庙会"活动，组织"文化小分队"为群众出灯谜、送春联。

3.学校教育活动

（1）为学校提供支持和帮助。

当阳市博物馆与当阳市教育局联合举办"关陵夏令营活动"，以浓厚的历史人文特色得到校方、学生和家长的一致好评。秭归县博物馆以传承屈原文化和峡江文化为主旨，联合三峡大坝景区，将古代文明和现代工程文明有机结合，构建了包括拜师礼仪式、学习屈原作品、体验端午习俗文化、了解峡江文化、传承非遗文化等五大课程体系的研学课程，广受追捧。

（2）接纳在校学生开展社会实践。

宜昌博物馆新馆开放后，迎接三峡大学、岳阳市岳西中学、荆州市楚都中学、荆门市楚天学校、宜昌市第三中学、宜昌市第五中学、宜昌市第二十六中学、西陵区外国语实验小学、宜昌市外国语幼儿园、世纪AAA幼儿园、稻草人儿童美术馆等多家学校和培训机构来馆开展教育共建合作。秭归县博物馆是武汉大学、中国地质大学、重庆邮电大学等高校的教育实践基地。兴山县民俗博物馆联合兴山县职业教育中心举办"传承民俗文化·弘扬国学"主题研学活动。长阳土家族自治县博物馆接纳华中师范大学、中南民族大学、湖北汽车学院、武昌工学院的在校生来馆开展社会实践活动。夷陵区博物馆联合夷陵楼、至喜楼、三峡柑橘博物馆开展"新时代研

学活动月"活动，拓宽了学生在校外接受教育的渠道。

## 四、博物馆研究

### （一）学术活动

1.举办学术会议

宜昌博物馆举办了"2019'峡尽天开'展览展示研讨会"；承办了"宜昌博物馆开馆仪式暨湖北省博物馆协会学术交流会""湖北省博物馆协会2019年理事会暨学术研讨会"。

2.参加学术会议

2019年，宜昌市各博物馆积极组织职工参加各类学术会议，学习借鉴各专业领域先进工作经验，推动区域性研究和交流。参加"河北正定城市考古青年论坛""中博协社教专委会2019年会暨使命——博物馆教育的责任与情怀研讨会""2019年度巴文化学术研讨会""山东民族民俗文物研讨会""2019年'屈原与楚文化'学术研讨会暨湖北省屈原研究会年会""2019年中国汨罗屈原及楚辞学国际学术研讨会暨中国屈原学会第十八届年会""湖北省博物馆协会年会"等。

### （二）学术成果

1.出版成果

宜昌博物馆编辑出版《宜昌博物馆馆藏文物图录》（铜器卷、陶瓷卷、书画卷、杂项卷、民俗卷共五卷）；秭归县博物馆编辑出版《屈姑文化（第五辑）》《屈原廉政文化》；长阳土家族自治县博物馆参与编辑出版《长江三峡工程文化保护项目报告——重庆炼锌遗址群》《重庆三峡后续工作考古报告集》。

2.发表或交流论文

全市各级博物馆加大科研力度，积极撰写学术论文在相关刊物发表。2019年，全市文博专业技术人员发表论文61篇，包括宜昌博物馆与北京科技大学在 *Journal of Cultural Heritage*（《文化遗产杂志》）（2019）联合发表论文 *Imported or indigenous? The earliest forged tin foil found in China*、宜

昌博物馆《宜人之城,昌盛之地,尽在宜昌博物馆》载于《中国文物报》(2019年9月6日)、宜昌博物馆与国家博物馆联合发表《一批楚墓包金金属饰片金箔成分及制作工艺的科学研究》载于《文物保护与考古科学》(2019年第1期)、《以宜昌博物馆为例浅谈博物馆研学课程开发》载于《作为文化中枢的博物馆:传统的未来——2019年湖北省博物馆协会学术研讨会论文集》。秭归县博物馆《郭沫若因屈原与秭归结缘》载于《三峡文化》(2019年第1期)、《屈原作品中的长江三峡文化》载于《三峡文化》(2019年第3期)、《浅议屈原自喻系统蕴藉的人格心理》载于《文博之友》(2019年第3期)、《试论古代戏曲中的屈姑及其形象》载于《屈姑文化(第五辑)》(2019年12月,中国三峡出版社)等。

### (三)学术刊物

宜昌博物馆编纂《宜昌文博》全年四期季刊,秭归县博物馆编纂《屈原生地争讼的历史审视》,当阳市博物馆参与《文化当阳》中的《文物撷英》栏目编纂,宜都市博物馆编撰《杨守敬研究》,夷陵区博物馆编撰《夷陵收藏》季刊,均立足专业、秉持严谨精神。

## 五、博物馆公共服务

### (一)观众服务

#### 1.观众人数

全市博物馆全年共接待观众328.27万人次。其中宜昌博物馆61.6万人次(5个月)、当阳市博物馆8万人次、宜都市博物馆17万人次、枝江市博物馆8.7万人次、长阳土家族自治县博物馆25万人次、兴山县民俗博物馆10.8万人次、王昭君纪念馆14万人次、秭归县屈原纪念馆100万人次、夷陵区博物馆45万人次、点军区车溪农家博物馆12万人次、袁裕校家庭博物馆2.5万人次、五峰土家族自治县民族博物馆2万人次、潘家湾土家族乡民俗文化博物馆2.7万人次、杨守敬纪念馆0.37万人次、正国民俗博物馆9万人次、远安县博物馆3万人次、三峡步步升布鞋历史博物馆4万人次、清溪民俗博物馆2.6万人次。

#### 2.特殊观众服务

关注老年人、残疾人、母婴亲子等特殊群体的观展体验,完善基础设施、设备,强化博物馆工作人员服务意识,如配备电瓶车、残疾人无障碍设施、残疾人卫生间、母婴室等,方便租借轮椅、婴儿车和雨伞等。做好"三贴近"送展进军营或邀请部队官兵参观服务,安排好讲解和特色专题讲座等。

#### 3.未成年观众服务

全市博物馆争创品牌特色教育活动,突出益智益乐、新颖独创的特点,力求宣传发布内容能吸引孩子、组织开展能聚集孩子、活动内涵能启迪孩子。其中反响热烈的活动有"'回眸百年三峡梦,求索点燃中国情'三峡工程、屈原故里研学课题"、"关陵夏令营活动"、地质科普公益系列课等。

### (二)社会服务

#### 1.举办讲座

宜昌博物馆开办"宜昌文博讲坛",邀请中国人民大学历史学院李梅田教授、英国剑桥大桥李约瑟研究所所长梅建军教授围绕宜昌三峡地域考古成果展开介绍。当阳市博物馆举办两期文物保护培训班,对全市文物保护员和文化管理员进行文物知识、文物保护和历史建筑普查等知识培训。兴山县民俗博物馆联合宜昌市文化创意产业协会在兴山县昭君镇陈家湾村昭君别院举办文化扶贫培训班。长阳土家族自治县博物馆联合县消防应急救援大队、中队举办支部主题党日活动,加强"军民共建",携手共同发展。宜都市博物馆举办有关《中华人民共和国文物保护法》《宗教事务条例》等的讲座。枝江市博物馆举办全市文物密集区保护员业务培训班。

#### 2.为高校、科研院所等社会单位提供服务

为中国地质大学、重庆邮电大学、武汉大学、三峡大学、云南大学、华中师范大学、中南

民族大学、湖北汽车学院、武昌工学院等高校提供社会实践、课题研究等支持、帮助。

## 六、智慧博物馆

各场馆均实现了 Wi-Fi 全覆盖，为游客提供便捷网络服务。同时开通微信扫码导览、语音讲解、展厅导览定位服务等。依托互联网及新技术的运用与发展，利用微信公众号、游戏互动，让观众了解馆藏精品文物背后的故事，宜昌博物馆新型智慧机器人的投入使用，更有助于推进智慧博物馆建设。

## 七、博物馆文创产品开发

宜昌博物馆对馆徽进行了著作权主张和知识产权保护注册，联合贝林自然世界、西安昭泰文化公司开发的 100 余款文创产品围绕展览主题、重要内容和重点特色，结合观众审美需求和时尚潮流，包括快消类、中端、高端三个层次品类的产品，如生活用具、服饰、首饰、摆件、明信片、包装袋等。当阳市博物馆以"当阳关陵庙会"、关公祭祀朝拜等为核心开发旅游文化产业，围绕游客需求为信众朝拜祭祀开发相关服务项目，出售书画、文物仿制品、工艺品等，形成文化衍生服务链。秭归县博物馆(屈原纪念馆)开发的屈原雕像及端午香包等产品富含楚文化特色。

## 八、博物馆建设与管理

### (一)发展规划与建设

宜昌博物馆新馆于 2019 年 9 月 6 日正式对外开放，总投资 7.27 亿元，其中土建项目 4.04 亿元、展陈及安防项目 3.23 亿元。主体建筑面积 43001 平方米，其中展陈面积 12988 平方米、公共服务区面积 9990 平方米、库房及办公区面积 10238 平方米、地下停车场面积 9785 平方米。

远安县人民政府投资 3000 万元建设的远安县博物馆新馆，于 2019 年 12 月完成主体建筑施工。新馆占地面积 3000 平方米，建筑总面积 5000 平方米，展厅面积 1500 平方米。

枝江市博物馆推进 AAA 级旅游景区创建工作，规划实施博物馆展厅及库房扩建以及景区公共卫生间、生态停车场等基础设施建设，努力打造让市民群众回首驻足的公共文化空间。

夷陵区博物馆对夷陵楼实施三个月闭馆维修，完成屋面换瓦和夜景灯饰亮化工程。

### (二)制度建设

全市博物馆均建立健全各项管理制度，包括综合管理制度、合同管理制度、财务管理制度、部门责任条例、库房管理条例、考核奖惩制度、值班巡查制度等。

### (三)安全管理

1. 安全设施设备

各馆在安全防范设施的建设投入方面日臻完善。宜昌博物馆新馆安防工程设计施工一体化工程、消防设施工程等投资 3458 万元，均通过相关部门验收，投入使用。远安县博物馆投入展厅和库房安防设施建设，配置了高清数字视频探头、报警系统等技术防范设备。夷陵区博物馆投资维修了夷陵楼上水泵系统和至喜楼消防配电系统，更换老化线路、更新灭火器材等。

2. 安全运行

各馆加强安防、消防、应急值班与安全隐患排查整改、安全培训与演练等工作。加强了库房、展厅文物的保护环境监测工作，安监消防的监测记录工作，并联合"雪亮工程"，与 110 指挥中心建立联网联动机制。

### (四)人才培养

全市博物馆致力于知识结构型人才的培养。派员参加"山东民族民俗文物研讨会"、重庆市举办的"2019 年度巴文化学术研讨会"、"2019 山东国际文物保护装备博览会"、"2019 年中国文物学会民族民俗专业委员会年会"、"环球自然日 2020 年赛务协调会"、湖北省文物局"2019 年革命文物保护利用工程实施研修班"、全国网络学院"革命文物保护利用网上专题班"等。

## 九、公众评价

### (一)观众满意度

#### 1. 展览满意度

综合全市各馆收集的观众意见调查,得出观众展览满意度指数为92%。观众意见和建议涵盖临时展览的类型、推出周期、交流地域等方面。

#### 2. 环境满意度

综合全市各馆收集的观众意见调查,得出观众对环境满意度指数为88.75%。在硬件设施改进方面,主要反馈是老馆舍缺乏电梯设施,影响老年人和残疾人观众的观展体验;在文明参观习惯的养成方面,主要反馈是需要加强引导宣传和管控。

#### 3. 服务满意度

综合全市各馆收集的观众意见调查,得出观众对服务满意度指数为90.14%。落实免费开放政策,节假日正常开放,全年开馆日达到312天;讲解服务、志愿者服务、博物馆之友、社教活动开展有计划、高标准推进。

### (二)社会关注度

#### 1. 官网

全市博物馆均开设官方网站,对外推广展览信息、社会教育、藏品探索、文创商品、志愿者招募、观众留言、博物馆介绍等方面内容。

宜昌博物馆网站于2019年改版升级,开通了网上虚拟展厅,增加馆藏数字资源库查阅赏析功能。宜昌博物馆网站、宜都市博物馆网站均推出陈列展览实景体验,观众轻点鼠标就能实现网上"云观展"。

#### 2. 微信公众号

各馆利用微信公众号定期推送展览及社教信息,每月推送涉及展览社交、文物知识、遗产保护等时效信息。利用App服务软件,为观众提供"参观管家"的贴身服务,"场馆介绍""热门展厅""馆藏精品"三大主要板块发挥效力。

#### 3. 新闻媒体

全市博物馆通过电视广播、纸媒、融媒体等多种渠道进行展览活动预热推广、消息报道等。广泛与新华网、中新网、华龙网、红网、荆楚网、同程网、三峡报业集团网、关公网、自驾车旅游网、假日自助旅游网、东方之旅网等媒体合作,以视频、图片、文字等内容形式立体造势,宣传优秀文化资源。

[撰稿人:阮晓雨;资料提供:当阳市博物馆(刘欢、陈秋合)、宜都市博物馆(赵平)、枝江市博物馆(郑飞)、秭归县博物馆(韩虹娇)、兴山县民俗博物馆(刘道霖、万长荣)、长阳土家族自治县博物馆(罗钰)、夷陵区博物馆(朱大红、屈江)、远安县博物馆(曾翼)]

# 宜昌博物馆

2019年,在宜昌市委、市政府的大力支持下,在相关部门的积极协助下,在宜昌市文化和旅游局的正确领导下,宜昌博物馆认真落实年初制订的工作目标和计划,充分发挥基层党组织的战斗堡垒及党员的先锋模范作用,锁定目标,团结一致、众志成城,新馆如期建成开放,受到社会各界一致好评,并圆满完成各项工作任务。

## 一、博物馆藏品管理

### (一)藏品征集

#### 1.藏品征集数量与内容

经五批次共征集藏品124件(套)。包括西北大学捐赠林乔利虫化石1件和长阳中华盘虫化石1件,宜昌市人民政府移交汪国新绘画2幅,伍家岗区人民检察院移交涉案文物与违禁品79件(套)(实际数量129件),宜昌市人民政府转交台湾同胞杜安息捐赠哀欧拿学校照片及成绩单3件(套),老红军余冰同志家人捐赠余冰同志遗物38件(套)。

#### 2.所征集藏品的作用与意义

丰富了藏品类别,充实了展陈内容,提升了展陈效果,满足了专题陈列"开辟鸿蒙"和基本陈列"近代宜昌"对古生物化石及近现代展品的需求,具有较高的社会教育价值。

### (二)藏品管理

#### 1.藏品的账目与档案整理情况

完成了新入藏文物及修复完成文物的藏品编目、基本数据采集和拍照工作。

按照相关规定,共完善了六批共计146件(套)新入藏藏品的档案资料,包括征集入藏的古生物化石和近现代展品124件(套)、考古部移交前坪谭家包出土器物22件(套),并完成了各项资料整理工作。

#### 2.藏品的保管、保护、修复

完成了35615件(套)文物的安全转运工作;根据展陈需求,完成780件(套)展品的修复、清洗、维护保养;完成了125件(套)纸质类展品的修复及托裱工作;完成了225件(套)楚国金属饰片、57件(套)纸质文物的修复工作;"馆藏纸质文物(书画)保护修复方案""馆藏珍贵文物柜架囊匣实施方案"结项验收,"珍贵文物保存环境质量监控与柜架囊匣配置解决方案"获准立项。

#### 3.藏品的数字化工作

严格按照全国第一次可移动文物普查标准,完善了藏品的基础资料,对藏品文字及图像资料进行了存储备份,建立了电子版馆藏文物数据库,建立了宜昌特色文物数据库,以便于开展查询、统计等相关信息化管理工作。

## 二、博物馆陈列展览

### (一)基本陈列

2019年9月,宜昌博物馆新馆正式对公众开放。展览以"峡尽天开"为主题,分基本陈列4个板块、常设专题陈列4个板块。

| 类型 | 展名 | 面积 | 展品数量 |
| --- | --- | --- | --- |
| 基本陈列 | 远古西陵 | 810平方米 | 521件(套) |
| | 巴楚夷陵 | 1500平方米 | 1132件(套) |
| | 千载峡州 | 870平方米 | 1166件(套) |
| | 近代宜昌 | 1200平方米 | 256件(套) |
| 常设专题陈列 | 物竞天择——贝林先生捐赠动物标本展 | 1150平方米 | 209件(套) |
| | 开辟鸿蒙——动植物化石及岩石矿物标本展 | 743平方米 | 455件(套) |
| | 风情三峡——民俗文物展 | 1360平方米 | 607件(套) |
| | 古城记忆——宜昌古城风貌展 | 2600平方米 | 718件(套) |

基本陈列立足本地，汇集近40年宜昌及周边重要考古发现及学术研究成果，以重大历史事件、著名历史人物、城市发展变迁为展览主线，展品陈列与场景布置紧密结合、有机统一。合理运用多媒体技术、场景复原、模型互动、展品陈列、图文诠释等辅助手段对重点内容进行全面组合展示。邀请著名美术家参与艺术品与油画的创作，采用一对一定制化的文物支架、高质量的专业照明和低反射夹层玻璃，并在形式设计的细节方面别出心裁、精益求精，力求达到完美的陈列效果。

### (二)临时展览

#### 1.馆内展览

原创性展览"书香墨韵——馆藏书画展"与新馆同时开放，展出馆藏珍贵书画36套(75件)，采用行业先进展柜、灯光配合展陈形式，给予观众高品质的赏析感受。

#### 2.境内馆外展览

举办由民盟中央美术院、民盟湖北省委员会、宜昌市人民政府主办，民盟宜昌市委员会、民盟中央美术院宜昌分院、宜昌博物馆承办的"庆祝中华人民共和国成立70周年暨'生态长江 大美三峡'采风作品展"。展览展出书法、国画、油画作品共计96幅，多视角、全方位地展示长江流域图景，呼吁民众增强保护长江三峡的意识。

严格按照藏品外展规定的相关手续联合办展。联合宜都市博物馆举办"杨守敬诞辰180周年书法作品展"，做到了展前协商、合同签订、报批上级主管部门以及文物点交出入库等环节的完整记录归档。

## 三、博物馆教育

### (一)教育项目

#### 1.常设性教育项目

宜昌博物馆作为爱国主义教育基地，一直以来将大力弘扬民族优秀传统文化，传承民族精神作为开展社教活动的重要指导思想和责任目标。结合中国传统节日及相关文化元素，开展"传统文化小课堂""文明参观小课堂"等常设性教育活动。

#### 2.临时性教育项目

开展"三峡的孩子话三峡"系列活动、"爱我家乡"教育活动、"云想衣裳花想容"古代妆容体验及古代服饰走秀活动、"向国旗敬礼"爱国主义专题教育活动。

新馆开馆后，与宜昌市第三中学、宜昌市外国语幼儿园、宜昌市第二十六中学、宜昌市第五中学、西陵区外国语实验小学、三峡大学、世纪AAA幼儿园、稻草人儿童美术馆、荆门市楚天学校、岳阳市岳西中学、荆州市楚都中学等20多个学校联合开展了"走进博物馆"系列研学活动及教育活动。通过参观讲解、互动问答、非物质文化遗产展示、寻宝探秘游戏等环节，加深了青少年对地域历史文化和精品民俗文化的理解和认识。

#### 3.代表性教育项目

与三峡广电、中国地质调查局武汉调查中心联合开展了"地质科普公益系列课"，通过课前知识储备、专家授课、展厅活动任务书填写、现场互动答疑、课后回访等环节，让学生们在了解宜昌地质史、古生物史相关知识的同时，感受我国科研工作者不惧困难、刻苦钻研的科学精神，增强学生对科学知识的求知欲和探索欲。

与《三峡晚报》小记者站"达成长期合作意向，利用媒体宣传号召力，不定期举办专题合作教育活动。其中以"熏陶历史文化 弘扬爱国精神"为主题的教育活动邀请小记者们参观学习馆藏文物及文物背后的故事，小记者们写出的自己对认知历史文物的感悟和参观学习心得在《三峡晚报》上频频发表，获得了社会各界的广泛关注和一致好评。

### (二)教育活动

#### 1.法定节假日和寒暑假策划实施的活动

暑假，宜昌博物馆学雷锋志愿者服务队开展2019年引导、讲解服务志愿者招募、培训及考核活动，正式上岗志愿者142名。其中，"小小志愿者"邢思经过专业讲解培训后，在2019年湖北省文博系统"小小讲解员"讲解大赛中荣获二等奖，为其他"小小志愿者"们树立了榜样。

利用中秋、国庆、春节等法定节假日，开展"花好月圆庆中秋""向国旗敬礼"等教育活动。一方面宣扬节日文化，对未成年人进行爱国主义教育；另一方面依托亲子互动环节，增强未成年人活动的参与感，充分调动现场参与者的多感官体验，让受众在轻松愉快的氛围中获取知识、增长见识。

2. 面向不同公众策划实施的特色教育活动

(1) 学生群体。

开展"爱我家乡"教育活动、"宜昌市第三中学走进宜昌博物馆"研学活动、"熏陶历史文化 弘扬爱国精神"教育活动、"三峡的孩子话三峡"系列活动、"传统文化小课堂——花好月圆庆中秋"活动、"向国旗敬礼"主题活动、"文明参观小课堂"主题教育活动、"地质科普公益系列课"活动、"阳光团队 感恩前行"志愿服务系列活动、"宜昌博物馆文明引导员"志愿服务活动、"志在 愿在 我在"志愿服务活动等。

(2) 社会群体。

与宜昌市导游协会联合开展"献礼70周年 探索宜昌故事 倡导文明出行"志愿服务活动；与宜昌市财政局志愿者联合开展"不忘初心 志愿前行"志愿服务活动等。

(3) 文博群体。

5月15日，宜昌博物馆社教部讲解员参加了宜昌市第十届导游大赛；7月19日，社教部讲解员参加了"共和国故事汇——宜昌市红色故事宣讲大赛"，讲解员周晨在市级比赛中荣获专业组二等奖，在省级比赛中荣获专业组优秀奖。

3. 学校教育活动

(1) 为学校提供支持和帮助。

与枝江市顾家店小学、枝江市玛瑙河小学、远安县实验小学、兴山古夫镇初级中学、远安县栖凤小学、五峰仁和坪中学、长阳椒坪镇中心学校等联合开展了"走进博物馆"系列研学活动，让县、区的孩子也能到宜昌博物馆参观学习，了解中华文化的博大精深，增强文物保护意识。

(2) 接纳在校学生开展社会实践。

贯彻落实公共文化服务场所免费开放的各项要求，认真抓好在校学生的社会实践工作，将历史文化与时下热点有机结合，利用寒暑假开展"小小志愿者"招募及培训活动，并常年接受三峡大学、三峡职业技术学院、夷陵中学、宜昌市第一中学等学校在校学生来馆进行社会实践活动，并依托该馆学雷锋志愿服务队优秀志愿者资源对在校学生进行"传帮带"辅导，对学生志愿者开展岗位培训、讲解测评及考核，激发学生群体的爱国情怀和社会责任感。

### 四、博物馆研究

#### (一) 学术活动

1. 举办学术会议

全年举办、承办学术会议 3 场，包括"2019'峡尽天开'展览展示研讨会""宜昌博物馆开馆仪式暨湖北省博物馆协会学术交流会""湖北省博物馆协会 2019 年理事会暨学术研讨会"。

2. 参加学术会议

积极推荐专业技术人员参与各类专业论坛、研讨会，提高专业素养。参加"河北正定城市考古青年论坛""中博协社教专委会2019 年会暨使命——博物馆教育的责任与情怀研讨会""2019 年度巴文化学术研讨会""2019 山东国际文物保护装备博览会""2019年中国文物学会民族民俗专业委员会年会""环球自然日 2020 年赛务协调会"等。

#### (二) 学术成果

1. 出版成果

完成《宜昌博物馆馆藏文物图录》(铜器卷、陶瓷卷、书画卷、杂项卷、民俗卷)的全部出版工作,该书由文物出版社出版,收录文物800余件(套),是对宜昌博物馆珍贵文物的一次系统、全面的展示。

**2.发表或交流论文**

肖承云、向光华、赵德祥与北京科技大学在 Journal of Cultural Heritage(《文化遗产杂志》)(2019)联合发表论文 Imported or indigenous? The earliest forged tin foil found in China。

肖承云在《中国文物报》(2019年9月6日)发表文章《宜人之城,昌盛之地,尽在宜昌博物馆》。

唐凛然在《文物保护与考古科学》(2019年第1期)与国家博物馆研究人员联合发表论文《一批楚墓包金金属饰片金箔成分及制作工艺的科学研究》。

宜昌博物馆专业技术人员在《作为文化中枢的博物馆:传统的未来——2019年湖北省博物馆协会学术研讨会论文集》中发表论文11篇,其中一等奖1篇,即《以宜昌博物馆为例浅谈博物馆研学课程开发》;二等奖2篇,即《浅析皮影文化在博物馆陈列展览中的传承——以宜昌博物馆"皮影特展"为例》《教育引领未来——作为文化中枢的博物馆与幼儿教育的相关性研究》;三等奖1篇,即《发挥博物馆文化中枢作用 开展青少年科普教育活动——以宜昌博物馆"物竞天择"(贝林厅)活动策划为例》。新馆的建成带动并形成了浓厚的学术研究氛围,为年轻一代学术带头人提供了更宽广的科研平台。

**(三)学术刊物**

《宜昌文博》完成全年4期的编辑出版工作。全年发表论文43篇,共计22万字左右,其中"文物与考古"栏目文章18篇、"史海钩沉"栏目文章7篇、"藏品赏析"栏目文章3篇、"文旅工作探讨"栏目文章8篇,刊登"文博动态"信息24则。2019年度新开设"省保、国保单位巡礼"及"讲座实录"两个栏目,以更好地满足读者需求。

# 五、博物馆公共服务

**(一)观众服务**

**1.观众人数**

2019年8月6日新馆试运行,5个月共接待观众615837人次。其中,本地居民350548人次、外地参观者265289人次,包括境外参观者2361人次、未成年人29229人次。2019年共举办38场公众教育推广活动,受众9334人次,获得了社会各界的广泛关注。

**2.特殊观众服务**

为打造阳光、舒适、温馨的便民服务,不断优化服务措施和设施设备,配备了便民医药箱、爱心轮椅、爱心婴儿车、老花镜、手机充电宝,并提供雨伞租借、物品寄存等服务,每楼层均设有母婴室、无障碍洗手间、厢式电梯等。同时,讲解员、大厅服务台咨询员及志愿者也会温馨提示特殊观众安全注意事项,主动为其提供场馆引导服务及便民设备租借服务,提升特殊人群的参观体验。2019年,累计为特殊观众提供便民设施设备租借服务643次。

**3.未成年观众服务**

2019年针对未成年人开展主题教育活动30场,累计参与观众达8541人次。

(1)与"《三峡晚报》小记者站"达成长期合作共识,长期举办"《三峡晚报》小记者走进宜昌博物馆"系列活动及"传统文化小课堂"活动,充分发挥博物馆爱国主义教育基地的示范引领作用,对广大青少年进行爱国主义专题教育,并依托"传统文化小课堂"特色服务品牌,开设中国传统节日及优秀传统文化的教育课程,以PPT演示、互动教学、亲子手工、现场参观、团队游戏等多元化模式,培育未成年人的爱国情操,大力宣扬我国优秀传统文化,提升青少年的组织协调及团队合作能力。

(2)与三峡广电、中国地质调查局武汉调

查中心等单位积极合作,针对"开辟鸿蒙"展厅,介绍宜昌"金钉子"的发现历程及其背后的故事、奥陶纪时期生物多样性等知识。未成年人及家长通过预约报名,参与课前知识储备、专家授课、展厅活动任务书填写、现场互动答疑和课后回访等环节。

(3)利用寒暑假开展"小小志愿者"的招募与培训工作,充分调动未成年人的聪明才干和主观能动性,开展志愿讲解、文明劝导、公益课等志愿服务活动和教育活动,"小小志愿者"们在引导组、讲解组等不同岗位上得到了一定的锻炼与能力提升。

### (二)社会服务

#### 1.举办讲座

2019 年 11 月,开办"宜昌文博讲坛",邀请国内考古文博领域的专家,针对以宜昌三峡地区为主,兼顾其他地区的考古发现、馆藏文物、不可移动文物、文物保护、公众考古、历史文化、民俗与非物质文化遗产等选题举办讲座。共举办两期讲座,广受社会各界的关注与好评,参与人员包括宜昌文博界工作者、三峡大学师生、收藏爱好者和宜昌博物馆志愿者等。

#### 2.为高校、科研院所等社会单位提供服务

宜昌博物馆为高校、科研院所等社会单位提供免费的讲解服务、志愿服务和资料提供服务,并结合各单位支部主题党日活动主题,与社会单位合作开展"走进博物馆"系列爱国主义活动。"宜昌文博讲坛"的开办也为三峡大学等高校师生开辟了高端的学术交流平台。

### 六、智慧博物馆

试行实名预约参观制。投入智能讲解机器人 2 台,为观众提供语音导览、地图导览、虚拟游览、应用智能问答技术服务,游客可通过关键字、自然语音提问等方式咨询到想要了解的内容,用"文化+科技"的方式讲好文物故事。

宜昌博物馆官网改版升级后上线运行,建立宜昌特色文物数据库,上线 9 个网上虚拟展厅,观众可以足不出户"云游"宜昌博物馆。微信公众号及 App 上线运行,观众可通过手机进行自助导览,同时享受语音讲解服务,还增添自助语音讲解导览设备 60 台,观众可通过自助租赁的方式选择语音讲解导览设备。

### 七、博物馆文创产品开发

为了让观众"把展览带回家",宜昌博物馆与环球健康与教育基金会、陕西西安昭泰文化公司密切合作,借助湖北博物馆文创联盟资源整合平台,围绕展览主题、重要内容与重点文物展品,共开发中、高端及快消类产品三个不同层次的文化创意衍生品 100 余种。展览开放期间,诸多文创产品使观众产生极大兴趣,烘托了展览的社会效应。

### 八、博物馆建设与管理

#### (一)发展规划与建设

按照宜昌市委、市政府"高标准严要求做好博物馆新馆建设工作"的要求,宜昌博物馆同步完善和提升自身的管理水平,积极发挥博物馆社会教育和爱国主义教育基地的作用,致力于打造成市民和游客了解宜昌文化、巴楚文化、长江文化的重要窗口,打造成"爱上宜昌"的必到之地和宜昌市文化旅游新景点,充分彰显作为地市级区域博物馆的实力。

借助宜昌作为旅游城市的优势,抓住文旅融合的契机,依托博物馆一流的硬件设施,不断丰富馆藏资源,充分发挥好社会教育和展览展示功能,不断提升公共文化服务的水平和质量,致力于"如何让文物'活'起来",让文物最大限度地被利用起来,不断满足群众日益增长的文化需求,积极参评全国博物馆十大精品陈列推介活动、申报国家一级博物馆、争创国家 AAAA 级景区。

## （二）制度建设

2019 年，宜昌博物馆规范了综合管理、财务管理、藏品保管、档案图书管理、文物安全等方面的制度条例，按照国家一级博物馆的管理规范、程序和标准加以深化、完善。

## （三）安全管理

### 1. 安全设施设备

博物馆消防设施总投资 840 余万元。共有安防设备监控摄像机 596 台、各类报警探测器 1046 个、门禁系统设备 246 套，总投资 2600 余万元。

### 2. 安全运行

为保障新馆试运行和正式对外开放后观众接待和场馆运行的安全有序，2019 年 8 月至 12 月先后 3 次组织全馆职工、全体安保人员、保洁人员进行消防知识培训演练及防爆演练。制定了"宜昌博物馆开放安全应急预案""宜昌博物馆古城记忆开放安全应急预案"及"宜昌博物馆公共安全保卫工作应急预案"。为提升应急处置能力，于 12 月建立了伍家公安分局宜昌博物馆密防快反警务室、微型消防站。

## （四）人才培养

采取"请进来、送出去"等方式，加强学术队伍建设、提升专业人员素质。共举办两期"宜昌文博讲坛"，邀请中国人民大学历史学院李梅田教授、英国剑桥大学李约瑟研究所所长梅建军教授亲临宜昌博物馆授课指导。外派人员参加"2019 年全国博物馆藏品管理培训班""中国博物馆协会 2019 年第二期讲解员高级研讨班""湖北省文博系统社会教育培训班"等。

# 九、公众评价

## （一）观众满意度

### 1. 展览满意度

展览满意度调查采取线下、线上相结合的方式，线下通过设立观众意见箱、观众留言簿、投诉电话，发放纸质调查问卷等方式，线上通过官方微信公众号问卷调查平台对观众进行科学分析和研判，共收集调查问卷、观众留言及反馈意见 1084 份。综合数据结果显示，91.39% 以上的观众对新馆的陈列展览感到满意，并表示期待新馆推出更多富有教育意义及文化特色的临时展览。

### 2. 环境满意度

根据 2019 年观众调查数据结果显示，85.42% 的观众对宜昌博物馆的环境表示满意，并对新馆的环境提出了宝贵的建议。今后博物馆也将继续加强对参观秩序的维护，对不文明参观行为的劝阻以及对馆内环境卫生质量的严格把控，努力提升观众的环境满意度。

### 3. 服务满意度

实行 8 小时免费开放，节假日无休（周一闭馆），配备专职讲解员、志愿者、党员义务讲解员等为观众进行免费讲解服务。2019 年观众调查数据结果显示，90.15% 以上的观众对宜昌博物馆的服务感到满意。

## （二）社会关注度

据不完全统计，相关宣传报道 385 篇、报道媒体 52 家，其中包括三峡电视台、《三峡日报》《三峡晚报》《三峡商报》等，同时借助全国网络媒体协会邀请新华网、中新网、华龙网、红网等 40 家重点网络媒体平台以视频、图片、文字等报道方式推介宜昌博物馆"峡尽天开"主题展览，在全国形成宣传声势，扩大影响力。

《中国文物报》整版登载《宜人之城，昌盛之地，尽在宜昌博物馆》《磨光黑皮陶罐——火焰与泥土的艺术》《附龙玉璧——玉不琢，不成器》《楚季铜甬钟——聆听历史的回响》等文章，对重点珍贵文物进行宣传报道，还对"古城记忆"展厅的互动项目进行深入报道，形成一系列持续、立体的展陈与藏品特色宣传。2019 年宜昌博物馆网站发布信息 103 条，微信公众号推送消息 84 条，包括馆藏精美文物鉴赏、展厅介绍、虚拟博物馆、二十四节气等系列推文,通过微信、网站收集到的留言、评价显示观众对博物馆陈列展览、服务水平给予高度认可。

宜昌博物馆积极利用新媒体进行宣传,开创新的服务模式,让参观宜昌博物馆成为市民文化生活中的一个关键词,将更多的文博知识带给公众,让越来越多的人了解博物馆,感受到宜昌博物馆的活力。

（撰稿人：阮晓雨）

# 大 事 记

## 1月

1月16—17日,北京科技大学、湖北省文物考古研究所及京山县博物馆对当阳展开江汉地区矿冶遗址调查。

## 2月

2月25日,湖北省归国华侨联合会向秭归县屈原纪念馆授牌"中国华侨国际文化交流基地"。

2月26日,宜昌博物馆协助湖北省文物考古研究所对前坪及三峡库区"太平溪古冶铁遗址""宜昌至郑万高铁连接线"沿途108千米进行考古调查。

2月28日,宜昌博物馆修复完成"丰都天平丘墓群"出土的130多件(套)文物,并移交丰都县文物管理所。

## 3月

3月7日,湖北省文化和旅游厅在当阳市召开"关圣史迹"申报世界文化遗产座谈会。

3月25日,"清江生物群"林乔利虫化石入藏长阳土家族自治县博物馆。

3月27日,宜昌博物馆委托中国国家博物馆文物科技保护研究院修复的225件(套)

楚国金属饰片、委托北京停云馆文化投资有限公司修复的57件(套)纸质文物,完成修复工作,安全押运回馆。

## 4月

4月2日,宜昌博物馆委托宜昌市尔雅斋字画装裱店进行修复及托裱的125件(套)馆藏纸质类藏品完成修复,并通过项目验收。

4月18日,"宜昌博物馆馆藏纸质文物(书画)文物保护修复方案"项目通过了湖北省文化和旅游厅组织的结项验收。

4月19日,宜昌博物馆接收西北大学捐赠林乔利虫化石和长阳中华盘虫化石。

4月19日,嫘祖文化节在远安县嫘祖镇正式启动。

## 5月

5月10日,自然资源部矿业权管理司副司长朱振芳前往秭归凤凰山文物保护区督查文物安全。

5月11日,当阳市博物馆副馆长祝光圣被授予"省级非物质文化遗产传承人"证书。

5月18日,宜昌博物馆社教部荣获"湖北省文博系统'十佳'推介活动优秀社教团队"荣誉称号。

## 6 月

6 月,宜昌博物馆编撰的《宜昌博物馆馆藏文物图录》(铜器卷、书画卷、陶瓷卷、杂项卷、民俗卷)由文物出版社正式出版。

6 月 3 日,9478 人共同创造了"最多人一起包粽子"吉尼斯世界纪录。

6 月 6 日,2019 年屈原故里端午节开幕式顺利举行。

6 月 27 日,当阳市博物馆启动关陵拜殿、来止轩、斋堂等殿堂抢救性维修工程。

6 月 29 日,中国文化遗产研究院白静博士调研关陵。

## 7 月

7 月 3 日,湖北省文化和旅游厅厅长雷文洁、党组成员黎朝斌,中国文化遗产研究院党委书记解冰等调研关陵"关圣史迹"申遗工作。

7 月 6 日,开国大将王树声之女王宇红前往兴山县古夫镇金子山村寻访红色足迹。

7 月 16 日,宜昌博物馆新馆装修工程竣工预验收。

7 月 17 日,宜昌博物馆完成 4000 余件(套)上展文物的押送转运工作。

7 月 18 日,宜昌博物馆进行全体职工总动员,正式投入文物布展工作。

7 月 19 日,宜昌博物馆讲解员周晨在中共湖北省委宣传部、湖北省文化和旅游厅主办的"共和国故事汇——宜昌市红色故事宣讲大赛"中,荣获省级专业组优秀奖。

7 月 20 日,《远安县博物馆馆藏文物抢救性保护修复方案》编制完成。

## 8 月

8 月 6 日,宜昌博物馆新馆试运行。

8 月 7 日,"宜昌博物馆馆藏珍贵文物柜架囊匣实施方案"项目通过了湖北省文化和旅游厅组织的结项验收。

8 月 12 日,宜昌博物馆新馆陈列布展专家验收会召开。

8 月 15 日,宜昌博物馆对当阳河溶"鼓架冲唐墓"进行抢救性发掘,填补了该地区唐代资料的空白。

8 月 28 日,宜昌市文化和旅游局对枝江市博物馆进行 AA 级旅游景区复核工作。

8 月 29 日,湖北省委常委、宜昌市委书记周霁调研宜昌博物馆新馆开放前期准备工作。

8 月 30 日,远安县博物馆新馆主体工程基本完工。新馆占地面积 3000 余平方米,建筑总面积 5000 平方米,工程总投资 3000 余万元。

## 9 月

9 月 6 日,宜昌博物馆新馆正式开馆。湖北省委常委、宜昌市委书记周霁宣布开馆。湖北省文化和旅游厅厅长雷文洁,中国文物报社原社长李耀申,中国博物馆协会副理事长、湖北省博物馆馆长方勤,湖北省博物馆党委书记万全文,环球健康与教育基金会中国区资深项目经理李晶及宜昌市领导王国斌、刘建新、孔福生、张鹏、黄惠宁等出席开馆仪式。

9 月 11 日,湖北省文化和旅游厅荆楚大遗址调研组考察秭归屈原祠。

9 月 11 日,伍家岗区人民检察院移交给宜昌博物馆涉案文物、违禁品共计 79 件(套)(实际数量 129 件)。

9 月 14 日,宜昌博物馆志愿者邢思远荣获 2019 年湖北省文博系统"小小讲解员"讲解大赛二等奖;宜昌博物馆荣获大赛优秀组织奖。

9 月 16 日,省委书记蒋超良视察兴山县昭君镇陈家湾昭君别院。

9 月 21 日,秭归县博物馆被秭归县人民政府、秭归县委员会授予"秭归长江大桥突出贡献单位"称号。

9月27日,由民盟中央美术院、民盟湖北省委员会、宜昌市人民政府主办、宜昌博物馆承办的"庆祝中华人民共和国成立70周年暨'生态长江 大美三峡'采风作品展",展出书画作品共计96幅。

## 10月

10月7日,宜昌博物馆主申的宜昌天然塔被国务院公布为全国第八批重点文物保护单位。

10月7日,远安县博物馆主申的三江航天066导弹基地旧址被国务院公布为全国第八批重点文物保护单位。

10月8日,宜昌博物馆《珍贵文物保存环境质量监控与柜架囊匣配置解决方案》获湖北省文化和旅游厅批准。

10月12日,宜昌市人民政府转交台湾同胞杜安息先生捐赠哀欧拿学校照片及成绩单3件(套)。

## 11月

11月19日,宜昌博物馆开展"党员志愿讲解"服务活动。宜昌博物馆党支部书记、馆长肖承云为点军区桥边小学30名师生提供首场"党员志愿讲解"服务。

11月24日,"宜昌文博讲坛"开讲,邀请中国人民大学历史学院考古文博系教授、博士生导师李梅田做题为"出土文物与古代宜昌文化漫谈"的讲座。

11月26日,当阳市博物馆成功举办"2019湖北当阳关陵祭祀大典"。

11月26日,宜昌博物馆所有藏品安全押运至新馆,老馆搬迁工作顺利结束。

11月28日,宜都市博物馆完成第二批湖北省档案文献遗产的申报工作。

## 12月

12月,夷陵区博物馆被夷陵区人民政府授予2019年度"科普工作先进单位"的称号。

12月3日,宜昌博物馆邀请英国剑桥大学李约瑟研究所所长梅建军教授做题为"从宜昌出土的锡箔看东周时期金属技术的演进"的专题讲座。

12月10日,宜都市博物馆启动杨守敬故居维修方案编制工作。

12月17日,宜昌博物馆将委托给荆州文保中心修复的6件(套)竹木漆器安全运回库房。

12月20日,秭归县博物馆回迁寄藏于宜昌博物馆的馆藏文物。

12月21日,由湖北省博物馆协会主办、宜昌博物馆承办的"湖北省博物馆协会2019年理事会暨学术研讨会"在宜昌博物馆举行。宜昌博物馆在2019年学术研讨会论文评选中获得一等奖1名,二等奖2名,三等奖1名。

12月22日,宜昌博物馆举办"宜昌博物馆'峡尽天开'展览展示研讨会",中国文物报社副总编辑李学良,上海大学党委副书记段勇,甘肃省博物馆原馆长俄军,湖北省博物馆党委书记、常务副馆长万全文等9位专家参加研讨。

# 荣誉集锦

1.国家级 1 个

宜昌博物馆申报的宜昌天然塔被列入第八批全国重点文物保护单位。

2.省级 6 个

社教部荣获"2019 年度湖北省文博系统'十佳'社教团队推介展示活动优秀社教团队"称号。

税元斌获得湖北省总工会第二届"荆楚工匠"称号。

2019 湖北省博物馆协会征文一等奖 1 篇,即《以宜昌博物馆为例浅谈博物馆研学课程开发》(董清丽、赵冬);二等奖 2 篇,即《浅析皮影文化在博物馆陈列展览中的传承——以宜昌博物馆"皮影特展"为例》(杜青)、《教育引领未来——作为文化中枢的博物馆与幼儿教育的相关性研究》(吴文洁);三等奖 1 篇,即《发挥博物馆文化中枢作用 开展青少年科普教育活动——以宜昌博物馆"物竞天择"(贝林厅)活动策划为例》(张莹)。

3.市级 3 个

宜昌博物馆获批"宜昌市第一批生态环保教育实践基地"。

吴义兵被评为"2019'楚园春杯'宜昌十大民选新闻人物"。

周晨获市级"共和国故事汇——宜昌市红色故事宣讲大赛"专业组二等奖。

# 黄　石

## 黄石市博物馆工作综述

2019年，黄石全市拥有各类博物馆、纪念馆11家，其中文物系统内博物馆9家，企业博物馆1家，民办博物馆1家；馆藏品总数37008件（套）；各馆对外开放共有常设专题展览24个，新办临时展览15个，全市博物馆、纪念馆年接待观众70.25万人次，通过提升陈展水平、增强服务质量、加强文物保护宣传等工作，各项保护管理工作得到进一步规范和完善，全市博物馆、纪念馆实现了文物安全年的目标。

### 一、博物馆藏品管理

#### （一）藏品征集

藏品征集数量与内容如下：

黄石市工业遗产保护中心（湖北水泥遗址博物馆）现有藏品245件（套）。

黄石市博物馆现有藏品28794件（套），2019年度新增藏品28件（套）。

大冶市博物馆馆藏文物3155件（套）。

铜绿山古铜矿遗址博物馆现有藏品330件（其中复制文物170件）。

南山头革命纪念馆馆藏文物43件（套）。

红三军团建军纪念馆馆藏文物16件（套）。

新四军鄂皖湘赣指挥部旧址纪念馆馆藏文物16件（套）。

阳新县博物馆现有藏品4020件（套），2019年度新增藏品10件。

龙港革命历史纪念馆馆藏文物214件（套），其中一级文物1件（套），二级文物6件（套），三级文物119件（套）。

龙港文物管理所馆藏文物175件（套）。

#### （二）藏品管理

1. 藏品的账目与档案整理情况

黄石市工业遗产保护中心（湖北水泥遗址博物馆）还在建设当中，现有藏品存放于临时库房。

黄石市博物馆有完整的总账、分类账。黄石市博物馆根据《博物馆藏品管理办法》的相关规范要求，对所有馆藏文物进行记账编目，对账本、保险柜分别实行专人管理，实施出入库房人员的审批与登记工作。藏品账目按藏品性质详细分为铜、铁、陶、瓷、玉、化石、字画等分类收藏。

大冶市博物馆根据《博物馆藏品管理办法》的相关规范要求，对所有馆藏文物进行记账编目,对账本、保险柜分别实行专人管理,实施出入库房人员的审批与登记工作。藏品账目按藏品性质详细分为铜、铁、陶、瓷、玉、化石、字画等分类收藏。

铜绿山古铜矿遗址博物馆对所有馆藏文物进行记账编目,建立文物账本与详细的文物资料电子档案,汇编文物登记表。一是藏品账目按藏品性质细分为铜、铁、玉、石、竹、木等多类,并对账本、保险柜分别实行专人管理,实施出入库房人员的审批与登记工作。二是确保藏品的日常性保护设备设施运行。在文物库房安装大型排风扇,添置生石灰、竹炭等,保障库房的通风条件,防止文物发霉腐烂;在文物库房、四方塘遗址等重要部位增设监控探头,进行全天候监控,确保随时掌控文物安保动态。三是开展不可移动文物的"四有"保护工作。

阳新县博物馆藏品的性质以及藏品在博物馆中的地位、作用决定了藏品搜集、保护、利用的关系是相辅相成的,缺一不可:①加强库房基础设施建设,提高硬件保护水平。②加强人力资源建设。向县政府上报招聘藏品管理专业技术人才,现已在县政府网站公告。③充分利用陈列场地多举办展览,让宣传教育活动在具体的文化背景和环境中发挥作用。加强馆际之间的交流,扩大藏品利用的范围。

2.藏品的保管、修复、保护

黄石市博物馆为规范藏品管理,文物库房内藏品在常温下通过设备进行恒温恒湿保护。黄石市博物馆在藏品日常性保护与预防性保护中,不断规范藏品管理,建立了严格的管理制度;有固定的专用库房,库房有防火、防盗、防潮等设备和措施;实行专人管理。库房保持空气流通,室内恒温,对易腐蚀、易破损的文物进行科学处理和保护。

大冶市博物馆为保护藏品,实行规范管理,在藏品日常性保护与预防性保护中,不断规范藏品管理,建立了严格的管理制度;有固

定的专用库房,库房有防火、防盗、防潮等设备和措施;实行专人管理。库房保持空气流通,室内恒温。对易腐蚀、易破损的文物进行科学处理、保护。2019年,为了加强安全管理工作,大冶市博物馆展厅还增加了微型消防站,请消防专业人员对全馆工作人员进行了培训。藏品日常性保护采取分类保存的方式。2019年大冶市博物馆文物库房在2018年设置的相应安防和环境控制设施的基础上,对设施进行了相应常规维护,让设施效能得到发挥。

龙港革命历史纪念馆始建于1975年,因年久失修,布局杂乱和馆房陈旧,已远远不能满足"全国爱国主义教育基地"的功能需求,根据市委、县委、县政府意见,目前对该纪念馆进行改扩建工程,已在加快实施中。

彭德怀纪念馆主体为木质结构清末建筑,为加强馆藏文物管理,该所主要从以下几个方面开展工作:一方面,加强主体建筑的保护,加强旧址防火、防汛安全工作;另一方面,加强馆藏文物的护理和保护,注意防盗的同时,保持室内通风、干燥,以免馆藏文物发生霉烂。

3.藏品的数字化工作

黄石市博物馆对馆藏文物进行登记、测量及拍照,并建立文物账本,藏品账目按藏品性质详细分类。建立详细的文物资料电子档案,方便调出文物信息及照片,完善藏品档案管理。对馆藏文物资料及照片进行整理,汇编文物登记表。黄石市博物馆分类账已完成电脑录入。

大冶市博物馆对馆藏文物进行登记、测量及拍照,并建立文物账本,藏品账目按藏品性质详细分类。建立详细的文物资料电子档案,方便调出文物信息及照片,完善藏品档案管理。对馆藏文物资料及照片进行整理,汇编文物登记表。大冶市博物馆在第一次全国可移动文物普查的基础上,将登录软件实用化,用于藏品文物的数字化管理。

铜绿山古铜矿遗址博物馆在参加相关培训的基础上,按照大冶市文物局的统一安排,对该馆馆藏的文物进行拍照、称量、记录等信息采集工作。全面做好第一次可移动文物普查工作,保障馆内藏品数字化。

阳新县博物馆参加市、县文物局安排的相关培训,对馆藏文物进行拍照、称量、记录等信息采集工作。2016年1月底全面完成该馆4009件(套)藏品的普查上传工作,全面做好第一次可移动文物普查工作,保障馆内藏品数字化。

龙港革命历史纪念馆按照全国第一次可移动文物普查的工作要求,完成"全国第一次可移动文物普查"数据平台登录,配合省文物局完成了馆藏可移动文物的拍照工作。

## 二、博物馆陈列展览

### (一)基本陈列

黄石市工业遗产保护中心(湖北水泥遗址博物馆)目前设有两处中长期展览:①1~3号湿法回转窑。②包装车间。

黄石市博物馆基本陈列有"天地一洪炉——黄石矿冶文化展"和"中国乒乓球成就展"。

大冶市博物馆常设陈列展览:一是"青铜文化史",主要展出不同时期的青铜器,藏品有礼器、工具、兵器、炊具等。二是"历史文物",主要展出反映历史进程的遗物,藏品有陶瓷器、金银器、漆木器、古字画等。三是"大冶历史名人录",展出本地历史名人和在此工作、战斗过的无产阶级革命家的历史简介。四是"大冶革命斗争史",陈列各种类型革命文物。五是"矿物晶体标本",主要是各种类型的矿物标本。

铜绿山古铜矿遗址博物馆设有春秋时期采矿遗址大厅、文物陈列馆、战国时期采矿复原馆、冶炼馆、矿物标本陈列馆5个常设展览馆。展陈方式主要有展柜、展台、展板、雕塑、灯光、地台式景观、触摸屏、影碟机、图片等。

展柜采用高透明度的全钢化玻璃;触摸屏将静态的文物展品转化为动态的画面演示,加深观众对遗址及展品的认识;幻影成像技术生动地描绘了古人采矿与冶炼的场景;电子书则将遗址考古发掘的历史以及规划建设文书以阅读的方式展示;多媒体室可供播放遗址考古发掘纪录片及各种宣传展示片。

南山头革命纪念馆常设展览分两部分:一部分为旧址陈列,主要为原状恢复性陈列;另一部分为展厅陈列,主要是大冶中心县委旧址相关的革命文物和图片,有历史文物藏品、大冶历史名人录图片、大冶革命斗争史图片。

红三军团建军纪念馆常设展览——"革命实物图片展览"主要通过文字说明红三军团的光辉历程、彭德怀元帅光辉战斗的一生、红三军团将帅生平等。

新四军鄂皖湘赣指挥部旧址纪念馆主要是借助革命旧址辅以少量图片和实物,展示抗战期间大冶地区的革命斗争史,还利用村委会旧址开办军事题材革命教育展览。

阳新县博物馆目前设三个主题展览:①"大路铺文物展"发掘面积达1250平方米,发现的文化遗存从新石器时代晚期至商周,遗迹有灰坑、窑、水井、水沟、灶房屋、柱洞、石块建筑等。出土文物有生产工具、生活用具,器物有鼎、鬲、甗、豆等,还发现有炼渣、孔雀石等标本。②"馆藏文物展"展出了石器、陶瓷器、金银器、玉器、青铜器以及革命文物150余件。其中有新石器时代的三孔石刀、单双孔石铲,商朝的铜铙,春秋战国时期的铜鼎、铜甗、铜簋,唐朝的银瓶、银壶、陶器、铜镜,宋朝刻花瓷器,明清时期的金龙等珍贵文物。革命文物主要为第一次国内革命战争和第二次国内革命战争时期的武器。③"半壁山战国古墓展"展出的是1984年3月20日在阳新县半壁山农场砖瓦厂发掘的一座战国晚期的楚国贵族墓葬中的文物。葬具为一棺一椁,棺室长3.4米,宽1.8米,高1.04米。

该墓随葬品有玉器、铜器、陶器、漆器等共62件文物。半壁山战国古墓的发现为研究鄂东南地区历史文化提供了重要的实物资料。

彭德怀纪念馆是一座砖木结构的深宅大楼房，由五进四天井组成，一、二进为两开间，三、四、五进均为三开间，平面布局似刀把形状，一楼共有十间房和六个堂前，保护完好。纪念馆内主要以图片、实物和影视三种形式展览，分别介绍彭德怀、李灿、何长工的事迹，鄂东南革命根据地的形成和发展，彭德怀的住宿处等。

龙港革命历史纪念馆基本陈列"鄂东南革命斗争史"由前言、题词及四大部分组成。四大部分具体为"马列主义传龙港 农民运动起风暴""'八七'会议指方向 武装割据建政权""红色首府立龙港 建设革命根据地""坚持斗争求解放 洒尽热心写春秋"。采用传统的图片、文字板块设计模式，色彩明快，布局合理，配套国画、灯光、实物展柜对外开放。展览场地面积450平方米，展线长76米，陈列版面152平方米。

（二）临时展览

1. 馆内展览

黄石市工业遗产保护中心（湖北水泥遗址博物馆）全年新办临时展览4个，分别为"'书香黄石'第十五届（春季）全国地方版图书博览会""'家的味道'水泥生活艺术制品展""黄石矿冶文化美术作品展""时空·蜕变"的2019年湖北师范大学美术学院毕业设计/创作展，这些展览展示了黄石的矿冶文化和矿冶工业遗产保护利用的成果。

黄石市博物馆馆内展览10个，分别为"不忘初心 牢记使命——大别山红色文化展""文化创新、国球领航——2019年全国乒乓文化巡展（黄石站）""庆祝中华人民共和国成立70周年——伟大领袖毛主席像章展""荣誉——献礼中华人民共和国成立70周年特展""米芾书法拓片展""黄冈历史文化名人遗珍巡回展""霁霞流彩——中国古代钧瓷

展""盛世珍宝——馆藏金银器展""宣纸上的敦煌展""红色记忆展"。通过举办临时展览让广大市民在家门口就能参观到精品展览，极大地传播了优秀历史文化，增强了广大市民对中国优秀历史文化的自信。

大冶市博物馆为丰富展览内容和满足观众需求，提高地区文化影响力，使博物馆"走出去"，还举行文物图片展览"五进送展"活动13次，从而达到弘扬中华优秀传统文化和引导青少年、儿童爱国的目标，取得良好的社会效果。

4月29日至5月1日，一场别开生面的恐龙文化科普展在阳新县博物馆开幕，前来观看的青少年及家长近5000人。

2. 境内馆外展览

黄石市博物馆境内馆外展览6次。馆际之间的业务交流不仅提高了资源利用率，增强了博物馆人服务大众的思想意识，还吸引了更多观众走进博物馆，向更多群众宣传黄石、展示黄石，提高了博物馆的社会影响力。

4月18日，阳新县博物馆一年一度的富池"三月三"民俗文化节拉开帷幕，这个节日是为了纪念三国时期吴国大将甘宁而设立的。在山花烂漫的时节里，博物馆为游人奉上自然美景与民俗文化相得益彰的游园大餐。阳新县博物馆到现场开展文物宣传活动，让文物"走"到百姓身边。在甘宁公园内设宣传咨询站，通过设立咨询点、悬挂标语、制作展板、散发宣传资料等形式，开展文物宣传活动。

## 三、博物馆教育

（一）教育项目

1. 常设性教育项目

黄石市工业遗产保护中心（湖北水泥遗址博物馆）作为湖北师范大学美术学院的专业实践教学基地和黄石美术家协会艺术创作基地，为矿冶文化作品提供展出场地，举办黄石矿冶文化艺术展。

大冶市博物馆对藏品以分类的展览形式对观众进行宣传教育,尤其是加大革命斗争史的宣传力度,加强红色传承。

彭德怀纪念馆为了更好地开展爱国主义教育和革命传统教育,一直免费对外开放,为观众提供讲解服务。讲解主要联系展览内容和实物,使纪念馆陈列充分发挥其教育作用,得到了上级领导及游客的一致好评。

龙港革命历史纪念馆全年免费对外开放350天。清明节配合政府组织机关党员干部、中小学生、农村党员干部代表开展千人祭扫红军烈士墓活动,协助、配合央视4套在线直播新闻频道直播龙港清明扫墓5分钟;"七一"建党节期间接待黄石地区开展"主题党日"活动的党支部团队200余个,1万余人次;引导外来机关党员干部祭扫红军烈士墓林,重温入党誓词2000余人次;接待旅游团队60余个,5000余人次;开展未成年人思想道德建设教育及"红色文化进校园"活动,参与中小学生5000余人次,赠送红色书籍20套。全年累计接待观众、游客近6万人次。配合黄石电视台、阳新电视台多次拍摄龙港红色旅游资源宣传纪录片,为龙港地区的红色旅游开发起到了积极的宣传作用。纪念馆现已成为省委党校、红安干部学院、井冈山干部学院革命传统教育基地及湖北理工学院、阳新县职教中心红色研学旅行教育实践基地。

2.临时性教育项目

大冶市博物馆制作"大冶市文物精品图片"到乡镇、社区、学校巡展。南山头革命纪念馆、红三军团建军纪念馆通过清明节、"五四"青年节、"七一"建党节等节日开展缅怀革命先烈活动。"5·18"国际博物馆日和6月的"文化和自然遗产日",采取"走出去"方式开展宣传服务活动,开展了精品图片展上街宣传活动,并发放了文物法律法规宣传资料;开展了"多彩文博,爱我大冶"第三届青少年文物写生活动和"触摸历史、追寻红色记忆"

第四届青少年社会教育活动;邀请湖北省博物馆社教部老师在大冶市开展"小小志愿者讲解员培训班"进校园社教活动;举行了"了解历史,做一名好学生"主题教育活动;举办"童心向党,红色传承""缅怀先烈,情系老区"等活动。

铜绿山古铜矿遗址博物馆开展"礼乐学堂"走进大冶活动。邀请湖北省博物馆社教部人员对该馆的讲解接待工作进行现场指导,并组织铜绿山矿办小学参与此次活动。在"5·18"世界博物馆日、"文化和自然遗产日"等节日,联合相关部门单位开展青铜文化进校园、进社区的各类主题活动,接受现场咨询并发放宣传资料。

阳新县博物馆在5月17—18日走进韦源口镇金盆八一寄宿制完全小学和韦源口中心小学,开展"送文物展览下乡进校园"活动。在校园操场上,"流动博物馆"的"阳新历史文化"展览,通过20多块展板,40多幅图片、文字,全方位地向学生、村民展示了阳新县各个阶段历史发展的脉络,以及精美的出土文物、重要遗址的老照片等。讲解员用通俗易懂、生动形象的语言讲解展板内容,并耐心地解答参观者的提问。活动同时还向学生、村民发放了《中华人民共和国文物保护法》《博物馆条例》等宣传资料,此次活动的展出,得到了广大群众和青少年学生的好评,取得了良好的社会效益。

7月24—26日,湖北省博物馆"礼乐学堂"安排3名社教人员及1名志愿者组成社教团队走进龙港镇八一小学,与阳新县博物馆联手举办多场丰富多彩的社教活动,受到龙港地区居民的热烈欢迎。讲解员通过一张张精美的照片向同学们展示了湖北省博物馆十大"镇馆之宝",并对其进行了详细的介绍,引领同学们透过文物看历史。活动期间,省博物馆讲解员讲解了"走进文物——矛与盾",带领学生亲自动手作画,将学与做紧密结合,寓教于乐,让学生在感受中华之美的同时创造美。

龙港革命历史纪念馆、王平将军纪念园于7月24—26日，与湖北省博物馆"礼乐学堂"团队携手阳新县博物馆，走进革命红色老区阳新，联合开展"不忘初心、牢记使命"现场主题教育活动，追寻先辈足迹，重温红色记忆，弘扬革命精神，争做时代新人，献礼中华人民共和国70华诞。"礼乐学堂"社教团队走进龙港革命历史纪念馆、王平将军纪念园学习交流，并为该县龙港镇八一小学的50名留守儿童送去书籍和书包。活动中，该团队通过开展"楚文物与成语"教育活动和精心打造的"红色文化之旅"，传递关爱和真情，传承红色文化，弘扬革命精神。

3. 代表性教育项目

大冶市博物馆举办了"多彩文博，爱我大冶"第三届青少年文物写生活动和"触摸历史、追寻红色记忆"第四届青少年社会教育活动和精美文物图片展览。

铜绿山古铜矿遗址博物馆与湖北之声联手策划"走进大冶铜绿山古铜矿遗址之'绝美大荆楚，礼赞新中国'"活动。

（二）教育活动

1. 节假日和寒暑假策划实施的活动

黄石市博物馆深入开展"黄石文化遗产图片展"进社区、进学校、进企业、进军营、进农村主题活动，立足传统节日。元旦当天在该馆举办拼布艺术体验活动，中秋节开展中秋月饼绘画课堂活动，重阳节开展敬老参观周主题活动。

大冶市博物馆开展了"传统与未来"主题活动，组织开展了丰富多彩的系列活动，中秋节开展"关爱留守儿童"活动。

2. 面向不同公众策划实施的特色教育活动

大冶市博物馆策划开展了"与文物零距离接触"未成年人教育活动、"多彩文博，爱我大冶"第三届青少年文物写生活动、"弘扬民族文化·传承中华遗产"等宣教活动。

3. 学校教育活动

（1）为学校提供支持和帮助。

大冶市博物馆、纪念馆为多所学校免费提供校外活动场所。

（2）接纳在校学生开展社会实践。

黄石市博物馆已建立湖北师范大学、湖北理工学院实习实训基地，接纳全国大中小学预约参观，并提供免费讲解服务。

大冶市博物馆与大冶市教育机构联手开展未成年人走进博物馆教育活动。积极接纳学生到博物馆、纪念馆开展爱国主义和社会教育实践活动。

（三）"互联网＋教育"

黄石市博物馆推出3D虚拟展，市民可以足不出户一览黄石市博物馆文物珍藏。利用三维技术，使观展视角自由，语音导览、自主讲解翔实，场景效果立体、逼真，给广大群众带来身临其境的非凡体验。

## 四、博物馆研究

（一）学术活动

1. 举办学术会议

2019年12月，大冶市博物馆选派工作人员赴荆州参加湖北省文物安全管理骨干培训班。

扎鲁特旗党政领导一行于7月26日赴大冶开展"大冶市·扎鲁特旗'携手合作、创新发展'主题交流活动"，并参观铜绿山古铜矿遗址。

2. 参加学术会议

2019年5月底，铜绿山古铜矿遗址博物馆派代表参加在江西景德镇召开的全国工业博物馆联盟专家第一届第一次理事会议，铜绿山古铜矿遗址博物馆推荐的专家成功进入专家组。

阳新县博物馆积极参与湖北省博物馆协会学术交流活动。

（二）学术成果

**1. 承担课题**

铜绿山古铜矿遗址博物馆积极参与国家社科基金重点项目"大冶铜绿山矿冶遗存考古新发现资料整理与研究"编写工作。

大冶市博物馆为配合红三军团建军纪念馆增加的展陈场所,协助完成"永远的红三军团"租赁展陈,主持完成"大冶兵暴旧址"展陈设计和布展。

**2. 发表或交流论文**

铜绿山古铜矿遗址博物馆在各专业报刊上发表了4篇论文:《新时代环境下传统博物馆未来发展的定位》《作为文化中枢的博物馆:传统的未来——2019年湖北省博物馆协会学术研讨会论文集》）《铜绿山古铜矿遗址文物保护工作综述》（《大明宫国家考古遗址公园十周年特刊》)《从考古学角度初探大冶古代矿冶文化》（《文化产业》2019年第5期)《国家考古遗址公园相关问题综述》（《自然与文化遗产研究》2019年第7期)。

## 五、博物馆公共服务

（一）观众服务

**1. 观众人数**

黄石市工业遗产保护中心(湖北水泥遗址博物馆)全年免费接待观众6万人次,免费讲解场次达120余场次。

大冶市博物馆接待观众11.3万人次,其中,青少年0.9万人次;与上一年度相比,总参观人数基本持平,青少年参观者增加明显。

红三军团建军纪念馆接待观众2.1万人次,其中,青少年0.9万人次。

南山头革命纪念馆接待观众3.2万人次,其中,青少年1万人次。

铜绿山古铜矿遗址博物馆全年共计接待游客25.2万人次,讲解7326场次。

阳新县博物馆全年接待观众4万余人次。

彭德怀纪念馆全年接待观众3.1万余

人次。

**2. 特殊观众服务**

黄石市博物馆开展针对特殊观众的免费预约讲解服务,推出残障观众轮椅、助听等特殊服务。

大冶市博物馆充分发挥博物馆社教功能,满足残疾人士的精神文化需求,推动广大残疾人走出家门,走进博物馆参观学习,大冶市博物馆更新了场馆设施,改造了卫生间,增加了针对残障人士服务的硬件,极大地方便了残障人士来馆参观。

**3. 未成年观众服务**

黄石市博物馆针对未成年观众定期开展社会活动,并提供免费预约团体参观服务、每天定时免费讲解服务等。

为充分发挥大冶市博物馆爱国主义教育基地的教育功能,使未成年人能在博物馆获取知识、陶冶情操,形成健康向上的人生观、世界观、价值观,2019年,大冶市博物馆印制宣传资料不少于10000套,免费向未成年人发放;张贴标语,悬挂横幅不少于10条(幅);组织中小学生分批次进馆参观;为未成年人提供免费讲解服务。

（二）社会服务

**1. 举办讲座**

2019年1月,积极服务湖北水泥遗址博物馆作为全国第二届产业转型示范区建设政策培训会(黄石)现场教学示范点的接待工作,对全国同类型的120个老工业基地城市和126个资源型城市进行现场培训,推广"黄石经验"。

大冶市博物馆为进一步提升博物馆、纪念馆全体职工的消防意识和技能,经常邀请省消防宣传中心前来开展消防知识讲座,并进行实战演练。还邀请专家来博物馆就大冶市历史文化进行座谈。引导青少年、儿童积极践行社会主义核心价值观,大力弘扬优秀历史文化。

2.文物鉴定与欣赏

黄石市博物馆义务为市民提供藏品鉴赏知识培训交流,宣传文物保护相关法规。

大冶市博物馆经常接待文物爱好者交流文物鉴赏知识,并借此机会宣传文物保护相关法规,让文物保护深入人心。

## 六、智慧博物馆

铜绿山古铜矿遗址博物馆积极与天津恒达文博科技有限公司和武汉天宇图科技有限公司进行多次接洽,初步拟定铜绿山古铜矿遗址博物馆智慧场馆观众服务系统,包含微信公共平台导览、智慧笔与智慧触摸屏互动系统、团队智慧讲解服务、无线团队观众讲解服务系统、后台管理等,并辅以微信定制功能,从而实现博物馆智慧化场馆服务。

阳新县博物馆开通了博物馆网站,通过网络介绍博物馆在收藏上的特色和博物馆的长期陈列,扩大博物馆的知名度,拓宽博物馆的旅游资源;介绍博物馆的最新动态,使观众能够及时了解博物馆的陈列展览;介绍博物馆的网上设施,增强博物馆的吸引力;开设网上讨论区,提供网上咨询服务,普通访问者和博物馆的管理人员能在这里交换各种意见,还进行各种民意调查,及时了解大众需求,并以此作为博物馆调整展示主题和内容的重要参考依据。

## 七、博物馆文创产品开发

黄石市博物馆销售台账工作完成情况良好,账物相符,产品总数25类,共计2100件。前期黄石市博物馆自主研发铜草花徽章、胸章、龙形钥匙扣等文创产品,销售情况良好。积极观察文创市场发展方向,关注本行业的动态趋势,目前初步制订符合黄石市博物馆特色的服务体验项目计划书。

## 八、博物馆建设与管理

### (一)发展规划与建设

黄石市工业遗产保护中心(湖北水泥遗址博物馆)坚持以高起点、高标准的规划为引领,促进工业遗产保护工作科学化、规范化。根据相关要求,完成了湖北水泥遗址博物馆(皮带长廊修缮项目,新细磨车间修缮项目,新煤磨车间保护修缮项目,铸工班、库房、送风机房修缮项目)文保项目计划书的编制、申报工作,为黄石矿冶工业遗产申遗提供基础保障。完成湖北水泥遗址博物馆矿渣库及烘干车间保护与利用项目、新装车站台保护与利用项目的初步验收工作;完成矿渣库(通风空调、室内装饰、电梯、幕墙)项目、大门入口广场项目、配电房保护修缮项目、毛主席像保养维护项目的验收工作。组织实施湖北水泥遗址博物馆粗、细磨车间保护与利用项目,大门入口广场项目,矿渣库(通风空调、室内装饰、幕墙)项目,配电房保护修缮项目的审计工作;完成了包装车间及装车站台保护修缮项目、大门入口门房修缮项目的审计工作。为科学指导和规范文物建筑开放工作、满足公共文化服务需求、确保文物和人员安全提供保障。

黄石市博物馆原隶属于黄石市文化和旅游局,2019年10月隶属于黄石市工业遗产保护中心。现有书记1名,馆长1名,副书记1名,副馆长2名。黄石市博物馆内设办公室、考古部、群工部、陈列保管部、市场部、保卫科6个部门。

大冶市博物馆隶属于大冶市文化和旅游局,现有书记1名、馆长1名,副馆长1名,支部委员2名。大冶市博物馆内设办公室、博物馆科、财务科、保卫科4个部门。现有在岗人员16人,其中在编8人,临时人员7人,公益性岗位1人。大冶市博物馆占地面积3500平方米,建筑面积5000平方米,共为8层。

铜绿山古铜矿遗址公园于2013年12月获国家文物局立项,公园规划占地面积5.6平方千米。为推进铜绿山古铜矿遗址公园建设工作,2019年大冶市按照市委、市政府,省、市文物局要求和遗址公园规划,主要做了以下工作:一是新馆基础工程、钢构工程已验收,正在进行消防、暖通、电气安装等收尾工作。二是完成铜绿山古铜矿遗址公园规划调整完善工作。三是向国家文物局申报了"Ⅶ号矿体及岩阴山脚遗址保护设施建设工程""Ⅶ号矿体及岩阴山脚遗址区域环境整治工程"。四是1号点室外防渗保护工程已完成。五是完成山体加固工程调整方案。六是已组织专家对Ⅶ号矿体1号点保护棚加固及新旧馆连廊设计方案、四方塘遗址和岩阴山脚遗址保护展示方案、Ⅶ号矿体整体展示方案、岩阴山脚冶炼遗址保护展示方案及博物馆标识系统方案进行评审,目前正根据专家意见编制完善设计方案。

红三军团建军纪念馆现有4人,财拨人员2人,临时人员2人。

南山头革命纪念馆现有4人,全额财拨事业编1人,财拨人员2人,临时人员1人。

新四军鄂皖湘赣指挥部旧址纪念馆,公益性岗位2人。

阳新县博物馆为财政全额拨款的事业单位。设有办公室、陈列部、安保部、保管部。现有正式在编人员11人,大学专科以上学历7人,具备中级职称4人,具备初级职称4人,技师2人。

彭德怀纪念馆现有正式在编人员3人,其中所长1名、安保员1名、讲解员1名。

(二)制度建设

黄石市工业遗产保护中心(湖北水泥遗址博物馆)制定了制度汇编,包括文书管理制度、考勤管理制度、财务管理制度和后勤管理制度。

大冶市博物馆不断完善、健全22项规章制度:《党风廉政建设制度》《议事决策制度》《工作汇报制度》《"双周"学习制度》《工作考勤制度》《公务接待制度》《财务管理制度》《博物馆公章管理制度》《博物馆安全防范制度》《消防安全管理制度》《库房管理制度》《交接班制度》《文物安全保护责任制度》《出差审批

制度》《安全、消防工作领导小组及职责》《国内公务差旅审批制度》《请假审批制度》《干部职工带薪年休假审批制度》《公务接待用餐审批制度》《大额资金支出审批制度》《签订合同审批制度》《购买计划审批制度》。

铜绿山古铜矿遗址博物馆积极探索按制度办事、按制度管人的办法,建立健全各项规章制度,规范方方面面的具体工作。如制定《铜绿山古铜矿遗址管委会人事管理制度》《民主议事决策制度》《'三重一大'决策制度》《学习制度》《会议制度》《值班制度》《考核管理办法》《档案工作管理制度》《游客接待管理制度》等。贯彻落实《中华人民共和国文物保护法》《博物馆条例》《博物馆管理办法》以及文化遗产保护法律、法规,开展普法教育,全面提高干部职工的法律素养和依法办事的能力,为铜绿山古铜矿遗址保护、开发建设工作提供了理论指导和行动指南。

阳新县博物馆建立健全制度,从博物馆的实际出发,重新修订和进一步健全了《阳新县博物馆消防安全制度》《阳新县博物馆考勤工作制度》《阳新县博物馆文物库房管理制度》等。严格内部管理,以提高服务质量为目标,从严格考勤与请假制度入手,推行上下班按指印考勤,规范请销假程序,落实考勤与绩效挂钩等具体做法,进一步规范了内部管理。

彭德怀纪念馆建立健全各项规章管理制度,特制定《彭德怀纪念馆免费开放工作管理制度》《龙港文物管理所考勤制度》《龙港文物管理所财务管理制度》等。

龙港革命历史纪念馆先后制定了《龙港革命旧址群总体保护规划》《龙港红色旅游专项规划》《中国历史文化名镇长远发展及保护规划》。龙港革命历史纪念馆以园林式格局,向集参观学习、接受教育、旅游观光、怡情览胜于一体的发展模式健康迈进。安全防范是开展文物工作的重要保障。龙港革命历史纪念馆先后制定了《免费开放管理制度》《讲解员工作责任制》《安全保卫人员工作责任制》

《消防安全管理制度》《资料收藏室管理制度》等。为了加强全国爱国主义教育示范基地的建设,满足观众大流量的参观学习,进一步推动红色旅游的开发进程,文物主管部门积极向阳新县委、县政府请示,建议将陈列楼、办公楼、园林等进行整体改造更新。阳新县委、县政府计划采用公益性建设投入方式,聘请有关部门进行总体设计、规划。

### (三)安全管理

黄石市工业遗产保护中心(湖北水泥遗址博物馆)设立了专门的保卫机构,保卫室安装了视频监控系统。并配备了安保人员对厂区实行 24 小时的值班巡查,定期开展应急消防演练和安全检查。根据消防安全相关规定,在重要时间节点,积极开展工业遗产建筑火灾隐患排查整治。制定整治工作方案,组建隐患排查工作组,落实文物安全大排查责任人,细化火灾隐患排查整治工作要求,突出重点内容,做好检查记录。

大冶市博物馆进一步完善相关安全管理制度,多管齐下,确保安全。在安全制度上,已建立了安全值班制度、安全检查制度、消防安全管理制度、文物库房安全管理制度、安全保卫人员管理制度。规范安全保卫工作,成立安全保卫工作领导小组。对博物馆现有安全设施定期检查,发现问题及时整改,最大限度杜绝安全事故的发生;继续全面推行文物安全保护责任机制,建立健全文物安全责任体系,完善安全管理制度,加大检查力度,保障博物馆业务安全有效开展。

铜绿山古铜矿遗址博物馆充实安保力量,落实安保制度,召开文物安全及生产安全专题会议,部署安排安全生产工作。对遗址重点部位进行日巡查,每周对遗址文物安全进行全面检查。对遗址场馆及周边重要区域进行全天候监控,多次对铜绿山露天采坑尾砂充填违规作业进行劝阻,并及时对保护区违建行为予以制止,确保了遗址文物安全。加强遗址文物安全宣传。通过设置宣传栏、

印发宣传手册、制作宣传片、建立微信公众号等方式对游客、工作人员及广大市民朋友进行遗址文物安全宣传教育,共计发放各类宣传资料 5000 余份。坚持依法治理,贯彻落实《中华人民共和国文物保护法》《博物馆条例》《博物馆管理办法》以及文化遗产保护法律、法规,开展普法教育,全面提高干部职工的法律素养和依法办事的能力,为铜绿山古铜矿遗址保护、开发建设工作提供了理论指导和行动指南。

阳新县博物馆馆内的展陈安全设施主要有安防、消防设施,监控控制室等。其中一楼、二楼的每个角落均安装有摄像头,每个展厅都配置了灭火器材。馆内设有安全监控控制室 1 间,并有专业人员操作。通过不断总结完善,目前阳新县博物馆已经制定了安全管理各项规章制度。制定了《灭火和疏散应急预案》,建立了安全管理档案、消防安全档案。按照消防安全“四个能力”建设要求,安全监控控制室实行 24 小时值班制度,在对展厅开展巡视、巡查的同时,开展每日防火巡查,每月进行安全大检查,对查出的隐患问题均能做到及时、有效的整改,以消除安全隐患。阳新县博物馆在展厅显要位置设置消防安全宣传栏,向参观人员和本馆职工宣传消防安全知识。年初组织全体职工开展消防安全培训活动,通过真实的火灾案例教育职工树立安全意识,在日常工作的各个环节中注意安全生产。每年开展的消防安全演练活动加强了职工的安全意识,提升了职工的安全技能,通过数年的工作,安全生产意识已经深入博物馆全体职工心中。

### (四)人才培养

黄石市工业遗产保护中心(湖北水泥遗址博物馆)根据工作需要严格遵守选人、用人各项规定,公开录用会计 1 名,通过事业单位招聘,招录创建科副科长 1 名,完善了专业力量。不仅鼓励支持专业人员参加各类培训和学术交流活动,包括参加全省的文化文物统

计培训班,文物保护工程管理培训班,还组织职工学习新修订的《中华人民共和国文物保护法》《黄石工业遗产保护条例》等政策法规知识,不断提升职工的专业素质。

大冶市博物馆为进一步提高本馆专业队伍的整体水平,加强专业人员培训工作。2019年12月,选派工作人员赴荆州参加湖北省文物安全管理骨干培训班。还派遣相关专业人员参加档案业务培训班。

阳新县博物馆在人才培养方面,以打造专业人才队伍、提升人才素质为重点,重视职工的专业知识学习,选送职工外出学习和参加培训。

## 九、公众评价

### (一)公众满意度

在进行华新文保项目建设的同时,黄石市工业遗产保护中心(湖北水泥遗址博物馆)同步推进湖北水泥遗址博物馆局部对外开放的工作。除了华新水泥厂旧址1~3号窑和包装车间两处中长期展览外,2019年还举办了4个临时展览。这些展览展示了黄石的矿冶文明和矿冶工业遗产保护利用的成果,参观嘉宾的反响很好,黄石市民也对湖北水泥遗址博物馆的建设工作给予充分肯定。

黄石市博物馆在2019年"5·18"国际博物馆日到来之际举办了"博物馆之夜"系列活动,《东楚晚报》、东楚网对其进行了宣传报道。

大冶市博物馆设置了医疗箱、饮水机、轮椅、充电器等便民设施,还设立了意见箱,公众满意度较高。

铜绿山古铜矿遗址博物馆参加了黄石地区旅游景区推介会,在会场循环播放旅游宣传片"文明故里、青铜源头",提升了博物馆的影响力。此外,接待了新华社聚焦黄石工业旅游记者团实地赴遗址采访,在《黄石日报》上刊登了图文并茂的相关报道,并接受黄石电视台的专题访谈。

### (二)社会关注度

1. 官网

黄石市工业遗产保护中心(湖北水泥遗址博物馆)网站试运行,网站主要有"新闻动态""行业资讯""申遗研究"等专栏。

黄石市博物馆网站及时通过新媒体向观众传播博物馆社会教育动态。

2. 微信公众号

黄石市博物馆微信公众号"Hssbwg",及时通过新媒体手段向观众传播博物馆社会教育动态。

大冶市博物馆大厅设置免费Wi-Fi,信号全覆盖,为广大观众进行网络信息查询提供便利。

3. 新闻媒体

《中国文物报》、《湖北日报》、《黄石日报》、黄石广播电视台等媒体多次对黄石市工业遗产保护中心(湖北水泥遗址博物馆)举办的第二届中国(黄石)工业遗产保护与利用高峰论坛进行专栏报道,将湖北水泥遗址博物馆作为工业遗产保护利用的范例进行宣传报道等。

黄石市博物馆在2019年举办的特色教育系列活动,被《东楚晚报》、黄石电视台等媒体报道。

[撰稿人:黄石市工业遗产保护中心(湖北水泥遗址博物馆):卢文芳;黄石市博物馆:陈斌;大冶市博物馆:陈峻峰;铜绿山古铜矿遗址博物馆:肖瑞;红三军团建军纪念馆:周丽群;南山头革命纪念馆:饶崇柳;新四军鄂皖湘赣指挥部旧址纪念馆:明朋;阳新县博物馆:王雯;龙港革命历史纪念馆:李朝华;彭德怀纪念馆:陈迪河]

# 黄石市博物馆

2019年,黄石市博物馆在黄石市工业遗产保护中心党组的正确领导下,认真学习、贯彻党的十九大精神,在"学懂、弄通、做实"上下功夫,不忘初心、牢记使命,勇于担当、埋头苦干,紧紧围绕社会教育、收藏研究、陈列展示三大职能建设,进一步破解博物馆事业发展的新难点,推动博物馆各项工作上新台阶。

## 一、博物馆藏品管理

### (一)藏品征集

黄石市博物馆现有藏品28794件(套),其中一级文物69件(套),二级文物174件(套),三级文物791件(套),上级别文物共计1034件(套)。2019年度新增藏品28件(套)。

### (二)藏品管理

(1)账目与档案。账目完整、档案健全,并由专人管理。

(2)保管、修复、保护。所有重要藏品均在恒温恒湿的文物库房内保存,一、二、三级文物都配置了囊匣存放,珍贵纸质文物还专门购置了恒温恒湿柜存放。已经完成了馆藏字画、铜器文物修复项目,接下来还将对馆藏木质文物制定方案,申请经费,聘请专业团队进行修复保护。

(3)通过国家文物局部署的全国国有博物馆馆藏一、二、三级文物信息采集录入和馆藏一般文物信息采集录入项目,已完成馆藏文物数字化信息采集录入,并上报国家文物局信息平台。

(4)2019年完成了浙江省博物馆来馆借展文物工作。常年坚持对文物库房进行例行检查,开展了白蚁防治、消防烟道加装等

工作。

## 二、博物馆陈列展览

### (一)基本陈列

黄石市博物馆基本陈列有"天地一洪炉——黄石矿冶文化展""中国乒乓球成就展"。

"天地一洪炉——黄石矿冶文化展"于2008年12月免费对外开放,展品共计约500件(套),其中展出文物293件(套)。陈列面积3960平方米。内容以黄石地区矿冶文化发展史为主线,通过展示大量的考古发掘资料、文献资料,结合现代声、光、电等高科技及大型场景复原等艺术工程,全面展现黄石地区自二三十万年前的旧石器时代——"石龙头文化",经新石器时代、商周、春秋战国、秦汉、唐、宋、元、明、清,直至现代,绵延数千年的矿冶发展史。

"中国乒乓球成就展"从乒乓球的起源、中国乒乓球运动的发展、乒乓外交、领军人物、辉煌成就、中国乒乓球队黄石训练基地、奖章与徽章、比赛精彩视频等10个部分,全面展示了中国乒乓球的辉煌历史。

### (二)临时展览

全年共完成16个展览任务。

1.送展

(1)2019年1月,"烙画——火与纸的艺术展"赴北京周口店遗址博物馆展出。

(2)2019年6月,"木艺匠心——手工木艺烟斗展"赴武当山博物馆展出。

(3)2019年10月,"烙画——火与纸的艺术展"赴河南南阳府衙博物馆展出。

(4)2019年11月上旬,"烙画——火与

纸的艺术展"赴黄冈市博物馆展出。

(5)2019年11月下旬,"烙画——火与纸的艺术展"赴孝感市博物馆展出。

(6)2019年12月,"烙画——火与纸的艺术展"赴鄂州市博物馆展出。

2.引进

(1)2019年5月,黄冈市博物馆"不忘初心、牢记使命——大别山红色文化展"在黄石市博物馆展出。

(2)2019年6—7月,体育局"文化创新、国球领航——2019年全国乒乓文化巡展(黄石站)"在黄石市博物馆展出。

(3)2019年7月,天门市博物馆"庆祝中华人民共和国成立70周年——伟大领袖毛主席像章展"在黄石市博物馆展出。

(4)2019年9月,河南南阳唐王府博物馆"荣誉——献礼中华人民共和国成立70周年特展"在黄石市博物馆展出。

(5)2019年11月,襄阳市博物馆"米芾书法拓片展"在黄石市博物馆展出。

(6)2019年11月,黄冈市博物馆"黄冈历史文化名人遗珍巡回展"在黄石市博物馆展出。

(7)2019年12月,孝感市博物馆"霁霞流彩——中国古代钧瓷展"在黄石市博物馆展出。

3.自办

(1)2019年3—4月,"盛世珍宝——馆藏金银器展"。

(2)2019年6月,"宣纸上的敦煌展"。

(3)2019年10下旬,"红色记忆展"。

### 三、博物馆教育

2019年黄石市博物馆主打特色社会教育服务品牌:

一是深入开展"黄石文化遗产图片展"进社区、进学校、进企业、进军营、进农村主题活动,立足传统节日。元旦当天在黄石市博物馆举办拼布艺术体验活动,中秋节开展中秋月饼绘画课堂活动,重阳节开展敬老参观周

主题活动。

二是打造围绕"主题日"的活动品牌。为了提升博物馆免费开放水平,探索创新文物展示和文博教育方式,2019年黄石市博物馆举办了"博物馆之夜"系列活动,在夜间面向公众免费开放,邀请国内专家开展瓷器、青铜器、金银器、玉器及工业遗产、非遗技艺等专题鉴赏讲堂,提供藏品交流鉴赏服务,组织夜游博物馆,交流展示文创产品,品味夜间博物馆文化魅力,搭建文化惠民大平台,打造全国博物馆文化创新服务品牌。在2019年"5·18"国际博物馆日到来之际,首场"博物馆之夜"活动在黄石市博物馆内举办。黄石电视台、《东楚晚报》等媒体报道了该活动。

三是打造围绕"黄博学堂"的社教品牌。黄博学堂立足社会公众开展历史文化主题教育,重点对青少年文化需求进行调研,探索和深化"校馆合作",积极创新,潜行研究,将博物馆的陈列展览与不同阶段的青少年文化认知水平结合起来,以图片、文字、视频、教具为载体,原创了"我眼中的陶器美""矿冶文化的伟大成就""一座美丽的城市——黄石"等历史文化公开课。受到市各级媒体报道。

在社教、开放方面,制定了《黄石市博物馆免费开放接待方案》《黄石市博物馆志愿者章程》《黄石市博物馆免费参观票领取办法》《黄石市博物馆免费参观预约办法》《黄石市博物馆讲解员工作制度》等一系列规章制度。

### 四、博物馆公共服务

#### (一)观众服务

2019年黄石市博物馆免费接待观众15.35万人次。其中境外参观人数1030人次,馆外巡展与活动观众近5万人次。免费讲解场次达600余次。

#### (二)志愿者服务

面向社会公开招聘志愿者,进行规范化培训,形成了以学生志愿者为主,社会多层次志愿者为补充的志愿者服务格局,截至2019

年,在册有效服务志愿者 90 余名,年开展志愿服务活动 35 余场次。

## 五、智慧博物馆

### (一)数字化博物馆建设

黄石市博物馆常设展览"中国乒乓球成就展"展厅设有多媒体平台,内容包括电子签名台,高清弧幕、投影拼接、虚拟乒乓球电子地面互动、电子翻书和裸眼 3D 电视等,增加陈展的娱乐性和趣味性,满足不同观众的需求。在展厅中还放置党刊电子阅报屏,方便观众查阅新闻和实时资料。

### (二)智能讲解系统

黄石市博物馆充分利用团队讲解机(目前已有英语、韩语、日语三种外语提供给观众)、展厅电子触摸屏等系统,为观众提供多元化讲解服务。

### (三)免费 Wi-Fi、手机 App 等

黄石市博物馆大厅设置免费 Wi-Fi,信号全覆盖,为广大观众进行网络信息查询提供便利。建立黄石市博物馆微信公众号"Hssbwg",及时通过新媒体手段向观众传播博物馆社会教育动态。

## 六、博物馆文创产品开发

黄石市博物馆销售台账工作完成良好,账物相符,产品总数 25 类,共计 2100 件。

在前期黄石市博物馆自主研发铜草花徽章、胸章、龙形钥匙扣等文创产品,销售情况良好。积极观察文创市场发展方向,关注本行业的动态趋势,目前初步制订符合黄石市博物馆特色的服务体验项目计划书。

## 七、博物馆建设与管理

### (一)制度建设

2019 年黄石市博物馆对各项制度进行了全面梳理,查漏补缺,规范相关制度管理,督促全体干部职工依规办事、按章办事。

在行政方面,制定了《黄石市博物馆卫生管理制度》《黄石市博物馆聘用人员管理办法》《黄石市博物馆职工食堂管理制度》等一系列规章制度。

在财务方面,修订补充了《黄石市博物馆财务管理制度》《黄石市博物馆会计管理制度》《黄石市博物馆出纳管理制度》《黄石市博物馆专项经费管理实施办法》等一系列规章制度条款。

在安全保卫方面,制定了《黄石市博物馆消防安全员管理制度》《黄石市博物馆门卫值班制度》《黄石市博物馆消防水泵房管理制度》等一系列规章制度。

在社教、开放方面,修改制定了《黄石市博物馆免费开放接待方案》《黄石市博物馆参观须知》等一系列规章制度。

在文物保管方面,修订了《黄石市博物馆藏品账目管理制度》《黄石市博物馆进出文物库房管理制度》等一系列规章制度。

上述规章制度都是黄石市博物馆针对馆内实际工作而制定的,是确保黄石市博物馆各项工作顺利进行的基本保障。

### (二)安全管理

安全工作是博物馆所有工作的重中之重。2019 年保卫科按照黄石市博物馆党支部工作部署,配合黄石市博物馆进一步加强安全消防工作建设,新增、改装数字高清监控摄像头 18 处,使全馆实现了数字高清监控全覆盖,添置了防恐钢叉、盾牌,在展厅入口处配备了行李安检设备,开展了安全培训和消防疏散应急演练。进一步完善各项安全制度,加强了人防、物防、技防、犬防四位一体的安防体系。9 月黄石市博物馆对消防系统进行升级改造工作,改造内容包括新建标准消防泵房、展厅排烟系统,升级改造博物馆微型消防工作站消防控制系统、国保单位"小红楼"消防控制柜,升级改造后的系统符合消防安全要求。在升级改造工作中,保卫科严格按馆安排,认真值守,较好地完成了工作任务,2019 年没有发生一起文物安全和观众安全事故。

（三）人才培养

2019年，黄石市博物馆根据省内事业单位考试制度，严格遵守选人用人各项规定，公开招录工作人员1名。人才培养方面，以打造专业人才队伍、提升人才素质为重点，重视职工的专业知识学习，选送职工外出学习和参加培训。

（撰稿人：程波）

# 大 事 记

## 1月

1月3日，黄石市人民政府公布了《第一批黄石市工业遗产名录》。

1月21日，湖北省委组织部部长王瑞连赴铜绿山古铜矿遗址博物馆调研申遗相关工作。

## 3月

3月20日，新加坡弗兰克福音堂代表团一行参观铜绿山古铜矿遗址博物馆。

3月21—24日，在湖北水泥遗址博物馆举办"书香黄石"第十五届（春季）全国地方版图书博览会。

3月22日，"美好新时代 书香满黄石"第十五届（春季）地方版图书博览会嘉宾一行来大冶对铜绿山古铜矿遗址博物馆进行实地文化考察。

## 4月

4月3日，杨汝岱（全国政协原副主席）夫人谭小英一行赴铜绿山古铜矿遗址博物馆参观考察青铜文化建设情况。

## 5月

5月，与黄石市城市发展投资集团有限公司签订湖北水泥遗址博物馆（华新水泥厂旧址）移交协议，移交物业、水电等管理工作。

5月8日，九三学社中央监委刘政奎副主任一行赴铜绿山古铜矿遗址博物馆考察调研大冶青铜文化。

5月9日，中央党校培训班一行赴铜绿山古铜矿遗址博物馆考察青铜文化发展情况。

5月18日至6月8日，与湖北师范大学美术学院在湖北水泥遗址博物馆内举办了主题为"时空·蜕变"的2019年湖北师范大学美术学院毕业设计/创作展。

## 7月

7月，与黄石市城市发展投资集团有限公司签订华新水泥厂旧址文物保护项目资料（第一阶段）移交协议，移交部分文保项目。

7月26日，扎鲁特旗党政领导一行赴大冶开展"大冶市·扎鲁特旗'携手合作、创新发展'主题交流活动"，并参观铜绿山古铜矿遗址博物馆。

## 10月

10月，黄石市工业遗产保护中心（湖北水泥遗址博物馆）与中国文化遗产研究院、北京国文信文物保护有限公司、武汉大学国家文化发展研究院、北京科技大学科技史与文化遗产研究院、中国地质大学传媒学院等携手合作,签署框架合作协议,共同开展课题研究。

10月8日,黄石市工业遗产保护中心(湖北水泥遗址博物馆)挂牌成立,前身是黄石市文物局(湖北水泥遗址博物馆)。黄石市市长李丽参与挂牌仪式。

10月11日,全国政协副主席邵鸿一行赴铜绿山古铜矿遗址博物馆调研。

10月29日,大冶市博物馆工作人员陪同湖北省古建筑保护中心专家赴保安磨山村调研唐宋窑址情况,并规划保护方案。

## 11 月

11月3-6日,黄石市工业遗产保护中心(湖北水泥遗址博物馆)承办第二届中国(黄石)工业遗产保护与利用高峰论坛。

11月21日,中央编办副主任崔少鹏一行赴大冶实地调研铜绿山古铜矿遗址文物保护相关情况。

11月24日,中央统战部副部长、全国工商联党组书记、常务副主席徐乐江一行到大冶调研铜绿山古铜矿遗址。

## 12 月

12月8日,第十二届全国人大法律委员会主任委员乔晓阳,无产阶级革命家、全国政协原副主席程子华三女儿,昆明市原副市长林爽爽一行来大冶参观铜绿山古铜矿遗址博物馆。

12月17日,大冶市博物馆参与大冶兵暴旧址的布展工作,市委书记王刚和程子华、伍修全、何长工的子女参加开馆仪式。

12月29日,湖北首个矿冶考古基地——大冶铜绿山考古工作站正式揭牌。来自北京大学、北京科技大学、武汉大学、湖北省文化和旅游厅、湖北省文物局、河南省考古研究院、湖南省文物考古研究所以及黄石、大冶市的专家、学者、领导等参加了揭牌仪式。

# 十 堰

## 十堰市博物馆工作综述

截至 2019 年底,十堰市共有博物馆、纪念馆 12 家,分别是十堰市博物馆、郧阳博物馆、丹江口市博物馆、武当博物馆、郧西县博物馆、房县博物馆、竹山县博物馆、竹山县秦巴民俗博物馆、竹山县许明清烈士纪念馆、竹山县施洋烈士纪念馆、郧阳培长报纸博物馆、首义元勋张振武烈士纪念馆。其中,二级博物馆 2 家,三级博物馆 2 家,非国有博物馆 2 家。

2019 年,十堰市 12 家博物馆、纪念馆免费开放天数共计 3808 天,共接待观众 166.34 万人,开展各类教育活动 155 次,基本陈列展览 44 个,举办临时展览 44 个。其中,十堰市博物馆基本陈列 6 个(走入恐龙时代、远古人类家园、仙山琼阁武当山、十堰与水、车与十堰、南水北调湖北库区出土文物展);郧阳博物馆基本陈列 4 个(郧阳历史文物展区、"郧县人"区、仿李泰家族墓区、杨献珍纪念区);丹江口市博物馆基本陈列 4 个(楚地古韵展、水都和韵展、均州神韵展、非物质文化遗产展);武当博物馆基本陈列 8 个(序厅、建筑艺术、仙山名人、武术养生、宫观道乐、道教造像、道教简史、香俗文化);郧西县博物馆基本陈列 1 个(郧西天河历史及民俗文化陈列);房县博物馆基本陈列 3 个(房陵珍粹——历史文物陈列、诗经文化陈列、千里房县红旗飘——红色文化陈列);竹山县博物馆基本陈列 4 个(竹山县历史文物基本陈列、古建筑木雕艺术陈列、堵河奇石陈列、书画陈列);竹山县秦巴民俗博物馆基本陈列 10 个(余曼白剪纸纪念馆、红色文化展、文物杂宝展、民俗遗物展、匾牌对联展、古典家具展、票证钱币展、雕花工艺展、石雕作坊展、佛雕神像展);竹山县许明清烈士纪念馆基本陈列 1 个(许明清烈士生平事迹图片及生前用品陈列);竹山县施洋烈士纪念馆基本陈列 1 个(施洋烈士革命事迹图片及生平用品陈列);郧阳培长报纸博物馆基本陈列 1 个(精品老报纸收藏展);首义元勋张振武烈士纪念馆基本陈列 1 个(张振武生平事迹图片及生前用品陈列)。

全市博物馆藏品总数 40306 件(套),珍贵文物数 2231 件(套)。其中,十堰市博物馆藏品总数 2004 件(套),珍贵文物数量 134 件(套);丹江口市博物馆藏品总数 14934 件(套),珍贵文物数量 186 件(套);郧阳博物馆藏品总数 3565 件(套),珍贵文物数量 167 件

（套）；郧西县博物馆藏品总数1639件（套），珍贵文物数量47件（套）；房县博物馆藏品总数1506件（套），珍贵文物数量57件（套）；武当博物馆藏品总数2648件（套），珍贵文物数量1571件（套）；竹山县博物馆藏品总数550件（套），珍贵文物数量69件（套）；竹山县许明清烈士纪念馆藏品总数75件（套）；竹山县施洋烈士纪念馆藏品总数40件（套）；首义元勋张振武烈士纪念馆藏品总数263件（套）；竹山县秦巴民俗博物馆藏品总数12682件（套）；郧阳培长报纸博物馆藏品总数400件（套）。

2019年，十堰市各级各类博物馆（纪念馆）以"5·18"国际博物馆日、文化和自然遗产日为宣传平台，积极举办丰富多彩的社会教育活动，让更多的人了解博物馆、纪念馆，更好地发挥了博物馆、纪念馆的社会功能。

**一、开展系列活动庆祝"国际博物馆日"**

为贯彻落实国家、省有关开展2019年度宣传活动的通知精神，更好地发挥博物馆的社会教育功能，确保节日宣传活动引向深入，十堰市各级文博单位高度重视，积极部署，围绕第43个"5·18"国际博物馆日主题"作为文化中枢的博物馆：传统的未来"，举办了一系列形式多样的宣传、教育活动，让博物馆走进社会大众的美好生活。

一是举办特色展览。为了让市民牢记历史、秉承传统、珍惜现在、发奋进取，5月18日，十堰市博物馆与十堰市文物局、郧阳培长报纸博物馆联合举办的"峥嵘岁月五十年，砥砺奋进铸辉煌——十堰市建市50周年集报展"在博物馆三楼临时展厅开展。展览分为"艰苦奋斗建家园""只争朝夕换新颜""改革开放结硕果""砥砺奋进再出发"4个部分，共展出近200份老报纸，集中反映了50年来十堰市建设与发展中取得的伟大成就。

二是举办专题展览。丹江口市博物馆在临时展厅开展"礼仪之邦——绵延不息的礼仪文化"专题展览活动。主要展出了收藏爱好者黄绿林先生多年来收藏的仪仗俑、官吏出行俑、武士护驾俑等诸多展品。此次活动通过文物的形式充分展示了我国作为文化和礼仪大国的形象。

三是推出多元社教活动。十堰市博物馆联合湖北省武汉市黄陂区、云南省丽江市、湖北省十堰市武当山等多地博物馆，将精彩的社教活动"请进来，送出去"。5月15日，携手云南省丽江市博物院以东巴文化为主题的社教活动走进十堰市实验小学、东风44小学，带领孩子们近距离体验纳西族东巴文化的魅力。

四是丰富宣传方式。十堰市各级各类博物馆（纪念馆）以将传统媒体和新媒体结合的方式，广泛开展文化宣传。5月18日，十堰市博物馆在馆前广场设置咨询台，发放关于文物保护及博物馆相关知识宣传单，现场免费为观众提供文物咨询服务。同时，利用微信公众号、网站、电视媒体等方式宣传国际博物馆日活动，以此搭建起博物馆与社会公众沟通与互动的平台，加深公众对博物馆的了解与认识。

**二、开展系列活动庆祝"文化和自然遗产日"**

6月8日是我国第三个"文化和自然遗产日"，主题是"非遗保护，中国实践"。为深入贯彻落实党的十九大精神，进一步增强人民群众非物质文化遗产保护意识，十堰市各级文博单位在活动日前后推出了一系列内容丰富、形式多样的宣传活动。

十堰市博物馆社教团队走进了十堰市茅箭区三堰小学，为学生们普及"文化和自然遗产日"的相关知识，以PPT授课的形式介绍了"文化和自然遗产日"产生的背景、发展的缘由、包含的内容，讲解关于中国文化遗产的保护，倡导在保护文化遗产的同时，把我国的文化遗产传承下去，发扬光大。

由郧西县文化和旅游局主办，郧西县博物馆、非遗保护中心承办的自然遗产、非物质文化遗产保护展示活动在县政府小广场举行,现场展示图片展板20块,发放《中华人民共和国文物保护法》《博物馆条例》及非物质文化遗产相关知识宣传单600余份。竹山县博物馆在堵河文化广场举办2019年"文化和自然遗产日"主题活动,以发放宣传单的形式,向市民宣讲了全县28处县级文物保护单位和5处省级文物保护单位以及《中华人民共和国文物保护法》条例。郧阳区举办"新时代新生活新传承"文化和自然遗产日展示展演活动。

# 十堰市博物馆

十堰市博物馆暨湖北省南水北调博物馆是十堰市人民政府于"十一五"期间兴建的一座造型独特、设施先进、功能完善的现代化综合性博物馆。其前身"郧阳地区博物馆"成立于1978年。十堰市博物馆的陈列展览提炼区域文化精华、弘扬时代主旋律,融合古老的传统文化与现代工业文明,生动演绎仙山、秀水、汽车城三大名片,成为展示十堰、宣传十堰的城市文化窗口和对外交流平台。先后荣获"国家二级博物馆""全国巾帼文明岗""国家AAAA级旅游景区""国家节约型公共机构示范单位""中国红十字会(湖北)供水救援队先进组织单位""湖北省爱国主义教育基地""湖北省省级园林式单位""全省文化系统优质服务窗口""全省文物安全工作先进集体""全省文化和自然遗产日和博物馆日活动先进集体""全省五四红旗团支部""首届湖北省博物馆进校园活动十佳单位""湖北省首批中小学生环保教育实践基地""全省第一次全国可移动文物普查中作出突出贡献单位""省级文明单位""十堰名片"等荣誉称号。

2019年,十堰市博物馆秉持"贴近群众、贴近生活、贴近实际"办馆理念,充分发挥教育、收藏、展示、研究功能,全面提升博物馆的综合管理水平,进一步扩大博物馆的社会影响力,使之成为群众文化活动的重要场所。

## 一、博物馆业务研究

### 1.考古发掘

配合湖北省文物考古研究所对郧西汉江大桥项目开展考古勘探;完成S301郧阳至郧西一级公路(郧西县城至河夹段)工程、城区水资源配置工程(竹山潘口至十堰城区)、市阳森热电厂工业遗产等项目的考古调查工作;抢救清理市区建设巷出土的5000余枚宋朝铜钱;参与武当山回龙观遗址发掘,承担郧西羊尾至夹河公路汉墓、房县西关棚户改造工程黄孝子祠砖室墓、弧山电站遗址与墓地等工程的考古发掘工作。

### 2.文物征集

随着城镇化进程的加快,传统村落和乡村生活正逐渐消失并发生变迁,反映乡土风情的各类民俗文物逐渐被遗弃。十堰市博物馆高度重视文物征集工作,特别是生活中即将消失的老物件及民俗文物。2019年,全年征集到173件藏品,其中现代藏品116件,文物57件。

### 3.藏品管理

做好国家级、省级重点文物保护专项资金申报,完成"十堰市博物馆珍贵文物囊匣制作"项目申报。完成南水北调文物1504件

(套)的信息采集。

4.藏品保护

完成 10 件馆藏拓片、12 件瓷器、10 件陶器的修复工作;完成"十堰市博物馆馆藏金属文物保护修复方案"立项工作。

5.学术成果

参加湖北考古业务成果交流会,汇报郧西羊皮滩崖墓群发掘的工作情况与考古发现,与会专家点赞十堰崖墓考古工作成果显著。6 篇论文入选《作为文化中枢的博物馆:传统的未来——2019 年湖北省博物馆协会学术研讨会论文集》,其中张瑞撰写的《"我们的节日"引领博物馆从传统走向未来——以十堰市博物馆为例》和蒋黎波撰写的《浅谈博物馆的社区教育服务》荣获三等奖。举办了"黄金饰贝带的发现与研究""青铜器的锈蚀""考古学方法论"等业务讲座,营造了浓厚的业务学习氛围,不断提升专业技术人员的业务水平。

## 二、博物馆陈列展览

1.临时展览

为丰富市民的文化生活,十堰市博物馆举办了丰富多彩的文化惠民活动,如"漂泊与回归"瓷器展、"辉煌的历程 伟大的成就——庆祝中华人民共和国成立 70 周年图片展"、"峥嵘岁月五十年,砥砺奋进铸辉煌——十堰市建市 50 周年集报展"、"'魅力十堰 奋进 50 年'图片展";引进云南省丽江市博物院"纳西族东巴文化展"及内蒙古敕勒川博物馆"敕勒翰墨劲 楚地丹青香——内蒙敕勒川书画名家联展",展览获得了良好的社会效益,加强了馆际之间的交流与合作。

2.文创产品

在原有文创产品的基础上,不断丰富产品销售种类,推出了恐龙模型、武当剑、东风汽车车模、绿松石艺术品、文物鉴赏书籍等各类文创产品,为广大观众提供更多购物选择。11 月 14 日,十堰市博物馆纪念币正式上线,复刻了十堰"三张名片"所传播、积淀的深厚文化。此次推出的 2 台纪念币自动售币机发售仿金、仿银两类纪念币,可供游客自助投币或扫码选购。纪念币正面是十堰市博物馆建筑外观,背面为十堰三张名片——"仙山""秀水""汽车城",设计巧妙、做工精美,是广大游客收藏的最佳纪念品。

3.数字化建设

十堰市博物馆运用新媒体、新技术积极开展智慧博物馆建设,完成无线网络全覆盖、3D 模拟数字博物馆、博物馆网站提升、虚拟博物馆建设等项目,让观众足不出户就可以实景畅览六大常设陈列展厅,使博物馆从线下拓展至线上,从实物走向虚拟。利用微信公众号为大众提供语音导览、社教活动、展览资讯、精品文物、信息公告等各项服务,将最精美的文物、最新的展览和最近举办的活动,及时推送给大众,打造精彩的"掌上博物馆"。

## 三、博物馆社会教育

1.免费开放

2019 年,十堰市博物馆积极做好免费开放工作。全年免费开放 328 天,共接待观众 466500 余人次,其中未成年人 38150 余人次,完成免费讲解 510 余场。

2.专题活动

利用"5·18"国际博物馆日、文化和自然遗产日等纪念日、大型节假日开展宣传、咨询活动。

2019 年 5 月 18 日是第 43 个国际博物馆日,主题是"作为文化中枢的博物馆:传统的未来"。十堰市博物馆作为十堰的名片与文化窗口,准备了一系列精彩的活动,更好地发挥了社会教育和文化服务职能。一是特色展览讲述文化故事。由十堰市文化和旅游局主办,十堰市博物馆与十堰市文物局、郧阳培长报纸博物馆联合承办的"峥嵘岁月五十年,砥砺奋进铸辉煌——十堰市建市 50 周年集报展"在三楼临时展厅开展,并在馆前广场设立咨询台,提供文物保护法律法规的宣传和咨询,吸引了广大市民前来参与。二是社教活动满足多元化需求。携手丽江市博物院以东巴文化为主题的社教活动走进十堰市实验小学。与武汉市黄陂区博物馆联合开展"两馆携手,共谋发展"活动,将"十博课堂——话说监察法""聊聊十九大那些事儿""十博课堂——我们从哪里来""十博课堂——宝宝爱恐龙"送进黄陂空军某部、黄陂区前川街第五小学、光荣村幼儿园、木兰乡塔耳小学等地。在馆内举办"承古拓新"社教活动,引导青少年感受非遗文化,体验拓片制作,满足观众多元化、个性化的文化需求。

2019年6月8日是我国第三个文化和自然遗产日,为了宣传文化和自然遗产日以及文化遗产的保护情况,十堰市博物馆走进了十堰市茅箭区三堰小学,以PPT授课的形式向学生介绍遗产日相关知识,让学生认识中国文化遗产标志,了解它的象征意义,为学生普及"文化和自然遗产日"的相关知识。

### 3.社会教育

作为国民教育的文化阵地,十堰市博物馆充分利用资源优势,坚持以"走出去,请进来"的方式举办各类社教活动,让大众收获快乐、收获知识。

(1)社教活动精彩纷呈。一是"十博课堂"活动在延续往年活动形式的基础上不断深化活动内容、丰富活动形式,先后走进湖北武汉、云南丽江,开展课程53堂,走进小学16所、幼儿园6所、军营1所。二是开展"十博剧场"之"诗书画乐中国艺,温良恭俭中国礼""春秋贵族大婚礼仪""佩奇陪你过六一"等活动。三是围绕"我们的节日"开展了"欢欢喜喜过大年,博物馆里来寻宝""闹元宵·猜灯谜""花好月圆话中秋""祖国妈妈我爱你,我向国旗敬个礼"等活动。四是开展"百万学生走进博物馆"活动,先后接待33200余名学生到馆参观。五是开展微展览"五进"活动,将"话说监察法"微展览送进湖北路桥集团郧西交通建设项目工地、钱家河村、郧西羊村等地,有效增强了社会大众尊法、学法、守法的意识。

(2)社教风采充分展示。一是持续开展"小小志愿者"活动,在暑假期间面向社会招募20名"小小志愿者",扩大了志愿者团队力量。在9月举办的2019年湖北省文博系统"小小讲解员"讲解大赛中,由十堰市博物馆选送的志愿者高孜祺获得一等奖和"最佳风采奖"。二是王蕾参加了"伟大历程 辉煌成就——庆祝中华人民共和国成立70周年大型成就展",并为党和国家领导人及各界人士讲解。

## 四、博物馆管理与建设

### 1.党建工作

2019年,十堰市博物馆认真落实党风廉政责任,与业务工作同部署、同落实、同检查。严格执行"三会一课""双向约谈"等制度,围绕该馆中心工作和党员岗位职责抓实"双十星"争创,将其与党风廉政、主题党日、主题教育有机结合。全年开展集中学习54次(其中党员学习28次、全馆学习26次),讲党课4次,观看宣教片9部。"学习强国"平台参学率达到100%。始终坚持领导带头、全员参与,做到会前有精心准备、学习有详细记录、交流有发言提纲、会后有心得体会,真正地将党建工作融入日常、抓在经常,深入推进"两学一做"学习教育常态化、制度化。

### 2.精准扶贫

深入落实党的十九大脱贫攻坚精神,全年先后6次组织党员干部到扶贫点开展入户走访活动,认真填写、完善《扶贫手册》和"三卡"上墙,巩固脱贫成果;组织妇女代表到扶贫点开展扶贫日"爱心妈妈送温暖"活动。

### 3.平安博物馆

以6月安全生产月和11月消防安全宣传月为契机开展消防安全知识讲座、安全知识答题、安全隐患排查和演练工作,增强消防安全意识和提高应急事件处置能力,切实做好消防"四个能力"建设。推进安防监控设备"模改数"升级工作,2019年度安装数字摄像头 22 个。截至 2019 年,全馆数字高清探头总数达到 128 个,达到数字化探头全覆盖。微型消防站达到五星消防站水准。添置一批消防器材,增加电梯备降功能,完成文物库房气体灭火系统药剂重装工作。与公安部门"110 联动"、消防部门"智慧消防"系统开展联网对接。

十堰市博物馆坚持狠抓文明创建工作,规范窗口形象管理,营造良好创文氛围。一是加大经费投入力度,共完成 172 处景观小品等公益广告的提升。升级温馨母婴室,加强无障碍设施建设,规范"学雷锋"志愿服务,参与"周五大扫除"活动。按照全市创文的工作部署,对标对表抓落实,逐一完善整改项目。二是认真开展网上材料申报、每月重点工作、网络文明等报送工作,向各归口单位提供图文资料 50 余次。积极参与"好人推荐"活动,扎实开展文明劝导志愿服务。三是先后 11 次组织干部职工到创文包联点开展服务活动,并为包联点制作创文和"十进十建"展板及"绿水青山就是金山银山"创文宣传牌,还将"十博课堂"送进学校和村委会,用实际行动帮助钱家河村做好创文工作。

全年先后荣获"湖北省文明单位""2019年湖北省文博系统'小小讲解员'讲解大赛优秀组织奖""全市学雷锋活动示范点""档案工作达标先进单位""十堰网络文明传播工作先进单位""茅箭区消防安全工作先进单位""十堰市文化和旅游局先进基层党组织"等荣誉称号。

(撰稿人:罗丹、刘玲玲)

# 大 事 记

## 1 月

1 月 1 日,十堰市博物馆与汉江师范学院沧岳史学社联合开展"十博剧场——鸿门宴"历史剧。

1 月 18 日,省委宣传部发文,对十堰博物馆讲解员王蕾等全省 6 名参与中宣部"伟大的变革——庆祝改革开放 40 周年"大型展览的讲解员通报表扬。十堰市委宣传部、十堰市博物馆同时获得通报表扬。

1 月 19—20 日,十堰市博物馆考古人员参加 2018 湖北考古业务成果交流会,汇报郧西羊皮滩崖墓群发掘的工作情况与考古发现。

1 月 25 日,十堰市博物馆荣获"迎新春暨'十进十建'合唱比赛"二等奖。

## 2 月

2 月 6—8 日,十堰市博物馆举办"欢欢喜喜过大年,博物馆里来寻宝"新年社教活动。

2 月 19 日,十堰市博物馆在广场开展"闹元宵·猜灯谜"活动。

2 月 19—22 日,十堰市博物馆党支部开展春季党员轮训活动。

## 3 月

3 月 4—6 日,十堰市博物馆"十博课堂——话说监察法"社教活动走进武汉市经济开发区黄陵小学、水果湖第一小学等学校。

3 月 4—8 日,十堰市博物馆与辛亥革命武昌起义纪念馆联合开展"两馆携手，共谋发展"主题社教活动。先后走进武汉市经济开发区黄陵小学、湖北省省直机关第二保育院、武汉市水果湖第一小学、武昌实验小学等4所学校。

3月5日，十堰市博物馆被中共十堰市委宣传部表彰为"全市学雷锋活动示范点"，社教部王蕾及易西子被授予"十堰市岗位学雷锋标兵"称号。

3月7日，十堰市博物馆"话说监察法"微展览走进十堰市文物局。

3月10日，十堰市博物馆与陆海空先生联合举办"漂泊与回归"专题瓷器展。本展览展出的瓷器共96件（套），展品从宋代贯穿到现代。

3月19日，十堰市文化和旅游局党组书记、局长边疆，局党组成员常明军一行到十堰市博物馆考察调研。

3月20日，十堰市博物馆与武当博物馆携手走进十堰市东风22小学，开展"承古拓今——拓片技艺体验活动"。

3月21日，十堰市博物馆"十博课堂——宝宝爱恐龙"社教活动走进十堰市实验幼儿园。

## 4月

4月1日，十堰市博物馆组织全体干部职工赴郧阳区南化塘革命烈士陵园缅怀先烈，开展爱国主义教育活动。

4月4日，十堰市纪委监委派驻市政协机关纪检监察组组织驻在部门市文物局和市博物馆，走进湖北路桥集团有限公司郧西县交通建设PPP项目工地，为70名项目经理现场讲解《中华人民共和国监察法》及《中华人民共和国文物保护法》。

4月4日，十堰市博物馆"十博课堂——清明祭英烈""十博课堂——我们从哪里来"社教活动走进十堰市东风22小学。

4月4—19日，市柳林小学、市第一中

学、重庆路小学、东风第一小学、东风51小学、郧阳区茶店小学、郧阳区柳陂中学、房县东城小学等的中小学生走进博物馆开展"百万学生走进博物馆"活动。

4月9—10日，十堰市博物馆"十博课堂——长大我要造汽车"社教活动走进十堰市阳光栖谷伟才幼儿园。

4月15日—5月15日，十堰市博物馆联合丽江市博物院共同举办"纳西族东巴文化展"。展出东巴文化展品及纳西族历史文化遗物共130余件。

4月17日，十堰市博物馆携手云南省丽江市博物院以东巴文化为主题的社教活动走进市柳林小学。

4月19日，十堰市博物馆走进三堰小学开展"话说监察法"微展览及"十博课堂——话说监察法"社教活动。

4月18日，十堰市博物馆"十博课堂——我们从哪里来"走进茅箭区许家小学。

4月21日，十堰市博物馆联合知阅儿童绘本馆举办"热爱家乡，书香伴我成长"读书活动。

4月23日，十堰市博物馆"十博课堂——我们从哪里来"社教活动走进市实验小学。

## 5月

5月13—16日，十堰市博物馆与武汉市黄陂区博物馆开展"两馆携手，共谋发展"主题社教活动，先后走进黄陂空军某部、黄陂区前川街第五小学、光荣村幼儿园、木兰乡塔耳小学等地。

5月15日，十堰市博物馆"十博课堂"携手云南省丽江市博物院以纳西族东巴文化为主题的社教活动走进实验小学、东风44小学。

5月18日，第43个国际博物馆日，由十堰市文化和旅游局主办，市文物局、市图书馆、市博物馆、郧阳培长报纸博物馆承办的

"峥嵘岁月五十年,砥砺奋进铸辉煌——十堰市建市50周年集报展"开展,同时联合武当博物馆共同举办"承古拓新"社教活动。

5月26日,十堰市博物馆"十博剧场"开展"诗书画乐中国艺,温良恭俭中国礼"活动。

5月29日,十堰市博物馆党支部组织20名党员深入武当山道廉文化教育基地开展5月份支部主题党日活动。

5月31号,十堰市博物馆"十博阳光"志愿服务队走进青山镇九年一贯制学校开展社教活动,同时开展钱家河水域垃圾清理工作,助推文明乡村建设。

## 6月

6月1日,十堰市博物馆开展"十博剧场——春秋贵族大婚礼仪"和"佩奇陪你过六一"社教活动。

6月4日,十堰市博物馆荣获"2018年茅箭区消防安全工作先进单位"。

6月8日,我国第三个"文化和自然遗产日",十堰市博物馆社教团队走进三堰小学宣传文化和自然遗产日以及文化遗产的保护。

6月8日,第十八个全国"安全生产月"之际,十堰市博物馆开展消防安全知识讲座。

6月28日—7月11日,十堰市博物馆招募2019年暑期"小小志愿者"。

## 7月

7月2—3日,十堰市博物馆和云南省丽江市博物院联合举办"两馆携手,共谋发展"社教活动,将"十博课堂——我们从哪里来""十博课堂——宝宝爱恐龙""十博课堂——话说监察法"送进丽江市玉龙纳西族自治县白沙镇白沙完小、白马完小和丽江市古城区蒙台梭利幼儿园、丽江市实验幼儿园等地。

7月5日—8月5日,"敕勒翰墨劲 楚地丹青香——内蒙敕勒川书画名家联展"开展,展出内蒙古敕勒川博物馆馆藏80余幅书画名家作品。

7月12日,十堰市博物馆2019年暑期"小小志愿者"面试及录取名单公布,20名优秀学生脱颖而出。

7月18日,十堰市博物馆制作"绿水青山就是金山银山"文明宣传牌前往包联行政村钱家河村安装,引导市民保护水源地环境。

7月18日,十堰市博物馆选拔的20名"小小志愿者"正式上岗,开展为期一个半月的暑期志愿服务。

7月23日,十堰市委常委、宣传部部长张慧莉,市委宣传部常务副部长王雪峰及市文化和旅游局副局长陈惠民深入十堰市博物馆调研创文工作。

## 8月

8月9日,十堰市纪委监委派驻市政协机关纪检监察组和市博物馆工作人员到郧阳区青山镇钱家河村开展"十进十建"和创文包联活动。

8月24日,十堰市博物馆组织干部职工参与"唱国歌 护国旗绿谷行"活动。

8月29日,十堰市博物馆举办2019年"小小志愿者"培训班考核暨结业典礼,17名志愿者获得优秀"小小志愿者"证书。

## 9月

9月11日,十堰市博物馆"十博课堂——花好月圆话中秋"社教活动走进郧阳区青山镇中心幼儿园。

9月12日,湖北省文化和旅游厅文物建筑消防隐患排查整治检视工作组到馆检查指导安全工作。

9月14日,十堰市博物馆志愿者高孜祺荣获"2019年湖北省文博系统'小小讲解员'讲解大赛"一等奖和最佳风采奖,十堰市博物馆荣获"优秀组织奖"。

9月18日,十堰市博物馆召开"不忘初心、牢记使命"主题教育动员会,市文化和旅游局党组书记、局长,主题教育巡回指导组组长边疆到会指导。

9月24日，"伟大历程 辉煌成就——庆祝中华人民共和国成立70周年大型成就展"在北京开幕，王蕾全程参加讲解工作。

9月26日，十堰市博物馆为期5天的"不忘初心、牢记使命"主题教育读书班在该馆报告厅开班。

9月30日，"辉煌的历程 伟大的成就——庆祝中华人民共和国成立70周年图片展"在十堰市博物馆广场展出。采用50块展板，以5个单元展示中华人民共和国成立70周年以来的光辉历程和伟大成就。

9月30日，十堰市博物馆联合市实验幼儿园开展"祖国妈妈我爱你，我向国旗敬个礼"社教活动。

## 10月

10月10日，十堰市文化和旅游局"不忘初心、牢记使命"主题教育第一巡回指导组组长、局党组书记、局长边疆莅临十堰市博物馆，参加"不忘初心、牢记使命"主题教育学习研讨会，听取博物馆主题教育进展情况。

10月17日，全国第六个"扶贫日"，十堰市博物馆组织妇女干部到丹江口市凉水河镇江口村，开展扶贫日"爱心妈妈送温暖"活动。

## 11月

11月1日，十堰市博物馆"十博课堂——仙山琼阁武当山"社教活动走进柳林小学。

11月2日，十堰市博物馆收藏湖北汽车工业学院退休教师许菱捐赠的一批民俗老物件。

11月26日，十堰市博物馆"十博课堂——仙山琼阁武当山"社教活动走进丹江口市凉水河镇小学。

## 12月

12月2日，"魅力十堰 奋进50年"图片展在广场展出。

12月3日，十堰市博物馆以11月消防安全宣传月为契机开展消防安全活动。

12月3日，由十堰市文化和旅游局主办，市博物馆、市群艺馆和市图书馆承办的宣传党章党纪《中华人民共和国监察法》"十进十建"教育活动走进郧西县城关镇羊家村和观音镇双石沟民俗文化村。

12月9日，十堰市博物馆组织召开"不忘初心、牢记使命"主题教育专题民主生活会。

12月12日，十堰市博物馆"十博课堂——宝宝爱恐龙"社教活动走进郧西县羊尾镇老关庙小学。

12月17日，十堰市博物馆通过档案目标管理省特级复审，荣获2019年度档案工作达标先进单位。

# 荆　　州

## 荆州市博物馆工作综述

2019 年，荆州全市共有国有、非国有博物馆、纪念馆 17 家，其中，国有博物馆 10 家（荆州博物馆、熊家冢遗址博物馆、荆州城墙博物馆、荆州区博物馆、江陵县博物馆、公安县博物馆、监利县革命历史博物馆、松滋市博物馆、石首博物馆、洪湖革命历史博物馆），纪念馆 6 家（张居正纪念馆、瞿家湾湘鄂西革命根据地旧址纪念馆、路易·艾黎旧居纪念馆、周老嘴湘鄂西革命根据地纪念馆、监利湘鄂西特委机关旧址纪念馆、贺炳炎同志纪念馆），非国有博物馆 1 家（荆州市荆楚非物质文化遗产博物馆）。

荆州博物馆始建于 1958 年，现已发展为集陈列展览、宣传教育、文物收藏保护、古城古建保护、考古发掘研究、考古遗址公园建设管理等多种功能于一体的地方性综合博物馆，是国家 AAAA 级旅游景区、国家公益一类事业单位、首批国家一级博物馆，机构级别相当于副县级，隶属于荆州市文化和旅游局。现有在编、在岗人员 68 人，退休人员 48 人。其中专业技术人员 63 人。拥有高级职称的 13 人，中级职称的 41 人，初级职称的 9 人，拥有研究生学历的 11 人，本科学历的 14 人，

在读博士 2 人。

荆州区博物馆是所属荆州区文化和旅游局的县级博物馆。2019 年机构改革，荆州区博物馆与荆州区旅游发展中心整合为荆州区旅游发展中心，加挂"荆州区博物馆"牌子，属公益一类事业单位。现有在编人员 13 人，其中具有中级职称 1 人，初级职称 2 人，其他人员均为管理岗位。成立了党支部，班子成员 3 人，书记（馆长、主任）1 人，支部委员（副馆长、副主任）2 人，其他为文物库房管理员、文物资料管理员、办公室人员和消防安全人员。

张居正纪念馆隶属于荆州市文化和旅游局，公益二类事业单位，自 2011 年起纳入全省免费开放服务单位，现为湖北省文物保护单位。该纪念馆以墓塚为核心，分设纪念园区和祭祀区，占地面积 10000 平方米，展览陈列面积 429 平方米，是荆州中心城区唯一的一座人物纪念馆。

监利县革命历史博物馆于 1980 年 4 月由监利县编制委员会批准成立，1982 年底开始筹建馆舍，1986 年 11 月正式对外开放。该馆位于湖北省监利县容城镇沿江大道 2 号，占地面积 14000 平方米。它是以湘鄂西

革命根据地斗争史为主,历史文物、书画艺术为辅的综合性博物馆,下辖周老嘴湘鄂西革命根据地纪念馆和湘鄂西特委机关旧址纪念馆,同时负责监利县地上、地下文物的保护与管理等工作。

松滋市博物馆包括博物馆办公区、文物库房和"贺炳炎同志纪念馆"的两处公共文化服务区。松滋市有各类不可移动文物482处,其中,全国重点文物保护单位1处、省级文物保护单位12处、市(县)级文物保护单位98处。在任务重、时间紧、资金少的情况下,松滋市博物馆完成了不可移动文物基础信息核查工作,工作人员花费6个多月在全市16个乡镇到村到点对480多处文物进行基础信息核查,并填表上报,确保数据全面核实无误。松滋市博物馆配合松滋市小南海生态涵养区建设开展文物保护工作,同时报请湖北省、荆州市文物考古部门制定文物保护方案,向国家文物局申报核准,进行科学的考古发掘。按照鄂文旅发〔2019〕3号文件《湖北省文化和旅游厅关于规范湖北省开发区、工业园区区域性建设项目文物保护统一评价工作的通知》精神,博物馆配合荆州博物馆对临港工业园、城东工业园开展文物调查、勘探与评价工作。根据松交函〔2019〕24号文件,松滋市博物馆对过境松滋市"当枝松高速"拟建项目开展文物调查、勘探工作。此外,完成"云联塔维修保护工程"项目,准备结项验收;接受省文物局对松滋市文物安全工作的督查和调研;做好全年文物安全、消防隐患大排查及整改工作。

石首博物馆按需设岗,下设办公室、文保部、安全保卫科、陈列部4个部门。办公室主要负责文电处理、公文把关以及印鉴、文书档案管理和日常事务;文保部主要负责全市的文物调查、勘探、保护与管理;安全保卫科主要负责全馆的消防安全、治安管理、晚班值班和水电维修;陈列部主要负责展厅陈列设计、白班展厅管理和库房藏品的出入登记。

洪湖革命历史博物馆下辖洪湖市瞿家湾湘鄂西革命根据地旧址纪念馆、路易·艾黎旧居纪念馆,设有馆长室、办公室、业务科、宣教部、保卫科。现有在编、在职人员24人,其中副研究馆员1人,馆员10人,助理馆员7人。离休干部1人,退休干部9人,病退人员1人。另有保安、保洁等其他临时性聘用人员10人。

荆州市荆楚非物质文化遗产博物馆,是荆州市创业职教集团投资兴建的一所非国有专题博物馆,现有馆领导3名,下设办公室和非遗传承工作坊。办公室工作人员5名,讲解员4名,保安人员2名。非遗传承工作坊有非遗传承人11名。

## 一、博物馆藏品管理

荆州博物馆现有馆藏文物近18万件,其中,国家一级文物561件(套),二级文物1041件(套),三级文物15454件(套)。全年补充藏品账目,将第一次可移动文物普查中清点、交接的923件文物整理登入文物分类账及文物总账。整理完善了362件一、二、三级文物档案。完成金银器170件套(795件)文物的级别鉴定。利用已建立的博物馆环境监测系统,对荆州博物馆全部文物库房、展厅和重点展柜的文物保存环境质量进行全面、实时监测,对部分文物库房的温湿度进行适当调控。同时,制定了藏品保护监察管理制度,设立博物馆库房环境监控岗位职责,形成了藏品保护管理、协调、监测、分析、处理、预案等一系列风险预控机制。另外,根据文物的具体情况,采取科学有效措施,优化文物保护环境。

2019年荆州博物馆藏品管理工作主要有三个方面。①藏品征集方面,库房新增文物共6件,简牍46枚。主要为主动性的考古发掘和配合国家及地方经济社会发展而进行抢救性考古发掘中出土的文物,包括玉带钩2件、琉璃料珠1件、铜环2件、铜削刀1件、遣册46枚。②保护修复方面,修复文物数量共计 184 件,均为三级文物,其中陶器 70 件、青铜器 42 件、字画 72 件。③藏品的数字化工作方面,实施"荆州博物馆馆藏纺织品文物数字化保护项目",计划完成 102 件(套)丝织品文物的数字化保护工作。现已完成颜色采集和染料信息采集,多光谱成像采集,X 荧光光谱元素分析,纺织品的组织结构、形制、病害、纹饰等数据采集与绘图,文物的图像高精度拍摄。申报的"荆州博物馆出土木漆器数字化保护方案"已通过湖北省文物局审批,拟对荆州博物馆馆藏 343 件珍贵漆器文物进行数字化保护,打造荆州博物馆木漆器文物数字化保护与利用平台,有效实现文物的数字化保护、管理和利用。

荆州区博物馆藏品数量为 5543 件(套)。其中珍贵文物有 68 件(套),一级文物 7 件,二级文物 6 件,三级文物 55 件。该馆现有文物库房两处:一处是荆州博物馆 168 号汉墓地下室,存有原江陵县博物馆的 1700 余件出土文物,定期对此文物库房进行检查,并做好检查记录;另一处是"引江济汉"工程出土文物库房,按规定严格执行每周一次例行全面检查。对湘献王墓地宫也实行定期检查与不定期检查,并及时抽出墓室内积水。安排专人负责玄妙观古建筑群及九老仙都官石碑的消防安全工作。

张居正纪念馆藏品数量为 1951 件(套),实际数量 24739 件。按文物级别划分,其中二级文物 1 件;三级文物 3 件(套),实际数量 6 件;未定级文物 1947 件(套),实际数量 24732 件。按传世文物和当代文物划分,传世文物方面,已定级文物 699 件(套),实际数量 2158 件;未定级文物 1129 件(套),实际数量 22341 件。当代文物方面,文物 123 件(套),实际数量 240 件。

江陵县博物馆现有 2066 件(套)文物的数据信息,并建立了相应的藏品档案。为加强文物库房安全管理,在库房等重要区域都安装了监控设备,24 小时进行监控,并安排专人负责日常检查、巡查,对馆内用电、防火、防盗、防毒、防爆、防事故等全面管理。

公安县博物馆藏品总量为 1080 件(套),包括已定级文物数量 369 件(套),其中一级文物 10 件(套),二级文物 31 件(套),三级文物 328 件(套),未定级文物 711 件(套)。藏品已建立详细的总账和台账,形成了综合、全面、细致的藏品档案,包括登记号、图片、质地、残缺、重量、来源等。目前藏品暂存在公安县人民武装部库房内,除武装部本身的军事化安防设施外,另外安装了全套监控设施设备、墙体震动仪、110 联网报警系统、手机全天监测系统等,以确保藏品安全。按照国家、省、市文物主管部门的要求和《公安县博物馆馆藏青铜器修复设计方案》的安排,启动了青铜器维修工程,将 80 余件青铜器运至湖北省青铜器修复中心(现属随州博物馆)进行修复。

监利县革命历史博物馆藏品种类可分为瓷器、陶器、金银器、书法绘画等 29 个类别。馆藏文物包括一级文物 4 件,二级文物 20 件,三级文物 322 件。重要藏品有湘鄂西省赤色邮务总局壹角邮票、中华苏维埃国家银行湘鄂西特区分行印钞铜版、谢觉哉给罗洪瑶的亲笔信、元大德铜权等。馆内藏品档案账册共有 38 本,包括总账 6 本、分类账 29 本、定级文物账本 1 本、展厅提用账本 2 本。对 346 件(套)定级文物建立了文物登录卡片,内容包括对藏品名称、尺寸、重量、质地、现状、来源、器物的文字描述,专家鉴定意见,藏品流传经过的记录。第一次全国可移动文物普查工作结束后,博物馆开展藏品数字化工作,建立藏品数字化档案,对藏品进行规范化管理。全年征集藏品 2 件(套),分别为民俗石器类 1 件(套)和革命类 1 件(套)。文物保护修复方面,继续实施"馆藏金属文物保护修复方案"项目,修复金属类文物 113 件(套),并于 5 月完成了馆藏金属文物修复工程,通过湖北省专家组的验收。

松滋市博物馆现有馆藏文物2563件（套），按级别分类管理，其中一级文物2件、二级文物38件、三级文物216件，都建有完整的档案（图片、文字等）。文物库房采用人防、技防相结合，安排专人24小时值守，实行全方位摄像监控，确保馆藏文物的安全。

石首博物馆2019年登记在册的馆藏文物共计5471件（套）。该馆按照《博物馆安全保卫工作规定》和三级风险等级安全防护规定要求，设有安全保卫科，选配专职保卫干部。重点要害部位安装技术防护设备和综合报警监控系统设施，采用人机联防，配备专职保卫人员坚持24小时值守。按照博物馆文物库房标准要求，该馆对文物库房进行了维修，添置了17组多功能文物柜以及除湿机、空调等保护设施。藏品数字化工作目前正在逐步实施。

洪湖革命历史博物馆登记馆藏文物总数7587件，其中一级文物8件，二级文物10件，三级文物530件。藏品管理方面，不仅为文物建立纸质档案，而且建立了文物数据库，实现了藏品数字化管理。库房内设有保险柜、保管柜、保管架、真空玻璃瓶等对可移动文物进行保护。实时监控库房温湿度，定期或不定期对文物库房进行空气置换，运用空调调控温度和湿度。组织技术人员手工修复一批部分破损的器物。

荆州市荆楚非物质文化遗产博物馆藏品总量757件，藏品主要为近现代传统工艺品。藏品管理方面，2018年在省、市文化和旅游部门的指导下，录入藏品621件（套）并汇入湖北省民办博物馆数据库。2019年新增藏品136件，包括漆器、刺绣、根雕、木雕、陶艺、泥塑、剪纸7个类别。对新增藏品已建立台账，基本做到了账目清楚、编目详细。藏品数字化工作方面，借助荆州博物馆的技术支持，对出土楚汉代表性漆器进行3D扫描，为楚式漆器髹饰技艺数据库建设储备了数字化资料。

## 二、博物馆陈列展览

全市博物馆、纪念馆共有常设陈列展览35个，全年举办或参与临时展览21个。

张居正纪念馆的基本陈列包括人物主题陈列和辅助展览，主要以图文的形式对人物的生平事迹进行宣传展示。2019年5月，张居正纪念馆为庆祝"5·18"国际博物馆日，将展览内容制作成宣传展板在馆内展出。

江陵县博物馆的"松鹤堂农业生产生活民俗文化展"，主要展示农业生产生活用具等反映社会变迁的实物，教育后人要不忘过去、珍惜现在的美好生活。1月8—18日，江陵县博物馆联合社会各界的收藏爱好者，在江陵县文化馆举办了"建国七十周年·江陵县首届红色藏品展"。

2019年，公安县博物馆因暂无馆舍，藏品未对外陈列展出。

监利县革命历史博物馆的基本陈列主要为"湘鄂西革命根据地斗争史""监利历史文物""监利书画艺术"三大部分。其内容主要为中国共产党领导的土地革命斗争史、监利人民抗日史、解放战争史、监利历史、民俗文物和书画艺术。陈列展览均采用实物和版面、展柜相结合的形式。周老嘴湘鄂西革命根据地纪念馆的展览为"湘鄂西革命斗争史陈列"，其内容以中国共产党领导的土地革命斗争史为主，兼监利人民抗日史、解放战争史。另外，周老嘴湘鄂西革命根据地纪念馆游客接待服务中心和湘鄂西省苏维埃政府旧址内分别展出了"湘鄂西革命英烈展"和"湘鄂西苏区廉政文化展"主题展览。湘鄂西特委机关旧址纪念馆的展陈为"古容城历史展""中共湘鄂西特委机关旧址史实展""监利书画之乡作品展"。5月27日，监利县委、县政府开展第二十二个党风廉政教育宣传月活动，监利县革命历史博物馆配合监利县纪委、监利县书法协会共同举办了"清风廉韵"监利县第二届廉政书画摄影作品展。9月20日，为庆祝中国人民政治协商会议成立七十周年,监利县政协在监利县革命历史博物馆举办了"人民政协成立七十周年书法作品展"和"监利县古碑碣拓片展"。9月28日上午,举办"监利英烈展""'红色沃土'诗联书画作品展"两个展览,同时"红色沃土·诗联书画作品集"首发。

松滋市博物馆的基本陈列共有2个,一是"松滋出土象牙化石展",二是"贺炳炎同志纪念馆"展厅。2019年举办临时展览夏季平先生的"革命先烈剪纸艺术展"。

石首博物馆共有4个基本陈列,较为系统地展现了石首地区各个时期的历史风貌。"历史文物精品展"主要展示商周、两晋、南北朝、唐、宋、元等历史时期的出土青铜器、陶器、瓷器以及铜镜;"明代贤相展"主要展示明代贤相英才和明代丝绸及其他附属文物;"史前文化展"主要展示石首市全国重点文物保护单位走马岭遗址出土的新石器时代陶器和石器;"革命文物展"主要展示王尚荣(1955年被授予中将和少将军衔)等九位老同志的革命遗物、照片以及其他近代革命文物。"5·18"国际博物馆日在文化小学和市武警中队举办了历史文献图片展览,开展了系列主题活动。展览分四个主题,包括"'珍爱和平,开创未来'抗战文献展""'雷锋精神代代传'图片实物展""'铭记历史,缅怀先烈'文史资料展""'时代楷模,永恒丰碑'英模图片展",共展出历史文献图片资料近600幅。展览活动现场发放各种博物馆宣传手册400余册,举办文物知识有奖竞猜活动,发放奖品近200份,同时开展了藏品鉴赏知识讲解、电子屏播放文博宣教片等活动。11月,石首博物馆、市收藏协会联合举办石首市秋季收藏品交流活动。

洪湖革命历史博物馆及其所属的两个纪念馆共有常设展览9个。洪湖革命历史博物馆有常设展览"洪湖馆藏精品文物陈列"和"刘心源书法艺术展";洪湖市瞿家湾湘鄂西革命根据地旧址纪念馆除有基本陈列"湘鄂西革命根据地简史陈列"外,还有常设展览"湘鄂西革命根据地旧址复原陈列""湘鄂西革命根据地武器库陈列""湘鄂西革命根据地英雄谱陈列""电视剧《洪湖赤卫队》摄影图片展""洪湖水乡风情民俗展",纪念馆常年还根据观众的需求举办经典歌剧《洪湖赤卫队》实景片段演出;路易·艾黎旧居纪念馆常设展览有"路易·艾黎五访洪湖图片展"。

荆州市荆楚非物质文化遗产博物馆的基本陈列有漆工艺展览馆和非遗传承工作坊。为配合2019年"湖北工匠杯"民间工艺技能大赛暨"全国漆艺邀请赛",该博物馆投资160万元改造建成漆工艺展览馆,展览包含大漆文化展、楚式漆器髹饰技艺展、大漆工坊、大漆胎体技艺展、大漆髹饰技艺展、大师漆器作品精品展。博物馆组织各非遗项目传承人和工艺大师入驻非遗传承工作坊。传承工作坊方面,包括楚式漆器生产性保护基地、楚地斫琴生产性保护基地、古琴演奏厅、古琴传习厅、陶艺坊、风筝坊、雕花剪纸坊、楚绣坊、葫芦烙画坊。推出展览方面,4月,推出楚式漆器、楚地斫琴、楚绣、淡水贝雕、葫芦烙画等非遗产品参加香港礼品展的展示和展销。1月9—10日,受湖北省文化和旅游厅的组织,以"漆艺荆楚"为专题,推出楚式漆器髹饰技艺、楚式漆器修复技艺、楚简三个项目参加了在安徽宣城举办的以"传承非遗·守望未来"为主题的第四届湘鄂赣皖四省非遗联展。5月16—18日,非遗项目图片入选亚洲文化旅游展优秀影像作品展。5月16—20日,推出楚式漆器、楚绣、楚地斫琴参加了第十五届中国(深圳)国际文化产业博览会的展示交流活动,"楚式漆器工匠小镇"项目参加了展会项目推荐活动。9月6—8日,推出楚式漆器、磨鹰风筝、贝雕、楚绣、烙画文创产品参加北京世园会"荆州日"活动。9月20—24日,推出楚式漆器、楚地斫琴赴日本东京参加了由湖北省委宣传部组织的"中国节"活动。11月13日,非遗产品受邀参加了在荆州园博园举行的荆州开发区主题宣传日活动。11月29日—12月1日，参加了"楚韵荆风泰国行"中国湖北荆州文化旅游泰国推介活动。12月8日，"漆器、楚绣、淡水贝雕、葫芦烙画"作品代表该馆赴武汉国际博览中心参加了由湖北省文化和旅游厅主办的"2019长江文化旅游博览会"。

### 三、博物馆教育

全市博物馆举办宣传教育活动共计百余场次。

江陵县博物馆2019年在湘鄂西革命根据地早期旧址开展"不忘初心、牢记使命"主题教育活动。积极组织江陵各机关单位、中小学校、社区居民参观"荆江风云图片展"，开展"不忘初心、牢记使命"主题教育活动，充分发挥革命旧址爱国主义教育功能。创新宣传方式，通过电影院线播放文物保护宣传片，在江陵华纳电影院投放文物保护宣传片，利用院线电影放映开场前的时间进行文物保护宣传，加强对年轻群体的文物保护宣传教育。

监利县革命历史博物馆2019年主要教育活动为"5·18"国际博物馆日系列活动，活动围绕"作为文化中枢的博物馆：传统的未来"这一主题，结合当前的文物修复工作，回顾历史，展望未来。活动邀请监利县职教中心70多名师生前来博物馆参加，取得了圆满成功。清明节前后，接待学校、行政单位和社会团体共计3万多人次。

松滋市博物馆、贺炳炎同志纪念馆2019年累计免费开放240天、举办教育活动32批次、接待观众3万余人次（比上年增加25％），其中，未成年观众0.48万人次；组织留守儿童参观贺炳炎同志纪念馆；组织企事业单位、社会团体及各界人士参观贺炳炎同志纪念馆，开展爱国主义教育，重温革命先烈光辉事迹。"5·18"国际博物馆日和6月13日文化和自然遗产日，松滋市博物馆开展了"作为文化中枢的博物馆：传统的未来"主题活动。

石首博物馆积极开展各类教育活动。"杨溥廉政文化展厅"是石首市三大廉政教育基地之一。自2018年开放以来，共接待10万多名各界人士前来参观学习，其中包括130多个市内外单位组团参观。4月，联合路家铺小学开展中华人民共和国成立70周年活动。5月，开展了"'珍爱和平，开创未来'抗战文献展""'雷锋精神代代传'图片实物展""'铭记历史，缅怀先烈'文史资料展""'时代楷模，永恒丰碑'英模图片展"，共展出历史文献图片资料近600幅。开展"5·18"国际博物馆日精品收藏展系列活动，宣传《中华人民共和国文物保护法》，让社会各界了解文博工作，开展文物普法宣传。6月，联合石首市"墨趣学堂"开展体验文字魅力，感受博物馆课堂活动。7月，联合双语幼儿园开展暑期活动，带领小朋友走进博物馆，开展第二课堂教学，让孩子们了解石首的历史和文化。

洪湖革命历史博物馆宣教部现有讲解员4名，2019年共为0.6万人提供讲解服务。洪湖市瞿家湾湘鄂西革命根据地旧址纪念馆与省内多个机关、团体和学校合作，聘请党校教员和党史研究专家上党课，先后组织5万多名党员干部来馆参观学习，开展爱国主义和革命传统教育。组织学生开展志愿者服务活动，活动内容包括场馆维护和游客讲解等。组织开展红色导游培训，培训138人次，颁发红色讲解员证68个。清明节期间，洪湖市瞿家湾湘鄂西革命根据地旧址纪念馆组织多所中小学校学生开展"清明祭扫"主题教育实践活动，通过瞻仰革命旧址、拜谒祭扫革命烈士纪念碑、聆听先烈革命斗争故事和观看革命电视教育片等活动进行爱国主义和革命传统教育。八一建军节期间，举办"铭记历史，缅怀先烈"宣传教育活动。"5·18"国际博物馆日、文化和自然遗产日期间，在洪湖市城区和5个乡镇举办了"'5·18'国际博物馆日图片巡回展"。

荆州市荆楚非物质文化遗产博物馆，常

设性教育项目有拜师仪式,学习、诵读《弟子规》。临时性教育项目有国学讲座、传统戏曲(荆河戏、汉剧)讲座及互动体验,汉滩小曲讲座及互动体验。代表性教育项目有漆艺、烙画、雕花剪纸、风筝非遗技艺学习和体验。组织文创人员开发了适合中小学生研学旅行需求的"烙画""雕花剪纸""淡水贝雕""传统风筝"等项目体验包,满足了游客和青少年学生参与互动体验的新需求。2019年接待中小学生研学旅行7360人次。省级非遗项目"淡水贝雕"和市级非遗项目"雕花剪纸"分别在城区黄家塘社区、荆沙河社区、东岳社区设立传习工作室,开展非遗进社区活动。学习非遗技艺的社区居民和中小学生达160人,承办清华大学美术学院大漆专业研学活动。主要内容为参加荆楚漆艺学习体验,为期15天,接待学员15人。接待香港校园艺术大使湖北文化之旅学生40人。接待湖北省台湾同胞联谊会组织的台湾大学生文化参观团65人。接待在大陆就读大专院校的台湾学生组成的文化体验团23人。6月8日,组织国家级项目"楚式漆器髹饰技艺""铅锡刻镂技艺",省级项目"磨鹰风筝""淡水贝雕"及市级项目"楚绣""葫芦器制作技艺""雕花剪纸"参加了由荆州市非遗保护中心在中山公园举办的"文化和自然遗产日"宣传展示活动。12月24—29日,承办湖北省对外友好服务中心组织的2019年海外华裔青少年"中国寻根之旅"冬令营活动。为104名参加冬令营活动的华裔青少年举办了汉语学习、国学讲座、古琴艺术讲座,教授烙画、剪纸、贝雕、风筝制作的手工技艺。

### 四、博物馆研究

全市博物馆全年举办学术会议2场,参加学术会议14场。

荆州博物馆全年举办学术会议2场,参加学术会议14场,承担国家文物局批准考古发掘项目共55项,发表或交流论文27篇。

江陵县博物馆与荆州博物馆合作开展对青山遗址的考古调查、勘探工作,基本上确认了青山遗址的分布范围、文化性质及分布规律,并根据考古勘探结果进行了深入研究。现确定青山遗址为东周时期大型建筑遗址群,时间上与楚都纪南城接近,属战国中晚期。青山遗址考古勘探试掘成果现已在《长江大学学报》发表。协助江陵县文化广电新闻出版局成功将青山遗址升为全国重点文物保护单位。

洪湖革命历史博物馆张红霞撰写的专业学术论文《浅谈如何做好革命文物的保护利用工作——以洪湖革命文物保护利用为例》发表于《武汉文博》2019年第3期。

### 五、博物馆公共服务

全市博物馆全年接待观众总量为200万余人次。

荆州博物馆实施世行项目,对珍品馆进行综合改造,4月23日起,珍品馆暂停对外开放,开始实施综合改造工程。

江陵县博物馆2019年观众人数12350余人次,其中本地参观者10000余人次,未成年观众2350余人次。湘鄂西革命根据地早期旧址、松鹤堂、镇安寺铁牛、抗战纪念园等文物保护单位实行免费开放,主要开展爱国主义教育、文物民俗展、革命文物宣传,并提供相关文物知识讲解服务。

监利县革命历史博物馆2019年"三馆"共接待参观人数约14万余人次。其中未成年人9万多人次,境外游客500余人次,充分发挥博物馆社会教育职能,提升其影响力和知名度。监利县革命历史博物馆与红安县干部教育学院,市委、县委党校建立长期合作关系,编制完成党校课程"湘鄂西革命斗争史",组织参与了7次红色教育课堂教学和现场教学活动。

松滋市博物馆全年接待党政机关、企事业单位、社会团体以及中小学校、旅游团队参观人数3万余人次。全年累计免费开放240天,举办教育活动32批次、接待观众3万余人次（比上年增加 25%），其中，未成年观众0.48万人次。

石首博物馆2019年共接待观众10.01万人次，其中接待未成年观众3.8万余人次，接待境外观众100余人次。

洪湖革命历史博物馆实施免费开放的博物馆、纪念馆共3家，每周二至周日9:00—17:00为免费开放时间，周一闭馆（国家法定节假日除外）。全年共免费接待观众32.6万人次，其中洪湖革命历史博物馆接待观众8万人次（含未成年人2.8万人次）；洪湖市瞿家湾湘鄂西革命根据地旧址纪念馆接待观众23.6万人次（含未成年人5.4万人次）；路易·艾黎旧居纪念馆接待观众1万人次（含未成年人0.4万人次）。32.6万观众中，本地观众15万人次、境外观众85人次、馆外巡展与活动观众人数约1.5万人次。根据实际情况，联系外语教师对境外观众进行英语讲解。博物馆针对未成年观众的特点，为他们安排符合年龄的教育活动。根据团体观众要求长期组织革命史和党史讲座。博物馆为观众免费鉴定文物10件。陪同文物收藏爱好者参观展览，并针对其感兴趣的文物重点介绍、赏析3次。博物馆多次为高校、科研院所等社会单位提供档案资料查询、专业学习和社会实践等支持和帮助。2019年6月30日，支持东南大学青年"红色筑梦之旅"暑期社会实践团开展"革命常思洪湖水"洪湖红色革命文化的调研与传承活动。

荆州市荆楚非物质文化遗产博物馆全年接待观众4.6万人次，其中本地观众1.7万人次、外地参观者2.9万人次（含境外观众0.32万人次）。服务特殊观众5300余人。服务未成年观众1.2万余人（含中小学生研学旅行7360人）。12月25—29日，为海外华裔青少年"中国寻根之旅"冬令营活动举办汉语学习、国学讲座、古琴艺术讲座、荆楚故事讲座4场。非遗传承人进社区，8—9月以非遗项目"淡水贝雕""雕花剪纸"的项目介绍、艺术特色、技艺方法、重要价值为主题组织讲座3场。8月20日，荆州市荆楚非物质文化遗产博物馆馆长赵玉春为荆州市邮政系统党员开办"守护我们的精神家园——非物质文化遗产的传承与保护"专题讲座。

## 六、智慧博物馆

石首博物馆开设了网站，网站内容涵盖馆内故事、文博动态、文物保护、网上展览、典藏精品、政策法规等，网站内容每周更新一次。馆内提供免费Wi-Fi，设7个无线信号点，在现有的4个展厅和大厅、多媒体报告厅、环廊等公共区域已全面覆盖无线网络信号。

监利县革命历史博物馆2019年充分利用微信公众平台，多方位宣传各类展览信息，方便游客参观。

## 七、博物馆文创产品与开发

荆州博物馆为全省文化创意产品开发试点单位。截至2019年底，累计开发文创产品共计七大类170余种。

荆州市荆楚非物质文化遗产博物馆组织设计团队对传统手工技艺作品进行系列研发，形成了一批具有荆楚特色的文化创意产品。一是以荆楚漆艺为特色，以"荆作·楚生活"为品牌，研发了漆器文房系列、茶食系列、漆器文创产品12个型制；二是为满足研学旅行的需求，制作了"淡水贝雕"12生肖、"雕花剪纸"花卉纹样、"烙画"卡通人物、"传统风筝"项目体验包。

## 八、博物馆建设与管理

荆州博物馆有序推进各项工作。安保工作主要有珍品馆综合改造、开元观安防与展陈项目推进、保安服务公司变更、博物馆日常开放和清馆净场等，安全防区内可谓点多、面广、战线长。为做好安保工作、严格管理，博物馆将文物安全工作职责和任务分解到各部门，通过召开专题安全会议，举办消防培训活动，保证任务到部门，责任落实到个人，圆满完成文物安全年各项工作任务。举行多次消防实战演练,定期使用和维护微型消防车。人才培养方面,公开招聘讲解员2名。9月份支持1名专业技术人员到济南参加中国文物信息咨询中心在山东博物馆举办的全国文博系统专业人员古代钱币鉴定培训班,支持1人赴西北大学攻读在职硕士研究生。全年参加各类业务培训、交流学习20余次。

公安县博物馆新馆建设正在筹备之中。2019年9月,公安县委、县政府加速推进“九馆两场”建设,调整馆址地点为斗湖堤镇大圣村杨林组,计划新博物馆建筑于2020年6月开工建设,2022年开放。组织人员参加全国重点文物保护单位保护管理、2019年全省文物安全管理骨干培训班。引进近现代史专业方向硕士研究生1名。

江陵县博物馆的新馆建设纳入了江陵县委、县政府规划的“三馆一院”项目。该项目总投资8000万元,规划占地面积59.7亩,建筑面积15000平方米,共包含图书馆、文化馆、博物馆、非遗馆、剧院5个建筑类别。目前该项目已完成前期的审批及筹备工作,正在进行设计方案的进一步完善。该馆积极争取江陵县政府支持,追加县级文物保护资金50万元用于采购文物专用标准储藏柜,还进行了文物库房及配套设施维修改造。积极开展文物安防设施建设,分别在库房、文物建筑等处安装监控设备,联网到该馆监控屏,在松鹤堂和红军街安装消防报警及灭火设备,同时为青山遗址巡逻队配备巡逻车1辆,全方位提升技防、物防、人防水平。为保障文物保护设施设备安全、有效运行,多次组织管理人员培训。5月10日,组织人员参加江陵县文化和旅游局联合县消防大队举办的公共文化聚集场所暨文物古建消防知识培训会,并在现场进行了灭火演练。11月19—24日,组织红军街文物管理员到消防培训学校进行为期1周的集中消防上岗培训,巩固消防安全基础知识,提升消防职业管理水平。组织人

员分别赴鹤峰县、监利县学习革命文物保护工作,赴石首市走马岭考察古遗址保护情况,赴荆州博物馆、荆州区博物馆学习馆藏文物管理,不断提高干部职工的业务能力。

松滋市博物馆建设项目纳入松滋市政府续建项目,该馆将根据松滋市委、市政府及主管部门的要求配合做好博物馆新建工作。

洪湖革命历史博物馆2019年6月启动瞿家湾66处民居维护保养工程,2019年10月启动瞿家湾烈士陵园升级改造工程。2019年8月,瞿家湾湘鄂西革命根据地旧址11处修缮工程已通过国家文物局审批立项,现正在对11处革命旧址文物保护工程方案进行编制。同时,抓好内部管理和建章立制,坚持“以人为本、精简高效”原则,在《洪湖革命历史博物馆工作人员管理制度》的基础上,制定了《博物馆免费开放管理办法》《宣教部讲解人员行为规范》《保卫科工作人员工作职责》等制度,加强了内部管理,增强了干部职工的凝聚力和战斗力。5月27—31日,派员参加了由国家文物局主办、福建省文物局承办的2019年革命文物保护利用工程实施研修班。12月2日,派员参加了由中宣部宣传教育局主办,在浙江红船干部学院举办的革命历史类全国爱国主义教育示范基地展陈工作专题培训。12月11—13日,派员参加了湖北省文物局在荆州市举办的2019年全省文物安全管理骨干培训班。

石首博物馆现已制定并执行的管理制度有机关管理制度、安全管理制度、财产管理制度、考勤制度、库房消防安全制度、藏品管理制度、保密制度等,通过不断完善管理制度,提升管理手段,对博物馆全部工作和各项活动有目标地进行计划、组织、实施、检查,使博物馆工作科学化、制度化、规范化、现代化,从而最大限度地提高和发挥博物馆最佳社会效益。

荆州市荆楚非物质文化遗产博物馆总体建设完成,进一步拓展了博物馆展示功能,提

升了接待能力,丰富了游客观光体验的内容,使荆州市荆楚非物质文化遗产博物馆成为江汉平原最具功能特色的非遗主题旅游集散中心。制度建设方面,制定了办公室、安保、工作坊工作职责和制度,并于每周六下午召开工作情况协调会,保障博物馆各项工作的正常运行。安保工作方面,博物馆已安装安防监控系统,监控摄像头12个。新建馆舍都按建筑规范和消防要求装有嵌入式消防箱。每半年进行一次检查,以保障各种设施设备正常运行。人才培养方面,2019年派讲解员胡琪参加湖北省科学技术协会举办的讲解比赛,获得决赛第十名的好成绩;依托各工作坊的大师传授技艺,培养了一批青年技艺传承人,具体项目人有汪子婵(烙画)、王祥素(楚绣)、黄晓玲(磨鹰风筝)、朱悠悠(雕花剪纸)。

### 九、公众评价

江陵县博物馆利用农村公益电影放映服务平台,放映《文物保护在身边》等科教电影,丰富群众业余文化生活;通过电视台、广播电台、村村响进一步增强广大民众的文物保护意识,营造关心、支持文物事业发展和保护文物的浓厚氛围,得到群众好评。注重文物信息宣传工作,通过政府网站、新闻媒体,对国际博物馆日活动、青山遗址成功申报全国文物重点保护单位等文物保护工作进行相关报道。同时开通了江陵县博物馆公众微信号,宣传文物保护工作和文博相关知识,广泛利用电视媒体、互联网等多种方式扩大博物馆的影响力,提高社会关注度。

监利县革命历史博物馆2019年"三馆"全年接待观众14万余人次,全年提供免费讲解服务500余批次,观众对展览接待、参观环境、服务热情等满意率达100%。举办各类活动,报送省、市、县主管部门新闻信息共4条,监利县电视媒体宣传2条,纸媒宣传3条。官方微信公众号共计发送群众接待参观信息2条,举办活动信息3条,点击浏览人数2万人,目前官方微信公众号关注人数约5000人。

荆州市荆楚非物质文化遗产博物馆对外开放以来,展览、环境及各项服务工作都得到观众的一致好评,展示的每个项目内容通俗易懂,形式灵活多样,起到了很好的宣传效果。作为新建的特色博物馆,各项展陈内容尚在不断充实完善中,暂未建立官网及微信公众号。因陈列特色鲜明,2019年省、市各媒体以新闻等形式多次报道了荆州市荆楚非物质文化遗产博物馆的展览、互动体验、社区辅导工作等。

# 荆州博物馆

2019年,荆州博物馆以习近平新时代中国特色社会主义思想为指导,学习贯彻党的十九大和十九届二中、三中、四中全会精神,以荆州市委、市政府决策部署为中心,围绕荆州市文化和旅游局的工作部署,顺利开展各项工作,现将全年工作总结如下:一是综合管理成效显著,安全保卫、制度建设、人事管理得到加强;二是业务工作稳步推进,考古工作收获颇丰,文物保护项目有序实施,陈列水平大幅提升,宣教品牌深受欢迎,古建筑、古民居保护工作开展顺利;三是社会服务水平逐年提升,基础设施条件得到改善,文创产业积极创新。

## 一、博物馆藏品管理

### (一)藏品征集

2019年库房新增文物6件,主要为主动性考古发掘和抢救性考古发掘中出土的文物,包括玉带钩2件、琉璃料珠1件、铜环2件、铜刮刀1件。新增简牍46枚,均为遣册。所搜集文物包括玉器、青铜器、简牍等类别,其年代主要为战国时期。发掘文物出土于荆州周边的秦家山、八岭山古墓群等地,具有较高的文物价值。

### (二)藏品的账目与档案整理情况

馆藏的藏品均有完整的原始资料、齐全的入藏手续、详细的藏品登记、清晰的藏品总账及科学合理的账物相符分类账。藏品入库时严格按照凭证办理好入藏手续,原始资料(或原始记录)等一并接收。均填写入库凭证、鉴定表、藏品卡,登入总账和分类账。总账清晰,账物相符,按总号依序登记。分类账按发掘文物和传世文物分为陶瓷器、铜器、漆木器、丝织品、玉石器、金银器、字画等,分库存放,专人管理。藏品入藏后,进行研究和整理,组织专家鉴定,将鉴定结果记录在编目卡上,建立藏品档案,随时记录藏品变动情况。对入藏的藏品必须区分文物等级,设置藏品档案,建立严格的管理制度,并报主管文物的行政部门备案。对所有藏品进行鉴选、分类、鉴定、分级、编目和建档,做到制度健全、账目清楚、鉴定准确、编目详明、保管妥善、查验方便。

### (三)藏品的保管、修复、保护

现有文物库房总面积达11410平方米(重要文物的库房面积3320平方米),均按质地和保存要求进行分类、分库保存,设置陶瓷器、铜器、漆木器、丝织品、金银器、玉石器、书画等专用库房。所有文物库房均由专人负责

管理,藏品放置做到科学、合理、规范。库房的通风、温湿度、安防、消防等设施完善,具备防火、防盗、防腐蚀、防霉变、防鼠、防虫等功能,确保文物安全。博物馆建立了一整套环境监测系统。对荆州博物馆全部文物库房、展厅和重点展柜的文物保存环境质量进行全面、实时监测。大部分藏品为自然存放状态,分时段进行环境控制,随时观察并用物理、化学方法清除有害粉尘、锈斑、霉变等病害。对珍贵藏品采取科学有效的措施进行环境控制,如为丝织品设置专用库房,专柜存放,地面材质为木地板,墙壁及天花板以矿棉板作间隔,达到隔热、防火、除湿的效果,采用中央空调、恒温恒湿机组及配套设备调节室内温湿度,保持恒温、恒湿状态。2019年保护修复文物数量共计184件,均为三级文物,其中陶器70件,青铜42件,字画72件。

### (四)藏品的数字化工作

"荆州博物馆馆藏纺织品文物数字化保护项目"计划完成102件(套)丝织品文物的数字化保护工作。现已完成颜色采集和染料信息采集,多光谱成像采集,X荧光光谱元素分析,纺织品的组织结构、形制、病害、纹饰等数据采集与绘图,文物图像的高精度拍摄。申报"荆州博物馆出土漆木器数字化保护方案",该项目已通过湖北省文物局审批,拟对馆藏343件珍贵漆木器文物进行数字化保护,打造荆州博物馆漆木器文物数字化保护与利用平台,有效实现文物的数字化保护、管理和利用。

## 二、博物馆陈列展览

### (一)基本陈列

完成青铜器馆、玉器馆展陈提升工作,基本陈列的内容无变化,展品仍以青铜器、玉器、漆器、丝绸、简牍、瓷器等为主,包含基本陈列8个:江汉平原原始文化展、江汉平原楚汉青铜文化展、荆州楚墓暨熊家冢出土玉器展、荆州出土简牍文字展、荆州凤凰山168号

汉墓展、古代漆器精品展、馆藏精品瓷器展、楚汉织绣品展。其中后3个基本陈列因珍品馆进行综合改造而暂时撤展。

（二）临时展览

自办展览4个："皇胄毓秀——明代荆州藩王文物展""漆光溢彩——馆藏楚汉漆器精品展""民生漫画展""'5·18'国际博物馆日展览"。引进展览1个："文化瑰宝 影叙千秋——唐山皮影艺术展"。推出展览6个：湖南省博物馆"根·魂——中华文明物语"、苏州博物馆"大邦之梦——吴越楚玉器·青瓷特展"、唐山博物馆"利兵谁何——湖北荆州出土楚国兵器展"、浙江省博物馆"越王的时代——东周吴越楚文物特展"、镇江博物馆"品物流芳——荆州古代精致生活文物展"、南宁市博物馆"珠联璧合——商周方国玉器联展"。

## 三、博物馆教育

（一）教育项目

1.常设性教育项目

讲解教育、社教活动共1328场次，租用语音导览器约0.55万台，组织开展宣传教育活动38场；完成22个"荆楚瑰宝趣味讲堂"课件的编写、设计、制作，实施互动教学65次。

2.临时性教育项目

博物馆教育课程走进荆州大、中、小学校及幼儿园，深入旅行研学团队，受众学生来自全国各地，受众人数约20万人，深受师生们的喜爱。主要课程：为上海研学团队送"楚国服饰"课程；"博物馆里来寻宝""谦谦君子比德于玉"课程；走进金苹果艺术幼儿园，送去"可爱的陶塑小动物"课程；为锣场艺起学小朋友送去"史前制陶之绝唱——蛋壳薄胎杯"课程；走进湖北省博物馆，为湖北省博物馆游客送去"荆州文物知多少"课程；走进长江大学外国语学院，为师生送去"古朴典雅的荆州博物馆"课程；为《荆州日报》小记者送去"绚

丽多彩的漆木器""龙形玉佩""楚国服饰""楚容晰鉴——楚国精美铜镜"课程；走进马山镇安碑村小学，送去"神秘的玉璧"课程；走进熊家冢遗址博物馆，送去"博大精深的楚文化"课程；"探谜楚简"课程；等等。

3.代表性教育项目

"荆楚瑰宝趣味讲堂"始于2016年，活动主题为弘扬荆楚文化，让公众爱上博物馆。课程内容包括楚国墓葬形制，随葬出土漆木器、青铜器、陶器等方面。

（二）教育活动

1.法定节假日和寒暑假策划实施完成社教活动32场，举办活动38场

法定节假日活动包括"博物馆里闹新春 福禄寿喜送给您"春节系列活动、"坚守传承 保习俗 相伴灯谜度元宵"元宵节活动、"种上爱的树苗"植树节活动、"小小文物爱好者"文物修复活动、"缅怀先烈 学会感恩"清明节主题活动、"相约荆博三月三"上巳节活动、馆校联动"青春心向党 建功新时代"系列活动、"弘扬劳模精神 争当时代先锋"劳动节活动、"青春献礼颂祖国 走进荆博品楚韵"青年节活动、"拓展历史文物知识 提高历史文学素养"中国旅游日活动、"品位荆楚文化 相约马山安碑"国际博物馆日主题活动、"小温暖大能量 关爱特殊人群"全国助残日主题活动、"萌宝做'文物'欢乐庆六一"六一主题活动、"屈子在 楚俗留 迎端午"端午节活动、"保护遗产人人有责 传承文明美美与共"文化和自然遗产日活动、"齐心跟党走 共筑中国梦"建党节主题活动、"我为祖国送祝福"七一庆祝中华人民共和国成立70华诞、重阳节、盲人节等活动。

暑期系列活动包括"汉服志愿者讲解员"社会实践活动、"共叙军民情 同圆中国梦"建军节主题活动、"五角星走进荆州博物馆——我心中的宝藏"主题绘画活动、"经典诗词颂七夕 传统文化显魅力"七夕主题活动。

2.面向不同公众策划实施的特色教育活动

根据年龄层次进行划分,为小朋友们举办六一儿童节活动,为军人举办八一建军节活动,为老年人举办重阳节活动等。

4月19日是全国助残日,联合荆州市残联共同开展了"小温暖大能量 关爱特殊人群"的全国助残日主题活动。

2019年的5月18日是第43个国际博物馆日,主题为"作为文化中枢的博物馆:传统的未来"。同时,结合习近平总书记精准扶贫、精神扶贫、文化扶贫、文化下乡、文物贴近百姓的指示精神,5月17日走进荆州市马山镇安碑村,为当地村民带去了"品位荆楚文化 相约马山安碑"主题活动。

5月19日是中国旅游日,联合长江大学文理学院外语系举办"拓展历史文物知识 提高历史文学素养"博物馆知识竞赛。

6月6日,联合荆州区文化和旅游局、楚王车马阵景区,组织开展"走进文化遗产地"活动。

3.学校教育活动

(1)为学校提供支持和帮助。

馆校联动"青春心向党 建功新时代",联合长江大学外国语学院,进行"青春心向党 建功新时代"系列活动。

在"五四"爱国运动100周年之际,组织开展馆校联动活动之"青春献礼颂祖国 走进荆博品楚韵"主题活动。

(2)接纳在校学生开展社会实践。

联合共青团荆州市委、《江汉商报》举办暑期"汉服志愿者讲解员"社会实践班,自7月16日起至23日开班培训,为在校学生提供社会实践机会。

市文明办组织开展"'迎国庆·办园博·文明伴我行'荆州市文明小使者走进荆州博物馆寻宝之旅"活动。

(三)"互联网+教育"

地方电视台及纸媒,对博物馆新展览、重要考古发现有多次整版宣传报道,包括考古夫妻档专版、文物修复专版、考古中国专版、汉服志愿者专版等。

亚洲卫视、央视、省台等媒体多次赴该馆拍摄文物、做专题报道、进行专家访谈,节目陆续亮相。

网络宣传方面,5月18日当天上传的咪咕视频和综合宣传视频在全国滚动播放,腾讯、搜狐、今日头条推送相关信息,省文化和旅游厅、文博圈、全省社教微信平台发布荆州博物馆活动动态。

"5·18"国际博物馆日活动当天,开展了"细说荆州博物馆 解读文物背后的故事——志愿者带您游荆博"网络同步直播活动。

## 四、博物馆研究

### (一)学术活动

5月,荆州胡家草场墓地M12西汉简牍、龙会河北岸墓地M324楚简两处考古发现入选国家文物局"考古中国"重大项目。专家点评胡家草场简牍"数量多、保存好、种类丰富、价值重大",简牍包含秦汉历史、法律、数术、医药、经济、名物等多种文献,将在很大程度上推动相关领域的研究进展。龙会河北岸墓地M324出土楚简为研究《尚书》类文献传承、西周初年若干史实以及楚国历史大事、政治军事思想等,提供了新的实物资料,具有重要学术价值。`

参加学术研讨会7项,提交论文8篇。参加徐州博物馆"汉代玺印封泥学术研讨会",提交论文《沅水下游楚墓出土玺印文字补释》;参加清华大学"出土文献的新发现"研习班,作"纪南城周边出土的楚简"学术报告;参加山东省文物考古研究院"苏鲁豫皖地区商周考古学研讨会",交流论文《宜城跑马堤出土铜鼎铭文及相关问题研究》;参加吉林大学"出土文献与古文字青年论坛",交流论文《出土古文字资料与楚王族墓向探析》;参加中国人民大学"考古发现与古代文明研究论坛",作"荆州胡家草场 M12 考古发现与出土简牍整理"学术报告;参加"湘鄂豫皖楚文化研究会第十六次年会",交流论文《再论寿县李三孤堆楚王墓的椁室形制》《论细地纹铜镜》《从楚国青铜兵器看楚文化的传播》。

### (二)学术成果

#### 1.承担课题

(1)文物保护修缮考古项目。

湖北省荆州城墙 11 号马面考古发掘与文物保护[考执字〔2019〕第(577)号]。

(2)主动性考古项目。

湖北省荆州市熊家冢祔冢殉葬墓地考古发掘与文物保护[考执字〔2019〕第(237)号]。

湖北省荆州市郢城遗址三号台基考古发掘[考执字〔2019〕第(236)号]。

(3)实验室考古项目。

胡家草场西汉墓 M12 出土竹木简牍实验室考古与文物保护[考执字〔2018〕第(858)号]。

龙会河北岸墓地 M324 出土楚简实验室考古与文物保护[考执字〔2018〕第(421)号]。

#### 2.出版成果

发表考古简报(报告)5 篇:《万州陈家嘴墓地 2003 年度发掘简报》(《重庆库区考古报告集·2003 卷》)、《湖北荆州高台古井群2012 年考古发掘简报》[《西部考古(第 16辑)》]、《荆州七星堰墓地 JSQM57 发掘简报》[《荆楚文物(第 4 辑)》]、《荆州三红双土地墓地发掘简报》[《荆楚文物(第 4 辑)》]、《荆州王氏堰墓地 138 号、256 号汉墓发掘简报》[《荆楚文物(第 4 辑)》]。

#### 3.发表或交流论文

发表考古学研究论文、古文字学研究论文、简牍学研究论文 8 篇:《出土楚简视野下的战国楚墓考古研究》[《湖南省博物馆馆刊(第 15 辑)》]、《西安南郊秦墓出土铜印文字》[《印学研究(第 14 辑)》]、《纪南城周边出土的楚王族铜器铭文》(《商周青铜器与先秦史研究论丛》)、《荆州枣林铺楚墓出土卜筮祭祷简》[《简帛(第十九辑)》]、《利兵谁何——精

良的楚国兵器》(《大众考古》2019 年第 9期)、《明辽藩益阳辅国将军复斋及其夫人墓志考释》《略论荆州出土楚镜与秦镜》《金文札记七则》[《荆楚文物(第 4 辑)》]。

参加国际、国内学术研讨会并提交论文8 篇。

## 五、博物馆公共服务

### (一)观众服务

#### 1.观众人数

全年接待观众总量为 67.2 万人次,本地参观者 28 万人次,外地参观者 38.3 万人次,境外参观者 0.9 万人次。

#### 2.特殊观众

全年接待特殊观众 5300 余人次。

#### 3.未成年观众

全年接待未成年观众 20 余万人次。

### (二)社会服务

#### 1.举办讲座

"5·18"国际博物馆日活动期间,馆长王明钦为博物馆志愿者们作"荆州文化资源和考古新发现"专题讲座。

7 月 23 日上午,宣教部李红主任针对志愿者团队开展博物馆综合知识培训。

7 月 25 日上午,应荆州市委宣传部文明办邀请,馆党委副书记、副馆长祁慧来到纪南生态文化旅游新区,为荆州博物馆汉服志愿者团队以及 200 多名来自荆州区、沙市区、开发区、江陵县、公安县的文明小使者,作"荆州文物之最"专题演讲。

5 月 27 日下午举办"博物馆进校园——馆长讲堂"活动,馆长王明钦在荆州中学学术报告厅作"荆州文物资源和考古新发现"专题讲座。

#### 2.为高校、科研院所等社会单位提供服务

多次为北京大学、中国科技大学、武汉大学等高校提供专业学习和社会实践等支持帮助。

（三）观众调查

向观众发放 AAAA 级景区调查问卷 500 份和观众满意度调查问卷 1000 份,并针对存在的问题及时进行整改。

## 六、智慧博物馆

全年安排影像记录工作项目数十个。数字化(测量、航拍、航测)考古工作如下:完成本馆及其他单位 20 余个项目,所发明的专利技术与文保中心的 2 项专利获 2019 年度湖北省科技进步二等奖;网站全年运行良好,确保信息安全;完成了"数字化展览馆"的框架设计及方案编制;完成了网络办公系统试运行。

## 七、博物馆文创产品与开发

荆州博物馆文创产品开发有"楚韵——有凤来仪"楚绣系列女士用品、真丝织锦楚凤系列挂轴、楚凤纹手账本、楚凤纹帆布袋。"楚韵——有凤来仪"楚绣系列产品荣获"2019 中国特色旅游商品大赛"银奖。

## 八、博物馆建设与管理

### （一）发展规划与建设

全年按照发展规划,大力改善基础设施条件。自筹大量经费,完成花房改造,增添了展厅风帘机等设施和办公设备。继续开展"厕所革命",完成临展和游客中心的厕所改造,改善了园区环境,优化了观众的游览体验,初步完成了官方网站的改版升级。熊家冢国家考古遗址公园通过国家文物局年度评审。

### （二）制度建设

加强党风廉政建设。配齐纪委班子,加强对重点项目、重点部门、重点岗位的监督检查。进一步落实"两个责任""一岗双责",各部门梳理风险防控点、制定防控措施,加强制度建设,制定完善公车改革配套制度,规范馆内财务管理,加强财经工作管理。

### （三）安全管理

2019 年是一个平安年,在各个法定节假日期间,没有发生任何安全事故。

#### 1.安全设施设备

巩固和提升安全消防系统是安保工作的重点。根据珍品馆项目改造和开元观安防项目的实施现状,提前做好准备,及早谋划,与安防公司长期保持密切联系,抓住机遇,因势利导,拆除了珍品馆安全消防报警设施和消防广播,重新建立了保管楼和考古楼片区的传输报警系统,更换了报警主板和 30 千瓦 UPS 电源。通过检修、维护、安装、调试等,全力保证了珍品馆改造期间现有安全消防系统的正常运行。

#### 2.安全运行

组织开展了形式多样的消防安全知识教育活动,制作消防宣传栏,悬挂消防宣传标语,邀请市安全防火宣传中心教官给职工进行消防知识讲座,就如何逃生、自救、扑灭初起火灾及灭火器的使用方法等进行详细讲解,让全体职工掌握消防器材的正确使用方法和灭火技巧,全面提高广大职工的消防安全意识和防火灭火实操能力,会使用消防灭火器、会自救逃生的普及率达 100%,进一步推动了消防安全宣传教育工作。

制订完善消防安全紧急疏散预案。为了使火险隐患能够在第一时间得到有效控制,并保证员工临危不乱、科学避险,减少盲目慌乱和踩踏事故的发生,适时开展事故演练,有效疏导游客迅速撤离危险地带,特别是让新来的员工掌握消防常识和逃生路线,一旦发生意外能确保游客人身安全。

组织微型消防站队员开展岗位练兵活动,及时更新、更换消防器材。利用到期的灭火器举行多次消防实战演练,定期对微型消防车进行维护,使参加演练的人员都能熟练掌握灭火器的正确使用方法,熟练掌握消防车的操作方法,通过操练较好地检验了队员的心理素质和业务技能,应急能力得到提升。

（四）人才培养

公开招聘讲解员1名。1人于9月到济南参加中国文物信息咨询中心在山东博物馆举办的全国文博系统专业人员古代钱币鉴定培训班，全年参加各类业务培训、交流学习20余次。

## 九、公众评价

### （一）观众满意度

根据问卷调查结果统计，观众满意度为92％。

### （二）社会关注度

荆州电视台、荆州新闻网、《荆州日报》、《荆州晚报》等本地新闻媒体全年跟踪报道荆州博物馆的宣教活动、陈列展览、考古发掘情况等20余次。湖北省多家新闻媒体高度关注荆州博物馆，赢得了社会公众的普遍关注和好评。

（撰稿人：罗廷）

# 大 事 记

## 1月

1月17日，荆州博物馆祁慧同志任党委副书记、副馆长。

1月18—20日，荆州博物馆与湖北省博物馆联合举办湖北省考古交流会。

1月28日，荆州博物馆开展"博物馆里来寻宝"亲子冬令营活动之"荆博文物知多少"。

1月29日，荆州博物馆召开全馆干部职工大会、述职测评和总结表彰大会。

## 2月

2月1日，李亮同志任荆州博物馆纪委书记。

2月8日，荆州博物馆开展"博物馆里闹新春 福禄寿喜送给您"新春系列活动。

2月15日，荆州博物馆开展"博物馆里来寻宝"亲子冬令营活动。

2月20日，荆州博物馆开展"坚守传承保习俗 相伴灯谜度元宵"传统节日活动。

## 3月

3月12日，荆州博物馆携手金宝贝艺术幼儿园开展"种上爱的树苗"植树节活动。

3月14日，荆州博物馆开展"'小脚丫的旅行'——走进金苹果艺术幼儿园"宣教活动。

3月28日，荆州博物馆开展"小小文物爱好者走进荆州博物馆"活动。

## 4月

4月2日，荆州博物馆开展"缅怀先烈 学会感恩"清明主题教育活动；荆州博物馆迎来"小小志愿者"。

4月17日，湖北省文化和旅游厅副厅长黎朝斌来荆州博物馆检查安全工作。

4月19日，荆州博物馆与湖北省博物馆携手开展社教活动。

4月23日，荆州博物馆珍品馆即日起进行闭馆改造。

4月29日，荆州博物馆与长江大学联合

开展系列宣传教育活动。

## 5 月

5 月 1 日,荆州博物馆开展"五一国际劳动节"宣传活动。

5 月 8 日,熊家冢遗址博物馆举办 2019 年考古发掘开工仪式。

5 月 15 日,全国政协常委、提案委员会副主任戚建国一行参观荆州博物馆。

5 月 17 日,荆州博物馆赴扶贫点马山镇安碑村开展"5·18"国际博物馆日系列活动及扶贫慰问活动。

5 月 20 日,荆州博物馆举办"全国助残日"活动,举办"5·18"国际博物馆日亲子活动,联合长江大学文理学院外语系举行文物知识竞赛。

5 月 28 日,荆州博物馆组织开展"荆楚瑰宝·趣味讲堂"之"青铜镜"。

## 6 月

6 月 10 日,荆州博物馆举办"中国文化和自然遗产日"系列活动。

6 月 15 日,荆州市副市长唐炜出席中国玉文化研究会授牌仪式并接牌,荆州博物馆成为"中国玉文化研究会荆州交流基地"。

6 月 29 日,荆州博物馆举办庆祝中国共产党建党 98 周年主题活动,组织"博物馆进校园——馆长讲堂"活动。

## 7 月

7 月 2 日,荆州博物馆接待中国文化遗产研究院党委书记解冰一行考察荆州文化遗产。

7 月 11 日,荆州博物馆接待国家文物局博物馆司副司长金瑞国考察调研纪南城、文物保护中心等。

7 月 17 日,荆州博物馆 2019 年暑期"汉服志愿者讲解员"社会实践开班。

7 月 23 日,荆州博物馆对暑期"汉服志愿者讲解员"社会实践班作文物知识、讲解礼仪讲座。

7 月 31 日,荆州博物馆负责实施的中山舰博物馆馆藏枪械文物保护修复在武汉通过结项验收。

## 8 月

8 月 2 日,荆州博物馆举办"八一"建军节主题活动;举办"我心中的宝藏"主题绘画活动。

8 月 8 日,荆州博物馆馆藏简牍、青铜器、字画、漆木器和丝织品项目通过结项验收。

8 月 20 日,荆州博物馆在唐山博物馆开展"利兵谁何——荆州出土楚国兵器展"揭展仪式及相关教育活动;举办"七夕"主题活动。

8 月 23 日,荆州博物馆馆藏简牍保护修复方案(三)在北京通过国家文物局重点项目评审。

8 月 29 日,暑期"汉服志愿者讲解员"总结表彰会在荆州博物馆举行。

## 9 月

9 月 13 日,荆州博物馆举办"我们的节日"系列主题活动。

## 10 月

10 月 2 日,荆州博物馆举办"我为祖国送祝福——热烈庆祝新中国成立七十华诞"活动。

10 月 9 日,荆州博物馆举办重阳节主题活动。

10 月 16 日,荆州博物馆举办 2019 年国际盲人节主题活动。

## 11 月

11 月 18 日,荆州博物馆参加长江大学"阳光文化节";《荆州日报》小记者参加"荆楚瑰宝趣味讲堂"。

11月22—24日,荆州博物馆与湖北省博物馆联合举办湘鄂豫皖楚文化研究会第十六次年会。

11月25日,"文化瑰宝 影叙千秋——唐山皮影艺术展"走进荆州博物馆。

## 12月

12月6日,荆州博物馆赴军事博物馆参加中国文物保护学会主办的馆藏文物小微环境研讨会。

12月23日,荆州博物馆举办2019冬季运动会。

# 荣誉集锦

2019年12月,荆州博物馆出土饱水简牍保护修复关键技术研究及应用,获湖北省人民政府颁发的科学技术奖励证书。

2019年5月,荆州博物馆宣教部获湖北省文博系统"十佳社教团队"荣誉称号。

2019年6月,荆州博物馆讲解员雷双慧参加"湖北省第十二届导游大赛",获湖北省"优秀导游"称号。

2019年7月,荆州博物馆讲解员曹寰蓓获"荆州市红色故事宣讲大赛"三等奖。

2019年9月,荆州博物馆志愿者讲解员陈逸翔获2019年湖北省文博系统"小小讲解员"讲解大赛三等奖。

2019年11月,荆州博物馆考古所刘建业获荆州市委人才工作领导小组"荆州市突出贡献人才"称号。

# 荆 门

## 荆门市博物馆

荆门市博物馆成立于 1984 年 2 月,于 1993 年 11 月正式对外开放,主管单位为荆门市文化和旅游局。现有馆舍面积 20 亩(1 亩≈666.7 平方米),建有"陈列楼""珍宝馆""中心文物库房"三栋仿古建筑,建筑面积 8409 平方米,展览面积 3500 平方米。常设三个基本陈列:"包山楚墓出土文物陈列""精品文物展览""战国女尸及郭店楚简展览"。系统收藏中国古代、近现代、当代珍贵文物,文物藏品总数 6 万余件。

2019 年荆门市博物馆围绕中心工作,促进公共文化服务、文物保护、科学研究、市博物馆新馆建设等各项工作稳步推进。举办了 5 个临时展览,开展了"博物馆进校园、进社区、进乡村、进军营、进企业"五进活动,丰富的社教活动获《人民日报》宣传报道。

### 一、博物馆藏品管理

1.藏品账目

藏品总数 62137 件(套),珍贵文物总数 1061 件(套),其中一级文物 76 件(套),二级文物 126 件(套),三级文物 859 件(套)。

2.藏品的保管修复与保护

编写了"荆门市博物馆馆藏书画保护修复方案""荆门市博物馆文物预防性保护方案"以及"荆门市博物馆郭店楚简数字化保护方案"等 3 个文物保护修复方案。

开展了 4 个文物保护修复项目,其中陶质文物保护项目的经费达 91 万元,修复陶质文物 210 件。馆藏一级青铜器修复项目于 7 月 12 日启动,共 10 件一级文物,经费 29 万元。馆藏漆木器和左冢出土漆木器正在荆州文物保护中心实施保护。

### 二、博物馆陈列展览

(一)基本陈列

荆门市博物馆常设展览 3 个,分别为"包山楚墓出土文物陈列""精品文物展览""战国女尸及郭店楚简展览"。

"包山楚墓出土文物陈列"专题陈列展示了 2000 多年前楚国贵族使用的礼器及日常生活用器,多角度反映了楚文化的优秀成果和精神风貌,其中有先秦漆画之最《迎宾出行图》、中国最早的"折叠床"、先秦最精致的"龙凤彩棺"以及装饰精美的礼器"错金银铜镈"等,这些都是荆门楚文化的杰出代表。

"精品文物展览"展出了荆门地区不同时

期的文物精品,反映了荆门各个时期的鲜明特征。

"战国女尸及郭店楚简展览"展示的郭家岗战国女尸是目前我国保存最好的湿尸,墓葬出土的丝绸则是楚国的又一"丝绸宝库"。展示的郭店楚简是迄今我国一次性出土数量最多、保存最好、内容最丰富的一批楚简,其内容大都为先秦佚籍,它的出土改写了中国古代思想史,具有极高的研究价值。简上字体典雅,堪称古代书法艺术精品。

### (二)临时展览

荆门市博物馆 2019 年全年共举办 5 个临时展览。

#### 1. 馆内展览

"石情画意——荆门市精品奇石收藏展",展出时间:2019 年 1 月 10 日—3 月 27 日。此次展览由荆门市博物馆、荆门市档案馆和荆门市收藏家协会联合筹办,参展种类有象形石、画面石、纹理石、矿物晶体、荆门红玉等多个品种,共 100 多方(件),向市民展示了荆门市奇石收藏的成果,彰显了大自然的鬼斧神工和天然奇石的无限魅力。

"一步跨千年——凉山彝族奴隶社会意识形态展",展出时间:2019 年 4 月 3 日—6 月 3 日。展览展示了 90 余件珍贵彝族文物,可供参观者了解凉山彝族奴隶社会的家支制度,以及他们森严的等级制度等。通过展览,能欣赏许多珍贵的彝族文物和用具、极具特色的民族服饰,如色彩艳丽的衣服,全套的银挂饰、皮铠甲等,以及各种各样的漆制生活用器,如鹰爪杯、漆碗等,还有一些特色乐器、工具等。

"闻烟拾萃——湖北省文物交流信息中心藏鼻烟壶展",展出时间:2019 年 6 月 6 日—8 月 20 日。此次展览展出的 190 余件鼻烟壶,都是收藏精品,有料器、陶瓷、玉石等多种材质,料器多出自博山,瓷器多出自景德镇,造型变化多端,纹饰题材丰富,除了人物、动物、植物等,更有地理、历史、政治等内容绘

于其中,集中反映了当时的时尚审美观、最高工艺水平及社会经济发展状况。

"多彩瑶族——瑶族风情展",展出时间:2019 年 9 月 6 日—11 月 5 日。展览共分"源流迁徙""社会经济""文化艺术""民俗信仰"四部分,展现瑶族源远流长的发展历史以及绚丽多彩的民族文化。

#### 2. 馆外展览

荆门市博物馆自主设计制作的"世界最早的原装书——郭店楚简特展"在山东泰安博物馆、四川凉山彝族奴隶社会博物馆展出。该展览多视角揭示了郭店楚简的文化内涵,让它从学术高台走向平常人间,让郭店楚简里的文化意蕴深入我们的生活。同时也完整地展示了战国中晚期楚国贵族生前的生活品质、个人修行及楚国葬俗等。将楚国贵族生活与精神面貌,楚文化及中华文化的异彩纷呈与博大精深等在展览中一一呈现。

## 三、博物馆教育

### (一)教育项目

#### 1. 常设性教育项目

"我们的节日"。围绕春节、元宵节、清明节、端午节、七夕节、中秋节、重阳节等重要传统节日,组织未成年人到博物馆参与手工制作、讲座等节日文化活动,大力传播和弘扬中华优秀传统文化,培养爱国主义教育精神。

"新学子走进荆门历史"。9 月初邀请学子陆续走进博物馆,同时,荆门市博物馆还将把流动展览送进荆楚理工学院并开展楚文化知识讲座。

荆楚文物小课堂。利用知识讲座,讲述藏品故事,讲解历史知识。

小小讲解员。公开招募 20 名"小小讲解员",以讲解和特色志愿活动为重点,通过培训、选拔的方式,为孩子们提供展示自我、提升自我的平台。

"5·18"国际博物馆日庆祝活动。开展"霓裳羽衣·中国古代服饰文化"汉服展示活

动,通过"中国古代服饰文化"讲座、"重回汉唐"、"礼仪之邦"、"妙笔生花"和游戏互动五个环节,让大家了解服饰的起源、历史和种类,了解我们的祖先凭借智慧创造的绚丽多彩的服饰文化,让国人认识中华传统文化的重要性。

收藏品交流会。春季、秋季各开展一次收藏品交流活动,现场百余名收藏家带来藏品供大家欣赏和交流。

### 2.临时性教育项目

亲子体验。配合临展"多彩瑶族——瑶族风情展",开展"庆国庆,赏瑶族风情"布艺手工活动。参与者通过手工制作拼贴画,了解瑶族的地理环境、生活方式,体会中国少数民族的传统文化特色。

### 3.代表性教育项目

"博物馆走进乡村学校"活动,共走进4所乡村小学,为学生们带去了"荆门市精品文物展"和"荆门市古民居摄影展"流动展览,举办了"中国古代陶器与瓷器"知识讲座、"创意脸谱"手工绘画等活动,引导学生参与活动,激发他们了解历史文化知识的兴趣,让乡镇的孩子们在校园内就能欣赏到荆门市博物馆馆藏的精美文物。

### (二)教育活动

### 1.节假日和寒暑假策划实施的活动

春节开展"石情画意迎新春"DIY 亲子活动和"迎新春,猜灯谜"活动,招募 30 组家庭参观奇石精品收藏展,开展 DIY 手工制作活动,以石作画,培养参与者的审美情趣,增进其对大自然的热爱。

清明节,围绕"缅怀先烈、纪念先贤、祭奠先人"这一主题,走进学校开展"听风听雨过清明·盏盏河灯情"手工制作河灯活动。开展"蒙惠课堂"讲座,让大家在了解清明节的由来和习俗后,手工制作河灯,寄托对亲人的思念和自己的美好愿望。

端午节,开展"赛龙舟,敲锣鼓,端午习俗传千古"活动。邀请象山幼儿园的孩子们到博物馆开展端午节主题活动。通过追溯端午节的由来,让孩子们了解端午悬挂艾草、配香囊、赛龙舟、吃咸蛋、吃粽子等各地不尽相同的习俗,并制作拼接乐高巨型龙舟和粽子,进行"微型龙舟赛",增进孩子们对中华民族传统节日习俗的了解,让孩子们感受传统节日的文化内涵,为孩子们营造更良好的爱国主义教育氛围。

文化和自然遗产日开展知识讲座、文物法规宣传活动,进行文物保护知识和历史文化知识的宣传。

中秋节,开展以"中秋诵月·手绘团扇"为主题的社会教育活动,为大家讲解中秋节的来历、发展以及习俗等相关的历史故事,让参加活动的孩子们充分发挥想象力,在扇面上绘制自己眼中的中秋节景象,现场一片欢声笑语。此次中秋节活动还包括"诗情·寄乡思"活动。参与者在明信片上写下自己想说的话,并盖上"荆门市博物馆"纪念印章,送至其所思念的亲人之处,尽享团圆之美。

国庆节,开展了以"庆国庆,赏瑶族风情"为主题的布艺手工活动。参加活动的孩子们利用具有民族特色的布艺包、剪刀、糨糊、彩笔、卡纸等材料,根据自己对瑶族饰品上的花纹、颜色的理解,从布上剪下自己认为最美的图案,拼接、粘贴在画纸上。作品完成后,签上自己的名字,将作品装裱在相框里。

暑期开展"翰墨飘香竹上芳华——探寻古文字的奥秘"暑期夏令营活动,带领孩子们认识 2300 多年前楚人的书法作品,通过对郭店楚简上文字的仔细观察,找出文字形状的风格特点并进行归纳总结,让孩子们了解战国时期盛行的"鸟虫文字"和楚人崇凤的习俗对当时楚国文字的影响。由老师亲自指导孩子们在竹简上临摹、书写文字,让孩子们在练习的过程中感受楚简文字一字多变的书写方式,以及用圆点和小三角形来点缀笔画的书写效果,动手与用脑相结合,让孩子们感受楚人书法清秀浪漫、灵动飘逸的独特风格。

2.面向不同公众策划实施的特色教育活动

"博物馆进乡村"活动。利用一年一度的纪山庙会,将展览、文物法规知识送入纪山村。走进栗溪镇、子陵镇开展荆楚"红色文艺轻骑兵"下基层活动。走进仙居乡柴黄村开展"博物馆走进乡村,关爱留守儿童"活动。

"博物馆进社区"活动。深入社区单位,宣传荆门历史文化。分别到金虾河社区、碧桂园社区、七一桥社区等6个社区,将"荆门市精品文物展"和"荆门市古民居摄影展"流动展览展出,发放宣传册和郭店楚简书签,加大宣传力度。让文物走近群众,让群众了解本地历史与文化渊源,让藏在"深闺"里的文物资源"活"起来。

未成年人活动。发挥爱国主义教育基地作用,加强未成年人思想道德建设,开展首届"如果文物会说话·我是小小讲解员"的招募培训考核上岗活动。在"六一"儿童节开展"古陶艺术之旅"——市博物馆庆"六一"陶艺体验活动,带领孩子们参观博物馆陈列展览,让其了解展厅内的陶瓷器,听关于陶器制作的知识讲座,现场动手制作陶艺。

3.学校教育活动

(1)发挥爱国主义教育基地和国防教育基地作用,为学校提供爱国主义教育场所,接待象山小学、龙泉北校等不同学校的学生团体92批次。

(2)2019年共接纳2名在校大学生在博物馆开展社会实践,让其参与文物保护与修复、宣传教育工作。

## 四、博物馆研究

### (一)学术活动

2019年1月18日参加"2018年湖北考古业务成果交流会"。2019年3月29日,汤学锋、宋长城、赵永华、黄文进赴北京参加了由中国考古学会、中国文物报社联合举办的"2018年度全国十大考古发现"终评会。

2019年12月20日参加湖北省博物馆协会2019年理事会暨学术研讨会。

### (二)学术成果

1.出版成果

出版书籍2本,由湖北美术出版社出版了《一叶千年》《荆门市博物馆馆藏青铜器保护修复报告》。

2.发表或交流论文

2019年发表论文情况:湖北省博物馆协会论文6篇,获得二等奖2篇。在《湖北考古报告集(二)》发表论文5篇,在《考古》发表论文2篇,在《江汉考古》发表论文1篇,在《社会科学》发表论文1篇,在《科学与技术》发表论文1篇,在《美术文献》发表论文1篇,在《江西化工》发表论文1篇,在《内江科技》发表论文2篇,在《卷宗》发表论文2篇。

## 五、博物馆公共服务

### (一)观众服务

1.观众人数

2019年全年接待参观人数25万余人次(社会教育活动约14万人次、日常参观约11万人次),其中未成年人9万人次,外籍人士0.4万人次。接待来自新华社、中国书法家协会、西藏博物馆、象山小学等参观团体130批次,世界滑翔伞飞翔冠军、韩国浦项市市长一行等参观2批次。

2.特殊观众服务

5月24日,荆门市博物馆带着"荆门市精品文物展""荆门市古民居摄影展"和"创意脸谱"手工制作活动走进荆门市特殊教育学校,给孩子们讲解荆门地方历史,让他们了解中国非物质文化遗产——脸谱。荆门市博物馆还赠送孩子们篮球和足球为他们参加"中华人民共和国第十届残疾人运动会暨第七届特殊奥林匹克运动会"比赛助力。

7月26日,为了丰富乡村留守儿童的暑期生活,荆门市博物馆联手东宝区"希望家园"志愿者走进仙居乡柴黄村,共同关注、关爱乡村留守儿童的暑期生活。

荆门市博物馆和荆门市残疾人联合会组织全市近 200 名残疾人参观博物馆，帮助他们了解荆门地方历史，丰富他们的精神生活。

### 3. 未成年观众服务

利用元宵节、端午节、中秋节、"六一"儿童节等节日，将未成年人请进博物馆，开展猜灯谜、手工制作、手工体验等活动，让他们了解中国传统习俗和文化。开展暑期夏令营活动，将孩子们请进博物馆，带领他们参观博物馆，体验竹简制作，亲身感受历史文化。

注重馆校的互动。为使博物馆的宣传教育内容与学生的学习紧密联系起来，使之更加地贴近青少年学生，荆门市博物馆与大中小学、幼儿园等教育机构建立了良好的合作机制，深入学校，大力开展"博物馆进校园"系列活动。了解未成年人的思想、学习和生活，为他们带去博物馆展览，丰富他们的精神生活。

### （二）社会服务

#### 1. 举办讲座

举办"中国古代陶器与瓷器"讲座 1 次、"中国古代漆器技法欣赏"讲座 1 次、"极简中华文字四千年"讲座 1 次。

#### 2. 文物鉴定与鉴赏

举办收藏品交流会，邀请专家免费为现场藏友带来的藏品进行鉴赏与评定，同时，专家还为藏友们讲授专业知识和客观的鉴别依据，并现场解答观众的疑问。

#### 3. 为高校、科研院所等社会单位提供服务

2019 年，为荆楚理工学院学生社会服务、实践提供学习、锻炼的场所。对 10 名学生志愿者开展了讲解、礼仪培训，并组织志愿者参加社会教育活动，在"5·18"国际博物馆日、文化和自然遗产日等节日，为观众进行免费讲解。

## 六、智慧博物馆

### （一）智慧博物馆建设

2019 年，对荆门市博物馆网站（http://

www.jmmuseum.com/）进行了重新设计和调整，并及时更新网站信息。同时，与移动公司签订了"无线宽带信息网合作协议"，对所有展览区域进行了 Wi-Fi 全覆盖。

与中国知网合作建立郭店楚简数据库，整合郭店楚简相关研究数据。

### （二）智慧博物馆运行

完成入库藏品的数据采集、拍照与数字化登录工作，录入的藏品数据资料涵盖了藏品名称、年代、类别、质地、计件、尺寸、质量、完残程度、保持状态、文物图片等多项信息。

## 七、博物馆文创产品开发

分别设计了具有郭店楚简和《迎宾出行图》元素的文创产品镇尺、书签并投入生产。

## 八、博物馆建设与管理

### （一）发展规划与建设

荆门市博物馆新馆室内外公共部分装修工作有序推进，基本完成了水、电等设备的安装，确定了室内外装饰方案并开始施工。组织召开严仓车马坑展陈及保护专家咨询会，计划在新馆择址另行建设严仓车马坑专题展陈保护室。

### （二）制度建设

修改完善一系列规章制度：组织管理方面，有《荆门市博物馆会议制度》《荆门市博物馆工作考勤制度》《荆门市博物馆公物管理制度》《荆门市博物馆档案管理制度》等一系列规章制度；财务方面，有《荆门市博物馆财务管理办法》《荆门市博物馆免费开放专项资金管理办法》等一系列规章制度；安全保卫方面，有《荆门市博物馆馆藏文物安全防范紧急预案》《荆门市博物馆游客参观期间安全预案》，修改了《安全保卫工作制度》《消防演习制度》等一系列规章制度；社教、开放方面，完善了《免费开放管理制度》《讲解员工作制度》《免费开放接待文明用语》等一系列规章制度；文物保管、修复方面，修订了《文物库房管理制

度》《修复处理室工作制度》《保管人员工作职责》《非库房人员入库制度》等一系列制度。

### （三）安全管理

荆门市博物馆作为一级风险防范单位，多年以来将文物安全工作列为工作重点，采取各种措施强化安全工作。一是坚持每月例会制和领导值周制，强化人员管理；二是每天查岗查哨，严格防范管理；三是定期维护设备，防范发生火灾；四是签订目标责任书，责任落实到人；五是开展消防安全知识培训，增强职工消防安全意识，有效完善博物馆安全防范体制；六是进行安防、消防演练各1次，锻炼队伍、提高技能。

### （四）人才培养

2019年6月，为加强文物科技保护人员队伍建设，荆门市博物馆全秦毅同志赴湖北省文物交流信息中心学习陶瓷器保护修复技术，为期3个月。2019年11月，选派干部职工参加2019年湖北省文博系统社会教育工作培训，提升干部职工的专业技能和专业水平。

## 九、公众评价

### （一）观众满意度

在展厅设置观众意见建议簿，共收到千余条意见与建议。观众对博物馆展览、展陈环境与服务均表示满意，建议增加视频讲解、电子导游等服务，并希望加快博物馆新馆建设进程。

### （二）社会关注度

《荆门晚报》发表有关荆门市博物馆宣传稿件共25篇，清明节开展的活动被《人民日报》宣传报道。

（撰稿人：郑姗姗）

# 条　目

**【"石情画意——荆门市精品奇石收藏展"开展】** 1月10日，"石情画意——荆门市精品奇石收藏展"在荆门市博物馆开展。此次展览由荆门市博物馆、荆门市档案馆和荆门市收藏家协会联合筹办，参展种类有象形石、画面石、纹理石、矿物晶体、荆门红玉等多个品种，共100多方（件），向市民展示了荆门市奇石收藏的成果，彰显了大自然的鬼斧神工和天然奇石的无限魅力。

**【荆门市博物馆冬令营活动】** 新春佳节来临之际，荆门市博物馆邀请30位小朋友在家长的陪伴下来到博物馆，开展"石情画意迎新春"绘画活动，丰富孩子们的寒假文化生活。

荆门市博物馆特邀荆门市收藏家协会奇石专委会主任徐巍前来解答，并现场讲述奇石故事，科普石头类别，让孩子们感受奇石魅力、了解中国传统赏石文化。参观完奇石收藏展，市博物馆工作人员给每位小朋友分发了两块石头，孩子们根据石头的天然外形、表面纹理展开联想，进行构思创作。最终，绘画作品《愤怒的小鸟》《剪影》和《璀璨的星空》分别获得一、二、三等奖。

**【荆门市博物馆走进纪山村】** 3月25日，农历二月十九，纪山庙会日，荆门市博物馆开展"荆门市博物馆走进纪山村"系列宣传活动，在活动现场摆放"文物法律法规"和"文化遗产保护"宣传展板,设置文物法律法规咨询台,并现场发放"习近平总书记关于'让文物活起来'的重要指示"和"文物法律法规"宣传单。此次文博宣传活动受到广大市民一致好评,增强了民众的文物保护法制意识。

**【"一步跨千年——凉山彝族奴隶社会意识形态展"在荆门市博物馆临展厅开展】** 4月3日,来自四川凉山彝族奴隶社会博物馆的"一步跨千年——凉山彝族奴隶社会意识形态展"在荆门市博物馆临展厅开展,为期2个月。

凉山彝族有几千年的深厚历史文化底蕴,是一个非常有特色的民族,有着许多特别的风俗民情。展览展示了90余件珍贵彝族文物,可帮助观众了解凉山彝族奴隶社会的家支制度及其森严的等级制度等。通过展览,观众欣赏到许多珍贵的彝族文物和用具、极具特色的民族服饰,如色彩艳丽的衣服,全套的银挂饰、皮铠甲等,以及各种各样的漆制生活用器,如鹰爪杯、漆碗等,还有一些特色乐器、工具等。

**【"听风听雨过清明·盏盏河灯情"手工制作活动】** 清明节前夕,荆门市博物馆带着"蒙惠课堂"走进牌楼镇中心小学,为在校535名学生开展"听风听雨过清明·盏盏河灯情"手工制作活动。

"在清明节,人们都会以一定的方式来表达对故人的思念。最普遍的方式就是扫墓,但是很多人都不知道的是,其实清明节放河灯也是一种表达对故人思念的方式,放河灯也是我们的优秀传统文化。"社教老师以PPT的形式,让大家在了解清明节的由来和习俗后,直接进入手工制作河灯环节,五颜六色的纸张在手,同学们将对已逝亲人的思念或自己的愿望写于纸上,然后跟着老师的步骤,将纸张铺平、对折、翻转、再对折,一朵朵美丽的"莲花"在手中盛开,最后同学们小心并虔诚地将蜡烛放置于折好的"莲花"中心。燃莲花灯于水上以烛幽冥,夜幕下,河面上漂浮着的一盏盏河灯亦是一番盛景,像小星星一样璀璨夺目。小小河灯,承载着我们的美好祝愿漂向远方。

此次活动围绕"缅怀先烈、祭奠先人"这一主题,展现"亲近亲人、亲近自然、亲近传统"的时代特色,让同学们了解清明节的由来和习俗,丰富了他们的文化知识,增强了他们的感恩意识。

**【召开职工大会,传达、学习荆门市文化和旅游局局长会议精神】** 4月12日,荆门市博物馆召开职工大会,传达并学习了荆门市文化和旅游局局长会议精神,签订了"荆门市博物馆2019年目标责任书"。会议传达了荆门市文化和旅游局局长会议上关于2019年的工作安排部署和主要负责人的重要讲话。职工大会指出,全体干部职工要落实会议精神,始终严格要求自身,提升学习能力,强化责任担当,全力以赴推进文博事业发展。会议强调要增强政治定力,牢固树立"看齐意识";增强制胜能力,持久保持"创新"劲头;增强担当精神,自觉恪守"守土"责任;增强提能共识,时刻防备"淘汰"危机。

**【"中国书法荆楚行"活动走进荆门市博物馆】** 5月8日上午,"中国书法荆楚行"活动走进荆门市博物馆。中国书法家协会成员一行集体参观了荆门市博物馆,了解荆门历史文化,战国女尸、郭店楚简等一系列馆藏瑰宝惊艳众人。当日,中国书法家协会成员一行参观了包山楚墓出土文物陈列馆及战国女尸、郭店楚简陈列品,并称赞郭店楚简是中国书法艺术的瑰宝。参观结束后,中国书法家协会的各位书法家赠墨给荆门市博物馆,并与荆门书法家沟通交流,使博物馆增加了一部分现代书法藏品。

**【母亲节活动】** 为弘扬中华孝道、感恩天下母亲,母亲节来临之际,荆门市博物馆开展了以"诗情'花'意献母亲"为主题的母亲节亲子活动。活动中,孩子们齐声高唱,用甜美的歌声赞颂母爱;在老师的指导下,家人的协助下,孩子们齐心协力打造缤纷花篮。这次

"感恩母爱"活动,在孩子心中播下"爱"的种子,这次活动旨在让孩子从中学会感恩,懂得尊敬长辈、体谅父母、关心他人。活动结束后,孩子们纷纷捧起自己亲手打造的"花卉大作",献礼母亲。

**【博物馆日系列活动】** 5月18日是第43个"国际博物馆日",荆门市博物馆围绕"作为文化中枢的博物馆:传统的未来"这一主题,开展了展览交流、汉代服饰礼仪展示、公益鉴赏、收藏品交流等一系列活动。17日晚,在廉政广场,荆门市博物馆与荆门市艺术剧院共同举办的主题晚会为此次国际博物馆日庆祝活动拉开帷幕。18日,由荆门市博物馆和山东泰安博物馆共同主办的"古楚遗珍——郭店楚简特展"在泰安博物馆开展。同日,荆门市博物馆开展"霓裳羽衣·中国古代服饰文化"活动,通过"中国古代服饰文化"讲座、"重回汉唐"、"礼仪之邦"、"妙笔生花"和游戏互动环节五个环节,让大家了解了服饰的起源、历史和种类,了解了我们的祖先凭借智慧创造的绚丽多彩的服饰文化。

**【收藏品交流活动】** 5月18—19日,荆门市博物馆开展收藏品交流活动,现场百余名收藏家带来了藏品供大家欣赏和交流。19日上午,荆门市博物馆邀请湖北省文物交流信息中心的专家免费为现场藏友带来的藏品进行鉴赏和评定,同时专家还为藏友们讲授专业知识和客观的鉴别依据,并现场解答藏友的疑问,令在场的每位"持宝者"收获颇丰。

**【湖北省文物交流信息中心、湖北省古建筑保护中心赴荆州、荆门开展文物保护及文创工作调研】** 为进一步了解湖北省各地文物保护状况及文创产品开发工作,5月21—24日,湖北省文物交流信息中心党委书记吴红敬同志赴荆州、荆门等地开展文物保护及文创产品开发工作调研,中心副主任龙永芳同志陪同,综合部主任范小宁同志随行。调研期间,吴红敬书记与荆门市博物馆副书记宋长城一行座谈了湖北省文物交流信息中心

将于6月初在荆门市博物馆开展鼻烟壶展的筹备情况,并查看了展陈现场,要求一定要确保展陈期间的文物安全。此次调研,使参与领导及随行人员对地方文物保护、文化产业及文创产品研发工作情况有了较为全面的认识和了解,对下一步改革及在职能范围内开展展览交流、文创产品研发、考古发掘服务等方面的工作有指导性意义。

**【消防演练】** 为增强荆门市博物馆全体干部职工的消防安全意识,提高文博单位文物消防安全业务水平,5月21日上午9:00,在东宝消防大队的具体指导下,荆门市博物馆成功开展了消防演练。本次消防演练分为如何使用灭火器灭火、如何连接消防水带、如何佩戴防火面具以及现场提问四个环节。随着火灾警报响起,荆门市博物馆立即启动火灾应急预案,迅速控制博物馆各出入口,有序疏散观众和抢救文物,并组织安保人员对火灾点进行扑救。演练过程井然有序,现场氛围紧张激烈,消防演练活动达到了强化意识、锻炼队伍、提高技能的目的。

**【关爱特殊群体 博物馆在行动】** 5月24日,荆门市博物馆社教人员带着"荆门市精品文物展""荆门市古民居摄影展"和"创意脸谱"手工制作活动走进荆门市特殊教育学校,给孩子们讲解荆门地方历史,让他们了解中国非物质文化遗产——脸谱。整场活动中,孩子们始终兴致高昂,表现出极大的好奇心和求知欲。参加"创意脸谱"手工制作活动的是聋哑儿童,在寂静的教室里,他们跟着社教老师用五颜六色的画笔,细致专注地完成各具特色的脸谱作品。有的孩子调皮地戴着自己制作的脸谱扮演起了不同角色,一张张纯真的笑脸,宛如清澈、纯净的湖水。8月,学校将代表湖北省参加"中华人民共和国第十届残疾人运动会暨第七届特殊奥林匹克运动会"的篮球和游泳两个项目,为此,荆门市博物馆特别赠送孩子们篮球和足球为他们的比赛助力。

同时,荆门市博物馆和荆门市残疾人联合会组织全市近 200 名残疾人参观博物馆,帮助他们了解荆门地方历史,丰富他们的精神生活。关爱弱势群体,博物馆从未停下过脚步。

**【鼻烟壶展开展】** 6 月 6 日,由荆门市文化和旅游局主办,湖北省文物交流信息中心、湖北省明清古建筑博物馆、荆门市博物馆承办的"闻烟拾萃——湖北省文物交流信息中心藏鼻烟壶展"在荆门市博物馆临时展厅开展,展期两个半月。此次展览展出的 190余件鼻烟壶,都是收藏精品,有料器、陶瓷、玉石等多种材质,料器多出自博山,陶瓷多出自景德镇,造型变化多端,纹饰题材丰富,除了人物、动物、植物等,更有地理、历史、政治等内容绘于其中,集中反映了当时的时尚审美观、最高工艺水平及社会经济发展状况。

**【荆门市博物馆举办端午民俗活动】**
6 月 9 日,荆门市博物馆邀请象山幼儿园的孩子们到博物馆开展"赛龙舟,敲锣鼓,端午习俗传千古"端午节主题活动。活动开始,博物馆讲解员老师追溯了端午节的由来,给大家讲解了屈原的故事,让孩子们明白端午节不只是"粽子节""龙舟节",更是"民族节""爱国节"。老师们还向孩子们介绍了有关端午的"端阳""重五节""龙日"等不同内涵的名称,涉及端午悬挂艾草、配香囊、赛龙舟、吃咸蛋、吃粽子等各地不尽相同的民俗习俗,让孩子们了解端午节的来历、习俗等。在拼接龙舟手工活动中,孩子们通力合作拼接现代益智玩具,制作出了乐高巨型龙舟和粽子,随后运用制作的龙舟进行"微型龙舟赛",将整个活动推向高潮。孩子们兴奋地为自己队的龙舟加油鼓劲,欢呼喝彩,真实地体验了我国传统佳节的独特魅力。

**【荆门市龙山中央商务区项目考古勘探工作】** 为配合"荆门市龙山中央商务区"项目的建设,荆门市博物馆安排考古所分阶段实施了考古工作。勘探时间分别为 2019年 1 月 12—31 日和 2019 年 6 月 10 日—7 月 15日。为进一步提高工作质量,在该项目实施的第二阶段与四川大学联合对项目地块进行了考古勘探工作,双方在指定工期内完成任务,提交考古勘探工作报告。

龙山中央商务区项目位于荆门市漳河新区深圳大道以北、望兵石路以东、象山大道以西,占地面积为 291481.19 平方米,在荆门市第二批市级文物保护单位——古脊椎动物化石保护范围内。为确保考古勘探工作的准确性和科学性,本次工作严格按照国家文物局2009 年颁布实施的《田野考古操作规程》和2017 年《考古勘探工作规程(试行)》的要求,根据建设工程所处区域的特点及其文化内涵,对建设用地进行了全面的普探及重点区域的详探。在项目地块可操作范围内进行考古勘探,发现竖穴土坑墓葬 3 座、砖砌遗迹 1 处。

**【举行安全防范应急演练】** 6 月 25 日,荆门市博物馆开展了安全防范应急预案演练,旨在提高全馆干部职工处置突发事件的应变能力,检验《荆门市博物馆安全防范紧急预案》的可行性,确保在突发安全事故时,全馆职工指挥得当,处置及时、有效。当天上午09:30,"盗贼"在珍宝馆盗走文物,向西围墙逃窜……随着警报声响起,演练正式拉开帷幕:总指挥在指挥部根据现场情况下达指令;迅速对参观人员进行疏散和转移;门岗值守人员迅速关闭大门;监控中心人员向 110 指挥中心报告警情;宣教科工作人员和保卫科守室人员对展厅文物进行清点、核查,随后关闭展厅;其他科室人员迅速到达指定位置设防。在全馆职工的共同协作下,10 分钟后,"盗贼"被擒获,演练圆满结束。

**【博物馆心系留守儿童暑期生活】** 7 月26 日,为了丰富乡村留守儿童的暑期生活,荆门市博物馆联手东宝区"希望家园"志愿者走进仙居乡柴黄村,共同关注、关爱乡村留守儿童的暑期生活。早上 7 点,社教人员从博物馆出发,带着"蒙惠课堂"走进柴黄村,他们以荆门市博物馆文物——组合铜俑为载体，深入浅出地讲述明代传统服饰、明代律法文化，让留守儿童学习法律历史、树立法律意识，让他们知道"无规矩不成方圆"，引导他们既要懂得善用法律武器保护自己的利益，更要学会以法律为规章约束自己的行为。

【走进博物馆 感受文字魅力】 7月28日下午，一群热爱书法的孩子聚集在荆门市博物馆，参加以荆门的历史文化名片——郭店楚简为依托开展的"翰墨飘香，竹上芳华——探寻古文字奥秘"暑期夏令营活动。通过参观郭店楚简、邀请书法家协会的张大军老师讲授古文字的起源和书写技巧、让孩子们亲手在竹片上书写《太一生水》简文等环节，让孩子们走近郭店楚简，感受简帛文体的韵味，进一步增强青少年对传统文化的认识和感知。

【宣布主要负责人任命】 8月2日上午，荆门市文化和旅游局在荆门市博物馆组织召开全馆职工大会，局党组成员、副局长李本汉主持会议，主要内容是宣布博物馆主要负责人任命。会上，局党组成员、副局长罗佳芳宣读中共荆门市委组织部关于汤学锋同志任荆门市博物馆馆长的任职通知，随后汤学锋同志作了履职发言，最后局党组书记、局长鲁海兵同志从致力于思想政治建设、强化班子建设、进一步推进业务工作等四个方面对全馆干部职工提出了要求和希望。

【荆门市博物馆严仓车马坑展陈专家咨询会召开】 8月18日上午，来自故宫博物院、陕西省考古研究院、湖北省博物馆、荆州文物保护中心的专家听取了荆门市博物馆严仓车马坑展陈的相关汇报。与会专家听取了严仓车马坑展陈及保护的专题汇报，查看了保护现场，经讨论认为，车马坑对保存环境的要求较高，新馆车马坑展厅温湿度调控无法满足其长期保存的要求，不适于在新馆展厅进行展陈。建议在新馆择址另行建设严仓车马坑专题展陈保护室。严仓大墓是一座高等级楚国贵族墓，其车马坑是荆门市唯一保存完整的车马遗迹，具有很高的文物价值。2015—2017年荆州文物保护中心完成了车马坑保护修复工作，计划在新馆中进行陈列展出。

【"瑶族风情展"开展】 瑶族是一个历史悠久的民族，千百年来游耕迁徙，奋斗不止。为了让广大市民更好地了解瑶族独特的历史文化，荆门市博物馆特地从广东瑶族博物馆引进"多彩瑶族——瑶族风情展"奉献给大家。展览共分为"源流迁徙""社会经济""文化艺术""民俗信仰"四部分，充分展现瑶族源远流长的发展历史以及绚丽多彩的民族文化。展览于9月6日开展，展期2个月。

【荆门市博物馆开展中秋社会教育活动】 9月13日，荆门市博物馆开展了一场以"中秋诵月·手绘团扇"为主题的社会教育活动，让孩子们在中秋佳节充分发挥想象力，在扇面上绘制自己眼中的中秋景象，现场一片欢声笑语。绘团扇开始前，荆门市博物馆讲解员为大家讲解了与中秋节的来历、发展以及习俗等相关的历史故事，让孩子们了解中秋节的风俗习惯，培养他们对传统节日的热爱。在老师的指导下，孩子们认真地开始绘制属于自己的团扇。此次中秋活动还包括"诗情·寄乡思"活动。广大市民积极参与，在明信片上写下自己想说的话，并盖上"荆门市博物馆"纪念印章，送至其所思念的亲人之处，尽享团圆之美。

【荆门市博物馆"小小讲解员"上官文玥荣获2019年湖北省文博系统"小小讲解员"讲解大赛三等奖】 9月14日，在2019年湖北省文博系统"小小讲解员"讲解大赛中，荆门市博物馆"小小讲解员"上官文玥荣获三等奖。此次比赛先由各市州筛选出1名优秀的"小小讲解员"，在决赛现场，来自全省各市州文博单位的20名"小小讲解员"用他们的精彩讲解，充分展示了荆楚文化的独特魅力。荆门市博物馆"小小讲解员"上官文玥生动讲述了"军民合作饭店——留住红色记忆",将抗日救亡时期军民合作饭店背后的故事娓娓道来。她的精彩讲解获得评委们的一致肯定。

**【荆门市博物馆开展布艺手工活动】** 配合临时展览"多彩瑶族——瑶族风情展",荆门市博物馆组织商业幼儿园 40 位小朋友开展了以"庆国庆,赏瑶族风情"为主题的布艺手工活动。在展厅里,通过博物馆讲解员的介绍,孩子们了解了瑶族的居住环境、生活方式、迁徙游耕历史。在参观活动中,孩子们被带有花草鱼虫及各种动物图案的瑶族服装和饰品吸引了眼球,他们惊讶于大山中竟然有这样一个勤劳智慧、绚丽多彩的民族。为了加深孩子们对瑶族的印象,荆门市博物馆工作人员将精心准备的具有民族特色的布艺包、剪刀、糨糊、彩笔、卡纸等发给他们,孩子们在卡纸上绘画,并根据自己对瑶族饰品上的花纹、颜色的理解,从布上剪下自己认为最美的图案,拼接、粘贴在画纸上。作品完成后,签上自己的名字,将作品装裱在相框里。40 位小朋友,40 幅作品,巧思异想,没有一件作品雷同。

**【湖北省文化和旅游厅检查荆门市博物馆军运会期间安全工作】** 10 月 24 日下午,湖北省文化和旅游厅党组成员、总规划师唐昌华一行对荆门市博物馆军运会期间的安全工作进行督导检查。湖北省文化和旅游厅检查组听取了荆门市博物馆关于安全生产工作的汇报,在查看了现场后,对博物馆安全生产工作表示肯定,并提出四点要求:一是要保证人的安全,二是保证物的安全,三是保证操作规范安全,四是保证场所安全。为认真贯彻省、市文旅部门关于加强军运会期间文化和旅游安全工作的通知精神,切实做好博物馆安全工作,荆门市博物馆成立了以馆长为组长的军运会期间安全工作领导小组,严格落实安全生产责任制,制定相关应急预案,为博物馆在军运会期间安全平稳运行做好充足的准备。荆门市文化和旅游局党组成员、工会主席余作富陪同检查。

**【荆门市博物馆"蒙惠课堂"走进马河实验学校】** 12 月 12 日,荆门市博物馆带着"蒙惠课堂"之战国时期玉组佩课件走进马河实验学校,让孩子们了解玉组佩的相关知识,同时结合现代材料,体验更多的艺术形式。马河实验学校的电教室里,荆门市博物馆工作人员通过 PPT 形式让孩子们了解玉组佩的演变过程、玉器的琢磨技艺、装饰技法等。"玉器怎么会有不同颜色?""身上挂这么多玉器,不会影响走路吗?"针对这些疑惑,博物馆社教老师从专业的角度为孩子们答疑解惑,并以"玉不琢不成器""君子比德于玉"为引导,教育孩子们做一个有道德、有修养的谦谦君子。在手工活动环节,博物馆工作人员现场教孩子们用版画的形式记录这些玉器华丽的形制和纹饰,将他们带到了另外一个艺术世界——在吹塑板上阴刻留下凹槽,刷上颜料,印在黑色卡纸上,每一次产生的纹理都截然不同,带来未知的惊喜,揭开板的瞬间也是孩子们最激动和兴奋的时刻。不同艺术形式之间相互碰撞带来的奇妙反应也是孩子们最叹为观止的地方。

**【荆门市博物馆开展"微学习"文化惠民活动】** 荆门市博物馆为进一步加强与社会各单位、广大群众的联系,把"微学习"文化惠民落到实处,特意征订《荆门晚报》,并将其送进学校、军营、社区、乡村、企业,供相关人员免费阅读。此次文化惠民活动惠及东宝区牌楼镇中心小学、象山社区、荆门市社会福利院等近 40 家单位和部分社区孤寡老人,让大家通过读报了解发生在我们身边的新闻和国内外的重大事件。

# 大 事 记

## 1月

1月10日，临时展览"石情画意——荆门市精品奇石收藏展"在荆门市博物馆开展。

## 2月

2月1日，荆门市博物馆邀请30位小朋友在家长的陪伴下来到博物馆，开展"石情画意迎新春"绘画活动，丰富孩子们的寒假生活。

## 3月

3月25日，农历二月十九日，纪山庙会日，荆门市博物馆开展"荆门市博物馆走进纪山村"系列宣传活动，在活动现场摆放宣传展板，设置文物法规咨询台，宣传文物保护相关法律知识。

## 4月

4月3日，来自四川凉山彝族奴隶社会博物馆的"一步跨千年——凉山彝族奴隶社会意识形态展"在荆门市博物馆临时展厅开展，为期2个月。

4月4日，荆门市博物馆带着"蒙惠课堂"走进牌楼镇中心小学，为在校535名学生开展"听风听雨过清明·盏盏河灯情"手工制作活动。

4月12日，荆门市博物馆召开了职工大会，传达、学习荆门市文化和旅游局局长会议精神，签订了"荆门市博物馆2019年目标责任书"。

## 5月

5月8日上午，"中国书法荆楚行"活动走进荆门市博物馆。中国书法家协会成员一行集体参观了荆门市博物馆，了解荆门历史文化。

5月18日是第43个"国际博物馆日"，荆门市博物馆围绕"作为文化中枢的博物馆：传统的未来"这一主题，开展了展览交流、汉代服饰礼仪展示、公益鉴赏、收藏品交流等一系列活动。

5月21日，荆门市博物馆开展了消防演练。

5月24日，荆门市博物馆社教人员带着"荆门市精品文物展""荆门市古民居摄影展"和"创意脸谱"手工制作活动走进荆门市特殊教育学校，给孩子们讲解荆门地方历史，让他们了解中国非物质文化遗产——脸谱。

## 6月

6月6日，由荆门市文化和旅游局主办，湖北省文物交流信息中心、湖北省明清古建筑博物馆、荆门市博物馆承办的"闻烟拾萃——湖北省文物交流信息中心藏鼻烟壶展"在荆门市博物馆临时展厅开展，展期两个半月。

6月9日，荆门市博物馆邀请象山幼儿园的孩子们到博物馆开展"赛龙舟，敲锣鼓，端午习俗传千古"端午节主题活动。

6月25日，荆门市博物馆开展了安全防范应急预案演练。

## 7月

7月26日,为了丰富乡村留守儿童的暑期生活,荆门市博物馆联手东宝区"希望家园"志愿者走进仙居乡柴黄村,共同关注、关爱乡村留守儿童的暑期生活。

7月28日下午,荆门市博物馆开展"翰墨飘香,竹上芳华——探寻古文字奥秘"暑期夏令营活动。

## 8月

8月2日上午,荆门市文化和旅游局在荆门市博物馆组织召开全馆职工大会,宣布博物馆主要负责人任命。

8月18日上午,来自故宫博物院、陕西省考古研究院、湖北省博物馆、荆州文物保护中心的专家听取了荆门市博物馆严仓车马坑展陈的相关汇报。

## 9月

9月6日,荆门市博物馆从广东瑶族博物馆引进的"多彩瑶族——瑶族风情展"开展,展期2个月。

9月14日,在2019年湖北省文博系统"小小讲解员"讲解大赛中,荆门市博物馆"小小讲解员"上官文玥荣获三等奖。

## 10月

10月24日下午,湖北省文化和旅游厅党组成员、总规划师唐昌华一行对荆门市博物馆军运会期间的安全工作进行督导检查。荆门市文化和旅游局党组成员、工会主席余作富陪同检查。

## 12月

12月12日,荆门市博物馆带着"蒙惠课堂"之战国时期玉组佩课件走进马河实验学校,让孩子们了解玉组佩的相关知识,体验更多的艺术形式。

# 荣 誉 集 锦

2019年5月,荆门市博物馆社教团队获得"湖北省文博系统'十佳'社教团队"荣誉称号。

# 鄂　　州

## 鄂州市博物馆

2019 年,鄂州市博物馆以习近平新时代中国特色社会主义思想为指导,认真贯彻落实《博物馆条例》《关于加快构建现代公共文化服务体系的意见》,从文物保护、社会教育、科研学术、文创产业、安全管理、扶贫助困、志愿服务等七个方面着力,不断加大文物保护利用和文化遗产保护传承力度,优化免费开放工作质量,提升公共服务能力,展现文博人的担当与奉献精神,较好地完成了全年各项目标任务,开拓了鄂州文博事业发展新局面。

### 一、藏品征集与管理

#### (一)藏品征集

1. 藏品征集数量与内容

面向社会公开征集近现代历史、民俗类实物 11 批 28 件(未定级),包括福帽 1 顶、绣花鞋 1 双、缝纫机 1 台、各类木桶盆共 10 件、陶罐盆共 4 件、字画作品 3 件、军功证书 2 份、从军照片 6 张。

2. 所征集藏品的作用与意义

所征集藏品主要用于丰富现有的基本陈列和制作相应的专题展览,完善鄂州市博物馆的馆藏品体系。

#### (二)藏品管理

1. 藏品的账目与档案整理情况

现有馆藏文物 80121 件(套),其中珍贵文物 4758 件(套);藏品账目规范,建有藏品档案。

2. 藏品的保管、修复、保护

为确保藏品安全,鄂州市博物馆在库房配备了安防、消防、恒温恒湿等防护设备,明确业务部门定期进行检查,确保藏品安全。截至笔者撰稿时,馆藏送修(送至荆州文物保护中心修复)丝织品修复进度 50%(已完成全部丝织品的清理、清洗,修复完成 10 件),漆木器修复进度 55%(67 件正在脱水中,修复完成 20 件)。配合湖北省古籍保护中心完成鄂州市博物馆 2000 余册古籍图书的清理工作,录入古籍信息 1700 册,发现善本 10 册。完成馆藏 200 件字画的装裱工作,剩余 130 件作品正在保护装裱工作中(手工装裱,部分作品装裱难度大)。

3. 藏品的数字化工作

在鄂州市第一次全国可移动文物普查的基础上,对所有馆藏文物信息进行核对完善,建立了馆藏文物电子档案,数据包括文物年代、质地、数量、规格、出土情况及照片等。

## 二、陈列展览

### (一)基本陈列

根据藏品特点和鄂州历史文化特色,设有6个基本陈列。

(1)鄂楚历史文化陈列。该陈列以鄂州的历史发展为主线,集中展示鄂州出土的石器、陶瓷器、青铜器、玉石器、漆木器等实物,让观众从展览中体验时间与空间的嬗变、历史与未来的交融。

(2)三国历史文化陈列。该陈列以三国吴都发展史为主线,以"两代创业""武昌建都""陪都岁月"3个部分来介绍孙吴集团在武昌建都立国的过程。通过实物与场景的搭配,全方位展示三国时期吴国的军事战争、农业生产、居民生活、宗教祭祀、对外交流,让观众置身"龙蟠凤集,以武而昌"的景象之中。

(3)铜镜文化陈列。该陈列分为中国古铜镜之乡、铜镜与古人生活、古代铜镜铸造和现代复制工艺3个部分,展示鄂州本地出土的馆藏铜镜精品300多枚。利用雕塑、场景和多媒体视频、触摸屏、幻影成像等现代科技手段,使观众了解古代铜镜的发展史、铜镜知识、鄂州在我国铜镜史上的重要地位等。

(4)鄂州民俗文化陈列。该陈列展示众多自然朴素的民俗实物、民间工艺以及相关的民间传说,全面反映了老鄂州人的婚丧嫁娶、衣食住行、耕作渔猎,乃至岁时节令、宗教信仰等风俗风情,追忆了鄂州大地多姿多彩的民俗文化。

(5)武昌青瓷文化陈列。该陈列以文化体验、展示、教学、互动、商务等内容为主题,融入鄂州本地铜镜、陶瓷、兵器三大特色文化,并以此为重点,宣传鄂州地域特色文化。

(6)贺龙军部旧址(北伐军二十军军部旧址)陈列。该陈列从乡村少年、胸怀大志,投身革命、威震湘鄂,北伐名将、所向披靡,驻军鄂城、革故鼎新,受命指挥、南昌起义等5个部分,以场景油画、历史图片、实物展示等方式介绍了贺龙同志从桑植举义到南昌起义这一时期重要的革命活动,还特别展示了贺龙同志在鄂城期间进行革命活动的历史。该展览荣获第三届(2018年度)湖北省博物馆、纪念馆六大陈列展览精品推介活动"优胜奖"。

### (二)临时展览

(1)馆内展览(含馆内原创展览与引进展览)12个:"庆祝新中国成立70周年·辉煌成就主题展"、"看衣食住行·谈祖国变化——庆祝新中国成立70周年主题展"、"非物质文化遗产——鄂州雕花剪纸展"、"武强年画展"、"纪念松风成立三十周年暨松风印社社员书画篆刻作品展"、"庆祝新中国成立70周年'尚派杯'书画篆刻展"、"喜迎新中国成立70周年——新春儿童绘画展"、"庆祝新中国成立70周年·与祖国共成长美术作品展"、"纪念'五四'运动一百周年特展"、"大道至简 大雅若俗——书签文化图片展"、"护行天下——华侨护照展"(广东江门市博物馆)、"西京印迹——大同辽金元文物展"(山西大同市博物馆)。

(2)境内馆外展览2个。"非物质文化遗产——鄂州雕花剪纸展"送至云南保山、大理等地的博物馆展出。

(3)出国展览1个(馆藏16件精品文物和1件复制战船模型赴日本"三国志展"参展)。2019年6月11日,受中国文物交流中心邀请和湖北省文物局安排,鄂州市博物馆的"三国吴釉陶佛像""三国吴黄武元年铜罐"等16件文物和"三国吴战船模型"1件复制模型赴日本东京国立博物馆、九州国立博物馆"三国志展"展出,向日本民众展示了鄂州三国文化魅力。

## 三、博物馆教育

### （一）教育项目

#### 1. 常设性教育项目

常设性教育项目主要是"走进博物馆"免费讲解项目（开馆时间：9：30—10：30，14：30—15：30；2次/天），引导观众观展。通过讲解员讲解、语音导览和多媒体演示，向游客介绍鄂州地域历史文化。

#### 2. 临时性教育项目

贺龙军部旧址纪念馆举办"开馆3周年""纪念中国共产党成立98周年""纪念中国人民解放军海军成立70周年""纪念中国人民解放军建军92周年""全民国防教育日""庆祝新中国成立70周年·弘扬爱国情"等6场爱国、国防主题教育活动，承办"省级国防教育基地揭牌仪式"活动1次。贺龙军部旧址纪念馆开展"六进"活动11次，包括"庆祝新中国成立70周年"爱国主题讲座进武警鄂州特勤中队，社科普及教育讲座进鄂州市第三中、市妇幼保健院，"我和我的祖国·百姓宣讲"进鄂州市四眼井社区、吴都社区、北门社区、市三中、武警鄂州特勤中队、花园社区，"中国道路宣传教育基层宣讲活动"进鄂州东塔社区、市三中。此外，鄂州市博物馆还开展了"荆楚红色文艺轻骑兵"送文化活动进北门社区、吴都社区、镜园社区、西山社区，并联办开展文艺汇演。

#### 3. 代表性教育项目

一是"吴都古韵"文博小课堂（47期），依托馆藏资源，主动与团市委、市中小学联系沟通，组织未成年人到博物馆开展"鄂州（地域）历史文化""（馆藏）文物背后的故事""我们的节日""学习践行社会主义核心价值观"等系列教育实践活动，组织形式主要为场馆参观、讲座培训和手工制作。二是"吴都古韵"手工坊体验教学（87场），以开展武昌青瓷主题陶艺和社会科学普及教学为主，组织形式有陶艺拉坯体验教学和社科普及教学，后者侧重基础物理科学普及，如声、光、电、力、热主题，辅以材料包动手实践。三是贺龙军部旧址纪念馆红色主题教育。举办以"清明祭英烈"、爱国、国防等为主题的教育活动21场次，成为省、市重要的爱国主义教育基地、国防教育基地和与滨江公园连接的红色旅游景点。四是开展"六进"活动2期25次，将"纪念五四运动一百周年图片展"送至鄂州高中、鄂州中专、市二中、市四中、市五中、华森中学、石山中学、吴都中学、明塘小学、葛店中学、华容图书馆、华容广场等展出；"庆祝新中国成立70周年·辉煌成就主题展"送至市自然资源和规划局、市鄂城区税务局、武警鄂州支队机动中队、花湖镇文化体育服务中心、华容图书馆、华容中学、杨叶小学、燕矶小学、花园社区、寿昌社区、江城社区、观音阁公园、新亚太广场等地展出。

### （二）教育活动

#### 1. 节假日和寒暑假策划实施的活动

举办"我们的节日"（元旦、春节、元宵节、清明节、端午节、中秋节、重阳节）主题活动7场，寒暑假期志愿者招募、培训和年度总结表彰活动2期，"5·18"国际博物馆日主题活动1场。

#### 2. 面向不同公众策划实施的特色教育活动

面向社会大众开展《中华人民共和国文物保护法》普法宣传，发放法规读本、宣传册1000份。面向未成年人推出"吴都古韵"文博小课堂、"吴都古韵"手工坊体验教学等社教品牌教学活动134场次。面向党政机关、企事业单位联办开展"不忘初心、牢记使命""缅怀革命先烈""爱国"等主题教育活动100余场次。面向军营、社区、乡镇开展"六进"送展活动25次。

#### 3. 学校教育活动

（1）为学校提供支持和帮助。

在历年开展的未成年人思想道德建设工作经验上，现阶段为学校提供的适宜未成年人的课外学堂教育形式主要有两种：一是文化进校园,送展览和联办讲座;二是利用场馆资源,常态化开办"吴都古韵"品牌教学活动;三是组稿编印了《鄂州文物故事》,以通俗的语言介绍鄂州地域历史文化和特色馆藏文物,作为针对未成年人群体的文物文化知识普及教育的辅助读本,获得学校师生一致好评。

(2)接纳在校学生开展社会实践。

接纳在校学生200余人次到馆开展社会实践,并为其提供教育培训。实践内容包括文明引导、咨询、讲解、讲座、"六进"活动、志愿服务、社教宣传等。其中,实践人群以在校初中生、小学生为主,高中生、大学生为辅。

(三)"互联网+教育"

推出了"智慧博物馆"网络平台服务,在馆网站、微信公众号设置了网络链接(点击即可使用),实现"互联网+"博物馆教学,内容包括主陈列楼4个基本陈列内容图片及语音介绍,让社会大众足不出户就可以参观鄂州市博物馆。

## 四、博物馆研究

### (一)学术活动

1.举办学术会议

2019年12月14日,为加强历史文化研究,弘扬优秀传统文化,由鄂州市文化和旅游局、湖北省吴楚文化研究会主办,鄂州市博物馆承办的"首届鄂文化学术研讨会"在鄂州举行,来自武汉、黄石、黄冈等地的50多位专家和学者们,对鄂州楚文化的发展史、历史作用等进行了学术交流和研究讨论。

2.参加学术会议

安排人员参加了国家公共文化政策研究实验基地2019年度学术交流会,湖北省博物馆协会"宜昌论坛——博物馆事业变革与发展、激发博物馆活力"主题学术交流会(宜昌博物馆承办)、"2019湖北省田野考古成果交流会"(黄冈博物馆承办)等学术会议。

### (二)学术成果

1.承担课题

"湖北鄂州鄂城郭家垴六朝墓地出土钱币清理与研究"课题研究工作有序开展,完成钱币测量、拓片等工作。"贺龙军部旧址红色文化价值开发利用问题研究"课题获得鄂州市社会科学界联合会二等奖。

2.出版成果

组稿编辑了《鄂州文物概览》(社科普及教育读本)和《古铜镜之乡——话铜镜》(专著),普及鄂州文化文物知识,介绍地域铜镜发展演变和历史工艺。

3.发表或交流论文

《鄂州铸镜历史及工艺传承与发展》载入《科技考古与文物保护技术(第二辑)》(科学出版社)。《鄂州博物馆"吴都古韵"文博小课堂手工教具制作活动初探》等论文被武汉大学国家文化财政政策研究基地收录到《中国公共文化政策研究实验基地观察报告2018—2019》。

## 五、博物馆公共服务

### (一)观众服务

1.观众人数

全年接待观众57万人次以上,以本地市民为主,外地参观者约占三分之一,馆外巡展与活动参观者约占六分之一,境外参观者1000余人次。

2.特殊观众服务

一是接待团体520个,其中政务讲解服务200余场。二是做好特殊观众服务工作,陈列大楼设有电梯,陈列大楼、广场等人群密集区域设置无障碍通道、无障碍公厕,各类参观服务标识安装高度适中,展柜照明条件好,展物摆放高度适中,为特殊观众提供一个科学适宜的参观环境。

3.未成年观众服务

一是提供符合未成年人特点的专用讲解词,做好陈列讲解服务工作;二是提供校外

"第二课堂"教育服务,常态化开展"吴都古韵"品牌社教和"六进"活动。

(二)社会服务

1.举办讲座

"吴都古韵"文博小课堂、"吴都古韵"手工坊面向未成年人开办鄂州地域历史文化、馆藏精品文物、文物保护单位(观音阁、庾亮楼等)、"我们的节日"、"弘扬社会主义核心价值观"、"社会科学普及教育"等主题教育讲座134期。贺龙军部旧址纪念馆联合武警鄂州特勤中队举办"庆祝新中国成立70周年"爱国主题讲座1场,联合鄂州市第三中学、鄂州市妇幼保健院举办社科普及教育主题讲座2场;组织开展"我和我的祖国·百姓宣讲"和"中国道路宣传教育基层宣讲活动"7场。5月13日,鄂州市博物馆王照魁受邀到鄂州市图书馆"鄂州讲坛"作"由最新考古成果漫谈鄂州历史"专题科普讲座。

2.文物欣赏

欣赏方面,主要是引导观众参观基本陈列中的文物,从历史、文化、艺术、科技等方面进行欣赏。

3.对外文物修复、复制

完成鄂州市考古工作队承担的鄂州机场考古勘探发掘任务,出土遗物170件,完成其中破损的150件陶器、青瓷器的文物修复工作。

4.为高校、科研院所等社会单位提供服务

为武汉大学国家文化和旅游财政政策研究基地、湖北省社会科学界联合会提供基地调研活动资料。承办"省级国防教育基地揭牌仪式"。开展"六进"(展览、讲座)活动进入学校、社区、军营、机关、事业单位和乡镇。

## 六、智慧博物馆

(一)智慧博物馆建设

完成"智慧博物馆"平台建设,通过"智慧博物馆"平台全面提升公共服务水平,完善场馆全景网络展示和语音导览服务。

(二)智慧博物馆运行

主要用于场馆网络展示、语音导览服务。

## 七、博物馆文创产品开发

鄂州市博物馆文物复原复制研究所采用古代青铜镜范铸工艺,并结合现代科技,以鄂州出土的历代精品铜镜、铜器、兵器等为模本,开发出四大类铜器(礼器、兵器、铜镜、钱币)共70余种文创产品。加大了文创产品的开发力度,新研发推出文房四宝、十二生肖、书签、冰箱贴、青铜簋(小号)、鬲(小号)、文创U盘等产品,产品纹饰以鄂州出土铜镜花纹和鄂州名胜古迹的图片及介绍为主。全年文创产业销售收入86.32万元。

## 八、博物馆建设与管理

(一)发展规划与建设

认真制订了年度工作目标,依法配合完成了鄂州机场考古勘探、发掘、协调任务。编制《吴王城遗址保护规划》,完成吴王城遗址保护范围内窑货院和原五金制品厂地块考古勘探和物理探测工作,委托中国科学院遥感与数字地球研究所完成吴王城遗址的物理探测报告,为编制保护规划提供了科学依据。召开"吴王城遗址保护规划编制方案讨论会"。推进文物保护单位"一处一策"工作,全面建立市级以上文物保护单位"一处一策"工作机制,125处文物保护单位相关的市、区(开发区)、乡镇(街办)、村(社区)四级文物工作目标责任书已全部签订完毕。落实直管文物保护单位文物保护工作,完成观音阁安防、防雷、过江电缆改造和庾亮楼台基防水项目施工。贺龙军部旧址纪念馆、庾亮楼电气火灾监控系统安装调试完毕。

(二)制度建设

鄂州市博物馆按照《博物馆条例》和国家二级馆运行评估规范要求,制定并完善了馆务工作、安全保卫、免费开放、文物保护、社会教学、文明创建等系列切实可行、行之有效的管理制度。如《鄂州市博物馆"三重一大"集体决策制度》《鄂州市博物馆考古工地夜间安全保卫工作规定》《鄂州市博物馆未成年人开放管理制度》等规章制度,使鄂州市博物馆的管理工作更加规范化、科学化。

### (三)安全管理

#### 1.安全设施设备

根据《文物系统博物馆风险等级和安全防护级别的规定》(GA 27—2002)和《湖北省文物安全管理办法》(湖北省人民政府令第397号)等法规标准要求,安防、消防系统按照一级风险单位设防,电子监控全馆覆盖,中心监控室实行24小时监控,并与西山派出所共建警务室。刀棍闸、安检机、应急安保装备和队伍完备,配电房、水泵房等配套安全设施运行正常并定期维修保养,能够有效应对停水、停电等突发状况,兼具反恐防暴职能。

#### 2.安全运行

配备专职安保人员对馆区、直管文物保护单位实行24小时值班巡查,认真开展安全培训、应急演练和全省五星级"消防控制室"创建等活动,工作人员取得全省建(构)筑物消防员资质合格证上岗。加大隐患排查治理和日常巡查工作力度,全年开展安全生产检查50次,排除隐患93处;组织开展安全演练5次。按照鄂州市公安消防部门督查要求和安全隐患整改需要,鄂州市博物馆先后投入110万元用于科研楼维修,配电房气体灭火项目建设,消防安防系统整改和馆重点防范部位(地下文物库房、展厅)门窗(锁)的维修、加固等工作。同时,加强对安保人员的管理,对违反规定的安保人员进行通报批评或经济处罚。落实安全生产、消防、社会综治等各项安全工作,确保馆藏文物和直管文物保护单位安全零事故,为各项馆务工作的正常开展提供有力保障。

### (四)人才培养

为保障文物博物事业的持续、快速、健康发展,鄂州市博物馆高度重视人才培养和队伍建设,着力培养"忠诚担当、德才兼备、创新奉献"的高素质人才,除对现有"窗口"部门和业务部室的中青年职工进行思想教育、外送培训、以赛代训和"传帮带"外,新招聘政府购买服务岗位人员(安全保卫、讲解、网络维护岗位)3人,通过带训和考核,已将他们培养成业务骨干。鼓励职工特别是中青年职工积极申报文博专业职称,提高岗位任职专业技术资格比重。全馆在职干部职工65人,大专及以上学历56人;研究馆员1人,副研究馆员5人,中级职称25人;中高级职称人数占职工总数的48%,为博物馆事业发展提供了中坚力量保障。

## 九、公众评价

### (一)观众满意度

通过对社教内容、服务品质、展陈形式等方面的不断优化,鄂州市博物馆公共服务能力稳步提升,全年观众参观突破57万人次以上,观众留馆时间明显增加,参观后对博物馆展览、环境和服务的评价均为肯定和赞扬。

#### 1.展览满意度

鄂州市博物馆(含贺龙军部旧址纪念馆)现有6个基本陈列,2019年新制作、引进和承办临时展览12个,贺龙军部旧址(北伐军二十军军部旧址)陈列荣获第三届(2018年度)湖北省博物馆、纪念馆六大陈列展览精品推介活动"优胜奖"。据"观众留言簿"统计,涉及"展览"内容的评价均为满意,展览满意度为100%。

#### 2.环境满意度

鄂州市博物馆物业保洁工作委托专业公司负责,并结合创建全国文明城市测评和国家AAA级旅游景区要求,严格落实了"门前四包岗"工作制度,馆区环境卫生优,参观秩序好。据"观众留言簿"统计,涉及"环境"内容的评价均为满意,环境满意度为100%。

#### 3.服务满意度

鄂州市博物馆全年接到观众游客意见和

建议 2 条,均为设备故障事项反映,如自动售卖机故障未及时出货或退币,馆工作人员均到现场及时处理,观众反馈评价良好,服务满意度为 100%。

(二)社会关注度

1. 官网

全年官方网站浏览量 9127 次。

2. 官方微博

全年官方微博浏览量 113 次。

3. 微信公众号

全年官方微信公众号浏览量 6197 次。

4. 新闻媒体

全年新闻媒体登载文物博物信息情况:

《鄂州日报》30 条、鄂州市文化和旅游局网站 26 条、鄂州市政府门户网站 3 条、湖北省文化和旅游厅网站 2 条。其中,《鄂州市博物馆:"四举措"扎实推进未成年人思想道德建设》被湖北文明网采用。配合中央电视台科教频道《远方的家》栏目组和湖北电视台等多家媒体对鄂州市博物馆铜镜复原复制、青铜范铸研究成果及工艺技术进行拍摄,扩大影响力,为弘扬中华民族传统文化和促进鄂州对外交流发挥了积极作用。

(撰稿人:方文)

# 大 事 记

## 1月

鄂州市博物馆完成全国重点文物保护单位——吴王城遗址保护范围内窑货院和原五金制品厂地块考古勘探和物理探测工作,委托中国科学院遥感与数字地球研究所编制"吴王城遗址物探报告"。

鄂州市博物馆完成观音阁陈列布展工作。

## 2月

鄂州市博物馆完成鄂州市人民防空办公室 701 工程口部房项目考古勘探工作。

## 3月

鄂州市博物馆完成吴王城遗址物理勘探招标和物探实施工作并出具报告。吴王城遗址"原点"标志验收合格。

鄂州市博物馆完成鄂州机场建设范围内 27 处文物点的保护标识牌设置。

## 4月

参加武汉大学国家文化和旅游财政政策研究基地 2019 年年会,鄂州市博物馆秦昌林、牛琴撰写的《博物馆文化产业创新发展的调查报告——以鄂州市博物馆为例》被《中国公共文化政策研究实验基地观察报告(2018—2019)》收录。

## 5月

鄂州市博物馆开展文化"六进"之进校园活动 6 次,将"纪念五四运动一百周年图片展"送至市二中、葛店中学、华森中学、花园学校、明塘小学、华容图书馆展出。举办大型专题社教活动 2 场,包括"践行五四精神·弘扬传统文化"五四主题诵读和"5·18"国际博物馆日"作为文化中枢的博物馆:传统的未来"主题宣传活动。与贺龙军部旧址纪念馆联办"高举团旗跟党走·青春筑梦新时代"主题社教活动。5月17日,鄂州市博物馆社教团队喜获省级"'十佳'社教团队"荣誉称号,贺龙军部旧址纪念馆陈列展览荣获第三届(2018年度)湖北省博物馆、纪念馆六大陈列展览精品推介活动"优胜奖"。

鄂州市博物馆王照魁受邀到"鄂州讲坛"作"由最新考古成果漫谈鄂州历史"主题讲座。

## 6月

鄂州市博物馆完成湖北国际物流核心枢纽花马湖水系综合治理工程(一期)建设范围内的文物调查,调查面积 15 平方千米,完成调查报告编写。

鄂州市博物馆完成赴日"三国志展"参展的 16 件馆藏文物和 1 件辅助展品(战船模型)的清点交接工作。

## 7月

鄂州市博物馆接待泰国职业教育代表团到馆参观。

鄂州市博物馆完成图书馆分馆(主陈列楼 3 楼)设置工作,所有图书交接整理、设备调试工作完成,并对外开放。

鄂州市博物馆组织讲解员和馆属志愿者参加鄂州市文化和旅游局系统"共和国故事汇——鄂州市红色故事宣讲大赛",刘重光获专业组二等奖,肖令、冯燕琳、胡雪琴、严桦瑶获专业组三等奖;馆属志愿者熊亚飞获业余组二等奖。

## 8月

鄂州市博物馆编制《鄂州机场·鄂州市博物馆考古队工作方案》,召开鄂州机场第一次考古工作会。启动机场考古前期准备工作。

鄂州市博物馆接待坦桑尼亚、日本(三条市)外宾。

## 9月

鄂州市博物馆馆属未成年志愿者余子涵参加 2019 年湖北省文博系统"小小讲解员"讲解大赛获得二等奖。讲解员刘重光、冯燕琳参加"共和国故事汇——湖北省红色故事宣讲大赛"(决赛)分获三等奖和优秀奖。参加全市"青年文明号"优质服务比赛获"优秀奖"。

鄂州市博物馆接待中央电视台科教频道《探索发现》栏目组来馆拍摄青铜范铸工艺纪录片。

## 10月

参加湖北省文化和旅游厅鄂州机场文物保护项目工作会议,鄂州市博物馆馆长、法人代表与湖北省文物考古研究所所长签订协议。

鄂州市博物馆配合市、区两级文化和旅游局做好鄂州机场考古队伍协调工作,12 支考古队已全部顺利入驻并建好各自的基地。联系落实了文物点所在地的杨叶镇、燕矶镇征用民工等工作。10 月 10 日,鄂州市博物馆机场考古队率先开工。

配合中央电视台中文国际频道《远方的家》节目组来馆拍摄特色产业——古铜镜。

## 11月

鄂州市博物馆考古队完成对鄂州机场的勘探工作,进入发掘阶段。至 11 月 24 日,完成李家咀墓群考古勘探面积 46000 平方米,发掘古墓葬 1 座,出土黛板 1 件、青瓷盏 2 件;发掘窑址堆积 1 处,出土大量三国六朝时期的窑具及陶片,进入资料整理阶段。对面山墓群勘探约 10000 平方米,发现墓葬 12 座,其中 7 座正在发掘。11 月 22 日曹家湾墓群开始布方并全面揭露考古探方的表土,为下一步的墓葬发掘工作做准备。团田墓群、郭家岗墓群已完成勘探面积20000平方米，开始布方并全面揭露考古探方的表土，为下一步墓葬发掘工作做准备。吴小桥墓群目前发掘墓葬4座，窑址1处，出土龙虎纹镜1面、军司马印1枚、青瓷器若干。

## 12月

鄂州市博物馆考古队负责鄂州机场的6个文物点的考古田野工作如期完成。勘探面积18万平方米，发掘面积0.23万平方米，发现古墓葬34座、窑址1处、窑堆1处、灰坑1处，出土遗物177件、陶片窑具等标本若干。

鄂州市博物馆召开"吴王城遗址保护规划编制方案讨论会"。

《鄂州文物概览》出版。

鄂州市博物馆完成观音阁安防、防雷、过江电缆改造项目，以及怡亭铭配套防护设施——"怡亭"屋面、立柱维修和庾亮楼台基防水项目施工。贺龙军部旧址纪念馆、庾亮楼电气火灾监控系统安装调试完毕。馆藏送修（送至荆州文物保护中心修复）丝织品修复进度50%，漆木器进度55%。配合湖北省古籍保护中心完成鄂州市博物馆2000余册古籍图书的清理工作，录入古籍信息1700册，发现善本10册。完成馆藏200件字画的装裱工作。

# 荣 誉 集 锦

1.省级四项

鄂州市博物馆荣获"湖北省文博系统'十佳'社教团队"荣誉。

鄂州市博物馆荣获2019年湖北省文博系统"小小讲解员"讲解大赛优秀组织奖。

贺龙军部旧址纪念馆基本陈列荣获第三届（2018年度）湖北省博物馆、纪念馆六大陈列展览精品推介活动"优胜奖"。

贺龙军部旧址纪念馆被湖北省人民政府命名为"湖北省国防教育基地"。

2.市级两项

鄂州市博物馆荣获鄂州市"青年文明号"优质服务比赛"优秀奖"。

鄂州市博物馆志愿者团队荣获鄂州市"本禹志愿服务队"称号。

# 孝　感

## 孝感市博物馆工作综述

在孝感市文化和旅游局的统一部署和指导下,2019年全市各级博物馆紧密围绕文物保护、社会宣传教育等全局工作重点,以公共文化服务为导向,积极推进各项工作落实。

### 一、陈列展览和社教宣传

2019年各馆努力提升基本陈列展览的水平,提高临展频次,加强馆际交流合作,开展联展活动。同时,创新社教活动形式,依托网络宣传,加强文博活动网上推介,不断提升传播力、影响力和吸聚力。

汉川市博物馆举办2019迎新春"精品文物·传统文化·非遗图片展"。展览共有展牌40块,以文物图片为主,形象直观、真实简约,展现了近年来文物考古的新发现及汉川市的精品文物。展牌呈现了以国家级、省级、市级非遗项目汉川善书、马口陶器、汉川荷月、黄良辉的故事为代表的汉川市非遗项目,传统文化展包括二十四孝、我们身边重大传统节日的知识解读等内容。为隆重纪念中华人民共和国成立70周年,传承红色基因、弘扬革命精神,汉川市博物馆策划"汉川市红色文化名人事迹展",于国庆期间在汉川市体育

馆举办。展览采用图片的形式,分"辛亥志士彪炳青史""红色基因　世代传承""文化名人耀眼神州"三个板块共计40块展牌,旨在重温革命历史、缅怀革命先烈,永远铭记在汉川这片美丽的热土上曾经献出了热血和生命的汉川英烈。此外,还承办了2019"平安汉川、传承文明、品味端午"龙舟大赛民俗表演。

大悟县博物馆根据展陈主题开展红色革命教育活动。与省直机关工委党校签订协议书,举办"经典传颂铭初心,牢记使命再出发"主题党日活动,完成现场教学任务。组织城区各小学师生在博物馆开展主题为"追寻红色记忆·倾听历史声音"的公益讲解活动,引导孩子们重温红色记忆、发扬红色精神、传承红色基因。为庆祝"5·18"国际博物馆日,自5月18日起在大悟县礼山学校、大悟县实验中学、大悟一中等学校举办为期一个月的"大悟县革命文物遗迹"图片展览活动。7—8月,在大悟县金色华府会议室为武汉康乐旅行公司的"楚乡行"游客分批举办了"老区革命传统知识"专题讲座。

云梦县博物馆利用网络平台推介博物馆精品文物,扩大云梦文化强县社会影响力。

2019年4月，配合中央电视台《探索·发现》栏目组完成《揭秘"睡虎地"》采访拍摄工作，该节目于8月2—4日分三集在中央电视台科教频道《探索·发现》栏目黄金档播出，再次引爆社会各界对睡虎地秦简及云梦文化的关注度。配合网易网完成博物馆的展陈及内容讲解、拍摄工作，扩大博物馆社会影响力。参与国家网信办开展的"新中国70年、镇馆之宝70件"文物和档案故事征集活动。积极参加红色故事宣讲大赛以及"我和我的祖国"百姓宣讲活动。

孝感市博物馆坚持"引进来，走出去"的办展模式，除了日常维护基本陈列外，全年策划3个临时展览，引进外地5个优秀展陈，推出1个本地优秀展陈跨省交流。

## 二、文物保护

### （一）完善"一处一策"工作机制

全面推行文物安全保护"一处一策"工作机制，是贯彻落实《国务院关于进一步加强文物工作的指导意见》，着力提升文物保护单位安全防护工作的治理能力和治理水平，确保文物安全的一项重要举措。安陆市博物馆开展了全市文物安全巡查工作，完成7个乡镇2019年度"一处一策"文物保护单位安全目标责任书的签订工作。云梦县博物馆对20个县级以上文物保护单位集中树立了保护标志牌。孝昌县博物馆完成县级文物保护单位的安全巡查工作，完成"一处一策"的签订，并与孙家畈革命旧址、抗日军政大学第十分校旧址等重点建筑的文物看护人签订了文物巡查协议。

### （二）申报和实施文物保护项目

孝昌县博物馆石凤翔故居维修工程一期工程已完工，12月完成审计并成功经过专家验收，现正在向湖北省文化和旅游局申报2020年省级文物保护专项资金。草店坊城遗址安防工程、遗址布展项目已全部完成并通过验收。为加强对孙家畈革命旧址的保护

利用，孝昌县博物馆对孙家畈革命旧址编制了文物保护规划，对所有房屋进行租赁，为下一步布展做准备，目前已完成布展方案初稿。

孝南区博物馆完成省级文物保护单位东王桥的文物保护修缮立项、保护设计方案编制、资金申请、工程预算、采购程序等工作，预计2020年初开始施工。夏季雨水较多时，三汊镇文化站对东王桥存在的安全隐患进行了排除，清理了河道，加密了木桩和沙袋。省级文物保护单位金神庙遗址安防项目已完成立项申请和设计方案报批，项目分两期进行，一期预算240万元，主要对遗址的核心地带进行安全布控。

孝南区博物馆还协助孝感市住房和城乡建设局项目中心，开展西湖桥黑臭水体治理项目的文物保护部分的工作。两次参加水体治理规划设计方案的意见梳理会议，联系湖北省古建筑保护中心完成了西湖桥文物价值评估报告。工程已于2019年下半年动工，完成后将解决西湖桥下后湖冲沟的黑臭问题以及周边环境脏乱差这个"老大难"问题，为下一步做好西湖桥（澴川八景之一）的保护和利用工作创造了良好条件。

云梦县博物馆儒学大成殿复建工程已完成竣工验收工作，儒学大成殿配套建设工程已完成回填土方场地平整，正在组织绿化、亮化等施工。

### （三）文物安全大排查

2019年孝感市文化和旅游局文物科组织相关专家对全市范围内的文物保护单位进行了消防安全大检查、大整治，消防安全隐患排查及整改。孝昌县博物馆对孙家畈革命旧址进行抢救性维修及电路整改，消除安全隐患。应城市博物馆红旗人民公社旧址修缮工程和圣家岭天主教堂的修缮工程竣工，并通过了文物专家组的验收。孝南区博物馆在文物巡查中发现了肖港金神庙遗址（省级文物保护单位）保护范围内违规种植园林树木，立即阻止违规行为，三次到现场责令整改，现已

整改到位。孝南区三汊镇东王桥（省级文物保护单位）旁乱搭房屋100多平方米，给文物保护单位造成诸多安全隐患。在孝南区博物馆的积极协调下，按照保护要求，现已将房屋迁移。大悟县革命博物馆及时更新监控设备，将馆内监控并入大悟县公安局"雪亮工程"的公共安全视频云监控平台，为全馆文物安全设立了一道安全屏障。

（四）馆藏文物保护

云梦县博物馆增设三楼文物库房，推进文物预防性保护项目报批工作，改善馆藏文物保存环境；完成7件青铜器的修复工作，将展厅20余件霉变、泛白漆器及时送至湖北省博物馆进行修复处理，同时将两批送至该馆脱水保护的漆木器运回保存。大悟县革命博物馆委托有文物保护修复资质的太岳公司完成了馆藏铁质文物修复方案的编制，申请报告已上报国家文物局。同时，加大对征集革命文物的宣传，大悟籍老红军张继成的子女将其父亲在革命战争时期遗留下的八件珍贵"老物件"捐赠给博物馆，不仅充实了馆藏，更加强了对文物的保护。汉川市庙头镇平章小学将收藏20年之久的已故中央军委原副主席刘华清题词"王平章烈士"捐赠给汉川市博物馆收藏。此外，汉川市博物馆还加强对民俗文物的征集，重点以马口窑和汈汊湖区渔业文化为主，2019年共征集各类民俗文物及马口陶30多件，对濒临消失的民俗文物进行抢救性保护。

## 三、考古发掘

安陆市博物馆配合孝感市文化和旅游局文物科清理蒿桥社区新发现的清代墓葬1座，调查处理（就地填埋）巡店镇桃李村汉代墓葬1座，发现雷公镇幸福水库明代墓葬群。配合湖北省文物考古研究所调查、勘探洑水镇车站村时家享堂墓地。孝南区博物馆抢救发掘祝站镇裕丰村宋墓1座，出土文物10余件，抢救发掘三汊镇东桥村明墓1座，出土文物4件。孝感市博物馆完成多项田野文物点的清理、发掘、保护工作，开展了配合基础设施建设的公路改扩建工程文物调查。

## 四、基础设施建设

安陆市博物馆完成"东、西庑"文物展厅布展工程配套基础设施建设。应城市博物馆争取市政府投资50万元，改造红旗人民公社旧址院外环境。云梦县博物馆增设游客导览图，完善母婴室，完成AAA级旅游厕所的建设。孝感市博物馆新馆已交付并于2020年1月8日投入使用。新馆设"孝感古代文明史""红色征程展""孝感动天""炉火窑韵"四个基本陈列。

## 五、开展文物保护统一评价工作

孝感市博物馆抽调相关人员和武汉大学科技考古研究中心承担了全市开发区、工业园区区域性文物统一评价工作，负责孝感市各地开发区、工业园区的文物保护评估及保护方案和文物调查、勘探及工作报告的编制，各地博物馆积极协助。完成了汉川经济开发区的文物调查勘探及文物保护评估工作，大悟县文物保护评估工作正在进行中，安陆、应城、孝南、云梦已经编制了开发区文物保护评估方案，待送专家评审。

## 六、人才培养和学术研究

除了开展常规的党的理论知识学习、业务知识培训外，各地结合实际开展学术研究。云梦县博物馆编辑出版《云梦秦简风华》。大悟县博物馆2篇论文入选《作为文化中枢的博物馆：传统的未来——2019年湖北省博物馆协会学术研讨会论文集》，其中1篇《口述历史对革命史类博物馆工作实践探析》荣获二等奖。孝感市博物馆编撰《马口窑研究》，发表学术论文4篇。安陆市博物馆对全市68处文物保护单位实地复查，结合第三次全国文物普查资料，将涵盖城市文物古迹概况、重点文物保护单位情况的资料汇编成册，编纂成《安陆市城市古迹文物调查研究报告》，为历史研究和城市发展提供了基础性资料。

# 孝感市博物馆

2019 年在孝感市文化和旅游局党委的领导和支持下，在全体博物馆人的同心聚力下，孝感市博物馆以党建为引领，紧密围绕陈列展览、社会教育、文物保护、安全管理、新馆建设等业务，有序推进各项工作。

## 一、博物馆藏品管理

2019 年藏品管理主要围绕新馆搬迁做好准备工作，对馆藏文物进行盘点，做到账物核对无误。根据藏品外形和质量定制囊匣、木箱，购置垫箱海绵、珍珠棉、打包膜袋等用具，安排专人负责藏品打包，确保藏品在打包和搬运过程中完好无损。

## 二、博物馆陈列展览

2019 年孝感市博物馆围绕 2 个基本陈列，策划 8 次临时展览，接待省、市级领导，省内外同行等团体 25 批次，各界群众 15 万余人次。

### (一)基本陈列

孝感市博物馆现有"孝感出土文物精品展"和"中国民窑马口窑"两个基本陈列。2019 年主要对基本陈列进行日常维护，及时更换说明牌，充实展陈实物。

### (二)临时展览

#### 1.馆内展览

(1)1 月 21 日—2 月 28 日，开展"2019 新春美术书法摄影展"。展览由孝感市群艺馆、孝感市博物馆、孝感市美术家协会、孝感市书法家协会及孝感市摄影家协会联合承办，展示改革开放 40 多年以来，孝感在政治、经济、文化和社会方面的发展成就，展示孝感市的自然风光、民俗风情及其独特的文化内涵。

(2)1 月 30 日—3 月 30 日，"西京印迹——大同辽金元文物展"开展，展览展出大同市博物馆馆藏辽金元时期金、银、铜、玉、陶、漆木器、瓷器、水晶、壁画等文物 103 件(套)，其中二、三级文物 33 件(套)，未定级文物 36 件(套)。此次展览，让本地市民领略到了北方古代少数民族的生活方式、风俗习惯等灿烂的文化，增强了人们对中国传统文化的认识。

(3)4 月 2 日—5 月 30 日，"熠熠文光 昭昭文化——阜阳市博物馆冯文光先生捐赠书画展"在孝感市博物馆三楼临时展厅举办。冯文光(1916—1995)是安徽阜阳著名书画家、收藏家。1988 年，冯文光先生将珍藏的 414 幅册页、105 件条幅无偿捐赠给阜阳市博物馆。本次展览，从冯先生捐赠的书画作品中选取启功、孔小瑜、程十发、肖玉磊、徐德隆、费新我、宋文治等名家作品 100 余幅专题展出，题材涵盖花鸟、山水、人物等，供社会各界观众参观、赏鉴，丰富市民的文化生活。

(4)5 月 17 日—6 月 17 日，孝感市纪委监委机关联合孝感市文化和旅游局、孝感市博物馆举办以"党史中的纪律在心中"为主题的孝感市第二十个党风廉政建设宣传教育月活动专题展览，以展览的形式向广大党员干部开展"普纪"教育，引导党员干部学习党章、党规、党纪，做合格的党员干部，展览起到了很好的宣传效果，市直各机关组织单位集中参观学习,有的单位甚至以此为契机来博物馆开展支部主题党日活动。

(5)6月1日—7月20日,联合安徽省马鞍山市博物馆举办"契约中国展"。契约精神是与法治文明共同存亡、兴衰的融合体,在倡导法治建设的今天也值得我们学习、借鉴。此次共展出61件藏品,内容涵盖明、清、民国、中华人民共和国成立后的各类契约,时间跨度大、内容丰富、展品精美、地域跨度大、史料价值高,蕴含了极具地方特色的文化信息。通过展览,借一纸文书再现中华民族的诚信、善良、和谐之美德。

(6)7月20日—8月31日,为庆祝中华人民共和国成立70周年,孝感市博物馆、孝感市文联、孝感市收藏者协会共同举办"走进红色文化,传承红色精神"红色收藏展。收藏展共征集纸品藏品121张,瓷器、瓷像22件,丝织品4件,金属宣传品3件,其他材料藏品5件。藏品涵盖了毛泽东、周恩来、邓小平等领导人的历史文献,黄继光、邱少云等英雄及先进人物的资料,如伟人画像、像章、语录、诗词等资料以及中华人民共和国成立后的报刊、连环画、奖状、邮票、英雄纪念章等历史资料。

(7)9月4日—10月28日,举办"'我'从远古来——周口店遗址文物展"。周口店遗址是全国重点文物保护单位,同时被联合国教科文组织列入世界文化遗产名录。周口店遗址是人类了解自身进化历史、追寻远古文化足迹的一个重要窗口。展览共展出珍贵文物、标本、化石112件(套)。展览能够丰富观众的文化生活,让观众更加深入地了解周口店的北京人遗址,保护好、传承好祖先留给我们的珍贵遗产。

(8)11月27日—12月底,引进黄石市博物馆"烙画——火与纸的艺术展",纸质烙画是在传统烙画的基础上,借鉴中国画的笔墨技法和审美标准,运用电烙铁、打火机、喷火枪等工具直接在纸上作画。这种烙画是从黄石特定的自然环境、人文环境和历史的沉淀中涅槃而生的本土艺术形式之一,展览的引进令孝感市民领略了这一独特绘画形式的艺术魅力,开阔了眼界,丰富了文化生活。

2.境内馆外展览

与此同时,孝感市博物馆"湖北民窑——马口窑特展"于3月15日—5月15日、6月20日—8月20日分别在山西省大同市博物馆、安徽省阜阳市博物馆展出。通过不断地引进、输出展览,既丰富了展览内容,又起到了新、奇、特的展览效果,达到了吸引观众参观的目的,更有效地加强了地方间文化交流。

## 三、博物馆教育

### (一)教育项目

1.常设性教育项目

"5·18"国际博物馆日期间,孝感市博物馆开展内容丰富、形式多样的主题宣传活动,搭建博物馆与公众沟通互动的平台,加深公众对将博物馆作为文化中枢的理解与认同。

"5·18"国际博物馆日前夕,以举办流动展览、发放免费宣传册、问卷调查等形式宣传文物博物馆领域的法律法规、重要文件、国际公约,以及文物和博物馆知识。在博物馆大门口和主干道悬挂、张贴展示2019年度"5·18"国际博物馆日主题标语和宣传口号的海报,发放博物馆宣传册,还推出"传统遇见未来"主题活动。该活动以中国山水为灵感,以西式糕点为材料,围绕"青山绿水""水墨写意"等主题创作孝礼雅塾与壹甜时刻联名定制款——"山水微景观蛋糕",让大家了解古代饮食器具及中西糕点的特点。在方寸之间,展现天地大美。传统文物素材与现代创作形式的结合,让观众在传统中遇见未来,在未来中传承传统。

在同日夜间,开展"博物馆之夜——创意黏土制作马口窑图案"活动。首先举行公益讲座,让参与者对马口窑的由来、习俗、制作工艺、文化特色有全面的了解。然后亲手触摸马口窑花纹,在专业老师的带领下体验制作文物的快乐,加强博物馆与公众的联系。

6月8日是第十四个"文化和自然遗产日",为纪念这个重要节日,精心策划制作"保护革命文物 传承红色基因"孝感红色革命微展览,在城区主干道和博物馆大门口悬挂宣传横幅,电子显示屏播放宣传标语,现场发放《关于加强文物保护利用改革的若干意见》《关于实施革命文物保护利用工程(2018—2022年)的意见》等宣传资料,并引导观众填写关于文化遗产保护知识的调查问卷。

2.代表性教育项目

"孝礼雅塾"教育项目是孝感市博物馆立足馆藏、从公众需要出发、尊重传统、贴近生活而推出的品牌社教项目。该项目以孝礼文化为核心,开展重阳节敬老礼、抓周礼、射礼、中秋祭月大典、汉服元宵节等传统文化活动,连续两年入选全省青少年优秀教育项目。"孝礼雅塾"教育项目通过PPT教学、角色扮演、触摸文物、还原历史、体验互动等丰富多彩的形式宣扬孝礼文化,既根植传统美德,又为"孝礼文化"赋予新的内容和含义,与公众的日常生活紧密地结合在一起,引导正确的价值取向,形成文明礼仪的时尚和道德自律。

(二)教育活动

1.法定节假日和寒暑假策划实施的活动

9月13日,由孝感市委宣传部主办,孝感市文化和旅游局、孝感市博物馆等单位承办的"'梦圆中秋'庆祝中华人民共和国成立70周年暨2019年中秋文艺晚会"在孝感东站广场浓情上演。作为献礼祖国70华诞群众性文艺展演的首场演出,整台晚会分为"月明澴川""情满孝感"两个篇章,节目有编钟吟诵、大型舞蹈、杂技……一道道丰盛的文艺大餐轮番上桌,使观众共同回忆党的光辉历程,回望中华人民共和国取得的巨大成就,歌颂幸福今天,展望美好未来,为祖国献礼。现场观众1200人、直播观众10万余人一同享受了这场文化盛宴。

2.面向不同公众策划实施的特色教育活动

2月11日,元宵佳节来临之际,联合一宫社区、文昌社区举办"流动博物馆下基层"活动,特别推出图片展、文物触摸、历史知识有奖问答等活动,同时邀请孝南区剪纸艺术研究所专家讲授剪纸知识,社区家庭在专家的讲授下参与"巧剪新春"亲子体验活动。活动普及了传统民俗知识,增添了春节气氛,融洽了社区群众,营造了和谐向上的生活氛围。

弘扬中国传统书法文化,开办公益书法课。自5月15日始,每周三晚向社会开放公益书法课,从隶书入门,以特征明显、风格华丽、变化丰富的《曹全碑》为摹本,让公众感受书法独特的艺术之美。课程连续开展了十期,广大书法爱好者纷纷踊跃报名参加。

5月12日母亲节期间,孝感市博物馆推出手工团扇国画课,课程主张用一把素扇、一双手、一支笔,为母亲画出诗情画意的礼物。除了现场介绍团扇历史、制作团扇送给母亲之外,老师还对正在进行的"熠熠文光 曜曜文华"阜阳书画展做现场讲解,剖析中国画的用墨、技法及意境,让受众充分感受中华传统文化的魅力。

3.学校教育活动

阳春三月,为丰富学生的课余文化生活,展示志愿服务精神,博物馆特举办了两期"寻访西京印迹"主题社教活动,共有近60名小朋友踊跃参加,体验了充满乐趣和创意的文物DIY活动。活动分为两个环节,首先由讲解员给小朋友们讲解"孝感出土文物精品展"和"西京印迹——大同辽金元文物展"特展,然后由手作老师示范如何用黏土表现文物器型和装饰花纹,并现场演示制作一件器物。随后小朋友们充分发挥自己的想象,在博物馆志愿者的悉心指导下,自主完成文物作品。活动赋予静态的辽金元文物鲜活的生命,使孩子们在除书本和课堂之外感受到另一片知识天地。

为了全市博物馆、纪念馆志愿者工作的

良好发展,为了给全市博物馆志愿者小讲解员提供展示、学习、交流平台,为2019年湖北省文博系统"小小讲解员"讲解大赛推选优秀人才,9月8日在孝感市博物馆举办"'小小讲解员'讲解大赛"。大赛坚持公平、公开、公正的原则,选拔孝感市实验小学、文昌中学、金话筒语言中心共10位讲解水平和综合素质优秀的"小小讲解员",在进行初步培训后,以现场讲解和PPT展示相结合的方式,经五位专业评委严格评判打分,最终孝感市实验小学六年级郭珈鸣同学拔得头筹。这次选拔赛以赛代训、以赛促练,展示了孝感市博物馆"小小讲解员"的良好素养和风采。在9月13日举办的"湖北省文博系统'小小讲解员'讲解大赛"中,张泽靖同学代表孝感市参加活动获三等奖,孝感市博物馆获得优秀组织奖。

### 四、博物馆研究

#### 1.出版成果

为弘扬孝感地方文化,提升学术研究水平,在马口窑收藏家何昌义的协助下,抽调孝感市博物馆研究人员编撰《马口窑研究》一书,对馆藏130余件马口窑陶器进行分类、测量尺寸、描述,并拍照整理、分类研究,现已编撰完成初稿。

#### 2.发表论文

共有3篇学术论文发表在《作为文化中枢的博物馆:传统的未来——2019年湖北省博物馆协会学术研讨会论文集》中,《从馆藏青铜提梁鸮卣看晚商时期的鄂东北与中原地区的关系》论文发表于《文物鉴定与鉴赏》(2019年第1期)。

### 五、博物馆建设与管理

#### 1.发展规划与建设

孝感市博物馆新馆正式交付使用单位后,2019年主要围绕新馆搬迁前设备调试、人员安排、清点打包等开展搬迁前的一系列准备工作。

(1)参与各项招投标事项,根据工作需要,对电子设备、观众智慧服务管理系统、安防设备、消防设备、文物库房设备等采购提供相关资料及方案建议。

(2)为解决新馆运行人员紧缺、经费困难问题,多方奔走,积极向人事部门、财政部门提交增加人员编制、运行经费等的申请报告,争取政策支持。

(3)为新馆文物征集,组织相关行业专家,召开文物征集鉴定评审会。

(4)做好新馆搬迁前的准备工作。包括向财政部门申请搬迁费用,文物清点、文物打包设备的定制,固定资产清点,人员安排,文物打包,制订搬迁实施计划,与搬家公司及押运公司确定运输方案,装运等。

(5)接收清点、核验新馆消防、安防、导览设备及其他办公设备。

#### 2.安全管理

为消除安全隐患,定期对安防、消防设备进行维护。每季度请专业电工施工队对馆内应急照明、疏散指示标志等进行检查,对有故障的设施进行检修,以恢复使用;对一楼大厅和各展厅射灯进行检修、更换;年初,阴雨天频繁,因四楼平台积雨,造成三楼展厅漏雨,故对四楼平台做防水处理,对平台外露台处生长的干枯杂草及飘落的杂物进行清理,避免积雨威胁展厅文物安全。清理监控室、展厅、多功能活动室、各办公室、库房等处堆放的可燃物,消除火灾隐患。

同时,严格执行各项安全管理制度。坚持24小时值班和领导带班制度,认真做好开、闭馆前后文物、安防和消防设备的检查及清场工作,组织全体职工开展消防知识培训演练。对有消防、安防隐患的设施、设备进行维修,通过了孝感市消防大队的安全检查。通过各项防范措施,确保了全年无文物安全事故、消防安全事故和突发事件发生。

### 3.人才培养

为提升讲解技能,聘请专业老师对讲解员进行指导,从基础入手教授、讲解理论知识,督导定期抽查学习成果。此外,还加强了声乐等才艺培训,全面提升参加讲解赛事相关人员的综合素质。在各种讲解赛事中,成绩优异,展现了孝感市博物馆的风采。

### 六、田野文物保护

(1)完成五龙舒家湾墓地、大周家湾墓地资料整理及工作报告的编写。在对大周家湾墓地的抢救性清理完成后,对五龙舒家湾墓地、大周家湾墓地资料进行整理,以及编写工作报告。两个墓地合计清理唐、宋墓葬37座,清代土坑墓5座,出土器物53件。丰富了研究孝感地区唐宋时期文化的资料。

(2)进行孝汉应高速公路、长兴三路延长线、安陆桃源至字畈公路改扩建工程的文物调查。孝汉应高速公路发现各类文物点6处,长兴三路延长线发现文物点4处,并分别根据调查情况编制工作报告。安陆桃源至字畈公路改扩建工程的文物调查未发现文物点。

(3)根据湖北省文化和旅游局的工作安排,孝感市博物馆承担了全市开发区、工业园区区域性文物统一评价的工作,负责孝感各开发区、工业园区的文物保护评估及保护方案和文物调查勘探工作报告的编制。前期主要是与孝感各开发区、工业园区接洽,拟订调查及保护方案,目前完成了汉川经济开发区的文物调查、勘探及文物保护评估工作,大悟县的文物保护评估工作也正在进行中,安陆、应城、孝南、云梦已经编制了开发区文物保护评估方案,待送专家评审。

(4)对安陆市博物馆院内因施工挖出的明清时期的墓葬进行抢救性清理发掘。清理砖室墓1座。

(5)9月30日,接群众报告正在进行的老澴河项目改造工程涉及一座清代晚期码头,立即派专人前往现场调查,并与老澴河综合治理建设工程项目指挥部工作人员现场沟通,决定在市文化和旅游局的委托下,由孝感市博物馆对城隍潭码头遗址进行文物调查及勘探。目前,文物勘探方案及经费预算已编制完成,正与建设施工方积极沟通中。

(6)10月,接到孝感市委党校院内发现一批石构件疑似为文物的线索,在孝感市文化和旅游局文物和非遗保护科的安排下,博物馆专业人员到现场查看。经确认,此批石柱础、赑屃等石质类构件确属古代文物,现存放在野外的临时棚子里。据推测,市委党校院内为孝感旧城中心位置,可能是早年旧房拆除后遗弃的石构件。为使此批石质类文物得到有效保护,经市文化和旅游局协调,市委党校同意将此批文物移交孝感市博物馆收藏保管。

(撰稿人:何旭佳)

# 大　事　记

## 1月

1月21日,孝感市博物馆开展"2019新春美术书法摄影展"。

1月30日,孝感市博物馆开展"西京印迹——大同辽金元文物展"。

## 2月

2月11日,孝感市博物馆在一宫社区开展"巧剪新春"亲子体验活动。

## 3月

3月15日,孝感市博物馆举办"寻访西京印迹"主题社教活动。

## 4月

4月2日—5月30日,孝感市博物馆举办"熠熠文光 昭昭文化——阜阳市博物馆冯文光先生捐赠书画展"。

## 5月

5月12日,母亲节期间,孝感市博物馆推出手工团扇国画课。

5月17日,孝感市博物馆举办以"党史中的纪律在心中"为主题的孝感市第二十个党风廉政建设宣传教育月活动专题展览。

5月18日,国际博物馆日期间,孝感市博物馆开展系列活动之"博物馆之夜——创意黏土制作马口窑图案"。

## 6月

6月1日,孝感市博物馆联合安徽省马鞍山市博物馆举办"契约中国展"。

6月8日,孝感市博物馆举办"文化和自然遗产日"系列活动。

## 7月

7月26日,孝感市博物馆与孝感市文联、孝感市收藏者协会共同举办"走进红色文化,传承红色精神"收藏展。

## 8月

8月30日,孝感市文化和旅游系统"时代新人说——我和祖国共成长"演讲比赛中,孝感市博物馆职工吴茜荣获一等奖。

## 9月

9月13日,孝感市博物馆举办"'梦圆中秋'庆祝中华人民共和国成立70周年暨2019年中秋文艺晚会"。

9月4日,孝感市博物馆举办"'我'从远古走来——周口店遗址特展"。

9月14日,在2019年湖北省文博系统"小小讲解员"讲解大赛中,孝感市博物馆小选手、志愿者"小小讲解员"张泽靖荣获三等奖,孝感市博物馆获得优秀组织奖。

## 10月

10月14日,孝感市委党校将一批石质类建筑构件文物移交孝感市博物馆。

## 11月

11月27日,孝感市博物馆引进黄石市博物馆"烙画——火与纸的艺术展"。

## 12 月

12月23—24日,孝感市博物馆聘请专业搬家公司,动用5台箱式货车、2台高空车辆,在公安干警的护送下,顺利完成馆藏文物的搬迁工作。

# 荣 誉 集 锦

孝感市博物馆社教部团队打造优势社教品牌,不断创新活动形式,活动辐射面广、影响力强,活动成效有目共睹,在2019年度湖北省文博系统"十佳"社教团队推介展示活动评选中荣获"优秀社教团队"荣誉称号。

9月13日举办的2019年湖北省文博系统"小小讲解员"讲解大赛中,张泽靖代表孝感市参加比赛获三等奖,孝感市博物馆获得优秀组织奖。

# 黄　冈

## 黄冈市博物馆工作综述

2019 年，在湖北省文化和旅游厅、湖北省文物局和黄冈市委、市政府的关心和大力支持下，在黄冈市文化和旅游局的正确领导下，黄冈市文物局和全市各级各类博物馆、纪念馆，坚持以业务工作为中心，创建国家公共文化服务体系，发展黄冈文物事业，认真履行职责，爱岗敬业，在陈列展览、免费开放、学术研究、文物普查、藏品管理与保护、文物安全、社会教育和文化产业发展等各项工作中取得了良好的成绩，全市文博事业蓬勃发展。

截至 2019 年底，黄冈市共有各类博物馆、纪念馆 23 家。其中，国有博物馆 12 家〔黄冈市博物馆、黄冈市民俗博物馆、黄州区博物馆（黄冈市李四光纪念馆）、蕲春县博物馆、团风县博物馆、英山县博物馆、浠水县博物馆、红安县博物馆、武穴市博物馆、黄梅县博物馆、麻城市革命博物馆、罗田县博物馆〕，国有纪念馆 8 家（黄冈市苏东坡纪念馆、蕲春县李时珍纪念馆、浠水县闻一多纪念馆、红安县七里坪革命纪念馆、红安县董必武故居纪念馆、黄麻起义和鄂豫皖苏区革命纪念馆、李先念故居纪念馆、麻城市乘马会馆纪念馆），民办博物馆 1 家（大别山民俗博物馆），行业性博物馆 1 家（黄冈革命纪念馆）。全市各地文博管理机构 8 个（含文物局 7 个、县级文管所 1 个）。全年累计接待观众约 780 万人次。

### 一、博物馆藏品管理

#### （一）藏品征集

##### 1.藏品征集数量与内容

2019 年，黄冈市博物馆配合地方经济建设，完成田野考古抢救性发掘工作，完成合安九铁路黄梅五里墩遗址的田野勘探与抢救性发掘工作，勘探面积 3000 平方米，发掘面积 100 平方米；完成黄黄高铁文物保护项目的抢救性发掘工作，勘探面积 10000 平方米，发掘面积 800 平方米；参与湖北省重点工程——鄂州机场项目的抢救性发掘工作，勘探面积 8000 平方米，发掘面积 400 平方米；完成鄂州机场团风导航台项目的文物调查工作；完成鄂州机场燕矶大桥连接线工程的田野调查工作；完成幼树湾项目的抢救性发掘工作。

红安县文物局申报了国家级文物保护单位毛咀屋红军兵工厂、鄂豫皖特区革命军事委员会旧址勘察立项设计方案并获批通过，完成了省级高桥河桥修缮工程。启动了陂安南县政府保卫局旧址、二十八军新兵营招兵处等文物抢救性保护工程建设；2019年3月，韩先楚故居等3处省级文物保护单位的维修工作通过黄冈市文物局验收；启动了列宁小学、李天换将军故居、李天灼将军故居等处文物的保养维护工程。加大对可移动文物的征集工作，完成徐深吉故居相关文物实物的征集工作。

黄梅县博物馆2019年共征集各类藏品407件（套），其中明嘉靖奉天诰命和明代水墨画各2幅，电视剧《传灯》道具244件（套），日用家具20件（套），《黄梅县志》和《五祖盛景图》等书籍124件（套），黄梅挑花方巾、挂饰16件（套），六朝褐釉罐1件（套）。

黄州区博物馆以陈策楼镇寨上遗址为依托，联合武汉大学设立考古系本科生实习基地，目前已完成500平方米的发掘工作，出土文物标本500件，发掘宋代房屋遗址1处；抽调专业人员配合省文物局、省博物馆对黄黄高铁黄州段文物开展抢救性清理工作。

黄冈市民俗博物馆新增征集民俗实物42件，馆藏实物1550件，包含黄冈民间生产、生活、民间工艺、美术、非遗等门类。

麻城市革命博物馆根据湖北麻一建设有限公司麻城市钓鱼台景区文化旅游开发及生态修复项目清淤工程项目部在阎家河钓鱼台景区项目开发施工中发现古墓葬的报告，立即组织专业人员到现场勘查，随后着手展开抢救性的考古发掘。此次发掘古墓葬2座，发掘面积约10平方米，出土文物13余件，有效保障了野外文物安全。针对市重点建设项目——麻城市沪蓉大道东段发现的砖室、石室墓地，及时向上级报告争取经费，联合湖北省文物考古研究所对墓地展开考古调查、勘探发掘工作。

蕲春县博物馆征集文物共计10件，其中西周青铜鼎1件、战国铭文铜戈1件、宋代铁刀等兵器6件、元明时期的青瓷碗2件。

团风县博物馆配合省文化和旅游厅、市博物馆开展团风县辛亥革命文物调研的工作。

浠水县闻一多纪念馆派专人赴贵州省道真县接受冉文玉代潘言敏向闻一多纪念馆无偿捐赠的闻一多篆刻"赵季恒"牙章一枚。

2.所征集藏品的作用与意义

黄冈市博物馆通过考古、勘探、发掘，增加了博物馆藏品的数量，丰富了藏品的种类，完善了藏品的体系，也为提高黄冈市博物馆科研水平和探究黄冈历史、社会、经济、文化、艺术的发展提供了佐证。

黄梅县博物馆两幅奉天诰命是黄梅曹氏明代先祖、嘉靖二十九年（1550年）进士、兵备副使曹麟受皇封而得，其后人对此精心保存，相传20余代人，付出了巨大的心血和代价。两幅奉天诰命为明世宗朱厚熜于嘉靖年颁制。一份是诰授曹麟为奉直大夫，封其妻许氏为诰命宜人，以奖其内助之贤。另一份是褒奖其父母教子有方，诰封其父为奉直大夫户部员外郎，其母黄氏为诰命夫人。两幅奉天诰命历经450余年仍然保存完好，为研究曹麟的生平及黄梅县的明代历史提供了可信的实物史料，其价值重大且十分难得。征集两幅奉天诰命既丰富了黄梅县博物馆的馆藏文物，填补了馆藏文物圣旨收藏的空白，也使国家珍贵文物得到有效保护。其他各类文物的征集丰富了博物馆的藏品，提升了黄梅县博物馆新馆展览的质量与效果，利于更好地开展陈列展览、展示和学术研究等活动。

蕲春县博物馆征集的文物——西周青铜鼎出土地点不详，具有南方文化特征。征集的宋代兵器对于研究蕲春罗州城的历史具有十分重要的意义。元明时期的青瓷碗相对完整，丰富了馆藏。

浠水县闻一多纪念馆接受捐赠的闻一多篆刻"赵季恒"牙章得到其子女的确认，堪称牙章上品。该牙章现珍藏保护于纪念馆，完成了赵季恒转赠的嘱托和潘言敏的遗愿，也充实和丰富了纪念馆的文物藏品。

浠水县博物馆配合"一河两岸"工程,对浠水老城的跃龙门旧址进行了考古发掘。协调做好黄黄高铁沿线的文物保护工作,同时对巴河镇袁桥村董下湾墓地进行了局部发掘。

### (二)藏品档案

黄冈市博物馆馆藏文物建立了完备的电子档案,完整、详细地记录了文物藏品的级别、年代、数量、质量、尺寸、完残情况和出土情况。

黄梅县博物馆的馆藏藏品管理严格按照《博物馆管理办法》的相关规定执行,加强了保障文物库房藏品安全的设备和设施建设,设立专库或专柜并由专人负责保管,建立了藏品总账、分类账及每件藏品的档案,并依法办理备案手续。

蕲春县博物馆馆藏文物已经建立总账和分类账,按照相关要求建立了电子文档。文物的相关档案资料还有待进行专业整理和管理。

### (三)藏品安全

#### 1.藏品的日常性保护设备设施运行

红安县文物局构建文物安全人防体系。为县级以上文物建筑保护单位配备兼职文保员,2019年新增专职文保员97人,总数达到108人,实现县级及以上文物建筑保护单位文保员全覆盖。搭建文物安全管理平台,建立文保员管理平台,制定文保员管理办法,实行日统计、月公布、季通报、年考核,不断压实文保员的工作职责。

黄州区博物馆完成福音堂安全防护(防雷)工程,全面提升文物保护单位的安全防控能力。

黄冈市民俗博物馆完善各项规章制度,加强安全管理。贯彻文物保护、消防安全等法律法规,按照"预防为主,防消结合"的工作方针,落实安全生产的工作要求,制定了《消

防安全管理制度》《安全保卫职责》《文物库房管理制度》《消防巡查制度》《防火检查制度》《用电安全管理制度》《电器设备检查管理制度》《重点部位消防管理制度》《文物安全事故应急预案》等文物安全和消防安全工作制度。加强对展馆、库房等重点区域的安全巡查,检查监控设备的运行状况,定期组织消防、安防大检查,发现问题及时汇报并整改,确保全年零事故。

罗田县博物馆将文物保护工作常态化,做到每月对重点单位进行安全隐患巡查一次、每年对全县文物点巡查一遍。及时掌握各文物点的安全状况,发现问题立行立改,或制订、整改维修方案,然后逐步进行。一是1月开展古建筑文物安全检查工作,同时更换各处消防器材,分发"文物安全注意事项"宣传单,确保春节期间文物安全。二是3月巡查胜利老街文物的安全情况,发现"店员工会"存在墙体倾斜、木质腐朽、屋面破漏等问题,及时组织维修,消除了安全隐患。三是按照县委会议纪要的要求,组织编制完成《胜利老街文物保护工程勘察设计方案》,并通过市文物局专家评审。编制省级文物保护单位文庙大成殿、吴氏节孝祠的维修方案,均通过上级评审。四是积极进行市人大检查落实"黄冈市革命遗址遗迹保护条例"的迎检工作。加强对革命遗址遗迹安全的保护,完善"五有"保护工作,对十几处革命遗址遗迹县级文物保护单位树立了保护标志牌。五是在6月"安全生产月"中,黄冈市博物馆大力开展文物安全大排查行动。六是对省级文物保护单位文庙大成殿安装消防烟感器,并拆除原由不防火材料搭建的办公室,改用合规防火材料制作,杜绝火灾隐患。七是对文物库房进行整理、整修工作,优化文物保护环境。

麻城市革命博物馆做好库房藏品的通风、除湿、防鼠、除虫、去尘等日常管理工作。学习并明确《文物库房工作人员职责》,严格执行《文物库房管理制度》,认真填写工作日

志和出入库房人员记录,确保藏品安全。博物馆全员参与安全保卫值班,坚持24小时全天专人值守,不断强化安全意识、责任意识和大局意识,充分发挥安防监控系统的功能和作用,坚持人防、技防相结合,确保安全。先后组织全馆干部职工进行了3次消防演练,开展了防火逃生演练,普及消防知识,提升设备器材使用的技能。同时对博物馆出租门店的业主进行了安防、消防知识的宣传,提醒业主注意防火、防盗,从而实现了展出文物和馆藏文物安全无事故。

武穴市博物馆重新修订完善了《安全管理制度》《安全值班制度》《消防安全制度》《免费开放工作绩效考评暂行办法》等安全管理的各项制度,进一步明确了安全职责、程序与要求,使博物馆的安全管理走上制度化轨道。坚持文物安全工作常抓不懈,做到"人防、技防、物防"相结合,确保文物安全零事故,2019年武穴市博物馆安防系统达标工程全面完工,通过省文物局、省公安厅联合验收小组的验收并正式投入使用。

浠水县闻一多纪念馆开展消防知识培训演练,对在职工作人员进行年度消防培训,培训学习了消防法、《湖北省消防条例》及相关消防知识。参加普法知识竞赛答题、安全生产知识网络竞赛等。特别是2019年的廉政教育展厅建设及展览提升工作,对施工安全严格把关,合理放置游客进出安全工作提示牌,做好安全防护工作,杜绝安全隐患。

浠水县博物馆认真落实安全责任制,层层签订责任书或看护协议;完善消防设备和消防管理制度,按时更换文物保护单位灭火器,建立微型消防站,增配市、县级古建筑文物消防器材等;制订消防应急预案和组织演练;开展文物保护单位的安全隐患排查和整改落实;每季度对全县文物保护单位及部分文物点开展一次文物安全巡查;制订浠水县博物馆安全生产自查方案;组织"防风险、保平安、迎大庆"浠水县博物馆消防应急演练活动;加强博物馆的安全保卫措施和力量,进一步完善安保制度和措施,强化责任并24小时不间断地进行安全巡查,确保博物馆安全。

英山县文物局加大对文物安全消防隐患的整改力度。2019年7—11月,文物局结合县政府颁布的"禁火令",先后四次专门召开文物单位消防安全会议,积极联合县应急部门、县消防部门、公安局等单位组成专班,对全县文物单位进行全覆盖、地毯式排查,发现隐患,现场指导,立即整改。在2019年重大旱情中,实现全县文物单位消防安全零事故。加大文物安全日常巡查力度,进一步完善巩固文物单位安全保护"一处一策"工作机制,采取人防、物防、技防相结合,抓好安全源头治理和预防监管。组织开展全面普查3次、巡查12次、重点督查8次,对毕昇纪念馆、文物库房、段氏府的技防进行完善和改造,与公安局建立联防协作制度,实现安全监控全覆盖、无盲区、无死角、无间隙。扎实做好中华人民共和国成立70周年和武汉军运会期间的文物安全工作,确保全县文物市场安全有序、平安稳定。

英山县博物馆新馆建设如期进行。博物馆房屋产权调剂备案手续,办公室和会议室装修、文物库房安防方案和安全门安装已完成,《英山县博物馆改建工程经费申报书》《英山县博物馆安全技术工程立项报告书》已上报省文化和旅游厅。

2. 藏品的修复、保护

红安县文物局深入开展第八批全国重点文物保护单位申报工作。其中,紫云区农民协会旧址已从红安县文物保护单位升级为湖北省文物保护单位;展陈提升方面,投资20万元对徐深吉故居进行复原陈列和布置生平纪念展;申报并完成了修缮戴克敏故居、陈美藻故居的工程。

黄梅县博物馆2019年向国家文物局和省文化和旅游厅申报了黄梅县博物馆馆藏金属文物保护修复项目和黄梅县博物馆馆藏陶

瓷器文物保护修复项目的立项计划,国家文物局和省文化和旅游厅已批复了这两项修复工程。这两项修复工程的实施,有利于对馆藏文物有针对性地采取必要措施,做好文物藏品的保管、养护工作,以及更好地传承文物的历史、科学和艺术价值。

陈潭秋故居启动了三期全国红色旅游经典景区基础设施建设项目设计工作。安防项目获得省文化和旅游厅立项,争取景区旅游厕所建设补助资金50万元,协助区组织部申报陈潭秋故居改造项目,协助陈策楼镇进行陈潭秋故居后10户农户外迁的工作。

黄州区博物馆馆藏漆木器、青铜器文物保护修复项目成功验收。馆藏陶瓷器文物保护项目通过验收,此次验收的文物是区博物馆近两年来在实施文物保护工作中抢救性发掘的重要出土文物。通过保护修复,400余件陶瓷器得以重焕光彩。

罗田县博物馆对胜利老街红一军军部旧址维修工程质量进行全程监管并完工,已通过各方验收。组织资金对省级文物保护单位九资河新屋垸民居开展消防工程。2019年5月开工,11月完工,并经验收合格。开展对金凤楼维修复建工程的监管工作,预计2020年3月全面完工。

麻城市革命博物馆完成了省级文物保护单位王氏祠维修工程320万元资金的下达工作,雷氏祠维修保护工程(200万元投资)正在按程序进入工程施工阶段。投资70万元的省级文物保护单位中共麻城县委旧址(孔庙)消防工程已完工,即将进入工程验收阶段。雷氏祠成功申报第八批全国重点文物保护单位。

蕲春县博物馆建立了专门的文物库房,分别放入保险柜、木质柜。国家文物局批准的馆藏金属文物修复因为某种原因未能继续,目前处于停滞状态。对部分珍贵文物制作了专用囊匣予以保护。

浠水县博物馆市级文物保护单位抗日民主政府旧址和县级文物保护单位徐氏祠文物保护工程维修施工基本完工,按照《中华人民共和国文物保护法》相关规定妥善处理了北城新区黄龙港箱涵建设与县级文物保护单位尽街桥保护的矛盾,并启动了尽街桥保护维修工程,8月该项目竣工;对丁司垱县级文物保护单位汉赖祖祠维修保护工程进行了结项验收;完成全县150处县级文物保护单位及609处一般文物点基本信息表的填报与报送;博物馆古籍修复项目完成,并进行了技术验收;举行了文庙保护规划的论证及征求意见会,完成文庙保护规划初稿;程氏祠堂维修项目进入招标阶段。

英山县文物局加大对红二十五军军部旧址修缮工程的投资力度,共投资76万元;省级文物保护单位卫氏宗祠修缮工程前期工作方案三轮评审已通过,资金申报已到位;完成段氏府第一阶段病虫害防治工作,病虫害得到有效遏制。段氏府消防工程已通过公安消防大队验收,正在试运行;全面完成李公桥、陈卫东故居和中原纵队旧址等文物点的修缮和日常保护;委托专业公司编印的《英山县省级文物保护单位病虫害防治方案》初稿已完成;安家大屋文物保护修缮工程经过立项报批、勘察设计、方案评审、资金申报、造价编制、工程招标、合同签订、工程备案等程序后已于11月上旬正式开工;馆藏瓷器修复项目于9月27日在湖北省文物交流信息中心通过国内知名专家评审,得到一致好评,修复34件珍贵文物,大大提升了馆藏水平和质量;认真贯彻落实《黄冈市革命遗址遗迹保护条例》,印制发放3000多册法规宣传册。

(四)藏品数字化

黄梅县博物馆在"全国第一次可移动文物普查"数据基础上建立了馆藏文物藏品分类体系,建立了藏品数字化数据库。严格按照文物分类标准,结合黄冈市博物馆自身实际情况合理分类,建立了藏品电子档案,电子档案与库房存放位置一致,便于查找。

## 二、博物馆陈列展览

### (一)基本陈列

麻城市革命博物馆现有基本陈列1个,为"追寻历史 探索文化——麻城市历史与文物陈列展览"。

武穴市博物馆馆内常设4个展厅,基本陈列2个,分别为"武穴地区精品文物陈列展""武穴鼓山遗址出土文物展",并在省级文物保护单位饶汉祥旧居设有"武穴革命史展"。

黄冈市民俗博物馆现有基本陈列4个,为"鄂东名人文化展""黄冈生产生活展""黄冈民间艺术展""黄冈美术书法摄影名家精品展",展线长约1000米,面积约3500平方米。2019年3月启动了场馆升级改造项目。12月全面完成了一楼大厅、四大展厅、多功能厅、办公区、庭院整修及加装电梯、大楼亮化的提档改造。

黄州区博物馆(黄冈市李四光纪念馆)现有基本陈列4个,分别为"李四光生平事迹展""李四光科普成就展""黄州郢城历史文化展""李四光廉政展览"。

黄冈市苏东坡纪念馆现有基本陈列3个,分别为"苏东坡生平事迹及文学作品展览""东坡文化及其相关文物展示""梅、兰、竹、荷文化及其科普知识展览"。

黄州区陈潭秋故居管理处现有基本陈列1个,为"陈潭秋生平事迹展"。

团风县博物馆现有基本陈列5个,分别为"团风文物实物展""团风第三次文物普查成果展""团风战役陈列馆""团风名人馆""团风农民画展"。

红安县文物局投资40万元完成对长胜街经济公社、合作饭堂新增陈列布展工作。

红安长丰纪念馆(李先念故居纪念馆)现有基本陈列28个,展出包括皮鞋、派克钢笔、眼镜、力加表、紫砂壶、中山装、布鞋、桌子、椅子、木梯、纺线车、列宁服、银圆、叉子、长矛、长柄刀等物品。

李时珍纪念馆现有基本陈列2个,分别为"李时珍生平纪念展览""李时珍药物展览"。

红安县博物馆现有基本陈列3个,分别为"红安文化历史展""叶君健生平展览""张培刚生平事迹展览"。同时,七里坪革命纪念馆和董必武故居纪念馆分别设置"革命重镇七里坪"和"董必武故居复原陈列""董必武故居纪念展"的基本陈列。"革命重镇七里坪"展示七里坪在新民主主义革命时期,以黄麻起义策源地为开端,发生在七里坪镇的革命斗争,以及鄂豫皖革命根据地中心区域的形成过程,最后在这片英雄的土地上走出了红四方面军、红二十五军、红二十八军等的历程;"董必武故居纪念展"分为"家世·家风""亲情·乡情""少年·成长"三个单元,以董必武故居为主体,介绍董氏家族主要成员的基本情况,董必武少年、青年时期的成长经历等内容,重点介绍故居的历史沿革以及董必武少年、青年时期的成长经历中有代表性、阶段性和启发性的故事或事件。

黄麻起义和鄂豫皖苏区革命纪念馆现有基本陈列4个,分别为"董必武、李先念生平事迹展""黄麻起义""鄂豫皖苏区革命烈士事迹展""历史展"。

黄梅县博物馆现有基本陈列5个,分别是"黄梅挑花文化展""黄梅历代进士展""黄梅戏文化展""黄梅焦墩卵石摆龙展""黄梅籍吴玉城先生捐赠文物展",是黄梅县博物馆展陈的核心和灵魂。

罗田县博物馆现有基本陈列1个,为"平安生肖文物展"。

红安县七里坪革命纪念馆现有基本陈列6个,分别为"红四方面军指挥部旧址陈列展""七里坪革命法庭旧址陈列展""七里坪革命史陈列""七里坪工会旧址陈列展""鄂豫皖苏维埃银行旧址陈列展""郑位三生平及文物复原展"。

黄冈革命纪念馆现有基本陈列 1 个,为"黄冈革命史展"。

蕲春县博物馆现有基本陈列 2 个,分别为"皇族遗风——荆王府出土文物专题陈列""长江名城——罗州城"。

浠水县闻一多纪念馆现有基本陈列 1 个,为"闻一多先生生平事迹展"。此外,打造了浠水县"清泉长流清风劲"廉政教育展项目。该项目由县政府投资 100 万元,县纪委监委主建,县文化和旅游局为业主单位,浠水县闻一多纪念馆负责筹建。到 11 月底,以"清泉长流清风劲"廉政教育为主题展的"浠水县廉政教育馆"已建成并对外试运行展出。

浠水县博物馆现有基本陈列 4 个,分别为"浠水革命史陈列""浠水县历代名人展""精品文物展""石刻碑廊"。

英山县博物馆现有基本陈列 1 个,为"毕昇文物图片展"。

麻城市乘马会馆纪念馆现有基本陈列 3 个,分别为"山乡风——乘马岗革命史陈列""红旗卷起农奴戟——中央农民运动讲习所学生军指挥部原状陈列""开国将军从这里走来——乘马籍将军纪念展"。

(二)临时展览

2019 年,黄冈市博物馆引进、联办、举办各类临展,做好各项展览活动,获得观众一致好评。举办了"黄冈历史文化名人遗珍展""弘扬宪法精神 建设法治中国图片展""党史中的纪律——反腐倡廉历程展""祖国颂政协情——黄冈市政协庆祝新中国暨人民政协成立 70 周年书画艺术展""不忘初心 牢记使命'档案文献展""烙画——火与纸的艺术展"等多个专题展览。

黄梅县博物馆在馆内外举办了多次临时展览,其中馆内展览有"黄梅现代书画展"。在"5·18"国际博物馆日等特殊纪念日还举办了馆外临时展览"红色记忆——黄梅人民革命史展""黄梅历代名人展"等。

陈潭秋故居纪念馆与黄州区博物馆联合在陈潭秋中学举办了"珍爱生命 拒绝毒品图片展""黄州区文物展"。

黄州区博物馆举办了五次临展:一是 3 月 31 日上午,黄州区宣传部、团区委、区妇联等 20 余家单位在陶店村霸城山乡举办文化科技卫生"三下乡"集中示范服务活动。作为黄州区禁毒教育基地的黄冈市李四光纪念馆,特制作"珍爱生命 远离毒品"的专题展览送到乡镇展出。二是"5·18"国际博物馆日在李四光纪念馆广场举办文物保护和"珍爱生命 拒绝毒品"专题展。三是 5 月 29 日在陈策楼镇的小学举办文物保护和"珍爱生命 拒绝毒品"专题展。四是 6 月 23 日配合遗爱湖清风广场举办"禁毒蓝天下幸福千万家"晚会,开展禁毒专题展。五是 7 月 17 日在舵塘村举办禁毒专题流动展和文物保护专题展。

黄冈市民俗博物馆举办了 3 个临时展览,分别是"中华人民共和国监察法知识漫画展(二)""稚美·致美首届青少年儿童手工作品交流展""礼赞中国 魅力新黄冈'摄影展"。

罗田县博物馆与县纪委、县文化和旅游局联合举办"罗田历史清正廉明人物展",举办《黄冈市革命遗址遗迹保护条例》专题展、"罗田县革命遗址遗迹名录及图片"专题展、"罗田历史名人展"等。

麻城市革命博物馆举办了《中华人民共和国监察法》漫画图解展和"党史中的纪律"专题展。

蕲春县博物馆馆内专题展览为"蕲春历史名人展",馆外流动展览制作了"蕲春历史名人图片展",与县教育局联合送展入校。

浠水县博物馆举办"浠水历史名人展""浠水历史遗迹展"临时流动展牌。

英山县文物局利用"文化和自然遗产日",举办"英雄大别山 红廉鄂豫皖""中共党史展""英山革命史"等流动展览进社区、进学校、进景区、进机关活动。

### 三、博物馆教育

黄冈各地博物馆、纪念馆始终将弘扬主旋律、拓展教育功能、服务人民群众作为工作的重要内容，面向社会深入开展历史教育、道德情感教育、科学教育、爱国主义教育、审美教育。

#### （一）教育项目

##### 1.常设性教育项目

黄冈市博物馆启动"百万学生走进博物馆"活动，主动与学校联系，开展参观博物馆、博物馆课堂教学、博物馆志愿服务、主题征文等系列活动，将活动范围延伸至城区附近的乡镇学校。邀请各乡镇中小学生来馆参观并开展社教活动，常态化利用博物馆资源开展教育教学，促进中小学校开放办学，进一步提高博物馆公共阵地的服务效能；开展"小小讲解员"招募培训，定期与各小学合作，招募小学生参加"小小讲解员"培训活动。在由湖北省博物馆协会主办的2019年"湖北省文博系统'小小讲解员'讲解大赛"中，黄冈市博物馆选送1名小志愿者获综合三等奖和"最佳形象奖"；开展大学生志愿者招募培训，定期面向高校招募大学生志愿者，并开展系统的专业技能培训，在2019年"共和国故事汇——湖北省红色故事宣讲大赛"决赛中，黄冈市博物馆选送1名大学生志愿者获得"优秀奖"；举办"5·18"国际博物馆日系列宣传活动和"传科技文化，展大国风"为主题的科普周系列活动；承办、参与"共和国故事汇——湖北省红色故事宣讲大赛"（黄冈赛区），在交流推介活动中，参与比赛的2名讲解员均获"优秀奖"，黄冈市博物馆获"最佳组织奖"；组织开展2019年"5·18"国际博物馆日活动。

黄冈市民俗博物馆对外开设教育培训班。多功能厅常年对黄梅戏艺术团、红舞扬舞蹈团、合唱团等社会艺术团队免费开放。全年对外开设成人班、少儿合唱班、古筝学习班、二胡培训班、非遗传承等课堂，免费提供教学培训、练习和相应的文化服务。

黄州区博物馆举办"不忘初心、牢记使命"讲解比赛，积极协助市文化和旅游局举办的"学习英雄张福清，不忘初心担使命"主题教育演讲比赛，两名讲解员分别获得一、二等奖。

黄梅县博物馆为进一步发挥其作为"科普教育基地"的职能，不断提升博物馆作为在校学生第二堂课的作用，帮助学生们在社会实践中受教育、长才干、做贡献，黄梅县博物馆每年广泛接纳广大在校学生开展社会实践活动。

罗田县博物馆于"5·18"国际博物馆日、6月的"文化与自然遗产日"开展《黄冈市革命遗址遗迹保护条例》专题展、"罗田县革命遗址遗迹名录及图片"专题展、"罗田历史名人展"宣传活动。积极参加2019年"共和国故事汇——湖北省红色故事宣讲大赛"，撰写宣讲稿，培训宣讲员，并取得较好成绩。

蕲春县博物馆开展"红色故事会"活动，积极参加比赛。1名同志荣获三等奖。

浠水县闻一多纪念馆开展党性教育活动。圆满接待黄冈市委党校、团风党校、蕲春党校开展习近平新时代中国特色社会主义思想培训班和往届选调生培训班"信仰之旅"等现场教学活动。清明节期间，社会团体来馆开展各种悼念活动：与县公安局联合开展"缅怀革命先烈，传承红色文化"的特殊支部主题党日活动；与黄冈市消防支队联合开展红色之旅主题党日活动；与湖北白莲河抽水蓄能有限公司联合开展主题党日暨缅怀英烈活动等。以"5·18"国际博物馆日为契机，以文化精准扶贫为平台，和县博物馆、县楚剧团在县理工中专联合开展"国际博物馆日——闻一多生平事迹图片展"主题活动。

浠水县博物馆高度重视志愿者队伍和博物馆之友队伍建设，做好招募工作，吸引更多的人关注博物馆、参与到博物馆服务工作中来。浠水县文化与旅游局参与"共和国故事汇——湖北省红色故事宣讲大赛"（黄冈赛区），由博物馆选送的志愿者讲解员荣获团体最佳组织奖和个人优秀宣讲员荣誉称号。

2. 临时性教育项目

党员、团员组成的"文艺轻骑兵社教小分队"，走进市武警支队、市委党校、学校，开展送文化、送艺术志愿服务；与武警部队联合开展"讲述红色故事、传承红色基因"活动，积极参与国家级公共文化服务体系示范区创建和军民融合发展文化试点工作；积极参加"我为祖国献支歌"市直机关庆祝中华人民共和国成立70周年大型合唱音乐会、主持"讲遗爱故事、扬东坡文化"活动、参加"东坡外滩"杯演讲比赛等。

黄州区博物馆以李四光130周年诞辰为契机，邀请省内外专家、李四光先生的亲属、各相关单位，开展李四光纪念馆馆际交流活动，丰富李四光事迹，为广大人民群众提供更好的精神食粮；向全社会开展禁毒科普工作，以实际行动践行黄州区关于禁毒宣传工作关口前移、预防为先的有关决定，全区各小学近万名学生已接受禁毒教育。

陈潭秋故居纪念馆与陈潭秋中学、湖北省军区武汉第十八干休所合作举行"缅怀先烈　继承遗志"祭奠陈潭秋烈士的活动，取得较好的社会效益。

罗田县博物馆参与"庆七一"文艺晚会、庆祝中华人民共和国成立70周年全县合唱大赛，积极参加"黄冈市2019旅游博览会"及"2019长江文化和旅游博览会""2020春节晚会"活动，安排专业人员提供文化遗产展示表演。

浠水县闻一多纪念馆与浠水县委组织部人才办联合开展"弘扬爱国奋斗精神、建功立业新时代"活动，召开观摩学习交流会；在中国共产党建党98周年之际，浠水县各机关党组织积极来到闻一多纪念馆开展主题鲜明、形式多样的纪念活动，通过重温入党誓词、合唱《我和我的祖国》等方式庆祝党的生日；配

合凤凰卫视《凤凰大视野》栏目组拍摄纪念"五四"运动100周年特别节目——纪录片《青春中国——转折时代的五四青年闻一多》。

浠水县博物馆举办"浠水历史名人展""浠水历史遗迹展"临时流动展牌，到各地巡回展出。

英山县文物局利用"文化和自然遗产日"，举办"英雄大别山　红廉鄂豫皖""中共党史展""英山革命史"等流动展览进社区、进学校、进景区、进机关活动；三次协助中央电视台拍摄专题片；组织人员参加第十五届中国（深圳）国际文化产业博览交易会，在会上展示毕昇活字印刷技艺，得到组委会的肯定和参会者的赞许，进一步扩大了毕昇故里英山的知名度。

3. 代表性教育项目

黄冈市博物馆举办了"我们的节日""让课本知识活起来"系列科普社教活动、"七彩陶艺"亲子社教活动、"礼乐学堂"走进学校活动，开展了"党史中的纪律——反腐倡廉历程展"大型廉政教育专题展、"不忘初心、牢记使命"主题教育红色档案史料展。

罗田县博物馆与县纪委、县文旅局联合开展"罗田历史清正廉明人物展"，利用12月4日的"全国法制宣传日"，宣传《中华人民共和国文物保护法》《黄冈市革命遗址遗迹保护条例》等法律法规。

麻城市革命博物馆举办了《中华人民共和国监察法》漫画图解展和"党史中的纪律"专题展，和湖北省博物馆"礼乐学堂"讲解员一起开展关爱留守儿童、献礼中华人民共和国成立70周年系列活动，为市妇联开办的留守儿童暑期班的孩子们送去了生动的传统教育课。

在第二十个党风廉政建设宣教月活动期间，各企事业单位纷纷来浠水县闻一多纪念馆举行主题教育活动。

### (二)教育活动

**1. 法定节假日和寒暑假策划实施的活动**

黄冈市博物馆利用传统节日组织社教活动,在春节、植树节、春分、清明节、立冬等节日、节气组织开展"传播传统节日"活动;开展形式多样、内容丰富的"暑期科普夏令营"系列活动。

黄冈市民俗博物馆在春节、元宵节、"七一"建党节、"八一"建军节、"十一"国庆节等传统节日和纪念日期间开展各类主题文化活动,先后承办"美丽黄冈 幸福家园"正月十五闹元宵文化惠民系列活动、"春节大团圆 回家吃年饭"黄冈市首届网络春晚、2019迎新春军民融合文艺会演暨黄冈支队第七届"十大先进典型"颁奖典礼、文化惠民演出暨廉政文化进基层、"文化惠民 大爱同行"文化惠民演出、"激情七月 唱响人保"庆祝建党98周年文艺会演、"文化力量 民间精彩"2019年全市社会文艺团队展演、黄州城区中老年才艺大赛初决赛、庆"八一"军民融合文艺会演、"我和我的祖国"2019年黄冈市广场舞大赛、"第七个国际老人节"文艺演出等节日文化活动。

黄梅县博物馆在寒暑假与学校展开合作,面向不同年龄段的学生开展对应的教育活动,开展了"走进挑花现场"的实践活动。

**2. 面向不同公众策划实施的特色教育活动**

黄冈市博物馆开展了"七彩陶艺"亲子社教活动,与武警部队联合开展"讲述红色故事、传承红色基因"活动,机关单位走进黄冈博物馆开展团建活动,以及组织"小小讲解员"演讲比赛活动、科普志愿者培训工作等。

黄冈市民俗博物馆举办少儿活动"迎新春 乐成长"少儿艺术联欢、"艺术相伴 筑梦未来"庆元旦迎新年音乐盛典、少儿合唱班汇报演出、"童心向党 快乐成长"2019文艺演出、"好学尚能 书香黄冈"黄冈市第十九届青少年爱国主义读书教育活动成果展演、黄冈市"建行杯"第三届戏曲进校园成果展演。

陈潭秋故居纪念馆接待全国人大常委会副委员长郝明金和湖北省第八巡视组组长等中央、省、市领导参观,有125余家单位在陈潭秋故居举行支部主题党日活动。

武穴市博物馆积极与机关单位、社会团体合作,开展丰富多彩的主题教育活动。

浠水县闻一多纪念馆与党政企事业各单位及社会团体开展主题教育活动:接待华中铜业2019年第1期通信员培训班共同开展"赴诗人故乡,激发写作激情,览灵秀家乡,传承红色精神"主题活动;接待新洲文化和旅游局举行道德讲堂主题活动;接待"笔墨当随时代"书画捐赠活动;接待"希望伴飞"关爱困境未成年人心理支持公益活动;接待中国诗人采风团走进浠水活动;接待北京诗社、省茶港诗社、清泉诗社参观;接待中国书法家协会参观;接待湖北省中华诗词学会参观,举行百年诗坛名家文库编撰方案工作座谈会;接待恩施州档案局、罗田县档案局、通山县档案局、荆州市档案局、荆门市档案局、中南财经政法大学、华中师范大学第一附属中学、江汉大学、九江学院、英山县政府、英山县烟草局等党政机关企事业单位工作人员参观学习。

**3. 学校教育活动**

黄冈市博物馆与周边学校签订"文化服务项目协议",与区域内中小学、幼儿园结对,把博物馆内的文物故事、中国传统文化等,通过课程、讲座等形式,送进学校;开展"弘扬民族精神,传承中华文明"汉代文化进校园活动;来自黄冈的大、中、小学学生参加了"黄冈博物馆寻根之旅实践活动";开展"礼乐学堂"走进黄冈活动。

利用"5·18"国际博物馆日,麻城市革命博物馆走进大别山青少年社会实践基地,为在校1000余名师生讲解《将军与干娘》《一枚珍贵的印章》等,宣传并弘扬麻城孝善文化、红色文化,广大师生深受触动。

蕲春县博物馆受蕲春县第一高级中学邀请,其馆长为多名师生作"上等蕲州"的专题报告。

武穴市博物馆作为黄冈市爱国主义教育基地,致力为中小学生提供拓展型、针对性的文博和历史类课外教育,引导学生了解中华民族的辉煌历史和优良传统,教育他们牢固树立心中有祖国、心中有家乡、心中有集体、心中有他人的博爱意识,保持朝气蓬勃、昂扬向上的精神状态,形成正确的世界观、人生观、价值观。

## 四、博物馆研究

为了全面提高文博工作者的科研水平以及提升博物馆事业的发展水平和扩大其影响力,充分调动各方面的积极性和创造性,积极鼓励在职干部职工进行学术研究。干部职工在各大报纸、杂志、论文集上发表了各类学术论文,取得了丰硕的学术成果。

### (一)学术活动

黄冈市博物馆为贯彻落实中共中央办公厅、国务院办公厅印发的《关于隆重庆祝中华人民共和国成立 70 周年广泛组织开展"我和我的祖国"群众性主题宣传教育活动的通知》精神,根据省、市社会科学联合会工作安排,结合"不忘初心、牢记使命"的主题教育,黄冈市博物馆组织开展了一系列庆祝、纪念和关于红色文化、革命传统的教育活动。9月 26 日,在黄冈艺术学校开展黄冈红色文化讲座和专题展览。通过开展社科普及"六进"宣传教育活动,充分发挥先进文化的教育引领作用,传承红色基因,唱响新时代主旋律,弘扬爱国主义精神,凝聚团结奋进力量。教育广大党员干部和青少年,进一步坚定紧跟中国共产党、走中国特色社会主义道路的信心和自觉性,始终不忘初心、牢记使命,不懈奋斗,奋力谱写新时代黄冈高质量发展的新篇章。

黄州区博物馆参加工会举办的黄州区家庭教育公益讲座,参加武汉地球科学与文化研讨会;参加北京地质力学研究所举办的"李四光学术思想研讨会及李四光全集出版发布会"和"李四光科学奖颁奖会"。

罗田县博物馆积极参加"黄冈市 2019 旅游博览会"及"2019 长江文化和旅游博览会""2020 春节晚会"活动,安排专业人员提供文化遗产展示表演。

浠水县闻一多纪念馆举行百年诗坛名家文库编撰方案工作座谈会。9月 5—7 日蔡金海赴宜昌博物馆参加开馆仪式暨湖北省博物馆协会宜昌论坛。11月 10—11 日查艳赴黄冈参加可移动文物修复中心启动运行暨黄冈第八批全国重点文物保护单位实地调研活动,培养文物修复人才。

### (二)学术成果

1.承担课题

黄州区博物馆配合省文化和旅游厅开展"荆楚大遗址传承发展专题调研"。

蕲春县博物馆承担了蕲春县政协主持的《蕲春文化简史》中《先秦时期蕲春文化》的撰稿工作。

2.出版成果

黄梅县博物馆出版了《黄梅县全国第一次可移动文物普查报告》《黄梅佛塔》《黄梅县全国第一次可移动文物普查精品文物》。

蕲春县博物馆参与成都金沙遗址博物馆、四川文物考古研究院主编的《金色记忆——中国出土 14 世纪前金器特展》一书中涉及蕲春参展金器的说明撰稿工作,该书已于 2019 年 3 月出版。

3.发表或交流论文

罗田县博物馆配合县委办接待市政府"刘邓大军在黄冈"课题调研组的调查走访工作,撰写完成调研文章《刘邓大军第六纵队挺近罗田》。

蕲春县博物馆与李时珍纪念馆合作撰写的《李时珍楚王府任职考》在《武汉文博》发表。

英山县文物局叶雨霞的散文《飘扬在心中的红歌》发表在"学习强国"平台上。

## 五、博物馆公共服务

### (一)观众服务

#### 1.观众人数

黄州区博物馆(黄冈市李四光纪念馆)作为黄州区对外重要宣传窗口,每年接待游客达30万人次,取得了良好的社会效益。先后接待了湖北省地质勘查装备中心、中国人民武装警察部队黄冈支队、市第三纪工委、区人社局、市中医医院等单位开展党建活动及武汉新亚国旅等大型旅游团体的参观。

陈潭秋故居纪念馆2019年共接待观众21.893万人次,其中,多次接待大、中、小学校参观团队,青少年观众达到3.8万人次,进一步发挥了省级爱国主义教育基地的作用。

红安县七里坪革命纪念馆2019年共接待游客45万余人次,讲解4000余场次。国家级文物保护单位董必武故居纪念馆共接待国家级、省级、市级、县级领导以及游客共7万余人次,讲解300余场次。

黄梅县博物馆为免费开放博物馆,每年接待人数超过10万人次。2019年,接待本地参观者43347人,占32%;外地参观者(县外,不包含境外)86694人,占64%;境外参观者6418人,占4%。另外,馆外巡展与活动观众人数为13426人。

麻城市革命博物馆全年共接待旅游团队200多个,接待游客参观近34万人次。结合在校学生走进博物馆"五年计划",组织博达学校980人和华英学校1100余人来馆参观;和青少年社会实践活动基地制订常年合作计划,接待青少年活动中心十余批次数千人参观。

武穴市博物馆2019年度接待观众10万余人次,接待团体80余个,接待未成年人近8万人次。全市共有45个机关事业单位、15家企业、9所学校先后到博物馆参观。

浠水县闻一多纪念馆全年对外开放达到330天,每天开放时间9小时,接待观众13万人次,其中青少年近7万人次,团体参观300场次。

浠水县博物馆全年参观人数达10万人次。在举办好基本阵地展览的基础上,还举办"浠水历史名人展""浠水历史遗迹展"临时流动展牌,到各地巡回展出。为做好博物馆开放工作,进一步健全了博物馆开放制度,并严格落实开放时间要求,全年开放时间320天左右,做到了节假日天天开放。

蕲春县博物馆2019年累计接待观众20余万人次。

#### 2.未成年观众服务

黄梅县博物馆在2019年暑期开展了"小小讲解员"培训活动。在培训现场,通过专题培训、现场讲解、模拟试讲等形式,让参加培训的少先队员了解什么是讲解员、如何成为一名讲解员,旨在通过"小小讲解员"培训,让少先队员了解红色革命历史、传承红色基因、讲好红色故事,展现新时代少先队员的风采。

麻城市革命博物馆利用"5·18"国际博物馆日,走进大别山青少年社会实践活动基地,为在校1000余名师生讲解《将军与干娘》《一枚珍贵的印章》等,宣传并弘扬麻城孝善文化、红色文化,广大师生深受触动。

蕲春县博物馆接受学校组团预约来馆参观,约50余次。

黄冈市民俗博物馆举办"亲子园"品牌活动与"5·18"国际博物馆日宣传活动相契合,在宣传日当天推出"稚美·致美"黄冈首届青少年、儿童手工作品展,同时提供"亲子园"陶艺实践体验活动,设置了手工工艺体验区,推出陶艺拉坯和手工捏泥体验活动。黄冈城区各学校学生、老师以及家长和爱好者600余人参与了当天的活动。

### (二)社会服务

红安县文物局申报并修缮完成了戴克敏故居、陈美藻故居工程,申报通过了全国重点文物保护单位毛咀屋红军兵工厂、鄂豫皖特区革命军事委员会旧址勘察立项设计方案;

省级高桥河桥修缮工程。启动了陂安南县政府保卫局旧址、二十八军新兵营招兵处等文物抢救性保护工程建设。2019年3月韩先楚故居等3处省级文物保护单位的维修工作通过了黄冈市文物局验收，启动了列宁小学、李天换将军故居、李天灼将军故居等保养维护工程。

黄州区博物馆（黄冈市李四光纪念馆）完成黄黄高铁许家独屋文物保护工作，配合黄冈市博物馆完成光谷产业园文物保护踏勘工作；配合黄冈市博物馆完成黄冈高新产业园文物保护踏勘工作；配合黄冈市博物馆完成火车站经济开发区文物保护踏勘工作。

罗田县博物馆一是对胜利老街红一军军部旧址维修工程质量进行全程监管，于1月6日完工，并通过各方验收；二是组织资金对省级文物保护单位九资河新屋塆民居进行消防工程建设，5月开工，11月完工，并经验收合格。

麻城市革命博物馆根据湖北麻一建设有限公司麻城市钓鱼台景区文化旅游开发及生态修复项目清淤工程项目部在阎家河钓鱼台景区项目开发施工中发现古墓葬的报告，立即组织专业人员到现场勘查，随后着手展开了抢救性的考古发掘，此次发掘古墓葬2座，发掘面积约10平方米，出土文物13余件，有效保障了野外文物安全。

2019年，武穴市博物馆完成黄黄高铁沿线文物保护工作，配合湖北省文物考古研究所发掘了花桥郑公塔岳大湾遗址、谢家湾遗址、郭德元湾遗址、梅川磨尔山遗址4处，发掘面积约2000平方米；完成武穴市开发区、工业园区区域性统一评价文物保护工作，配合黄冈市博物馆对石佛寺火车站工业园、马口工业园、刊江工业园约16平方公里规划范围内的文物进行了调查和勘探，并通过省文物局组织的专家评审；馆藏青铜器修复方案获国家文物局审批通过，并争取专项资金170万元；市级文物保护单位郭家老屋修缮

工程第一期已完工，并通过了黄冈市文物局组织的专家评审团验收。

## 六、智慧博物馆

为扩大博物馆在社会公众中的影响，黄冈市博物馆坚持在《湖北日报》《黄冈日报》、黄冈电视台、湖北省文物局网站、黄冈市政府网站、文新广局网站和黄冈市博物馆官网等媒体进行宣传。

黄冈市民俗博物馆在群众日益增长的文化需求下，为达到场馆设备设施先进、展陈布局合理、数字化建设初具规模的目标，2019年3月启动了场馆升级改造项目。

黄州区博物馆（黄冈市李四光纪念馆）积极推进公共文化服务与科技融合发展，整合各类文化信息资源，参观的群众可以通过手机、电脑等多种方式使用博物馆公共文化机构的数字服务资源，公共文化场所提供免费Wi-Fi等相关服务。

团风县博物馆通过广播、电视、报纸、网站等新闻媒体广泛开展与文物有关的法律法规及《黄冈市革命遗址遗迹保护条例》的宣传活动，并配合县文旅部门认真开展学法、守法、执法、护法活动，坚定不移地贯彻实施《黄冈市革命遗址遗迹保护条例》，挖掘红色旅游资源，打造红色旅游资源，营造全民知法、守法的浓厚氛围，建立长效工作机制。

浠水县闻一多纪念馆2019年启动了"闻一多生平事迹展"展览提升工作。该项目主要包括：拓展第一展厅空间，对不合理部分重新进行布展；对主题展厅多媒体展示设备全面进行维修维护，完成LED显示屏和展厅空调及线路的维修维护；全面完成安防监控系统的维修保养，更换应急电池；对"沙盘"地图进行升级；设置二维码手机扫码系统，修复闻一多铜像和序厅壁画等。与此同时，浠水县闻一多纪念馆在将近半年的时间里，先后在中国博物馆协会、黄冈市文新广局网站等发表新闻报道、通讯、论文等多篇文章，打造网上核心价值观宣传阵地，做好核心价值观教

育宣传工作。在"荆楚红"湖北省爱国主义教育 App 平台上,以图文并茂的纪录宣传片,重点宣传了闻一多纪念馆的建筑特色、重要展品、常设展览、数字展览、文创产品等,扩大了闻一多纪念馆的影响力和吸引力。

## 七、博物馆文创产品开发

黄冈市博物馆为探索文化产业与其他产业融合发展的新路径,拓宽文化产品经营渠道,更好地为观众服务,研发了馆藏珍品与红色文化相结合的纪念币,引进了纪念币自动售卖机,设计并制作了黄冈市博物馆 3D 数字卡等文化产品。

蕲春县博物馆高清扫描了馆藏珍贵文物《蕲阳八景》《秋风辞》等书画作品,并制作成精美复制件对外销售。

## 八、博物馆建设与管理

### (一)发展规划与建设

红安县文物局投资 20 万元对徐深吉故居进行复原陈列和举办生平纪念展;投资 40 万元对长胜街经济公社、合作饭堂新增陈列布展,工作已完成;七里坪革命纪念馆申报安防工程,并获国家文物局批准立项。启动红二十五军军部和鄂东北道委会消防工程建设;红安县博物馆一方面对布展工程按设计施工一体化组织招标,聘请专家对深化设计方案进行评审并提出修改意见,另一方面,积极向上级文物部门争取展陈资金 500 万元,并对博物馆的安防和消防系统重新进行设计,请省级专家对安防、消防方案进行了评审,根据评审意见对方案进行修改完善,现正上报住建部门审核批准。

黄梅县博物馆新馆位于县城滨河新区,总建筑面积 7465 平方米,总投资 3300 万元,总高度 22 米,主楼为三层"回"字形全框架结构,内设陈列区、藏品区、技术区和办公区,是一座具有古典园林特色的综合性博物馆。新馆布展项目总投资 4610 万元,包括陈列布展、公共部分装修装饰、空调、安防、大门改建

及可行性研究报告、监理、管理费、预备费等。

陈潭秋故居纪念馆加大了景区的基础设施建设工作:完成游客服务中心、停车场建设工作,并投入运营;在局党组领导和支持下,在黄冈市供电公司、陈策楼镇人民政府的协助下,完成了陈潭秋故居游服中心前高压电线杆、省道 207 路灯的拆移工作;完成了陈潭秋故居前池塘 40 米长坍塌驳岸的修缮工作;完成陈潭秋生平事迹展陈提升项目建设工作;在局党组领导的协调下,景区增设垃圾箱 6 个、灭烟设施 7 个;启动了陈潭秋故居三期全国红色旅游经典景区基础设施建设项目设计工作。陈潭秋故居安防项目获得省文化和旅游厅立项,争取景区旅游厕所建设补助资金 50 万元,协助区组织部申报陈潭秋故居改造项目,协助陈策楼镇进行陈潭秋故居后 10 户农户的外迁工作。

麻城市革命博物馆完成了省级文物保护单位王氏祠维修工程 320 万元的下达工作,雷氏祠维修保护工程(200 万元投资)正在按程序进入工程施工阶段。投资 70 万元的省级文物保护单位中共麻城县委旧址(孔庙)消防工程已完工,即将进入工程验收阶段。投资 46 万元的市革命博物馆外墙维修工程已启动,预计 12 月底完工。完成市革命博物馆展览提档升级方案报送。10 月,雷氏祠成功申报第八批全国重点文物保护单位。至此,全市共有两处文物保护点收入全国重点文物保护单位名录。

浠水县闻一多纪念馆着力打造浠水县"清泉长流清风劲"廉政教育展项目。项目由县政府投资 100 万元,县纪委监委主建,县文化和旅游局为业主单位,县闻一多纪念馆负责筹建。11 月底,以"清泉长流清风劲"廉政教育为主题展的浠水县廉政教育馆已建成并对外试运行展出;启动"闻一多生平事迹展"展览提档升级工作,自 9 月 18 日至 11 月 9 日闭馆,投入 100 万元,组织专业人员和专业公司,完成"闻一多生平事迹展"展览提档升

级工程项目;利用"纪念闻一多 120 周年诞辰"大型活动在馆举行的契机,争取县委县政府的支持,投入 100 万元对馆舍进行全面维修,并新建旅游厕所;在县纪委监委协调支持下,由县交通局投资 30 万元为馆区进行道路刷黑工程,彻底解决馆区道路破损、塌陷、积水等问题,提升了对外窗口形象;投资 1.5 万元安装纪念馆门楼亮化设施,增强其艺术性和观赏性,为纪念馆对外标志性门楼及浠水城市形象增添靓丽光辉。

浠水县博物馆对市级文物保护单位抗日民主政府旧址和县级文物保护单位徐氏祠的文物保护工程维修施工基本完工;按照《中华人民共和国文物保护法》相关规定妥善处理了北城新区黄龙港箱涵建设与县级文物保护单位尽街桥保护矛盾,并启动了尽街桥保护维修工程,8 月份该项目竣工;对丁司当县级文物保护单位汉赖祖祠维修保护工程进行了结项验收;配合服务好"一河两岸"工程,对浠水老城的跃龙门旧址进行了考古发掘;协调做好黄黄高铁沿线文物保护工作,同时对巴河镇袁桥村董下湾墓地进行了局部发掘;举行了文庙保护规划的论证及征求意见会,完成文庙保护规划初稿;程氏祠堂维修进入招标阶段。

英山县文物局加大红二十五军军部旧址修缮工程,共计投资 76 万元。2019 年 11 月通过省市部门验收,得到了专家们的好评。一是通过努力争取,省级文物保护单位卫氏宗祠修缮工程前期工作方案三轮评审已通过,资金申报已到位。二是完成段氏宅第一阶段病虫害防治工作任务,病虫害得到有效遏制。段氏府消防工程已通过公安消防大队验收通过,正在试运行。三是全面完成李公桥、陈卫东故居、中原纵队旧址等文物点的修缮和日常保护。四是安家大屋文物保护修缮工程经过立项报批、勘察设计、方案评审、资金申报、造价编制、工程招标、合同签订、工程备案等程序后已于 11 月上旬正式开工。五

是协助县经济开发区做好园区"多规合一"的文物保护评价,其创新之举取得了良好的社会效果。

蕲春县博物馆新馆主体建筑竣工,总建筑面积为 13000 平方米,总投资 1 亿元,内设文物展厅 4 个、名人教授分馆等。正在做室内装潢和陈列布展的前期工作。

黄冈市民俗博物馆 2019 年 3 月启动场馆升级改造项目。通过项目现场勘查、工程设计、展陈大纲撰写、多方研讨、效果图送审、预算清单编制、财政局投资评审、市领导签批等前期工作,6 月正式实施展馆改造和展陈提升工程。12 月全面完成了一楼大厅、四大展厅、多功能厅、办公区、庭院整修及加装电梯、大楼亮化的提档升级。

(二)制度建设

黄梅县博物馆为促进黄梅县文物事业的发展,发挥博物馆的功能,规范对博物馆的管理,制定了章程及各项制度。根据《中华人民共和国文物保护法》和《博物馆管理办法》,特制定《黄梅县博物馆章程》。根据日常工作需要,制定了一系列工作制度、规章及应急预案,如《黄梅县博物馆财务制度》《黄梅县博物馆安全保卫制度》《黄梅县博物馆安全防范应急预案》《黄梅县博物馆消防管理制度》《黄梅县博物馆消防工作规程》等。

武穴市博物馆重新修订完善了《安全管理制度》《安全值班制度》《消防安全制度》《免费开放工作绩效考评暂行办法》等安全管理方面的各项制度,进一步明确了安全职责、程序与要求,使博物馆安全管理走上制度化轨道。

蕲春县博物馆制定了《党建工作制度》《文物库房安全管理制度》等一系列与博物馆相关的工作制度。

黄冈市民俗博物馆完善各项规章制度,加强安全管理。制定《消防安全管理制度》

《安全保卫职责》《文物库房管理制度》《消防巡查制度》《防火检查制度》《用电安全管理制度》《电器设备检查管理制度》《重点部位消防管理制度》《文物安全事故应急预案》等文物安全和消防安全工作制度。加强展馆、库房等重点区域安全巡查,检查监控设备运行状况,定期进行消防、安防大检查,发现问题及时汇报并整改,确保全年安全零事故。

### (三)安全管理

红安县文物局加强文物消防安全提升工程。继续加大微型消防站建设力度。对省级以上的文物保护单位建筑,实行微型消防站全覆盖,部分延伸至县级文物保护单位,全县微型消防站建成总数达40余处。县级以上文物保护单位灭火器、烟感报警器配备实现全覆盖,同时加强设备维护保养工作,对已建成的消防项目进行全方位检测,确保正常运行。主要包括八里陡山吴氏祠消防工程和七里坪长胜街、东后街消防工程等。加强防火隔离带专项建设。根据文物旧址所处的实际环境,主要预防由山火造成的火灾隐患,在文物周边开辟防火隔离带,充分论证文物旧址最大的安全隐患,采取针对性措施,进一步落实。组织消防演练。联合县消防救援大队,对文保员(文物保护专员)、各村干部及相关工作人员进行消防知识培训和消防演练,5月在长胜街上组织消防演练,12月召开文保员大会并在管理中心请消防大队消防人员,对108名文保员再次进行系统的消防演练。通过演练,逐步提升文保员应急处置能力。加强文物安防工程建设。申报七里坪革命纪念馆安防工程,并获国家文物局批准立项。启动红二十五军军部和鄂东北道委会消防工程建设。2019年红安县文物局获"全县消防安全先进单位"荣誉称号。

黄梅县博物馆始终将文物安全工作作为工作重点来抓,自开馆以来,逐步投入大量人力、物力和财力,逐渐构筑了一套以人防、物防、技防为主的安防系统。安装有包括同公安部门联动的报警、消防监控、视频监控等子系统,添置高清红外摄像头等设备。设有办公室、宣教部、陈列部、文保部4个内设机构,其中文保部工作人员4人,临时聘用人员2人,负责全馆范围内的文物安全、消防安全值班检查及用电线路、安防、消防设施设备器材的保护、维修工作。

陈潭秋故居管理处完善安全方面的各项规章制度,成立由主任为组长、各副主任为副组长、各部室主任为成员的"安全工作领导小组",细化各分管主任及各部门的职责,要求一级抓一级、层层抓落实。定期对安全设施进行排检,缺损的、过期的设施及时配置和更换,并增设1处安全设施。每周五由安全员检查、每月由安全分管领导检查,互签"责任状",并建有检查台账,层层落实,做到警示牌醒目、维护安全人人有责。2019年无重大安全事故发生,在省、市、区各级部门组织的安全检查中均达标。

黄州区博物馆(黄冈市李四光纪念馆)向国家、省文物局申报的"李四光科普成就展"获批专项资金100万元已落实到位。李四光生平事迹展厅于4月底竣工完成,李四光科技成就展览于10月竣工完成。

罗田县博物馆在"安全生产月"中,大力开展文物安全大排查行动。对省级文物保护单位文庙大成殿安装消防烟感器,并拆除原由不防火材料搭建的办公室,改用合规防火材料制作,杜绝火灾隐患。

武穴市博物馆坚持文物安全工作常抓不懈,做到"人防、技防、物防"相结合,确保文物安全零事故。2019年武穴市博物馆安防系统达标工程全面完工,通过省文物局、省公安厅联合验收小组的验收并正式投入使用。

浠水县闻一多纪念馆认真贯彻落实《中

华人民共和国安全生产法》的相关规定,坚持以防为主、以查促防的指导思想,增强安全防范意识,营造"安全为集体,人人保安全"的良好氛围。积极参加各类安全生产工作会议,如1月11日参加全省文化和旅游安全生产工作视频会议;7月12日参加安全生产会议;7月31日参加文物安全电视电话会;8月23日参加安全生产工作会议,及时了解安全知识。配合省文物安全暗访组督查安全工作,开展消防知识培训演练,对在职员工进行年度消防培训,普及了消防法、《湖北省消防条例》及相关消防知识。参加普法知识竞赛答题、安全生产知识网络竞赛等。特别是2019年的廉政教育展厅建设及展览提升工作,对施工安全严格把关,切实做好游客进出安全工作提示牌,做好安全防护工作,杜绝安全隐患。

浠水县博物馆组织全馆干部职工开展多种形式的安全培训以增强其安全责任意识,提高安全防护技能,筑牢安全保护大堤。

蕲春县博物馆内外建立了闭路监控安防报警系统,文物库房、展厅全覆盖。馆内由专人24小时值守。另饲养了3条狼狗护院。

黄冈市民俗博物馆加强宣传学习教育,提高全馆职工的安全意识。为切实加强文物安全工作,注重文物安全政策法规的学习和宣传教育,组织消防知识培训和消防演练,强

化风险和安全意识,提升对消防安全事故的应急能力。

(四)人才培养

黄梅县博物馆始终注重人才培养,通过外培、内训和鼓励职工自学等各种途径开展员工培训,使其不断提升自身素质,实现个人潜能的最大化和单位人力资源的最优化。

浠水县闻一多纪念馆与时俱进,积极参加培训学习和交流。1月11日,参加全省文化和旅游安全生产工作视频会议;3月13日、20日,参加文明市民督导员培训会;4月10日,工会主席蔡小霞赴成都参加武汉大学实践基地年会;5月7日,参加为期一周的安全培训会议。9月5—7日,蔡金海赴宜昌博物馆参加开馆仪式暨湖北省博物馆协会宜昌论坛。11月10—11日,查艳赴黄冈参加可移动文物修复中心启动运行暨黄冈第八批全国重点文物保护单位实地调研活动,培养文物修复人才。

## 九、服务满意度

黄冈各地博物馆、纪念馆都保证全天8小时免费开放,节假日无休(周一闭馆),有些博物馆、纪念馆还在特定时间让讲解员集中为观众进行免费讲解。根据2019年观众调查统计显示,服务满意度达到99.6%。

# 黄冈市博物馆

黄冈市博物馆坐落在历史悠久的文化名城——黄州。1953年成立湖北省文史研究黄冈专区工作组,1976年11月更名为黄冈地区博物馆。1981年,黄冈地区博物馆由东坡赤壁迁至黄州公园路7号黄冈地区工农业展览馆。1996年5月,国务院批准设立地级

黄冈市,黄冈地区博物馆正式更名为黄冈市博物馆,并沿用至今。2012年9月,黄冈市博物馆新馆竣工开馆,并逐步实行免费对外开放。

黄冈市博物馆新馆主楼为四层建筑,高32米,建筑负一楼为办公区、藏品库区、技术和学术研究区,一至三楼为陈列展区、观众服务区、多功能报告厅。黄冈市博物馆是一所融陈列展览、宣传教育、文化服务、文物收藏与保护、考古发掘与研究、文化产业发展、文创产品开发为一体的综合性博物馆,是黄冈公共文化服务体系的重要组成部分,是全市文博场馆的领头羊。2019年,在市委、市政府及市文化和旅游局、市文物局的正确领导和指导下,黄冈市博物馆深入贯彻党的十九大精神和习近平新时代中国特色社会主义思想,全面加强党的建设,深入推进反腐倡廉建设,认真贯彻执行党中央决策部署及市委、市文化和旅游局的工作要求,充分发挥职能优势,切实履行工作职责,不断深化改革,创新工作思路,较好地完成了全年的工作目标。黄冈市博物馆获得2017—2018年国家节约型公共机构示范单位称号,社教团队获2019年度湖北省文博系统"十佳社教团队"荣誉称号,特色展览"革命遗珍·历史见证——黄冈红色文化藏品展"获第三届(2018年度)湖北省博物馆、纪念馆六大陈列展览精品推介活动"优胜奖"。馆党支部被市直机关工委授予"红旗党支部"荣誉称号,圆满完成文博事业发展各项工作任务。

## 一、博物馆藏品管理

### (一)藏品征集

黄冈市博物馆通过考古、勘探、发掘,增加了博物馆藏品的数量,丰富了藏品的种类,完善了藏品的体系,也为提高黄冈市博物馆的科研水平,为探究黄冈历史、社会、经济、文化、艺术发展提供了佐证。

### (二)藏品档案

馆藏文物建立了完备的电子档案。完整、详细地记录了文物藏品的级别、年代、数量、质量、尺寸、完残情况和出土情况。

### (三)藏品安全

1.藏品的日常性保护设备设施运行

黄冈市博物馆根据《馆藏文物登录规范》的规定,核对和整理了文物电子总账,修改和完善了部分文物的信息,将之前新入库的几批文物和藏品筛选后进行了登记上号。根据文物的具体情况,还对库房现存文物的存放按规范重新进行规划、调整和收纳。

黄冈市博物馆设置了专门的文物修复场所,配备了工作台、打磨机、切割机、支架等专业修复工具。专业技术人员拥有基本的藏品保护修复能力,能完成铜器、陶器、纸质品和纺织品等藏品的修复工作。

2.库房的环境控制

黄冈市博物馆从干预性和预防性两个方面对库房文物开展日常保护工作,顺利通过了柜架囊匣和环境监测设备的验收。日常维护环境监测设备,根据监测数据对文物进行监控。文物柜架基本为金属柜架,具有防虫害的功能。同一库房、同一质地的藏品,按照总登记号顺序入柜摆放。特殊型号藏品按藏品大小、轻重分开入柜存放。文物藏品按质地设瓷器、石器、金器、竹木器、纸质品、历史照片等类目分柜存放。三级以上珍贵文物藏品由专柜存放、专人保管。

3.藏品的修复、保护

2019年,黄冈市博物馆继续加大对馆藏文物、省级文物的修复、保护和争资立项工作的力度。完成馆藏珍贵文物预防性保护柜架囊匣项目的实施与结项验收工作。馆藏珍贵文物保护预防性保护展柜保护项目施工深化设计方案通过专家评审,并顺利开工。

2019年11月,黄冈市博物馆启动运行黄冈·太岳可移动文物修复中心。该项目是在湖北省文化和旅游厅和黄冈市委、市政府的关心和支持下,由黄冈市博物馆和湖北太岳园林古建工程股份有限公司合作建设的。

中心设立在市博物馆院内北区,占地面积1000余平方米。该中心以国家级、省级文物修复专家团队为依托,拥有专业的文物修复师,配置文物修复必需的仪器设备、工具、材料,设立有青铜器、陶瓷器、字画等多个修复室和修复文物展示区、文创研发室和专业培训中心,各项消防、安防设施按国家规定达标,各项规章制度健全,具备开展青铜器、字画、陶瓷器等多种文物资源修复工作的资质。

### (四)藏品数字化

黄冈市博物馆内所有文物均建立有完备的电子数据,为数字化建设提供了科学依据。完成了对面墩墓遗址博物馆、数字博物馆建设等文物项目的申报工作。

## 二、博物馆陈列展览

### (一)基本陈列

黄冈市博物馆展陈面积4200平方米。现有8个固定展厅,分为"黄冈市历史文化陈列"、"黄冈古城展"、特色专题展览三大系列,展示了黄冈本地历史文化和光荣的革命传统,展现了黄冈的历史积淀与辉煌。

"黄冈市历史文化陈列"分为古代史和近现代史两大部分。其中"远古家园""南土扬越""多元融合""文华武盛"4个单元展示了距今4万年到明清时期黄冈地区先民的生存智慧、多元文化的融合和武盛文昌的历史华章。"沉浮百年""革故鼎新"2个单元结合黄冈著名革命老区的历史优势,展示了黄冈作为红色发源地的大量文物及图片资料,全方位展现了"紧跟党走,信念坚定;不畏强敌,拼搏图存;求真务实,勇于创新;一切为了人民,一切依靠人民;无私奉献,艰苦奋斗"的革命老区精神。

"黄冈古城展"主要介绍了黄冈城市发展的悠久历史,展示了黄冈城市发展的文明进程。分为"城垒萌芽""立州创城""广筑城垣""拓城兴镇"4个单元,以黄冈的历史发展为脉络,通过文物、图文资料、声光电等现代科技展示手段,展示了麻城余家寨西周城堡、黄州禹王城东周城址、蕲春罗州城、蕲州城、黄州古城等黄冈市内重要城市建筑的悠久发展历史。该展览已成为展示黄冈城市形象发展变革的特色窗口。

### (二)临时展览

黄冈市博物馆以"三大基本陈列展览"为依托,适时引进、联办、举办内容丰富且形式多样的临展项目,提高了公共文化服务效能,搭建了文化交流平台。2019年,黄冈市博物馆引进、联办、举办各类临展,做好各项展览活动,获得观众一致好评。具体情况如下。

1.黄冈历史文化名人遗珍展

在2019年1月上旬,黄冈市博物馆陈列部策划了黄冈历史文化名人展览暨藏品拍卖会活动,此次活动由市博物馆、市收藏家协会在博物馆联合举办。省、市、区三级党史研究专家、有关部门领导和各地红色文化藏品收藏者代表参加了此次活动。

2.弘扬宪法精神,建设法治中国图片展

为了深入宣传以宪法为核心的中国特色社会主义法律体系,黄冈市博物馆在2019年1月下旬至2月开展了一系列特色鲜明、丰富多彩的国家宪法日宣传活动。一是在黄冈万达广场举办"弘扬宪法精神,建设法制中国"专题流动展,展览以习近平新时代中国特色社会主义思想为指引,介绍《中华人民共和国宪法》修订的各个历史阶段,立体地呈现出《中华人民共和国宪法》各个阶段的进程。二是黄冈市博物馆党支部书记张领在文广系统干部夜校学习活动中进行宪法知识专题宣讲,为宪法学习宣传活动周活动营造了积极的学习氛围。黄冈市博物馆目前正努力争创法治建设示范点,今后还将围绕"弘扬宪法精神,建设法治中国"主题,充分发挥博物馆公共文化服务平台优势,进一步加大法治宣传力度,努力弘扬宪法精神,为增强全民法治观念、营造良好法治社会环境发挥积极作用。

## 3.党史中的纪律——反腐倡廉历程展

2019年5月，为深入学习贯彻党的十九大精神和习近平新时代中国特色社会主义思想，推动全面从严治党向纵深发展，助力第二十个党风廉政建设宣传教育月"教育链"深化拓展和公共文化服务体系示范区建设。由市委宣传部、市直机关工委主办，市文化和旅游局承办，市博物馆、市群艺馆协办，武汉革命博物馆大力支持的大型展览"党史中的纪律——反腐倡廉历程展"和《中华人民共和国监察法》漫画图解展在市博物馆正式与观众见面。市委常委、宣传部部长陈继平，市委宣传部常务副部长蔡志勇，市纪委监委派驻市直宣传战线纪检组组长罗红波，市委宣传部班子成员余赤以及市直文旅系统机关干部、二级单位班子成员参观展览。

## 4."祖国颂　政协情——黄冈市政协庆祝中华人民共和国暨人民政协成立70周年书画艺术展"

2019年9月18日，由黄冈市政协主办，市文化和旅游局、市文联、市书协、市美协协办的黄冈市政协庆祝中华人民共和国暨人民政协成立70周年书画艺术展在黄冈市博物馆开展。

## 5."不忘初心、牢记使命"档案文献展

2019年11月13日，全市近百家单位集体参观"不忘初心、牢记使命"主题教育红色档案史料展，重温红色记忆。

## 6."烙画——火与纸的艺术展"

为深化"不忘初心、牢记使命"主题教育，助力国家公共文化服务体系示范区创建工作，2019年11月6日上午，"烙画——火与纸的艺术展"在黄石市博物馆开展，来自黄石市的国家一级美术师陈海明先生在现场作画并与观众互动交流，为观众近距离接触、欣赏烙画创作艺术，了解中华优秀文化传统提供了难得的机会。本次展览持续十天左右。

## 三、博物馆教育

为进一步贯彻落实《博物馆条例》，黄冈市博物馆始终坚持把社会教育工作放在首位，秉承"以物为主""以人为本"的理念，积极开展"六进"活动，加大博物馆的宣传报道力度，在社会教育方面不断创新，开展了80余场特色社教科普志愿活动，在2019年度湖北省文博系统"十佳"社教团队推介展示活动中荣获"十佳社教团队"荣誉称号。

### （一）教育项目

#### 1.常设性教育项目

启动"百万学生走进博物馆"活动：主动与学校联系，开展参观博物馆、博物馆课堂教学、博物馆志愿服务、主题征文等系列活动，将活动范围延伸至城区附近的乡、镇学校。邀请各乡镇中小学生来馆参观并开展社教活动，使利用博物馆资源开展的教育教学常态化，促进中小学校开放办学，进一步提高博物馆公共文化阵地的服务效能。

开展"小小讲解员"招募培训：定期与各小学合作，招募小学生参加"小小讲解员"培训活动。通过培训实习，从160名志愿者中挑选小小讲解员40余人进行专业培训与比赛，为小小讲解员颁发证书。在湖北省博物馆协会主办的2019年湖北省文博系统"小小讲解员"讲解大赛中，黄冈市博物馆选送的1名小小讲解员获综合三等奖和"最佳形象奖"。

开展大学生志愿者招募培训：定期面向高校招募大学生志愿者，并开展系统的专业技能培训，内容包括讲解接待礼仪、讲解词撰写、黄冈历史概述、形体训练、实地讲解指导等。建立志愿服务长效机制。组织招募博物馆志愿者培训班成员，完成志愿者网络服务平台的维护与运营，累计培训大学生志愿者100余名，带领志愿者参加社教活动及公益活动。在2019年"共和国故事汇——湖北省红色故事宣讲大赛"决赛中，黄冈市博物馆选送的1名大学生志愿者获得"优秀奖"。

举办"5·18"国际博物馆日系列宣传活动和以"传科技文化，展大国风采"为主题的科普周系列活动，成功承办、参与"共和国故

事汇——湖北省红色故事宣讲大赛"(黄冈赛区),组织、接待、比赛、服务工作受到举办单位的好评。在交流推介活动中,参与比赛的2名讲解员均获"优秀奖",黄冈市博物馆获"最佳组织奖";在湖北省2019年"5·18"国际博物馆日活动中组织开展了展文物底蕴、传科技知识、秀汉服美丽等文化服务活动。

### 2.临时性教育项目

由党员、团员组成的"文艺轻骑兵社教小分队",走进市武警支队、市委党校等,开展送文化、送艺术志愿服务。

与武警部队联合开展"讲述红色故事、传承红色基因"活动,积极参与国家级公共文化服务体系示范区创建和军民融合发展文化试点工作。

积极参加"我为祖国献支歌"市直机关庆祝中华人民共和国成立70周年大型合唱音乐会,主持"讲遗爱故事、扬东坡文化"活动及"东坡外滩"杯演讲比赛等文化交流传播活动。

### 3.代表性教育项目

"我们的节日"系列科普社教活动:感悟传统节日的深层文化内涵。

"七彩陶艺"亲子社教活动:通过触摸文物、历史知识讲解、动手制作陶艺,让文物知识生动化、形象化,激发青少年探究科学的兴趣。

"礼乐学堂"走进学校活动:湖北省博物馆"礼乐学堂"走进革命老区黄冈,携手黄冈市博物馆,联合开展"不忘初心、牢记使命"系列教育活动,带领当地的中小学生学习红色文化,传承红色精神,共同庆祝中华人民共和国70华诞。

"党史中的纪律——反腐倡廉历程展"大型廉政教育专题展:打造廉政文化品牌,围绕第二十个党风廉政建设宣传教育月主题,举办第四次廉政专题展。

"不忘初心、牢记使命"主题教育红色档案史料展:引导全市党员干部自觉践行习近平新时代中国特色社会主义思想,不忘初心,牢记使命,为加快振兴崛起、决胜全面小康、建设全省区域性增长极而努力奋斗。

黄冈市博物馆以研学实践类活动"让课本知识活起来"为品牌案例,成功申报为黄冈研学实践基地;该项目以参观黄冈市博物馆、对面墩汉墓遗址、禹王城遗址为内容,借助丰富的展品资源,探究文物内涵,采取寓教于乐的社教形式,通过"文物观察+自我讲述"的方式,将历史的悠久深远和文物的旷世之美呈现给青少年,让他们在领悟中学习,在表达中传承,使中华优秀传统文化在一系列的传递中得以发扬,真真正正做到让历史"说话"。这不仅改变了青少年单一的参观方式,提高了青少年对文物的兴趣,丰富了文化体验,还创造性地诠释了博物馆展品所承载的文化魅力,有助于培养青少年的创新精神和实践能力,促进青少年综合素质的全面发展。

### (二)教育活动

#### 1.法定节假日和寒暑假策划实施的活动

利用传统节日组织社教活动。在春节、植树节、清明节等法定节假日组织开展传播传统文化活动。1月12日,黄冈市博物馆开展了"我们的节日——春节"科普社教活动,退休老人跟随黄冈市博物馆讲解员和大学生志愿者来到陈潭秋故居纪念馆聆听革命先烈陈潭秋的先进事迹。

"植树节"主题科普社教活动:传统文化知识的传播与"植树"实践活动相结合,在劳动中更深刻地感受传统文化知识。

"博物馆里的二十四节气——春分"科普社教活动:活动分为春分节气科普、立鸡蛋、参观展厅等环节,通过耐心的讲解与引导让学生了解二十四节气的由来、特征,了解春分时节我国的传统习俗。

"我们的节日——清明节"科普社教活动:为学生介绍了清明节的由来,以不同的文物展品为切入点为学生讲解古代的祭祀流程,还为学生们讲解了传统节日的意义,解答了学生们关于今天我们为什么还在过传统节日等疑惑。

"我们的节日——立冬"科普社教活动：弘扬传统民俗文化、唤醒沉睡的文化记忆、促进传统文化的传承、增强文化自信，让人们在传统民俗中传承中华文化，品味二十四节气的独特魅力。

"暑期科普夏令营"系列活动：形式多样、内容丰富的科普社教活动吸引了来自四面八方的青少年。7月10日上午，河南潢川县实验学校的千余名学生来到黄冈市博物馆，联合开展系列科普夏令营活动。在志愿者的带领下，潢川实验学校"楚国探秘""暑期科普夏令营"活动虽然时间短暂，但收获满满，师生们意犹未尽，表示愿意经常参加这样的活动。

2.面向不同公众策划实施的特色教育活动

"七彩陶艺"亲子社教活动：通过讲述荆楚文化历史、展示荆楚文物中的特色陶艺作品、解析陶艺制作方法和过程、指导示范陶艺制作等环节，激发青少年对传承优秀传统文化的浓厚兴趣。

与武警部队联合开展"讲述红色故事、传承红色基因"活动：黄冈市博物馆优秀红色案例讲解团队走进驻地武警部队开展"祖国，我用忠诚祝福您"网络新媒体主题宣教活动，为武警官兵及20余家媒体代表讲述大别山红色革命故事，受到驻地武警官兵的热烈欢迎。

机关单位走进黄冈市博物馆开展团建活动：机关成员聆听了黄冈古代璀璨的历史文化和近代辉煌的红色革命文化，在博物馆的贵宾室聆听了"铭记革命先烈 传承红色精神"讲座，并发表了自己对讲座的感想，最后观看了影像资料《辛亥革命》。

"小小讲解员"演讲比赛活动：黄冈市博物馆在暑期专门面向青少年开展了系列社教活动，丰富青少年暑期课外生活。培养"小小讲解员"为家乡文化代言，建设"小小讲解员"志愿队伍，充分发挥博物馆第二课堂的作用。

科普志愿者培训：黄冈市博物馆与高校合作，组建了一支高素质的大学生志愿者队伍。因为地方博物馆的社教活动以中小型活动为主，需要有一定文化底蕴和专业技能的文化志愿者来参与策划和协助开展社教活动，所以黄冈市博物馆与周边高校签订了合作协议，每年在相关专业定向招募文化志愿者。大学生志愿者团队组织能力强、活动积极性高、思维活跃，在日常志愿活动的开展中，社教工作人员可以直接和学校老师或者团队负责人对接，极大地提高了活动的组织效率。自开馆以来，黄冈市博物馆培训大学生志愿者超过2000人，其中注册上岗志愿者超过500人。黄冈市博物馆2019年培训科普志愿者共计200余人，并对志愿者进行了一系列专业系统的技能培训，以授课形式将理论与实践结合起来，内容丰富。

3.学校教育活动

黄冈市博物馆与周边学校签订"文化服务项目协议"，与区域内中小学、幼儿园结对，把博物馆内的文物故事、中国传统文化等，通过课堂、讲座等形式，送进学校。

开展汉代文化进校园活动：博物馆举办"弘扬民族精神，传承中华文明"汉代礼仪进校园活动，由博物馆讲解员和大学生志愿者作为表演者，身穿汉服，表演汉代礼仪，同时在旁边用幻灯片做文字和图片介绍；台下观众兴致勃勃，争相拿起手机拍照。还通过舞蹈和歌曲表演来加深观众对汉服和汉代礼仪的印象，通过现场教学等方式，达到传播汉代礼仪文化的目的。

组织开展"黄冈市博物馆寻根之旅实践活动"：4月、5月、7月、8月来自黄冈的大、中、小学学生参加了"寻根之旅"系列活动。在活动中，学生们都说了自己的家乡，讲解员和志愿者为他们解答他们的祖先是从何处迁移而来的，也为他们一一解释了迁移的时间和原因，学生们还主动讲述了自己家乡的历史故事。随后学生们又参观了博物馆，对历史表现出极大的兴趣,而这也是博物馆的职责所在。

开展"礼乐学堂"走进黄冈活动:湖北省博物馆"礼乐学堂"走进革命老区黄冈,携手黄冈市博物馆,联合开展"不忘初心、牢记使命"系列教育活动,带领当地的中、小学生学习红色文化,传承红色精神,共同庆祝中华人民共和国70华诞。黄冈市博物馆志愿者参加了此次活动。黄冈市博物馆的讲解员为大家介绍中国共产党早期创始人之一——陈潭秋的革命事迹。让同学们通过听与看相结合的形式了解中国共产党早期的发展脉络,并通过提问的形式加强同学们对于红色故事的了解。

## 四、博物馆研究

为了全面提高文博工作者的科研水平并扩大博物馆的影响力、充分调动各方面的积极性和创造性,黄冈市博物馆积极鼓励在职干部职工进行学术研究。2019年黄冈市博物馆工作人员在各大报纸、杂志、论文集上发表了各类学术论文,取得了丰硕的学术成果。

### (一)学术活动

为贯彻落实中共中央办公厅、国务院办公厅印发的《关于隆重庆祝中华人民共和国成立70周年广泛组织开展"我和我的祖国"群众性主题宣传教育活动的通知》精神,根据省、市社科联工作安排,结合"不忘初心、牢记使命"的主题教育,黄冈市博物馆组织开展了一系列有关红色文化革命传统的庆祝、纪念活动。

9月25日,邀请市委党史办原主任、红安干部学院程仪教授为市直宣传战线党员干部作以"传承红色基因、牢记初心使命、强化责任担当"为主题的"红色的土地 英雄的人民——黄冈革命历史简介"专题讲座。

9月26日,在黄冈艺术学校开展黄冈红色文化讲座和专题展览。通过开展社科普及"六进"宣传教育活动,充分发挥先进文化的教育引领作用,传承红色基因,唱响新时代主旋律,弘扬爱国主义精神,凝聚团结奋进力量。教育广大党员干部和青少年,进一步坚定紧跟中国共产党、走中国特色社会主义道路的信心和自觉性,始终不忘初心、牢记使命、不懈奋斗,奋力谱写新时代黄冈高质量发展新篇章。

### (二)学术成果

1.承担课题

作为湖北省辛亥革命重点地区,黄冈市博物馆根据省文化和旅游厅关于开展文化繁荣发展大调研工作的要求,组织人员赴黄梅、英山、麻城进行了为期3个月的遗址、遗迹调查工作。撰写了《推翻帝制开未来(辛亥革命黄冈遗址遗迹调研成果汇)》和《黄冈历史名人文化遗珍展》两部作品。

2.发表或交流论文

刘松山同志在文博专业重点期刊《江汉考古》上发表《湖北枣阳九连墩M1发掘简报》《战国可拆装便携式弩小考》两篇文章。

程庆霞代表市文广局参加"不忘初心、牢记使命、纪念改革开放40周年"主题征文比赛,撰写的《黄冈市博物馆的华丽转身》荣获二等奖。

张安安和程庆霞在2019年湖北省文博系统社会教育培训班中,作黄冈市博物馆社教品牌案例分享——"打造社教品牌 志愿温暖同行"。

### 五、博物馆公共服务

**（一）观众服务**

**1.观众人数**

截至 2019 年底，实现年免费开放 300 余天，累计接待参观人数 40 万余人。其中馆内观众 30 万余人，巡展观众 10 万余人。讲解批次 726 批次，接待了省委、省司法厅、中央电视台、市人大、市政协等单位领导。

**2.特殊观众服务**

为方便老弱病残等特殊群体参观，黄冈市博物馆不断完善便民服务设施、改善服务条件、提高服务水平，设有便民服务台，为观众提供免费的物品寄存柜、残疾人轮椅、医药箱、雨伞存放、军人优先服务台等服务。全年共接待特殊观众 1.8 万余人。

**3.未成年观众服务**

黄冈市博物馆积极与市区各中小学、幼儿园以及教育机构合作，在市教育部门的行业指导下，充分利用法定节假日、周末和寒暑假，组织未成年人到馆参观，已与市区绝大部分中小学签订了"爱国主义教育基地协议书"。学校、幼儿园已将"爱国、爱家，走进博物馆"列入其社会实践主要课题之一，每年组织全校（园）师生走进博物馆，感受中华民族悠久的历史文化，引导其树立正确的世界观、人生观和价值观。黄冈市博物馆充分、有效地利用其藏品和展品，使其真正走近目标观众，为儿童和青少年的学习和成长服务。全年共接待未成年观众 10 万余人。

**（二）社会服务**

**1.举办讲座**

为庆祝中华人民共和国成立 70 周年，深入贯彻落实习近平总书记把红色资源利用好、把红色传统发扬好、把红色基因传承好等重要指示，大力弘扬以爱国主义为核心的伟大民族精神，助力黄冈市第四批国家级公共文化服务体系示范区建设，成功组织"共和国故事汇——湖北省红色故事宣讲大赛（黄冈赛区）选拔赛"。本次比赛分为业余组和专业组两组进行。按照抽签顺序，由各地文化和旅游局（博物馆、纪念馆）选派的红色宣讲员依次上台作主题宣讲，围绕爱国主义教育基地、本地区革命历史文化等题材，精神饱满、声情并茂地讲述"疯子战将王近山""民主斗士闻一多""石油之父李四光""乞丐县长张凤林"等老一辈革命家的红色故事，展示了荆楚红色文化的独特魅力，引领观众在历史的字里行间穿梭，感受着蓬勃向上的革命精神力量。他们的事迹展示了共产党人的崇高理想信念、高尚道德情操、不畏牺牲的奉献精神，宣讲员们讲述着一个个感人至深的红色故事，将大家带回到过往的峥嵘岁月中，让在场观众接受了一次革命精神的洗礼，让红色精神得到传承和发扬。一场比赛、一把"红色钥匙"，打开一座巨大的精神宝库。经过激烈角逐和评委评选，11 名红色宣讲员均荣获"优胜奖"；黄冈市博物馆、浠水县文化和旅游局、武穴市文化和旅游局、罗田县文化和旅游局、黄梅县文化和旅游局、红安县文物事业管理局荣获"最佳组织奖"。经专家评委组合议，确定选派黄冈市博物馆张安安、武穴市博物馆许可、黄冈市博物馆大学生志愿者张婵联合组成黄冈市代表队，参加第二阶段的省级红色故事宣讲大赛决赛。

成功组织"不忘初心、牢记使命"的主题教育，黄冈市博物馆开展了一系列庆祝、纪念与红色文化、革命传统相关的教育活动。9 月 25 日，邀请市委党史办原主任、红安干部学院程仪教授为市直宣传战线党员干部作以"传承红色基因、牢记初心使命、强化责任担当"为主题的"红色的土地 英雄的人民——黄冈革命历史简介"专题讲座。

**2.文物鉴定与欣赏**

"5·18"国际博物馆日活动中，开展了文物专家公益性文物鉴定工作。同时，对上报市文物局需要定级的博物馆、纪念馆馆藏文物进行了鉴定评估,给出了相应的文物等级。

### 3. 文物申报、整理工作

完成对面墩汉墓遗址博物馆安防项目、红色文物(近现代)征集、对面墩汉墓遗址展示利用、数字博物馆建设等文物项目申报工作。

根据文物的具体情况,对库房现存文物的存放按规范重新进行规划、调整和收纳。清点文物,整理账目,根据《馆藏文物登录规范》的规定,核对和整理了文物电子总账,并在刘松山馆长和考古部、主责办公室同事的协助下,修改和完善了部分文物的信息,将之前新入库的几批文物和藏品筛选后进行了登记上号。

### 4. 为高校、科研院所等社会单位提供服务

配合地方经济建设,先后完成英山县经济开发区建设、安九铁路黄梅五里墩遗址、黄黄高铁建设项目沿线、武穴岳大湾遗址、黄州火车站经济园扩建、鄂州机场等文物保护项目的抢救性发掘工作,鄂州机场团风导航台项目的文物调查工作,鄂州机场燕矶大桥连接线工程的田野调查工作等。指导完成黄州幼树湾考古工地的抢救性发掘工作,为加强文物保护、支持地方经济建设做出了积极贡献,培养锻炼了专业技术人才队伍。2019年湖北省考古成果交流会在黄冈召开,受到了全省考古同行们的一致好评。配合市委、市政府接待工作:共参与重要公务接待20余次,包括中共黄冈市委五届八次全体(扩大)会、全市经济工作会、全市三级干部会、全市宣传工作会等重要公务接待。

### (三)观众调查

通过随机发放的问答卷,宣传和普及黄冈历史文化及文物保护知识。竞答结束后,为获奖观众发放黄冈市博物馆文创纪念品,以激发大众学习文物知识、提高文物保护的热情和意识。活动当日,黄冈市博物馆志愿者全程配合参与,维护秩序、发放宣传册、引导观众有序参观及组织相关活动。

## 六、智慧博物馆

2012年新馆建成开放以来,黄冈市博物馆开始进入了一个迅猛发展的时期。新的机遇面临新的挑战,为顺应时代发展,故建立智慧型博物馆,以期给广大观众带来更为丰富的视听体验,扩大博物馆影响力。

自2012年起,陆续引进语音导播、语音导览设备等智能讲解系统,营造良好的听觉体验。

在2013年,黄冈市博物馆已实现免费Wi-Fi全覆盖,同时通过新浪微博、百度贴吧、微信公众号等公众平台发布最新馆内资讯,及时与观众互动交流。

2019年黄冈市博物馆新引进三台智能一体机,分别为黄冈旅游资源介绍一体机、"荆楚红"湖北省爱国主义教育云平台一体机、黄冈图书馆电子图书借阅一体机。新引进的智能一体机对全体市民进行无差别的黄冈旅游资源普及、爱国主义教育的覆盖、经典电子图书的免费借阅,促进文旅知识传播及展示教育等方面的工作有序延伸发展。智能一体机的引入,使得网络云平台能全方位、零距离地参与文旅宣传教育工作中,促进文旅工作质量和效果的不断提升,且三台一体机系统运行稳定、操作流畅便捷,无闪退及蓝屏现象。

黄冈旅游资源介绍一体机　　　　"荆楚红"湖北省爱国主义教育　　　　电子书借阅一体机
云平台一体机

同时,为扩大博物馆在社会公众中的影响,黄冈市博物馆坚持通过《湖北日报》《黄冈日报》、黄冈电视台、湖北省文物局网站、黄冈市政府网站、本馆官网等媒体进行宣传。

## 七、博物馆文创产品开发

为探索文化产业与其他产业融合发展的新路径,拓宽文化产品的经营渠道,更好地为观众服务,黄冈市博物馆研发了馆藏珍品与红色文化相结合的纪念币,引进了纪念币自动售卖机,设计并制作了黄冈市博物馆3D数字卡、文创套盒等文创产品。

黄冈市博物馆纪念币

纪念币自动售卖机

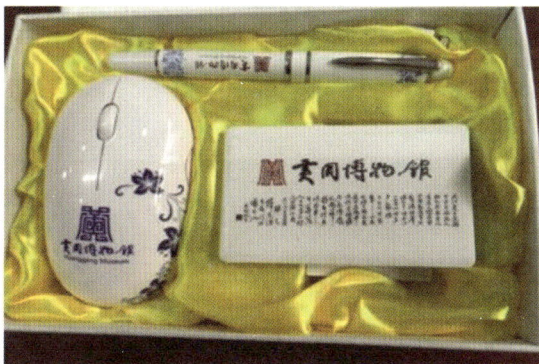
黄冈市博物馆文创套盒

## 八、博物馆建设与管理

### (一)发展规划与建设

黄冈市博物馆是重要的宣传教育阵地,是黄冈培养文博专业人才、普及文物知识、传播文物信息和进行科学研究的重要场所,也是展示黄冈对外交流、合作的重要场所。在未来几年,将在党的十九大精神和习近平新时代中国特色社会主义思想的引领下,传承历史、延续人文,努力探索博物馆工作全面发展的新思路、新举措、新途径。具体要做到以下几点。

1. 继续深化博物馆免费开放

坚持博物馆的公益属性,充分发挥博物馆的公共文化服务功能。示范创建试点效果良好。同步开展博物馆免费开放绩效评估和考核,健全博物馆免费开放各部门的协作机制、管理制度和服务规范,规范观众参观习惯。加强与宣传、教育等部门合作,推广博物馆"进机关、进校园、进社区、进部队、进乡村、进工厂"的"六进"送展活动,使博物馆文化成果惠及更多民众。建立陈列展览和社会服务质量评价综合体系,完善陈列展览项目的交流机制,举办原创性陈列精品展览。重视博物馆陈列展览的知识性、趣味性、观赏性、互动性和可参与性。创新博物馆文化传播的内容、形式和手段,增强博物馆的数字化技术服务,拓展博物馆的教育功能、传播功能和文化休闲功能,提升博物馆的发展质量。深化博物馆的国际文化交流,着力引进和推出一批水平高、影响大的文化交流展览,努力拓展城市历史的文化影响力。

2.加强对博物馆藏品的保护和科学研究

配合地方经济建设,2019年完成各项田野考古抢救性发掘工作。先后完成了合安九铁路黄梅五里墩遗址的田野勘探与抢救性发掘工作,勘探面积3000平方米、发掘面积100平方米;完成黄黄高铁文物保护项目的抢救性发掘工作,勘探面积10000平方米、发掘面积800平方米;参与湖北省重点工程——鄂州机场项目的抢救性发掘工作,勘探面积8000平方米、发掘面积400平方米;完成鄂州机场团风导航台项目的文物调查工作;完成鄂州机场燕矶大桥连接线工程的田野调查工作;完成幼树湾项目的抢救性发掘工作。同时完成黄冈市内开发区、工业园区区域性建设项目文物保护统一评价工作。根据省文化和旅游厅《关于规范湖北省开发区、工业园区区域性建设项目文物保护统一评价工作的通知》,全市境内开发区、工业园区区域性建设项目文物保护统一评价工作由黄冈市博物馆实施。目前,已完成黄州、团风、黄梅等县开发区、工业园区区域性建设项目文物保护统一评价工作报告的编制工作。其他园区的田野调查、勘探与招投标工作也在有序开展中。2019年,还完成了对面墩汉墓遗址博物馆安防项目、红色文物(近现代)征集、对面墩汉墓展示利用、数字博物馆建设等文物项目申报工作,申报资金1500万元。

3.创新博物馆管理机制

以《博物馆管理办法》为依据,按照国家二级博物馆运行标准,逐步构建公益目标明确、投入机制完善、监管制度健全、管理运行高效的现代博物馆制度。健全博物馆馆际交流机制、陈列展览项目交流合作机制、藏品开放工作制度,提高博物馆展陈水平和服务质量。加强博物馆之友和博物馆志愿者队伍建设。进一步规范和完善博物馆业务管理,使黄冈市博物馆向文化标志强、行业代表性突出、文物资源密集、服务功能完善、业务管理规范并有社会影响力的奋斗目标迈进一大步。

4.发展博物馆相关文化产业

文化产业融合深度发展。积极招商引进民间资本,与湖北太岳园林古建工程股份有限公司合作建设的黄冈可移动文物修复基地正式挂牌运行,由湖北经典传媒有限公司投入资金200万元,进行修缮。为文博专业人才培养、可移动文物修复、文创产品研发和文创产业融合发展寻找了一条新路径。对面墩汉墓遗址博物馆建设项目主体已完成,后期建设正在进行之中。

5.加强博物馆人才队伍建设

坚持以人为本,紧紧围绕发展和繁荣博物馆事业这一中心任务,实施多层次、多元化的人才培养战略,培养一批熟悉文化遗产工作、懂经营、擅管理的复合型人才,一批善于运用现代科技手段保护和利用文化遗产的科技型人才,一批熟悉和掌握传统工艺技术的专业型人才,一批历史文化知识丰富、具有世界眼光、熟悉外语的外向型人才。鼓励优秀人才脱颖而出,稳定高水平的中青年队伍,培养、引进一批学术人才,逐步形成年龄梯次合理、专业分布均衡、整体素质优良、适应科学技术发展、服务于人民大众的高效、务实的工作团队。

6.重视博物馆信息化建设

加强现代信息技术特别是物联网技术在博物馆中的推广应用,提高博物馆各领域的信息化水平。建设黄冈市博物馆文物资源信息数据库、博物馆公共服务平台和文物安全监测平台。积极推动博物馆重要信息系统的互联互通、资源共享和业务协同,推进数字博物馆工程,推进电子政务建设,加强文物信息的社会化服务和传播普及工作。

(二)制度建设

2019年黄冈市博物馆狠抓制度建设,继续完善并制定了一系列管理办法和考核制度,健全了考核机制。严格有效的管理办法和考核制度,推进了全馆各项工作的有序开展,使博物馆团队充满活力,提高了工作人员的凝聚力、战斗力和执行力,完善出台了《黄冈市博物馆党支部议事制度》《黄冈市博物馆馆长办公会议事制度》《黄冈市博物馆2019年党风廉政建设和反腐败工作要点》和《黄冈市博物馆2019年党风廉政建设风险点实施方案》等10余项规章制度;认真落实"三会一课"制度,成立了主责办、财务自查小组、考勤纪律巡查小组,加强"三重一大"事项的监督,全年召开了31次班子会;研究了202项重点工作、重大开支,做到了民主议事集体决策,开展纪律巡查40余次,财务自查自纠2次,接受局财务检查3次;对出现的问题进行公示并大会点名批评,通报批评处理4次,极大地加强了党风廉政建设的风险防控和日常监督检查力度;切实加强了意识形态工作,牢固掌握意识形态领域工作的领导权、管理权和话语权,召开专题学习会3次,传达上级会议精神、要求,班子成员带头、党员带头纳入党建工作的主体责任;弘扬和践行社会主义核心价值观,传递正能量。

（三）安全管理

安全工作是博物馆事业发展的生命线。黄冈市博物馆始终坚持"安全问题想在前,安全工作做在前"的工作原则,发现问题及时处理,确保馆内人员、文物和财产设施的安全,做到人防、机防、物防三者相结合,安防、消防协调同步推进。在安全生产管理上,始终秉承文物安全是文保工作的基础和生命线,坚持"预防为主、防消结合"的消防安全工作方针,制定了《一级应急预案》《治安管理制度》《安全值班制度》《监控室管理制度》等一系列制度;配备并完善馆内安全设施设备,加强对重点部位的安全管理。馆内张贴消防指示牌,做到标识明确;对馆内电路、电器、强电井、弱电井、消防栓、灭火器、防火帘、感应器等设施进行定时抽查,发现隐患,及时处理;博物馆监控室全年24小时值班,填写值班日

志,定期抽查安保人员值班情况;抽查设备运行情况日志、保安管理工作,夜班人员巡更、巡查情况和夜班巡更数据、各楼层展厅和展柜及大门钥匙的管理与发放登记工作;积极配合省消防总队、市消防中队、市消防支队进行消防抽查,对于抽查结果,及时反馈,落实整改;定期对安保人员进行岗位培训与实地演练,提高安保人员的应急处置能力;加强日常安全监管、巡查,确保博物馆安全运行。成立以馆长、书记为组长,馆领导班子成员为副组长,各部室负责人为成员的社会治安综合治理、文明城市(单位)创建工作领导小组。馆长与各部室签订责任状,强化中层干部综合治理、文明城市(单位)创建工作的责任意识。

2019年,为迎接国务院考核组来黄冈进行消防专项检查,展开重点消防迎检工作:4月2日,市消防大队一行两人对黄冈市博物馆消防设备进行全面检查,并提出整改意见;4月17日,省文化和旅游厅一行五人对黄冈市博物馆消防安全工作进行全面检查;4月18日,市公安局内保支队、经济开发区消防支队一行四人来黄冈市博物馆进行安防、消防联合检查,并提出具体整改意见。

2019年安防、消防具体整改工作:4月23日,针对安防工作存在的问题,向蓝剑保安公司下达整改通知书,要求保安公司购置保安"八件套"和调整保安员年龄结构到55周岁以下;4月24日,参加市应急管理局开展的应急管理培训。5月1日前,在博物馆大厅、监控室和门卫处安装"一键报警"系统3套;5月7日,派遣7名工作人员报名参加国安消防学校的"消防设施操作员"培训学习,并于11月21日全部完成考试。博物馆大门口增添微型消防站1处。更换消防控制室监控设备备用蓄电池5组,灭火器加干粉67具(其中推车式2台),新购灭火器14具。

封堵各楼层弱电房管道井 12 处,修理更换应急灯 80 余个、安全提示牌 20 个,全面更换并增加消防警示标语及警示牌,并对各楼层消防通道进行了疏通。举办两次全体人员消防安全知识培训(4 月 10 日"2019 年消防安全知识"培训、5 月 10 日"安全第一 警钟长鸣"消防安全知识培训)。完成博物馆监控系统提升改造项目。完成博物馆楼顶消防模块改造。可移动文物修复中心建立消防系统,安装监控设备。修复中心大厅门口的物品寄存柜,更换电子配件。

### (四)人才培养

优秀的人才是单位的宝贵财富,黄冈市博物馆一向重视对人才的培养,尤其是对年轻干部职工的培养。开展岗位练兵,培养特色人才。组织陈展、社教、考古专业人员赴革命老区开展红色文化研究、红色藏品征集、陈列展览提升系列研学活动,选派业务骨干参加国家级业务知识培训学习,提高专业技术人员综合素质;聘请专业老师对讲解员开展形体、普通话、讲解技巧、讲解词撰写等专业培训,提高讲解人员的综合素质;选派员工参加文物修复技术学习,培养专业文物修复技术人才。派遣 6 名消防安全人员参加"消防设施操作员""消防应急管理"的培训及考试。黄冈市博物馆培养的优秀讲解员陈柯如光荣入选"伟大历程 辉煌成就——庆祝中华人民共和国成立 70 周年大型成就展"讲解团队。

## 九、公众评价

### (一)观众满意度

1.展览满意度

2019 年观众调查统计表显示,黄冈市博物馆来馆观众对展览满意度达到 95%,认为展览内容翔实、形式生动、主题鲜明,每个展厅都具有特色,可以让人们全面了解黄冈的历史文化。

2.环境满意度

根据 2019 年观众调查统计表显示,黄冈市博物馆来馆观众对环境满意度达到 93%,认为作为市级文明单位之一的黄冈市博物馆庭院整体干净、清洁,展厅明亮、无灰尘,卫生间无异味,配备专业的保洁公司人员,设施设备比较齐全,但同时也指出了夏季在展厅参观有点闷热这一问题。

### (二)社会关注度

1.官网

全年发布各类通知、社教活动及博物馆动态信息等 100 余条,网站浏览量日渐递增,达到 1 万余次。

2.官方微博

运营黄冈市博物馆新浪官方微博,全方位展示黄冈市博物馆各项工作推进情况。

3.微信公众号

运营黄冈市博物馆微信公众号,观众可通过公众号预约讲解。同时,第一时间发布黄冈市博物馆的消息,对博物馆现场进行全面直播。

4.新闻媒体

全年在省文化和旅游厅、省社科联、市文广局、市文物局等官网更新上传新闻资讯 50 篇,在《湖北日报》《黄冈日报》《鄂东晚报》发表新闻简讯 18 篇,有效提升了博物馆的社会形象和影响力;通过官网、QQ 群、微信群、电子显示屏等多种形式宣传博物馆,实时更新各类展览信息。

(撰稿人:龚向清)

# 大 事 记

## 黄冈市博物馆

### 1月

1月4日,馆长办公扩大会会议传达市委五届八次全体会议暨全市经济工作会议的精神,发布关于图书捐赠活动的通知,安排刘松山参加市政协五届三次会议,通过可移动修复中心人事安排等事宜并按工作计划加快可移动修复中心办公空调配置,通过2019年对库房文物和博物馆资产进行全方位整理事宜,通过1月10日黄冈历史名人文化遗珍展对外开展的提议。

1月4日,博物馆支委会会议讨论1月支部主题党日活动以及相关工作的安排,讨论通过可移动修复中心的人事安排及由胡狄同志兼任中心主任等事宜。

1月8日,馆长班子会(扩大)会议讨论了关于厨房扩建及厨具设备购置的事宜,通过了完善合同制聘用人员的相关制度事宜,部署安排部室年度述职及个人年度考核事宜,讨论通过了1月10日召开黄冈市各历史名人文化研讨会的提议,讨论通过了春节前夕闭馆进行安全综合防范整修的提议。

1月10日上午,"黄冈历史文化名人遗珍展"开幕,由陈列部负责,其他各部室全力配合。

1月15日上午,市局考核组来博物馆进行2018年目标考核,刘焰同志对2018年述职述廉述责,随后开展民主测评和座谈。

1月18日,刘焰馆长一行4人赴荆州参加湖北省考古工作年会。

1月28日,召开组织生活会对2018年度博物馆推进全面从严治党、加强基层党组织建设、落实党建工作责任等进行回顾。会后,馆长刘焰就做好春节期间开放服务,社教活动,文物、场馆安全,社会治安综合治理,节日期间值班巡查,走访慰问等工作进行了部署。

1月29日,"弘扬宪法精神 建设法治中国"图片展在大厅进行展览。

### 2月

2月11日,黄冈市博物馆党支部组织全体党员开展"支部主题党日"活动,活动以"对标先进 力争上游"为主题。

2月13日,财务工作人员参加"市直2018年度资产报表编制培训会"。

2月14日,馆长办公扩大会会议纪要:讨论陈列部、群工部的目标管理责任书事宜,彭杰完成2019年工会目标管理责任书,熊威完成2019年共青团目标管理责任书,部署安排对2013年以来购置的物品按固定资产管理规定进行全面登记,通过了为讲解员购置服装约2万元的预算,通过了三月中旬组织人员赴温州、北京等地开展原石痕迹博物馆项目融资和推进建设的工作,通过了保安保洁服务对外招标事宜,通过了启动内部食堂合同签订事宜,通过了启动党风廉政宣传教育月科普周和国际博物馆日等活动的主题宣传展览制作和文化遗产展板制作,张领传达全市三级干部大会会议的相关精神。

2月22日上午,对面墩汉墓遗址博物馆建设项目推进会会议纪要:听取了长青建设集团负责人关于该项目主楼屋面瓦外墙钢构等特工设计变更及消防通道绿化等附属工程建设情况的报告,并委托有资质的专业造价咨询公司对汉墓本体保护施工方案概算书等进行核定。

2月25日,馆长办公扩大会会议纪要:讨论财务室、考古部、保管部、安保部和主责办的目标管理责任书,成立后勤办挂靠相关部室负责固定资产保洁以及食堂管理等日常事务,考古部配合保管部做好库房文物清理工作,3月启动安防总监控室整体升级改造,完善保管部人员配置并做好藏品资料物品交接,讨论了主责办提出的增加"意识常态"内容和工作具体化的问题。

2月28日上午,博物馆支委会讨论通过2018年度民主评议党员的结果,决定刘焰、彭杰、胡狄、梅报春、吕娟利、徐丽君等6名党员评定为优秀等次,张领等14名党员评定为合格等次。为使领导班子决策更科学、更民主,同意工会主任彭杰同志列席馆长办公会参与重大事项研究。

# 3月

3月,对英山经济开发区进行文物调查与勘探工作。

3月1日,博物馆食堂维修改造审计工作完毕,全套资料已送办公室存档。

3月4日上午,黄冈市博物馆党支部组织全体党员开展"支部主题党日"活动,活动以"坚定理想信念 筑牢信仰之魂"为主题。

3月4日,馆长办公扩大会会议纪要:宣布了2018年评先评优名单,通过了与区检察院签订附属产权协议书,通过了辛亥革命遗址遗迹文物调查工作方案,通过了安九线黄梅五里墩段文物发掘清理和英山经济园文物调查勘探实施工作方案,决定赴黄石开展红色藏品巡回展,同时制作一套"红色记忆展览"展牌在5月对外巡展,通过了与市收藏家协会签订合作协议事宜,通过了食堂扩建和可移动文物修复中心建设事宜,通过了3月启动中控室安防提升事宜,通过了合同工增

资事宜,聘用吴晓松为博物馆文物考古发掘顾问,组织开展三八妇女节活动,通过了2018年直属事业单位目标责任考核奖励。

3月5日,适逢第56个学雷锋纪念日,博物馆团支部组织"开展志愿服务活动 践行雷锋精神"主题活动,全体干部职工参加了此次活动。

3月11日,馆长办公扩大会会议纪要:宣布馆2018年考核评先评优结果,公布相关部室人员调整,签订各部室目标责任书,通过了各部室的工作计划,通过了财务室银行基本账户转至湖北银行的报告及购置一台电脑的事宜,通过了签订电梯维保费0.7万元及环卫垃圾处理卫生费0.95万元的协议,通过了制作"红色英魂——黄冈红色史迹展"30块展板费用3.6万元的申报,通过了室内绿化费1.8万元及广场庭院绿化费3万元的申报,通过了变压器除湿维修事宜及购置1台电脑约1.7万元费用的申报,通过了英山经济开发区文物调查勘探实施方案及购置无人机和相机等考古设备约5万元费用的申报,通过了保管部购置2台电脑和2套办公桌椅约0.85万元费用的申报。

3月14日上午,省司法厅法宣处二级调研员陈风华、宣传一处一级主任科员毛金宇,在市司法局、市文化和旅游局有关负责同志的陪同下到市博物馆检查验收"省级法治建设示范单位"创建工作,对市博物馆高度重视法治建设示范单位创建工作、结合文博工作特点创新开展法治文化宣传教育活动给予了极高评价。

3月14日,"辛亥革命遗址遗迹大调查"黄梅站启动,相关人员开展调查工作。

3月21日下午,开展"博物馆里的二十四节气——春分"科普社教活动。整个科普活动通过耐心的讲解与引导让学生了解二十四节气的由来、特征,了解春分时节我国的传统习俗,来自黄州区一中的100余名学生参加了科普活动。

3月25日,党风廉政建设工作推进会传达胡爱民同志在市纪委五届四次全会上的工作报告——《奋力推进新时代纪检监察工作高质量发展》的文件精神和局党组中心组学习的会议精神,包括"脱贫攻坚"文件精神、中央政法委关于反邪教的会议精神以及全国两会精神。会议强调,要切实抓好党风廉政建设工作、安全生产工作和日常工作,党员干部要做到心中有戒、心中有法、心中有纪,要加强学习,严格遵守纪律、规矩。

3月29日,"辛亥革命遗址遗迹大调查"麻城英山站启动,相关人员开展调查工作。

3月29日下午,让课本"活"起来——黄冈市博物馆研学实践系列活动正式启动。首批来自黄冈市实验中学的370名学生走进市博物馆,开启研学之旅。

# 4月

4月,配合黄黄高铁项目建设,组建黄黄高铁项目岳大湾遗址考古队,完成武穴岳大湾遗址、谢家湾墓地、郭德元遗址的考古发掘与勘探。完成浠水草塘畈墓地、杨家湾墓地、程家湾墓地考古的发掘与勘探工作。

4月1日,黄冈市博物馆党支部组织全体党员开展"支部主题党日"活动,活动以"坚持总体国家安全观 打好防疫化解重大风险攻坚战"为主题。

4月2日上午,彭杰同志到市委小礼堂参加市总工会四届三次扩大会议,听取2018年工作汇报,研究2019年工会工作。

4月2日,召开迎接国务院安全考核组受检工作专题会,明确各部室的责任和具体分工。确定一家具有消防资质的维保单位,并与其签订相关维保合同,全面检查、更换过期的灭火器药粉。

4月4日,开展"我们的节日——清明节"科普社教活动,来自黄冈市实验小学的500余名小学生走进博物馆,参与了此次活动。

4月4日下午,召开"消防迎检筹备会",强调各部室要积极配合,确保安防、消防无死角。

4月8日,馆长办公扩大会会议纪要:听取柳树湾考古工地发掘情况,通过了考古部关于保安招标及签订合同及对面墩汉墓本体保护项目招标和签订合同的报告,通过了武穴岳大湾工地文物保护考古发掘工作方案,审议关于国务院安全考核组消防检查工作情况的报告,通过了停车场路面硬化项目,发放2018年直属事业单位目标责任考核奖,通过了安排梅报春赴河北参加国家文物局举办的展陈设计培训班事宜。

4月17日上午,湖北省文化和旅游厅副厅长司晴川率省厅安监处、博物馆处相关负责人到黄冈市博物馆实地进行消防安全专项检查。对黄冈市博物馆的消防安全工作给予了充分肯定,并对存在的问题提出了明确的整改要求。

4月18日,相关人员去武穴黄黄高速岳大湾工地检查遗址发掘进展情况,市文化和旅游局来馆检查安防、消防工作。

4月19日,市委小礼堂开展"市直宣传站线2019年党风廉政建设教育专题培训",主题为"坚持严管与厚爱激励干部干事创业"。

4月22日,馆长办公扩大会会议纪要:传达市文化和旅游局关于开展2019年春季文化和旅游安全检查工作的通知精神,传达4月19日局党组扩大会会议精神,通过了关于党风廉政宣传月展板设计制作活动方案约3万元费用的申报,制定黄冈市博物馆内部安全保卫工作规范,委托具备消防维保资质的公司对馆消防设备进行每年约5万元维保费用的审批,启动办理与110警务联动到位事宜约2万元费用的支出,聘用汪金林为消防技工,通过了与安保服务中标单位蓝剑保安公司签订的服务协议,通过关于购置身份证登记入场设备约2万元费用的申报,通过了关于购置车辆识别智能道闸设备约3万元费用的申报。

4月26日上午,《鄂东晚报》160名"小记者"有序走进博物馆,在讲解员的带领下参观了"大江东去——黄冈历史文化展"。"小记者"不断向讲解员们提问,不时在本子上做采访记录,接受了一次生动、鲜活的黄冈历史文化的洗礼。

4月28日,专题会会议纪要:书记与重点岗位人员开展廉政谈话,听取赴武汉革命博物馆参观学习"中国共产党反腐倡廉"历程展的情况,听取梅报春赴石家庄参加"展览与策划"培训的情况,通过了关于"党史中的纪律——反腐倡廉历程展"的工作方案及策划制作借展藏品预算约7.5万元费用的申报。

4月29日,馆长办公扩大会会议纪要:接收原旅游局工作人员洪超同志到馆上班,鄢晓波同志任陈列部后勤办副主任,强调五一期间安全值班。

4月29日,博物馆支委会会议纪要:鄢晓波同志提任为博物馆中层部室副职干部,通报6起违反中央八项规定精神的典型案例,做好节日安全值班和免费开放服务接待工作。

4月30日上午,市博物馆开展"青春心向党 建功新时代"主题团日活动纪念"五四"运动100周年。从事讲解宣教、考古发掘工作的青年团员表示,要发扬五四精神,把个人理想、事业追求与国家富强和民族振兴有机结合起来,为文博事业贡献青春力量,不忘初心跟党走,建功立业新时代。

4月30日—5月11日,圆满完成2019大别山(黄冈)文化旅游推介活动暨2019大别山(黄冈)旅游博览会主会场的签到、食宿及"一对一"专班的后勤接待工作。

## 5月

5月6日上午,开展以"学习贯彻条例推动制度治党"为主题的5月支部主题党日活动。学习了《中国共产党党组工作条例》《党政领导干部选拔任用条例》《中国共产党政法工作条例》,以及习近平总书记写给第五批全国干部学习培训教材的序言。张领同志带领党员学习习近平总书记在纪念"五四"运动100周年大会上的重要讲话精神。

5月10日,馆长办公扩大会会议纪要:通过了接受省文化和旅游厅组织的国家级专家团队对柜架囊匣和环境监测平台项目验收事宜及组织省、市专家对黄冈革命史展览提升方案讨论会的审批,通过了国家级文物保护单位项目预防性保护玻璃更换项目实施方案评审约5万元费用的申报,通过了委托会计师事务所对对面墩汉墓保护性用房二期建设清单制定控制价预算报告事宜约6万元费用的申报,通过了拨付英山县博物馆经济开发园区考古协调6万元费用的申报,通过了关于发放2017年度1个月精神文明奖的提议,通过了委托具备设计资质的设计院对对面墩汉墓保护性用房、附属建设道路、机房、水泵房、配电房、化粪池、地沟平整绿化及室内装饰等进行方案设计费用约15万元的申报,通过了对馆职工统一签订聘书事宜,通过了关于消防安全自查涉及的屋顶二楼平台漏水维修维保约3万元费用的申报,通过了张俊辉、刘良、龙鉴参加消防设施操作员资格学习培训事宜约每人2000元费用的申报,通过了孙在本聘用工资待遇调整为每月2600元的提议,通过了组织相关人员赴湖南湘潭和江西南昌、萍乡等地开展黄冈革命史展览提升项目考察事宜。

5月13日,大型展览"党史中的纪律——反腐倡廉历程展"和《中华人民共和国监察法》漫画图解展开展。市委常委、宣传部部长陈继平,市委宣传部常务副部长蔡志勇,市纪委监委派驻市直宣传战线纪检组组长罗红波,市委宣传部班子成员余赤以及市直文旅系统机关干部,二级单位班子成员200余人参观展览。

5月14日,召开环境监测与柜架囊匣项目验收会,省文化和旅游厅王晶晶处长主持会议。

5月15日,馆长办公扩大会会议:通过了启动馆藏珍贵文物展柜保护施工设计方案约19.7万元采购预算的申报,通过了采取市场询价方式委托具备设计资质的单位设计完成馆藏珍贵文物配置可调控式展柜和储存柜的配置方案7万元预算的申报,听取了关于革命史展陈大纲采购招投标结果的报告,听取了关于馆顶灯更换情况的报告,听取了关于保管部工作移交的报告,听取了关于开展社教活动的系列报告,听取了关于安防关键点位安装网络摄像头1.5万元预算的报告,听取了关于委托代理招标单位的情况介绍报告。

5月16日上午,为纪念一年一度的"5·18"国际博物馆日,庆祝中华人民共和国成立70周年,深入打造"展志愿风采　感历史文化"大学生志愿者服务品牌,创建国家公共文化服务体系示范区,博物馆策划组织了丰富多彩的纪念活动。博物馆大学生志愿者团队参与了此次活动,并为其颁发了结业证书。

5月17日上午,由湖北省博物馆协会、湖北省博物馆主办的2019年"5·18"国际博物馆日活动在省博物馆隆重举行。黄冈市博物馆斩获两项省级荣誉。博物馆社教团队荣获2019年度湖北省文博系统"十佳社教团队"称号。"革命遗珍　历史见证——黄冈红色文化藏品展"荣获第三届(2018年度)湖北省博物馆、纪念馆六大陈列展览精品推介活动"优胜奖"。

5月18日上午,为迎接一年一度的"科技活动普及周",开展了以"传科技文化,展大国风采"为主题的2019年度科普周系列活动。以生动有趣的科普展示和优秀文化传承为手段,为公众奉献了一顿精彩的"科技文化大餐"。

5月30日,市博物馆开展党风廉政建设

月活动,张领同志讲党课——增强"四个意识",做合格党员。

# 6月

6月3日,黄冈市博物馆开展支部主题党日活动,主题为"学条例　守初心"。

6月5日,黄冈市2019年"文化和自然遗产日"宣传暨古玩文化藏品鉴宝与交流会圆满收官。本次活动的主题为"展示文化藏品　促进文物保护　坚定文化自信　传承中华文明",活动不仅丰富多彩,集中展现了文物保护利用价值,还宣传了文物保护传承的时代价值,体现了文物保护成果全民共享的理念。

6月10日,馆长办公扩大会会议纪要:听取对面墩汉墓保护性用房二期14项建设清单的报告,委托具有资质的设计单位、审计单位对所有项目进行方案设计、预算审计并在做出报告后报市财评办审核;通过了发放2018年综合治理奖励工资的提议;通过了与湖北晨发消防装饰工程公司签订安防监控设备更新施工合同事宜;通过了关于启动可移动文物修复中心安防、消防配套设施相关事宜。

6月11日,召开黄冈市博物馆创建国家公共文化服务体系示范区工作推进会。会议强调,创建国家公共文化服务体系示范区是当前和今后一个时期的中心工作和重点工作,全馆上下要统一思想,提高认识,主责办牵头负总责,各部室要通力协作、协调配合、扎实推进、狠抓落实,确保优质、高效地完成本单位创建的各项任务,配合上级做好相关工作。

6月17日,召开对面墩汉墓二期建设事宜工作会。

6月19日,张家强市长来黄冈市博物馆调研,文化和旅游局王萍局长参会,张领书记做主题汇报讲话。

6月20日上午,张领同志主持召开支委

会,传达局会议精神。

6月20日下午,为贯彻落实党的十九大精神和习近平新时代中国特色社会主义思想,助力创建国家级公共文化服务体系示范区,庆祝中华人民共和国成立70周年,博物馆大学生志愿者团队协同博物馆社教团队开展了以"播种红色基因 传承红色文化"为主题的红色文化社教科普活动。

6月23日下午,与收藏家协会共同商议确定"辛亥革命遗址遗迹调查"事项。

6月24日,赴蕲春开展辛亥革命遗址遗迹调查工作。

6月26日,赴浠水开展辛亥革命遗址遗迹调查工作。

6月28日,参加市文旅系统建党98周年纪念大会暨黄冈市文化和旅游局机关委员会选举大会。召开黄冈可移动文物修复中心共建项目专题推进会。

6月29日,辛亥革命遗址遗迹调查第三站行程(武穴、麻城、白莲河)启动。

# 7月

7月1日,馆长办公扩大会会议纪要:听取了可移动文物修复中心进展情况的报告;听取了完成消防、安防设施安装防盗网及购置办公桌、椅、电脑等工作的报告;通过了启动安全用电安装设施招标约29.7万元预算的申报;通过了关于召开全国重点文物保护单位项目展览提升展陈大纲评审会以及预防性保护玻璃展柜项目实施方案评审会的提议;确定馆消防设备维保事宜;通过了总监控室人员调整的办法,将总监控室4名保安纳入安保部人员管理系统;通过了志愿者培训(大学生)注册登记等相关事宜;通过了在馆大门安装LED显示屏设施1套1.6万元概算的申报;通过了关于开展省博物馆协会2019精品展的提议;通过了"将党史中的纪律——反腐倡廉历程文物展"作为申报专题临展项目约1.5万预算的申报。

7月1日上午,市博物馆开展纪念建党98周年暨7月支部主题党日活动,会上宣读了市直机关工委和市文化和旅游局党组的表彰决定,博物馆党支部被市直机关工委授予"红旗党支部"荣誉称号;刘焰同志被文化和旅游局党组授予"优秀党务工作者"称号;梅报春、张安安、余灿、徐丽君等同志被评选为优秀共产党员。

7月2日,赴麻城开展辛亥革命遗址遗迹调查工作。

7月3日,赴罗田开展辛亥革命遗址遗迹调查工作。

7月4日,财务人员参加黄冈市财务编报培训会。

7月8日,发布关于明确市博物馆内设机构、工作职责、负责人的通知,明确市博物馆领导班子成员、工会和有关人员工作分工的通知,关于调整市博物馆党支部支委、班子成员分工的通知(馆各部室)。

7月10日,馆长办公扩大会会议纪要:明确市博物馆内设机构工作职责负责人,听取文化和旅游局组织的上半年财务纪律执行情况检查反馈意见,加强业务用公务小车管理,讨论通过聘用孙在本、叶四明、王昌礼、张慧芬依规签订临时用工合同的提议,听取了馆内白蚁虫害防治约4.6万元预算、购置对讲机及夜巡电筒约0.7万元预算、馆高层次人才招聘事宜约1.5万元预算、购买政治学习和业务学习教材约0.71万元预算、拟与市新华书店或规范的图书发行单位联合在馆内二楼大厅设置地方史专著专柜约1万元预算、可移动文物修复中心配套设施约25万元预算、与省博物馆联合开展"不忘初心、牢记使命"主题社教活动的报告约1万元预算、拟委托具备环境监测资质的第三方单位对博物馆公共部分进行环境监测评估约0.6万元预算的报告。

7月10日,启动2019年"暑期科普夏令营"活动,河南潢川县实验学校的千余名学生来到黄冈市博物馆,联合开展系列科普夏令营活动。

7月17日,赴团风开展辛亥革命遗址遗迹调查工作。

7月19日,召开"红色故事宣讲大赛"初赛专题工作会。

7月20日,2019年黄冈市博物馆"小小讲解员"选拔赛在博物馆举行,湖北广播电视台主持人作为文化志愿者参与并主持此次活动。

7月21日,召开《辛亥革命黄冈遗址遗迹文物辑录》第一次编委会会议。

7月22日上午,由中共黄冈市委宣传部、黄冈市文化和旅游局主办,黄冈市博物馆承办的"共和国故事汇——湖北省红色故事宣讲大赛"(黄冈赛区)在博物馆举行。

7月26日,财务人员参加2019年非税收入培训会。

7月29日,召开黄冈可移动文物修复中心共建项目专题推进会。

## 8月

8月起,对黄冈高新技术产业园南湖工业园进行文物调查与勘探并编制文物保护方案。

8月5日,馆长办公扩大会会议纪要:进一步加强财务管理,听取关于创建第四批省级法治文化建设示范点的报告,听取关于可移动文物修复中心日常管理事宜的报告,通过了为迎接省文化和旅游厅军民共融、共建活动检查并制作宣传册和相关展板事宜约1万元预算的申报,通过了编印辛亥革命遗址遗迹大调查报告样书和报告评审会事宜约2万元预算的申报,听取关于编印安九铁路湖北段工程文物保护项目资料整理汇编的报告约1万元预算的报告,听取了引进社会力量参与黄黄高铁文物考古项目约20万元预算的报告,听取关于可移动文物修复中心安防、消防项目建设情况约12万元预算的报

告,听取了财务室购置1台打印机以及陈列部购置1台单反相机约0.7万元预算的报告,听取了组织革命史展览提升工作专班人员赴南京、上海开展革命史展览提升考察和资料收集共计约1万元预算的报告,讨论通过了为博物馆参赛选手制作自我风采展示视频约0.5万元预算的申报,听取了城东妇幼医院围墙修缮事宜约2.3万元预算的报告。

8月6日下午,市博物馆和黄州区团委共同组织的主题为"关爱祖国花朵,助力希望家园"的科普社教和志愿者服务系列活动在博物馆举办启动仪式。

8月25日,召开《辛亥革命黄冈遗址遗迹文物辑录》第二次编委会会议。

8月28日,"共和国故事汇——湖北省红色故事宣讲大赛"在武汉落幕,黄冈市博物馆大学生志愿者张婵获业余组优秀奖。

8月29日,馆长办公扩大会会议纪要:讨论通过了可移动文物修复中心日常管理人员工作的报告,听取了关于黄黄高铁文物考古工作约16万元预算的报告,听取了关于主水管破裂抢修约0.6万元预算的报告,听取了关于辛亥革命黄冈遗址遗迹调查样书印制事宜约1万元预算的报告,听取了为确保消防设备运转而产生屋顶管线更换约3万元预算的报告,通过了启动档案达标相关事宜,通过了关于在国庆期间举办黄冈市书法作品展约2万元预算的申报,听取了发放2018年机关党建工资的报告,通过了2018年获得年度考核优秀等次人员按每人700元发放奖金的提议。

8月29日,财务人员参加"国有资产管理系统升级"培训会。

## 9月

9月1日,召开《辛亥革命遗址遗迹文物辑录》第三次编委会会议。

9月2日,全体党员、中层干部以上成员参加9月主题党日活动——"勇担历史使命、

答好时代考题"。

9月2日,召开对面墩汉墓组建机构专题会议。

9月6日,召开对面墩汉墓玻璃钢构专题会议。

9月9日,馆长办公扩大会会议纪要:听取了为确保节假日安全值守安保部负责组织各部室对馆内安防、消防设施设备及水电线路进行核查整修的报告,通过了关于职工节日慰问物资发放的提议,通过了对馆内主干道沥青裂缝进行维修约3万元预算的申报,听取了对馆内外的各类陈旧寄存柜、宣传展板等设施进行更换约1.6万元预算的报告,通过了关于黄冈市社科普及"六进"宣传教育活动工作方案3万元费用的报告,通过了熊威同志的辞职申请,通过了道路夜灯更换约1万元预算的申报,通过了对面墩汉墓本体保护玻璃网架申请工程款招标价47.8万元应按合同约定支付10万元的提议,同意委托泰宇建筑工程技术咨询有限公司代理招标,通过了可移动文物修复中心新增卫生间及配置电脑、打印机约1.7万元预算的申报,听取了陈列部配置相机约0.5万元预算的报告,听取了考古部配置电脑2台约1万元预算的报告,通过了支付辛亥革命黄冈遗址遗迹调研成果报告封面设计等编审稿酬约1万元预算的报告。

9月14日,由湖北省博物馆协会主办,湖北省博物馆协会社教专委会协办的2019年湖北省文博系统"小小讲解员"讲解大赛在湖北省博物馆多功能报告厅举行,黄冈市博物馆选送的张楠希凭借出色表现获得了综合三等奖和"最佳形象奖",黄冈市博物馆荣获优秀组织奖。

9月16日,馆长办公扩大会会议纪要:听取了关于省安防总局来馆检查存在的安全隐患问题整改报告,听取了2019年高层次人才招聘引进2名研究生情况的报告,同意梅报春申报副高、郑硕申报中级职称、周小林和吕娟利正常晋级上报、停发熊威工资、停发李园园和邱洪绩效工资的提议,听取了关于临展厅灯具的更换及为馆新进研究生建设临时住房约1.6万元预算、关于可移动文物修复中心安装铝合金纱窗以及门卫房扩建10平方米卫生间约2万元预算的报告。

9月17日,高层次人才引进人员李一帆、张宜金来馆报道。

9月18日,"祖国颂·政协情——黄冈市政协庆祝中华人民共和国暨人民政协成立70周年书画艺术展"在黄冈市博物馆开展。

9月20日,万珊代表文化和旅游局参加荆州园博会讲解工作。

9月23日,由国家发展改革委会同中央宣传部、中央军委政治工作部、北京市委等单位联合举办的"伟大历程 辉煌成就——庆祝中华人民共和国成立70周年大型成就展"在北京展览馆隆重开幕。黄冈市博物馆讲解员陈柯如入选讲解团队。

9月24日,张领同志传达党组中心学习以及局扩大会议精神,安排布置"不忘初心、牢记使命"主题教育学习事宜。

9月25日,博物馆支委会会议纪要:研究同意程庆霞同志作为党员发展对象、舒国东同志负责党建日常工作。

9月26日,成立黄冈市博物馆"不忘初心、牢记使命"主题教育领导小组并发布通知。

9月27日,馆长办公扩大会会议纪要:部署国庆节期间安全值班工作,通过了与湖北经典文化传媒公司共同开展文化创意项目合作并投资约200万元对老馆东侧整体维修的提议,通过了创建文化广场以及公共吸烟区建设的报告及广场布置彩旗等约5万元核算的申报,听取了消防控制室设施设备线路等全面整改达标约15万元预算的报告,通过了余灿同志解除与博物馆劳务关系的提议。

## 10 月

10 月起,组建鄂州机场文物保护项目黄冈市博物馆考古队,对鄂州左家山墓群、窑咀墓群进行考古发掘与勘探。对武穴经济开发区、团风经济开发区进行文物调查与勘探并编制文物保护方案。

10 月 8 日,召开黄冈可移动文物修复中心共建项目专题推进会。

10 月 9 日,启动档案达标工作事宜。

10 月 10 日,召开"不忘初心、牢记使命"主题教育学习会。

10 月 10 日,市博物馆优秀红色战例讲解团队走进驻地武警部队,开展"祖国,我用忠诚祝福您"网络新媒体主题宣教活动。

10 月 11 日,馆长办公扩大会会议纪要:启动安装防爆玻璃项目而闭馆一个月的方案,听取了创建国家文明城市设施整改经费约 1.8 万元预算的报告,听取了组织讲解员赴北京参观中华人民共和国成立 70 周年大型成就展的报告,听取了可移动文物修复中心挂牌前的各类展板制作经费约 1 万元的报告,听取了柜架囊匣项目按合同约定拨付 20 万元的报告,听取了鄂州顺丰机场两个文物点开展文物调查勘探、启动档案达标约 5 万~8 万元预算、配备电脑及打印机等设备约 0.6 万元预算的报告。

10 月 11 日,市文化和旅游局党组成员、副局长、局机关党委书记徐冬梅同志,局机关党委办公室主任吴雪晴同志来馆调研基层党建工作。

10 月 12 日,召开可移文物修复中心启动仪式专题会。

10 月 20 日,发布关于程庆霞同志为中共党员发展对象的公示。

## 11 月

11 月起,对蕲春李时珍工业园、黄梅经济开发区、麻城经济开发区进行文物调查与

勘探并编制文物保护方案,配合湖北省文物考古研究所完成燕矶长江大桥连接线文物调查工作。

11 月 4 日,馆长办公扩大会会议纪要:听取了引进劳务技术单位人员参与经济开发区文物调查勘探工作约 15 万元预算、引进黄石市博物馆的烙画展布展宣传牌等约 0.6 万元制作经费、引进展览 5 万元费用的报告,听取了对照 2019 年县域文明指数测评标准完成相关展牌、展板、公示牌等整改制作及文明单位创建资料收集工作的报告,听取了与湖北经典文化传媒有限公司共同对老馆东侧进行修缮、黄冈可移动文物修复中心于 11 月 10 日启动运行的报告。

11 月 4 日,博物馆支委会会议纪要:听取了组织党员干部及讲解员赴红安县开展"不忘初心、牢记使命"主题教育活动,同时实地调研经济开发区文物保护项目统一评价工作,汪金林、蔡海丽两位同志转为正式聘用人员的报告,通过了龚向清同志赴美探亲事宜。

11 月 5 日,开展团风、麻城经济区文物评估田野调查。

11 月 5 日,发布关于接收程庆霞同志为中共预备党员的公示。

11 月 6 号,"烙画——火与纸的艺术展"在黄石市博物馆开展。

11 月 8 日,黄冈市博物馆举办二十四节气之立冬教育教学活动。

11 月 10 日,黄冈·太岳可移动文物修复中心正式启动运行。

11 月 18 日,馆长办公扩大会会议纪要:听取了对面墩汉墓保护用房、路基、化粪池、门面台阶附属工程招标胜宇公司承建总价 29 万、与中国移动通信集团公司续签服务合同费用约 0.9 万元、委托人事档案管理中心进行人事档案整理约 1 万元费用、"不忘初心、牢记使命"档案文献展览增补展板约 0.7 万元费用、展柜保护项目施工、鄂州顺丰机场考古增设宣传栏等 2.3 万元预算、2019 年度

全省考古成果汇报会定于 2020 年 1 月在齐安湖召开约 15 万元费用、采购《中国青铜器·湖北卷》800 册 46 万元费用的报告，通过了关于文明城市创建工作的报告。

11 月 19 日，市博物馆、市档案馆联合推出"不忘初心、牢记使命"红色档案文献展。

11 月 20 日，召开展柜玻璃保护中期专题会。

11 月 25 日，组织全体党员及中级以上干部召开十九届四中全会精神专题学习会，市文化和旅游局党组成员、副局长王萍作主题学习报告。

11 月 25 日，经湖北省机关事务管理局、湖北省发改委、湖北省财政厅等部门联合初评和复核，黄冈市博物馆被批准为"国家级节约型公共机构示范单位"。

11 月 27 日，馆长办公扩大会会议纪要：通报黄冈市博物馆支部委员会改选情况，听取了在麻城进行宋墓考古挖掘事宜、创文创卫要求、展厅玻璃更换及展厅撤展、到黄石市博物馆送展约 5 万元预算的报告，通过了换大门口寄存柜、打印机和扫描仪及做油漆广告牌、门口伸缩门道闸生锈维修、消防控制室灯管更换约 1.5 万元预算的提议和申报，听取了档案达标添置密集架及相关柜架约 15 万元预算的报告。

11 月 28 日，召开黄梅经济开发区文物保护专题会。

11 月 30 日，开展黄梅经济区第二、三文物点发掘勘探工作。

## 12 月

12 月起，对蕲春经济开发区进行文物调查与勘探并编制文物保护方案，对红安高新技术产业园进行文物调查与勘探并编制文物保护方案。

12 月 2 日，黄冈市博物馆开展支部主题党日活动，并组织全体党员干部赴结对共建帮扶社区——新桥社区开展党员志愿服务活动。

12 月 3 日，馆长办公扩大会会议纪要：传达文化和旅游局创文创卫部署工作会精神，通过了开展馆内书籍报刊等资料收集汇总、博物馆简史编写、固定资产登记管理等工作，黄州区南湖经济开发区、黄州火车站经济开发区、团风经济开发区、黄梅县经济开发区四个项目进展情况的报告，拟请专家进行考古调查勘探评估报告评审约 3 万元费用，对面墩汉墓附属工程路基、化粪池、地沟、正门台梯项目招标价的通报和老馆总配电房线路进行整改约 6 万元预算，按合同约定拨付对面墩汉墓本体玻璃柜钢架保护项目款 10 万元，与湖北经典传媒有限公司签订合作协议书对老馆建筑进行以旧修旧的报告。

12 月 11 日，馆长办公扩大会会议纪要：听取了对面墩汉墓遗址博物馆临街面创文创卫宣传栏制作喷绘等约 0.5 万元预算，玻璃展柜预防性保护图案设计制作约 10 万元预算，对面墩汉墓遗址博物馆附楼办公区的装修项目约 30 万元预算，与市红色文化研究会及市收藏家协会联合召开辛亥革命遗址遗迹调查工作总结研讨会约 3 万元预算，关于黄梅、武穴、蕲春、红安、麻城、浠水等县文物考古评估调查和资料整理工作，组织全馆党员干部赴红安开展红色文化调研学习教育活动，党风廉政建设文明单位创建目标考核综合治理信息报送创文创卫等工作的报告。

12 月 12 日，召开黄冈市博物馆"红土赤焰——黄冈革命斗争史"陈列大纲评审会。

12 月 13 日，开展红安县经济开发园区文物保护调查工作。

12 月 13—14 日，黄冈市博物馆党支部开展"不忘初心、牢记使命——参观红色故居，重温红色记忆"主题教育活动。

12 月 19 日，馆长办公扩大会会议纪要：听取了老馆"双创"和文明单位测评迎检工作及老馆周边环境整理宣传制作购置设备、在博物馆老馆建设三个垃圾分类处理亭、经济开发区工作进展情况、经开区资料整理工作安排、2019年度考古成果汇报会的相关报告和方案制订、文明单位创建工作事宜、工会及妇委会工作总结事宜、黄冈革命斗争史展陈大纲专家评审会的记录整理事宜的报告，部署了综合治理由张俊辉负责、社教活动资料汇编由张安安负责、创建节能单位推广工作由胡扬芳负责、党风廉政建设由程庆霞完成、主题教育回头看迎检工作由徐丽君完成的安排。

12月31日，部分馆职工参加"第八届遗爱湖迎新春万人健步行活动"。

# 荣 誉 集 锦

| 序号 | 表彰名称 | 表彰对象 | 发文单位（盖章单位） | 表彰文件文号及发文时间 |
|---|---|---|---|---|
| 1 | 2017—2018年国家节约型公共机构示范单位 | 黄冈市博物馆 | 国家机关事务管理局 | 2019年2月 |
| 2 | "革命遗珍 历史见证——黄冈红色文化藏品展"在第三届（2018年度）湖北省博物馆、纪念馆六大陈列展览精品推介活动中获"优胜奖" | 黄冈市博物馆 | 湖北省博物馆协会 | 2019年5月 |
| 3 | "十佳社教团队" | 黄冈市博物馆 | 湖北省博物馆协会 | 2019年5月 |
| 4 | "红旗党支部" | 黄冈市博物馆 | 市直机关工委 | 2019年7月 |
| 5 | "市直党建工作先进单位" | 黄冈市博物馆 | | |
| 6 | 全市社会治安综合治理（平安建设）优胜单位 | 黄冈市博物馆 | | |
| 7 | 2019年湖北省文博系统"小小讲解员"讲解大赛获优秀组织奖 | 黄冈市博物馆 | 湖北省博物馆协会 | 2019年9月 |
| 8 | "共和国故事汇——湖北省红色故事宣讲大赛"荣获"特别贡献奖" | 陈柯如 | 湖北省博物馆协会 | 2020年1月 |
| 9 | 社会消防工作先进个人 | 张俊辉 | | |
| 10 | 优秀党务工作者 | 刘焰 | 黄冈市文化和旅游局 | 2019年6月 |

| 序号 | 表彰名称 | 表彰对象 | 发文单位<br>（盖章单位） | 表彰文件文号及<br>发文时间 |
|---|---|---|---|---|
| 11 | 优秀共产党员 | 梅报春<br>余灿<br>徐丽君<br>张安安<br>鄢晓波 | 黄冈市文化和<br>旅游局 | 2019 年 6 月 |
| 12 | 湖北省第十二届导游比赛获"优秀奖" | 曾婷 | 湖北省文化和<br>旅游厅 | 2019 年 6 月 |
| 13 | "共和国故事汇——湖北省红色故事宣讲大赛"决赛业余组"优秀奖" | 张婵 | 中共湖北省委<br>宣传部 | 2019 年 8 月 |
| 14 | 2019 年湖北省文博系统"小小讲解员"讲解大赛获综合三等奖和"最佳形象奖" | 张楠希 | 湖北省博物馆协会 | 2019 年 9 月 |
| 15 | "不忘初心、牢记使命、纪念改革开放 40 周年"主题征文比赛中《黄冈市博物馆的华丽转身》获二等奖 | 程庆霞 | 中共黄冈市委<br>市直机关<br>工作委员会 | 2019 年 2 月 |
| 16 | "共和国故事汇——湖北省红色故事宣讲大赛"（黄冈赛区）获"优秀奖" | 张安安<br>曾婷<br>张婵 | 黄冈市文化和旅游局 | 2019 年 7 月 |

# 咸　宁

## 咸宁市博物馆工作综述

咸宁市现辖赤壁市、咸安区、嘉鱼县、通山县、通城县、崇阳县，一市一区、一个国家级高新区，面积共 9861 平方千米，人口 300 万人。全市有 7 个公共博物馆，4 个文物管理所(李自成陵墓文物管理所、赤壁文物管理所、北伐汀泗桥战役遗址文物管理所、通山王明璠府第文物管理所)，现有全国重点文物保护单位 8 处，省级文物保护单位 46 处，县市级文物保护单位 342 处，中国传统村落 11处，历史文化名镇 2 处，全市境内分布各类文物点 2300 余处，馆藏文物 42402 件。博物馆、纪念馆在岗人员 100 余人。2019 年全市各类博物馆、纪念馆免费接待观众 55 万余人，免费开放已形成常态化和规范化，博物馆已逐步成为人民群众充实精神文化的乐园和休闲旅游的好去处。全市文物行政管理部门和博物馆认真贯彻落实《国务院关于进一步加强文物工作的指导意见》(国发〔2016〕17号)、《国务院办公厅关于进一步加强文物安全工作的实施意见》(国办发〔2017〕81 号)的文件精神和《中华人民共和国文物保护法》的规定，积极做好文物保护的规划管理、维护维修、保护利用工作，严格落实文物安全保护责任，严打文物犯罪，坚决筑牢文物安全防线，不断加强博物馆建设，大力提升展陈内容的质量，努力适应社会发展需要。各项文物工作顺利推进，呈现出良好的发展态势。各市、区、县博物馆、纪念馆、文物管理所以本地的历史文物、民俗文物、历史名人、重大历史事件为主题，集中展示和宣传本区域丰富多彩的优秀传统文化和红色革命文化遗产，充分展现了鄂东南的文化特征、区域特色。积极开展"5·18"国际博物馆日、"文化和自然遗产日"宣传活动，大力开展社会教育活动，努力传承、弘扬中华优秀传统文化，极大丰富了人民群众的精神文化生活，打造了咸宁的文化品牌，为咸宁社会经济高质量发展发挥了积极作用。

# 咸宁市博物馆

2019 年咸宁市博物馆领导班子和党支部，把全馆干部职工思想道德建设作为统揽全局和事业发展的首要环节，把抓好干部职工的政治理论学习和基层党建工作作为博物馆稳定发展的关键节点，扎实开展"两学一做""主题党日＋""不忘初心、牢记使命"主题教育活动。加强政治理论学习，认真贯彻落实党的十九届三中、四中全会精神，学习领会习近平总书记系列重要讲话，落实从严治党、依法治国各项方针政策，加强党员队伍建设，不断开展思想政治教育和党风廉政建设活动，筑牢信仰之基、补足精神之钙，提高党员的党性意识和创新争先意识。树立"为民服务"的思想，积极开展文明单位创建活动，努力提高业务技能、科研水平、创新能力，进一步提升和创新展品的质量和内容，不断探索宣教工作的新经验、好方法，各项工作取得了较好成绩。

博物馆全年免费开放天数 310 天，社教部完成政务团队接待 90 次共 5000 人，其中包括美国、法国及西亚、非洲等地区来宾和省外专家学者。完成义务讲解 75 次，其中学生团队 50 余次，截至 12 月上旬累计接待参观人数达 13 万人次。

全年开展安防、消防大检查 2 次，组织全体干部职工进行大型消防安全演练 1 次，日常安保、消防工作制度健全，安全责任机制完善，隐患排查整改措施到位，形成博物馆安全工作人人有责的良好局面，确保博物馆各项安全工作万无一失。加强日常行政管理，确保政令畅通，认真做好档案、人事、财务管理有关工作，抓好博物馆内外环境卫生、绿化带的养护维护、设备维修等工作，全力保障免费开放各项后勤工作。

社会教育活动和文物保护宣传形成常态化和规范化。全年共开展宣教活动 12 次，深入军营、学校、乡村、基层扶贫点、社区 9 次，积极开展"5·18"国际博物馆日和"文化和自然遗产日"活动，成效显著，既宣传、普及了国家文物保护法，又传承、弘扬了鄂南优秀历史文化，提高了全民文物保护意识。增强馆藏文物质量、数量和技术含量，2019 年采集、登录博物馆在 2016 年征集的 300 余件文物和赤壁梅家山出土文物，根据可移动文物普查要求进行拍照和登记工作，对每件文物的摄影照片按文物编号和摄影方位重新命名。2019 年博物馆根据咸宁市人民政府实施《咸宁市古民居保护条例》的要求，认真参与古民居的调查申报和认定工作。深入挖掘咸宁的特色文化资源，古民居保护研究成果显著，积极促进咸宁古建筑保护修缮工作，确认咸宁市 2 处全国重点文物保护单位，16 处省级文物保护单位，83 处市级、区级、县级文物保护古民居基本信息，更新补充 83 处咸宁市古民居信息，核查复审 203 处无级别古民居信息。2019 年，完成 3 项考古调查工作，完成 2 项抢救性考古发掘任务。完成咸宁市龙窖山堆石遗址考古调查、勘测项目的结项验收工作，开展全市高新技术产业园区、经济开发区文物保护的统一评价工作。加强学术交流，营造学术氛围，积极参加省博物馆协会组织的以"作为文化中枢的博物馆：传统的未来"为主题的征文活动,提交论文 5 篇,获二等奖 1 篇,并被收录进《作为文化中枢的博物馆:传统的未来——2019 年湖北省博物馆协会学术研讨会论文集》。按要求完成 2019 年湖北博物馆年鉴的编撰任务。

## 一、博物馆藏品管理

### (一)藏品征集

#### 1. 藏品征集数量与内容

2019 年,咸宁市博物馆筹集一定资金,共征集文物 18 件(套),所征集的文物主要包括商周陶器、清朝至民国时期民俗类文物、瓷器、字画、书籍类文物。通城县博物馆新增加南北朝时期出土文物 32 件(套)、征集古瑶文化文物 121 件(套)、红色革命文物 54 件(套)。嘉鱼县博物馆新增加出土文物 3 件(套)。通山县博物馆全年征集文物 2 件(套)。

#### 2. 所征集藏品的作用与意义

不断增加和丰富了馆藏,使藏品更加全面和多样,同时藏品的历史年代更清晰、具体,进一步充实了咸宁市博物馆民俗特色展览的文物展品。

### (二)藏品管理

#### 1. 藏品的账目与档案整理情况

藏品管理认真做到制度健全、账目清楚、鉴定确切、编目详明、保管妥善、查检方便。根据工作要求对总账、分类账和保险柜钥匙、库房钥匙都实行专人管理,并加强了出入库房人员的审批和登记工作。

为了更好、更准确地对藏品进行管理,每年都要以"馆藏品出入库凭证"为基准,辅助藏品总登记账等信息对藏品进行核对,发现有遗漏的地方要补写,错误的地方要更正,最终形成一份馆藏文物年度检查统计表。各市、区、县博物馆多年来,经常派专业负责藏品档案管理的工作人员参加省、市有关藏品管理的培训或学习,提高对藏品档案的管理能力。

#### 2. 藏品的保管、修复、保护

咸宁市博物馆库房管理人员每天定时对库房进行安全排查,并记录库房的温湿度,定期对展厅、库房内文物进行防潮、防霉、防虫、去湿处理,定期进行展厅内文物保存状况的检查和日常卫生清洁工作,及时处理需要维护和修理的各类文物,针对展览需要做好文物的增加、更换和利用工作。严格执行文物库房安全管理责任制,消防安全责任制、安保人员实行 24 小时值班制度,定时巡查、定期检查,认真排除安全隐患,确实做到"安全第一,预防为主",全面保障馆藏文物安全。采集、登录博物馆在 2016 年征集的 300 余件文物和赤壁梅家山出土文物,根据可移动文物的普查要求进行拍照和登记工作,对每件文物的摄影照片按文物编号和摄影方位重新命名,采集文物名称、尺寸、重量等 14 项基本指标,并做好文物纸质总登记账和电子版模板录入工作,及时做好馆藏文物的病虫害治理和预防工作。根据国家文物局的有关要求,做好馆藏文物的梳理和信息采集上报工作。整理馆藏急需修复文物的数量及资料报送给省文物交流信息中心并配合做好文物修复方案等工作,填报文物编号、类别、名称、尺寸、年代等信息,共计 260 件(套)文物,其中八成是竹木雕类文物。配合做好"咸宁考古四十年成果展"展览工作,整理和汇总新石器时代、商周时期等的考古资料,根据陈列大纲列出文物清单,并从库房提取文物搬运至展览大厅。配合深圳华图测控系统有限公司给咸宁市博物馆文物做预防性保护方案。编制 2018 年通山江源村捐赠的六方匾额的修复方案和申请报告,并报送给省文化和旅游厅审批。各市、区、县博物馆在 2019 年切实加强馆藏文物及消防的安全管理工作,始终坚持 24 小时值班制,确保馆藏文物、文物保护单位等重要开放场所的文物及消防安全。

#### 3. 藏品的数字化工作

运用全国第一次可移动文物普查软件,

将每件藏品的名称、质量、尺寸等 14 项基本信息填写完备以满足博物馆日常藏品管理。同时，用离线采集软件对每一件藏品进行信息调取和图片搜索，用其"高级查询"可以快捷、便利地按照藏品名称、年代、质地等分别检索藏品，既可以查看某类藏品，又可以对藏品进行类别统计分析。全国第一次可移动文物普查软件提供了一种最基本的文物信息数字化模式，为保障馆藏文物数据安全，将馆藏 4000 条数据通过同类合并等原则压缩成 300 余条文物信息发送给第三方单位。咸宁市博物馆下阶段将进一步更新和增加库房数字化管理设备，不断提高藏品的数字化管理水平。咸安区博物馆已邀请专家进行调研和技术指导，筹划打造湖北省文物数字化示范点。

## 二、博物馆陈列展览

### （一）基本陈列

咸宁市博物馆的基本陈列现设八个展厅，一层有"南楚华珍——咸宁出土文物精品展""震古烁今——咸宁重大历史事件""钟灵毓秀——咸宁历史名人"三个展厅；二层有"鄂南楚韵——咸宁民俗文化一""鄂南楚韵——咸宁民俗文化二""鄂南楚韵——咸宁民俗文化三"三个展厅；三层为美术厅和临时展厅。

一层"咸宁出土文物精品展"展厅，通过大量精美的出土文物全面、系统地展示了咸宁地区的历史文化风貌。大熊猫头骨化石、人牙化石揭开鄂南的史前迷踪，穿越历史迷雾的商代铜鼓、数量众多的青铜器让观者仿佛置身于"礼无乐不行"的先秦时代，东吴铭文弩机、铁箭镞印证了"折戟沉沙铁未销，自将磨洗认前朝"的慷慨激昂，类型丰富的宋至清代民窑瓷器精品静静地展示着她们曼妙的身姿，铺陈出一幅富庶真实的咸宁历史画卷；"咸宁重大历史事件"展厅，运用高科技的多媒体手段生动、具体地再现了赤壁之战、北伐汀泗桥战役等宏大的历史场景，让我们一起重回那雄师百万、金戈铁马的峥嵘岁月；"咸宁历史名人"展厅，以精湛的陈列艺术呈现了咸宁英杰的风采，如三元大臣冯京、抗倭名将刘景韶、三朝帝师雷以诚、民国文人王世杰、书法大家李邕……"看大江东去，浪花淘尽千古英雄"，在咸宁这片千年历史风云激荡的土地上，孕育了数不胜数的文化名人。

二层"咸宁民俗文化展"展厅，充分使用民俗文物的陈列来展现独具地域特色的鄂南文化。共设"民风民俗""生产生活/古建遗存""民间艺术、万里茶叶之路、香城泉都"三个主题，民俗一展厅完整地展示了生儿、婚礼、丧礼、杂礼、祭礼等礼仪民俗和各种岁时民俗，重点描绘了婚嫁场景，科技陈列手段与文物陈列相映成趣；民俗二展厅陈列的同治年间的风车，乾隆年间的水车、谷推等朴实的生产生活用具和各种华美的家具、建筑构件等，真实地复原了古代出行、祠堂、居室、书房等丰富的生活场景；民俗三展厅将古戏楼、古戏台融入多媒体技术，充分诠释了咸宁的艺术魅力，还有古典民间刺绣等精巧的民间工艺和发端自羊楼洞的万里茶叶之路专题展览，也都展现了咸宁人民的智慧。

三层为美术厅和临时展厅，美术厅藏有当代书画大家启功、范曾、邵声朗等人的墨宝，以及咸宁本地书画家董继宁等人的优秀作品。临时展厅可用于举办各类临时展览。

赤壁市博物馆设有四大基本陈列："赤壁水军鏖战"浮雕展、"赤壁之战三国史迹陈列展"、"欧亚万里茶路——赤壁茶文化展"、"廉政历史文化展"。

咸安区博物馆基本陈列：①北伐汀泗桥战役纪念馆，第一展厅为"北伐战争与汀泗桥战役厅"，2019 年投入 320 万元，对北伐汀泗桥战役纪念馆进行陈展改造、提档升级；第二展厅为"咸安革命名人厅"；第三展厅为"咸安馆藏文物精粹厅"。②向阳湖文化名人旧址，设向阳湖文化名人展厅。③咸安"三一八"惨案丛葬坑陈列馆，主题是"血火岁月——'三一八'惨案暨鄂南抗战史展览",展馆分两部分,第一部分为"日军侵入鄂南与'三一八'惨案";第二部分为"鄂南的抗日斗争"。

嘉鱼县博物馆常设展览:"嘉鱼县九八抗洪纪念展"、《古民居保护条例》展、"嘉鱼县第三次全国文物普查成果展"等。

通山县博物馆基本陈列:"民俗文化展""历史文物展""历代钱币展""石瑛先生生平展"。

通城县博物馆基本陈列:"李自成遇难通城专题展览""通城精品文物专题展"。

崇阳县博物馆常设展览:"最美崇阳古民居""崇阳县改革开放40周年摄影图片展""庆祝建国70周年——崇阳开国将军图片展"三大主题展览。

（二）临时展览

2019年,咸宁市博物馆不断加强同湖北省博物馆和其他市区博物馆的交流合作,引进不同形式、内容新颖的临时展览和自办展览8个:①1月25日,主办了"金枝玉叶——中国古代贵族首饰艺术专题展"。②4月5日,咸宁市文化和旅游局在赤壁羊楼洞明清古街举办"悠悠古道茶香情——文化进景区"系列活动。博物馆在活动中利用活动展板,向观众展示了"咸宁最美古民居"专题图文。③5月18日,"创意咸博 美好生活"咸宁市博物馆文化创意产品设计征集启动仪式在博物馆一楼大厅启动,现场展出了故宫博物院、湖北省博物馆、湖北科技学院文创产品300余件(套)。④6月8日,咸宁市博物馆参加了咸宁市文化和旅游局在通城县黄袍山红色广场举办的"文化和自然遗产日——保护文化遗产 传承红色基因"大型活动,现场展示了咸宁市博物馆设计的"咸宁市重点文物图文展",在舞台上展示了非遗类的表演节目,非遗传承人展示了现场秀手艺等。此次活动大力弘扬中华优秀传统文化,营造全社会共同参与、关注和保护传承优秀历史文化的浓厚氛围,为人民美好生活增色添彩。⑤8月

31日,"美丽中国·咸宁市第三届摄影艺术展"在咸宁市博物馆举行,共展出作品190幅,通过摄影作品,倡导全民提升环保意识、生态意识,形成共同爱护生态环境的良好社会风尚。⑥9月29日,"一路是风景——'万里茶道'油画创作与研究鄂南'美丽乡村'绘画创作展",共展出中国画、油画、纸本手稿等不同艺术形式的作品108幅,力求用艺术的方式彰显咸宁的文化亮点和文化自信,展现咸宁美丽乡村、讴歌伟大时代的主题,以此向中华人民共和国成立70周年献礼。⑦10月25日,咸宁市博物馆举办了"咸宁考古四十年成果展——展示咸宁历史,守护香城文脉"。此次展览为博物馆自主创办、设计的展览,集中展示了史前、商周、汉魏六朝、唐宋、明清5个重要历史时期咸宁40处具有代表性的考古项目成果,多角度、全方位地展示了咸宁的历史和文化,反映出其文物考古事业的丰硕成果。通过举办考古四十年成果展,咸宁市博物馆大力弘扬中华优秀传统文化,继续提炼、展示、传播咸宁文物蕴含的精神内涵、文化精髓和当代价值,发挥文博的阵地作用,讲好咸宁文物故事,提高咸宁的旅游知名度,为咸宁旅游业增添活力,增强咸宁的文化自信,努力实现文化开发、文旅共融的美好蓝图。⑧11月6日,由中央档案馆、国家档案局主办,湖北省档案馆协办,咸宁市档案馆承办的"不忘初心、牢记使命"历史档案文献展在咸宁市博物馆三楼临时展厅开展。

2019年,赤壁市博物馆推出短小精悍、独具特色的临时展览4个,进一步满足广大观众全方位、多层次的需求。4月举办了"万里茶道寻源"图片展览和"最美咸宁古民居"图片展,10月引进赤壁市"老年书画展"和"赤壁风光"摄影展。

咸安区博物馆2019年举办的临时展览:《中华人民共和国文物保护法》知识问答展、《国务院关于进一步加强文物工作的指导意见》展、《咸宁市古民居保护条例》展、"北伐汀

泗桥战役（革命）史迹展"、"飘扬的党旗　红色的记忆——中国共产党在咸宁地区的早期革命活动展览"。

通山县博物馆 2019 年举办的临时展览："中国钢笔画第一人"毛才奇钢笔画展和庆国庆"如歌岁月、大美通山"书法作品展。

通城县博物馆 2019 年举办的临时展览："李自成殉难通城文物展"和"沙堆镇团包山墓群出土文物展"。

崇阳县博物馆 2019 年举办的临时展览："最美崇阳古民居图片展""崇阳县改革开放40 周年摄影图片展""庆祝中华人民共和国成立 70 周年——崇阳开国将军图片展"。

## 三、博物馆教育

### （一）教育项目

#### 1. 常设性教育项目

（1）迎新春系列文化活动。每年元旦春节期间开展"进馆送福　参观有礼""巧手做灯笼，欢喜庆元宵"等活动，开展知识竞答送春联和精美便签、免费讲解等惠民服务。

（2）常年举办"小小讲解员"夏令营活动。暑假期间针对中小学生开设文博知识培训、礼仪与技巧讲解、手工制作培训、展厅讲解练习以及互动体验（寻宝、"新春花艺"和"面食之旅"手工 DIY）等课程，内容充实丰富，形式多样，为孩子们提供了一个有意义的假期活动平台，已形成常态化。

（3）每年按时开展"5·18"国际博物馆日系列宣传活动。

（4）每年策划组织开展"文化和自然遗产日"系列活动。

#### 2. 临时性教育项目

为丰富咸宁市民春节假期生活，努力营造和谐有趣、喜庆祥和的春节氛围，2019 年 1月 26—27 日，博物馆开展了 2019 年迎新春活动之"新春花艺"和"面食之旅"传统民俗DIY 亲子体验课，30 余位小朋友与爸爸妈妈在博物馆里一起做手工，感受浓浓的年味。

活动期间，咸宁市的吉祥物"咸宝"和"小宁"也来到现场互动，让小朋友们欢欣鼓舞。1 月 29 日—2 月 3 日在博物馆举行"进馆送福　参观有礼"活动。活动中设置了投壶、叠叠乐、趣味答题等游戏，市民既可以体验游戏乐趣，又可以了解传统文化知识，还可以赢得新春文创礼品。活动期间共有 1000 余人参与活动，共计发放各类礼品 3000 件（套）。2 月 19 日，博物馆联合超凡美术举办了"巧手做灯笼，欢喜庆元宵"活动，20 余名小朋友和父母一起学民俗、做花灯、猜灯谜，从另一个角度了解中国传统节日元宵节。在活动现场，老师讲解了元宵节闹花灯的历史起源以及莲花灯的寓意，介绍了莲花灯的制作流程，还开展了猜谜游戏活动。3 月 2 日，在博物馆临时展厅举办了"云鬓花颜　锦衣霓裳"社教活动。活动中设置了讲解古代首饰历史知识、制作发饰、展示汉服等环节。300 余名观众及志愿者参与了活动。4 月 5 日，市文化和旅游局在赤壁羊楼洞古镇举办文化进景区活动。活动期间，博物馆通过移动图文展、网络知识竞答、发放宣传册页等方式，认真扎实开展文物保护宣传工作，为"万里茶道"申遗工作造势，进一步推介了羊楼洞旅游品牌，提高了周边居民及咸宁市民对文物古迹的保护意识。4 月 28 日，咸宁市博物馆联合高投集团团委和横沟桥镇团委举办"青春心向党·建功新时代"特别主题团日暨纪念"五四"运动一百周年活动，共 50 余名共青团员参加活动。弘扬"五四"精神，放飞青春梦想，谱写人生华章，为咸宁高质量转型发展贡献青春力量，争做担当民族复兴大任的时代新人，以优异的成绩向中华人民共和国成立 70 周年、"五四"运动 100 周年献礼。6 月 1 日，市博物馆和贝拉美学、柚子美术联合举办了"梦回盛世"庆六一民俗体验活动。当天，130 组家庭来到博物馆，在老师和志愿者的帮助下，学习用蜡笔棒和颜料在扇子、纸伞上作画。红梅、兰花、桂花、银杏叶……孩子们用稚嫩的笔触、鲜艳的色彩,直观地表达出内心的喜悦和对传统文化的热爱。在萌宝汉服 T 台秀环节,穿着汉服的孩子们手执画扇和手绘纸伞走上红毯,展示自己的作品,吸引了大批家长、市民驻足观看,整个博物馆成了欢乐的海洋。为弘扬中华优秀传统文化,满足市民精神文化需求,8 月 6 日—18 日,咸宁市博物馆在一楼大厅举办了暑期博物馆有奖竞答活动。观众仅需关注"咸宁市博物馆"微信公众号便可参加有奖竞答,凡参与答题的观众均有机会获得文创雨伞、钥匙扣、环保袋等礼品。活动期间,累计参与人数为 5000 余人,发放各类奖品 2000 余件。9 月 14 日,由湖北省博物馆协会主办的 2019 年湖北省文博系统"小小讲解员"讲解大赛在湖北省博物馆多功能报告厅举行,咸宁市博物馆选送的陈智旋同学凭借出色的表现荣获综合三等奖,咸宁市博物馆荣获优秀组织奖。为庆祝中华人民共和国成立 70 周年,9 月 28 日上午,由咸宁市博物馆主办,咸宁市超凡美术、贝拉美学、柚子美术、咸宁市传媒少儿艺术团、艺双琴行志愿者服务队协办的"我和我的祖国"咸宁市博物馆志愿者喜迎中华人民共和国 70 周年系列活动在咸宁市博物馆一楼大厅举行。活动以绘制百米长卷画、青少年合唱、朗诵表演、乐器演奏等形式进行。同时在活动中为"创意咸博 美好生活"咸宁市博物馆文化创意产品征集活动获奖作品及 2019 年湖北省文博系统"小小讲解员"讲解大赛咸宁分赛区获奖选手颁奖。约 500 名小学生和家长参加了活动。在百米长卷上,100 名爱好绘画的小朋友们齐聚一堂,在志愿者的指导下,发挥想象力与创造力,你画一笔,我添一色,精心绘制,有栩栩如生的素描,有天真幼稚但又充满想象的油彩画,认真画出自己心中最美的景色。长长的画布上五彩缤纷,一幅壮美中国、幸福中国、辉煌中国的画作展现在大家面前。咸宁电视台、《咸宁日报》、《香城都市报》等主流媒体对本次活动的开展情况进行了专题报道,"云上咸宁""文化咸宁""咸宁网"等新媒体对本次活动也进行了专题报道,据不完全统计,各类宣传报道累计浏览量为 10 万人次。

3.代表性教育项目

(1)开展"5·18"国际博物馆日系列宣传活动。2019 年"5·18"国际博物馆日"创意咸博 美好生活"咸宁市博物馆文创产品设计征集活动启动,本次文创产品设计征集活动主要依托咸宁市博物馆馆藏特色,挖掘博物馆藏品的文化资源,促进藏品的研究与当代社会审美时尚相融合,以此打造具有咸宁地域特色的文创产品,进一步提升咸宁市博物馆的品牌知名度和社会影响力,进一步推动博物馆文创事业的发展。湖北科技学院、咸宁职业技术学院艺术设计类师生共计 150 人参加启动仪式,希望通过本次活动为艺术设计类学生提供社会实践的平台,并从中探索鄂南优秀传统文化的内在价值。

(2)举办 2019 年第六期"小小讲解员"培训班活动。6 月底—7 月上旬,继续开展"小小讲解员"培训班活动,选定 8 节实训互动课程和 4 节体验实践课程,精心设计课程内容,并制作趣味性强的 PPT。7 月中旬通过微信公众号发布招募信息,招募面试学员 52 人。7 月 20 日举行面试选拔活动,通过自我介绍、朗读文章、智慧答题 3 个环节录取 35 名 9～14 岁的学员。7 月 23—28 日每日上午开展"小小讲解员"培训课程,课堂上学生们积极学习,半数以上的学生均可以背诵一样器物讲解词。培训课程结束后,根据学员综合评分,评选出 10 名第六期"小小讲解员"培训班优秀学员,成绩合格者颁发"小小讲解员"结业证书。

(3)2019 年 6 月 8 日,为迎接中华人民共和国成立 70 周年,传承、弘扬中华优秀传统文化,促进文化和旅游融合,咸宁市文化和旅游局在通城县黄袍山红色广场举办了 2019 年"文化和自然遗产日"宣传展示活动,以"保护文化遗产,传承红色基因"为主题,博物馆配合活动,以图文展的形式展示了咸宁市重点文物并进行了文物保护法律法规的宣传,安排讲解员现场讲解和引导。

### (二)教育活动

2019年2—11月,咸宁市博物馆认真做好教育活动的策划及组织工作。2019年咸宁市博物馆在节假日和寒暑假期间开展了形式多样、丰富多彩的教育活动。2019年元旦、春节期间策划迎新春系列文化活动,开展进馆送"福"活动,所有进馆参观群众,都将免费获得由咸宁市博物馆精心设计制作的"福"字一张。开展知识竞答送春联,送精美便签,体验手工制作春联、宫灯、中国结,营造了浓厚的节日气氛。

#### 1.学校教育活动

2019年按年度工作计划,扎实开展"博物馆进校园"活动,认真做好策划及组织工作,通过报纸、电视、网络媒介进行宣传,主动上门,以"迎进来""走出去"的形式开展文物知识、文物保护的讲解和宣传活动。加强馆校合作,共同提高学生的文化素质,加深学生对中国优秀传统文化的了解,激发他们爱国、爱家乡的热情。2019年4—6月,咸宁市博物馆同全市多所中小学合作,开展研学活动,组织多所中小学的学生参观博物馆,了解咸宁优秀历史文化,讲解员用通俗易懂的语言讲解文物历史故事,使学生们感受了穿越历史时空的奥妙,参加研学活动的学生达1.5万余人。充分发挥爱国主义教育基地的作用,积极培育和践行社会主义核心价值观,引导青少年以自己的视角发现祖国日新月异的变化,用诚挚的心灵抒发对祖国的热爱与赞美,共同表达对祖国母亲的深情祝福。9月28日,为庆祝中华人民共和国成立70周年,主办"我和我的祖国"咸宁市博物馆志愿者喜迎中华人民共和国成立70周年系列活动,约500名小学生和家长参加了活动,学生们充分发挥自己的才艺,抒发出对祖国的热爱与

赞美。为配合开展好"5·18"国际博物馆日和"文化和自然遗产日"活动,博物馆工作人员对招募的30名大学生志愿者进行了培训,按计划完成讲解、礼仪、引导等各项培训工作。

#### 2.市、区、县博物馆社会教育活动

(1)赤壁市博物馆2019年暑假组织招募一批"小小讲解员",不定期对其进行培训并开展比赛。2019年"5·18"国际博物馆日,赤壁市博物馆招募11名"小小讲解员"为一带一路茶产业论坛暨第五届茶业大会做志愿讲解服务。同时,充分发挥博物馆"爱国主义教育基地""廉政文化教育基地"的作用,积极接纳广大青少年和社会各界人士到博物馆开展助残献爱心活动、党员主体团队活动等,积极开展"5·18"国际博物馆日和"文化和自然遗产日"系列活动。赤壁市博物馆开展了走出去展示文物、文化的宣传活动。①走进赤马港学校开展"万里茶源"知识讲座;②走进通城县秋收暴动纪念馆,开展文物展板巡展讲解活动,免费发放博物馆知识和文物保护的法律法规宣传册页。

(2)咸安区博物馆开展廉政教育活动,组织党员干部到廉政教育基地北伐汀泗桥战役遗址参观学习,开展廉政教育、党性教育和爱国主义教育,坚定了党员干部的理想信念,提高了其党性修养,进一步筑牢反腐思想防线。为讲好红色故事,促进弘扬红色基因,激发红色动力,整合大学生资源,实现咸安区的红色景点联动,2019年5月18日在北伐汀泗桥战役纪念馆、区文化和旅游局广场张贴宣传横幅、发放宣传册、制作活动大展牌2块,举办"铁血军魂——北伐汀泗桥战役(革命)史迹展"等系列宣传活动,获得了良好的宣传效果。

(3)嘉鱼县博物馆在"5·18"国际博物馆日和"文化和自然遗产日"期间分别在二乔公园和县实验中学展出了"嘉鱼县第三次全国文物普查成果展",清明节与八一建军节期间

在簰洲湾九八抗洪烈士陵园展出"九八抗洪英雄纪念展"。

（4）通山县博物馆坚持开展博物馆"四进"（进学校、进军营、进社区、进企业）活动，主动联系县直单位、社团组织等单位参观博物馆。汇编文物保护法律法规、汇聚馆藏珍贵文物图片制成展板，到乡镇、村组、学校进行巡回宣传和展示，定期定向发送宣传画册。

（5）通城县博物馆推出了"第二学堂"的行动计划，针对全县中小学生举办了多场爱国主义教育展览、县史县情展览，重新布置麦市镇冷塅村"尧家林新石器文化展"展厅及塘湖镇获田村"苏维埃政府旧址"展览橱窗。

（6）2019年"5·18"国际博物馆日期间，湖北省文物交流信息中心、湖北省古建筑保护中心、湖北明清古建筑博物馆在5月10日走进崇阳，发挥自身文物保护特色和优势，并联合崇阳县博物馆开展了多项宣传活动：①在崇阳县文化广场举办"5·18"国际博物馆日收藏品鉴定活动；②在崇阳县第二实验小学开展湖北明清古建筑图片展览以及古建筑课堂知识讲座；③布设"最美崇阳古民居图片展""崇阳县改革开放40周年摄影图片展""庆祝中华人民共和国成立70周年——崇阳开国将军图片展"三大主题展览。

## 四、博物馆研究

### （一）学术活动

2019年咸宁市博物馆积极开展各项业务学术研讨、交流活动，积极参加国家级及省级各项文博讲座、研讨会议，努力提高专业素养，抓好业务人员的学习培训，使业务人员的业务素质和能力进一步提高。不断加强同省、市博物馆的业务和学术交流，引进不同题材的、新颖的临时展览，同市、区、县博物馆进行合作并开展业务指导，鼓励业务人员进行文博学术研究、考古研究，多出学术成果。2019年开展和参加了多项学术交流和学术会议。参加省文化和旅游厅组织的不可移动

革命文物调研，对咸安区25处、赤壁市9处不可移动革命文物的基本信息进行收集、整理。参加咸宁市人大组织的古桥立法学习考察，到四川都江堰市、重庆涪陵区实地了解古桥的保护、利用做法，撰写考察报告。收集全市有革命类陈列展览的省级文物保护单位、全国重点文物保护单位和革命类博物馆、纪念馆资料。举办了咸宁市龙窖山堆石遗址考古调查、勘测项目结项验收专家评审会。

组织全馆干部职工积极参加湖北省博物馆协会组织的2019"作为文化中枢的博物馆：传统的未来"征文活动，提交论文5篇，并被收录进《作为文化中枢的博物馆：传统的未来——2019年湖北省博物馆协会学术研讨会论文集》。参加由湖北省博物馆组织的"传统文化大闯关"活动。积极参加2019年湖北省文博系统"小小讲解员"讲解大赛。

### （二）学术成果

2019年咸宁市博物馆认真开展陈列展览和考古业务工作，1—11月联合湖北省博物馆、国家档案馆、湖北科技学院等单位，引进临时展览3个，自办展览5个。考古业务工作有：①2019年1月中旬，咸宁市博物馆安排考古专业技术人员对通城县隽水镇石泉村二组鸿森钢材机电市场二期工程工地取土点发现的古墓葬进行了抢救性考古发掘，共发掘古墓葬5座，抢救出南北朝时期珍贵文物40余件。②2019年1月底，对咸宁绿地梓湾A5地块涉及的罐山遗址保护范围进行现场勘查，并进行航拍，补充文物点资料。③为配合咸宁市古民居保护规划工作，收集、整理全市古民居摸底信息，确认咸宁市2处全国重点文物保护单位，16处省级文物保护单位，83处市级、区级、县级文物保护古民居基本信息，更新补充83处咸宁市古民居信息，核查复审203处无级别古民居信息。④关注通城县龙窖山堆石遗址考古调勘项目进展与结项计划。做好湖北省咸宁市药姑山遗址调查及保护规划项目绩效自评报告撰写

工作。⑤督促上报咸宁市全国重点文物保护单位本体构成清单，及时修改反馈。对市、区、县文物保护单位维修项目进行检查验收。⑥认真做好咸宁市第八批全国重点文物保护申报工作，为市局领导提供万里茶道羊楼洞明清石板街、万里茶道新店明清石板街等定稿文本内容。⑦提供关于咸宁大洲湖生态建设示范区规划文物保护相关问题的说明。⑧9月，提供咸宁机场预选场址文物分布及保护情况的说明。⑨8—10月，开展"咸宁考古四十年成就展"的策划和资料收集、展览大纲编写等工作。⑩6—12月，先后对咸宁市高新技术产业园区、经济开发区、工业园、科技产业园进行文物保护统一评价工作。

在湖北省博物馆协会组织的2019"作为文化中枢的博物馆：传统的未来"征文活动中，提交论文5篇，荣获二等奖1篇，并被收录进《作为文化中枢的博物馆：传统的未来——2019年湖北省博物馆协会学术研讨会论文集》。在湖北省博物馆组织的"传统文化大闯关"活动中，荣获优秀组织奖。在2019年湖北省文博系统"小小讲解员"讲解大赛中荣获综合三等奖和优秀组织奖。完成省博物馆协会安排的咸宁市博物馆2018年年鉴编撰工作。

## 五、博物馆公共服务

### （一）观众服务

2019年，博物馆为了更好地服务观众，认真做好免费开放中的讲解服务工作，提升讲解员的自身素质和文化修养，不断提高服务质量，满足观众合理要求，力求贴近实际、贴近生活、贴近群众。在讲解中，根据不同观众、不同群体，进行多样性、灵活性、针对性的讲解。积极开展文明单位创建活动，改建提升无障碍设施，制定各项服务措施，营造文明的礼仪氛围，为观众提供免费停车场、参观说明、导览手册、储物柜、饮用水、休息椅等，做到热情接待、认真讲解、耐心回答观众的提问，使观众感受到咸宁的热情，体会到宾至如归的感觉。制定前台接待制度，安排专人值守，为观众准备了适用的一般性应急药品及老花镜、针线包等，为特殊观众准备有活动轮椅，安排专职保安确保特殊群体和未成年观众的安全，在免费开放工作中不断积累经验和方法，更好地服务广大人民群众。

### （二）社会服务

咸宁市博物馆已逐步成为对外宣传的重要窗口，成为青少年爱国主义教育基地，以及人民群众文化休闲娱乐的好去处。目前已与多所中小学、大专院校合作，建立了学习教育基地，为学校和学生提供服务。招募志愿者并进行培训，2019年"5·18"国际博物馆日和"文化和自然遗产日"宣传活动期间，咸宁市博物馆社教部招募50名咸宁职业技术学院大学生志愿者并对他们进行培训，在活动当天圆满完成讲解、礼仪、引导等各项培训工作，为大学生们融入社会、锻炼自我、提高品德修养、服务社会提供了良好途径。积极做好社会服务工作，为单位和社会团体开展文化活动、加强思想道德教育提供活动场所，2019年有多个单位和社团在博物馆举办了文化活动和临时展览，博物馆为开展活动的单位全程免费提供服务。充分利用博物馆丰富的文物信息资源，为政府和市政部门在规划决策、基本建设、文物保护等方面提供服务。发挥现有条件，积极利用现代先进的网络技术和网络平台，不定期向社会发布博物馆信息，开展文物保护宣传和社会教育工作，为社会和公众提供服务，观展人数4万余人。

赤壁市博物馆2019年开展讲座3次，5月15日走进赤壁市第二实验学校开展"万里茶源"知识讲座；5月22日走进羊楼洞茶文化产业园开展"羊楼洞历史"知识讲座；9月28日邀请武汉市军运会志愿者培训老师胡昇到赤壁市博物馆开展"志愿者服务工作"讲座。2019年馆内基本陈列、临时展览接待各界观众6万人次，青少年观众1.5万余人次,村镇居民、进城务工人员、老人和儿童的参观人数较免费开放前有了很大增长。

咸安区博物馆充分利用北伐汀泗桥战役遗址和史迹展等对党员干部开展廉政教育、党性教育和爱国主义教育,取得了良好的成效。

嘉鱼县博物馆在"5·18"国际博物馆日和"文化和自然遗产日"期间开展宣传活动,分别在二乔公园和县实验中学陈列"嘉鱼县第三次全国文物普查成果展",清明节与八一建军节在簰洲湾九八抗洪烈士陵园展出"九八抗洪英雄纪念展",接待各界观众3.5万人次。

通山县博物馆充分发挥博物馆教育功能,坚持免费开放,坚持开展博物馆"四进"(进学校、进军营、进社区、进企业)活动,全年累计参观者达10.5万人次。通山县博物馆利用双休日连续开展了"小小讲解员"培训,为城关8所学校培训了32名"小小讲解员"。通城县博物馆2019年度共接待各类参观游客及群团体3万余人次。

崇阳县博物馆全年免费开放,共接待观众10万余人次,其中青少年学生6万余人次。2019年"5·18"国际博物馆日期间,湖北省文物交流信息中心、湖北省古建筑保护中心、湖北明清古建筑博物馆在5月10日走进崇阳,发挥自身文物保护特色和优势,联合崇阳县博物馆在崇阳县文化广场举办"5·18"国际博物馆日收藏品鉴定活动,在崇阳县第二实验小学开展湖北明清古建筑图片展览以及古建筑课堂知识讲座。

## 六、博物馆文创产品开发

多年来,咸宁市博物馆由于条件的限制,没有进行文创产品的开发和运用。随着时代的发展和文化与旅游的融合,咸宁市博物馆已将此项工作逐步提上议事日程,并开展探索性活动。2019年5月17日,"创意咸博 美好生活"咸宁市博物馆文化创意产品设计征集启动仪式在咸宁市博物馆一楼大厅启

动,启动仪式现场展出了故宫博物院、湖北省博物馆、湖北科技学院文创产品300余件(套)。文创设计大赛作品征集活动到6月18日截止,并组织专家进行了评审,颁发了获奖证书。此次活动为咸宁市博物馆文创产品的开发创新、逐步发展,起到了积极的推动作用。

## 七、博物馆建设与管理

### (一)发展规划与建设

2019年咸宁市博物馆领导班子,结合博物馆各部门工作职能,制订了2019年度工作目标管理责任书和全年工作计划,加强日常行政管理工作,逐步完善各项规章制度,并同各部室签订了目标责任书,年终按照目标责任完成情况进行绩效考核。为进一步提高博物馆的综合服务功能,进行了系统规划和可行性研究,逐步开展智慧博物馆建设和文创产品开发工作。

市、区、县博物馆建设,呈现出快速发展的趋势。

嘉鱼县博物馆在县政府的大力支持下,已在县文体会展中心建设完成了一个集文物、文化、民俗为一体的综合性博物馆,面积达到2800平方米,陈列展览工作基本完成,2019年5月全面对外开放。嘉鱼县博物馆于2019年7月完成省级文物保护单位净堡桥修缮保护工程。

通城县政府投资1100万元,在通城县银山广场一侧,新建一座建筑面积为3800平方米的现代多功能综合性博物馆,计划于2020年10月1日搬进新馆,目前已在进行装修布展工作。

崇阳县博物馆新馆建设已纳入县政府十大重点项目工作计划,新馆位于天城镇白泉村9号(香山外国语学校旁),占地面积1500平方米,建筑面积达4545余平方米,共四层楼,2019年底已完成主体封顶工程。

赤壁市博物馆陈列布展升级改造工程于

2019年10月1日完成并开馆试运行,获得陈列布展专项补助经费200万元。

咸安区博物馆于2019年9月,完成北伐汀泗桥战役纪念馆"铁血军魂——北伐汀泗桥战役(革命)史迹展"陈列展览提档升级工程,总投入320万元,9月30日正式免费对外开放,向中华人民共和国成立70周年献礼。2019年8月,完成省级文物保护单位龙潭桥抢险加固工程,完成中共咸宁县特别支部旧址纪念园项目立项和初步设计方案,规划打造何功伟烈士纪念园项目。

崇阳县博物馆2019年10月完成王世杰故居第二期保护维修工程,修缮面积达1600平方米,7—12月完成寿昌县苏维埃政府旧址、米应生故居2处省级文物保护单位的修缮工程,完成王佛炳故居维修保护设计方案。

**(二)制度建设**

2019年咸宁市博物馆为加强各项工作管理,完善了《博物馆安全保卫工作制度》《消防安全责任规定》《安保人员工作职责》《档案管理制度》《博物馆文物库房管理制度》《博物馆公务接待制度》《财务管理制度》《咸宁市博物馆卫生管理制度》《博物馆前台接待人员岗位职责》,制定了《防火、防盗应急预案》《精品库房报警处置流程》等多项管理制度,充实完善了《咸宁市博物馆消防安全管理制度》《咸宁市博物馆展厅安全工作制度》《安保工作手册》等各类安全管理制度。认真完成国家、省文物行政管理部门、咸宁市政府管理部门、市文化和旅游局下达的各项指令性文件的收发、政令传达和各项文本的传输工作,并及时报送馆领导处置后存档。做好档案和人事管理工作,遵守保密制度,完成2019年博物馆档案管理省一级档案达标验收工作。做好重要政务接待、后勤管理及服务,抓好环境卫生保洁工作。严格遵守国家财务会计制度,认真履行财务手续,坚决杜绝不正当开支。认真抓好博物馆综合治理及文物安全大检查工作,落实责任制,开展文明城市、文明单位创

建和多项普法活动。通过不断完善各项规章制度,加强各项行政管理措施,2019年咸宁市博物馆的日常行政管理工作运转良好,各项工作开展顺利。

市、区、县博物馆制度建设情况如下。

(1)赤壁市博物馆为了保障日常工作有条不紊地开展,制定了《重大安全事故责任追究制度》《消防管理制度》《博物馆安防系统组成》《安防设备的维护管理制度》《事故信息报告制度》《博物馆安全管理制度》《博物馆文物安全值班制度》《博物馆免费开放消防安全应急预案》等规章制度,使赤壁市博物馆的管理工作步入了制度化、规范化的轨道。

(2)咸安区博物馆为了确保馆藏文物的安全及汀泗桥战役纪念馆的正常免费对外开放,结合博物馆实际,制定了《北伐汀泗桥战役遗址纪念馆管理制度》《文物库房管理制度》《文物工作人员守则》等一系列管理制度,严格执行《咸安区文物保护单位执法巡查工作手册》。

(3)嘉鱼县博物馆制定了《嘉鱼县博物馆安全保卫工作制度》《消防安全制度》《嘉鱼县博物馆文物安全保卫消防应急预案》《藏品登记、编目、建档细则》《文物库房进库登记簿》《嘉鱼县博物馆重点部位安防、消防巡查记录》,还制定了《嘉鱼县省级文物保护单位"下舒桥"安全保卫应急预案》《嘉鱼县省级文物保护单位"净堡桥"安全保卫应急预案》《嘉鱼县省级文物保护单位"重修咸宁堤纪碑"安全保卫应急预案》《嘉鱼县省级文物保护单位"九八抗洪烈士陵园"安全保卫应急预案》《嘉鱼县不可移动文物保护管理办法》《嘉鱼县文物保护单位执法巡查办法》和《嘉鱼县古墓葬保护制度》,建立了"嘉鱼县文物安全工作联席会议制度",使博物馆各项工作制度化、规范化。

(4)通山县博物馆制定了《博物馆日常工作制度》《博物馆财务管理制度》《博物馆应急方案》《博物馆文明卫生制度》《博物馆值班制

度》《博物馆库房管理制度》《讲解员管理规定》等规章制度,以制度管人,以制度管事,使各项管理工作制度化、规范化。

(5)通城县博物馆修订和完善了《安全保卫制度》《值班制度》《职工守则》《职工用火用电安全责任制度》,平时对照检查,年终进行考核。

(6)崇阳县博物馆制定了《博物馆安全值班制度》《博物馆安全应急预案》《博物馆消防安全制度》《文物库房安全管理制度》等,以制度管人,以制度管事。

(三)安全管理

1.安全设施设备

咸宁市博物馆目前采用先进的技术防范报警、监控系统,根据不同类别、不同区域安装了红外双鉴探测器、红外对射等各种报警设备,各种探头共计117只,近600处声光电触控感应点,形成立体化、网络化的实时监控体系。消防火灾安全监控系统和高压水枪系统、干粉灭火系统、气体丙烷装置、消防栓柜、防火卷帘等设施设备完善。安装了固定枪式摄像机、室外球机、红外夜视摄像头,分布在全馆各处,实行24小时全方位监控录像,目前已形成了红外探测器、一键式报警器等多种监控报警系统并用的报警体系,建立了一个比较完善和先进的安防、消防系统。

2.安全运行

(1)加强安保、保洁队伍建设。按照全年安全工作部署和要求,认真总结安保、保洁工作管理方面的成功经验,同保安公司、保洁公司合作,制定和完善各项规章制度。按人事部门的要求,做好安保、保洁人员的更换和招聘工作,并按国家有关规定,保障安保、保洁人员的各项福利待遇。2019年5月博物馆进行安保服务招投标工作。6月底与中标保安企业签订了新的《保安服务合同》,会同保安公司管理人员制订保安管理制度,加强岗前培训。安保人员上岗后,利用每周二开馆前半小时对安保人员进行队列训练,周五进

行消防专业知识培训,不断提升保安形象和服务能力。为确保"迎大庆、保军运"目标的顺利完成,9月初,要求保安服务公司加强对派驻安保人员的巡查管理,要求所有安保人员全面进入临战状态,认真履职尽责,全力防范风险,狠抓责任落实,优化应急预案,并针对不同的险种险情,普及事故灾难的预防、避险和自救等知识,有效提升了应急响应和处置能力,确保博物馆各项免费开放工作的顺利进行。

(2)构建全面高效的安防体系。一是领导重视。博物馆领导班子十分重视安全工作,将安全工作成果与年底绩效挂钩,时刻绷紧全馆安全工作这根弦。二是不断完善各项规章制度。制定了"全员安全生产责任制",明确各级安全责任,并逐人签订"安全生产责任状",使全体干部职工牢固树立"安全是立馆之本、是重中之重"的思想。年初,安保部门根据日常开放工作中的安保实际情况,进一步充实完善《咸宁市博物馆消防安全管理制度》《咸宁市博物馆展厅安全工作制度》《安保工作手册》等各类安全制度,并确保安全保卫制度和措施得到全面贯彻和落实。

(3)认真做好日常安全管理,加强安防、消防设备的检查与日常维护,坚持日常安全巡视全覆盖,为各项工作的完成保驾护航。安全工作以预防为主,发现问题及时处置到位,提前编制防抢、防盗、防火各项应急预案。抓好安保人员应急技能培训,通过请消防支队专业人员来馆培训、讲课,组织消防演练等形式,提高工作人员的应急能力。加强安防、消防设备的检查维护,坚持每日巡查、季度检查,逐步建立稳固、完善的安全检查制度,随时发现安全隐患,随时加以解决,确保各种安防、消防设备正常运行。加强特殊地点的消防安全管理,尤其是文物库房和监控中心的安全管理,定期进行设备维护保养,对故障设备进行更换。1月完成对重要库房七氟丙烷灭火器的更换,4月对监控中心电视墙2台

大显示器进行了更换;5月对监控中心2台硬盘录像机进行了维修更换,画面显示效果明显提升;6月对地下室消防水泵进行了维修,更换2台软启动器;11月初,安保部联系专业人员对27扇防火卷帘中故障较为严重的5扇防火卷帘进行拆除更换,对其余22扇防火卷帘进行调试保养。加强对博物馆周边的安全巡视和管理,加强对可疑人员的盘查,确保不出安全事故。

(4)抓好重大节庆和展览活动高峰期安保工作。年初,博物馆安保部门不断更新、完善各监控点的覆盖范围,主体建筑和重要区域实行24小时全方位监控录像。针对重要节庆日和重要临时展览组成安防工作专班,落实安保部署,针对人流量大、情况复杂的时段及时增派安保和工作人员进行宣传和疏导,确保展览期间参观秩序和观众及展品安全。为了提高服务质量,方便群众,专门购买了雨伞套袋机,解决了下雨天带雨伞入馆的管理问题。

(5)始终绷紧安全工作这根弦,强化消防安全巡查力度。加强文物库房和监控中心的安全管理,目前已形成了红外探测器、一键式报警器等多种监控报警系统并用的报警体系。同时对全馆消防设备进行全面自查,保证消防设施配备完善,灭火器具配置充足,对暴露出的消防设施故障及时联系厂家进行更换维修,对发现的安全隐患及时上报,并立即进行排除,确保将安全隐患消除在萌芽状态。2019年3月,咸宁消防支队对博物馆进行消防安全检查,重点了解博物馆的安保人员配备、值班制度等情况,详细了解馆内技防、物防措施落实情况,对博物馆2019年新配置的微型消防站给予了一致好评。

2019年,在博物馆领导的高度重视下,在各部门通力配合下,博物馆安防、消防设备及监控安防设备运转良好,没有发生任何安全责任事故,各项安全防范设施不断完善,确保了咸宁市博物馆安防、消防工作万无一失。

赤壁市博物馆把文物安全工作放在首位,牢牢树立文物安全第一的观念,坚持警钟长鸣,将"人防、物防、技防"三者有效结合,坚持24小时值班制,切实保障馆藏文物、文物保护单位等重要开放场所的文物安全。藏品管理严格执行账实分开,不定期清仓查库,文物库房钥匙实行隔手制管理,防止监守自盗。

咸安区博物馆采取人防和技防相结合的办法,固定专职保卫人员,电子监控全馆覆盖,中心监控室实行24小时监控,值守工作人员24小时值班巡查,配备有电击棍、强光手电。北伐汀泗桥战役纪念馆配有电子监控设备1套、灭火器24个、摄像头16个。监控室实行24小时监控,值守工作人员对文物库房及展厅实行24小时的值班巡查,节假日实行领导带班制,确保了馆内文物安全。2019年5月21日区政府对全区文物保护工作做了具体的安排,根据湖北省文物安全保护"一处一策"工作机制,区政府与各乡镇签订全国重点文物保护单位、省级文物保护单位等文物保护单位的文物安全管理责任书。2019年8月,咸安区博物馆组织开展全区文物点安全排查。国庆节前后,全馆人员坚守岗位,对全区全国重点文物保护单位、省级文物保护单位进行了一次全面的文物安全巡查。

嘉鱼县博物馆制定了多项文物安全管理制度,值守工作人员实行24小时监控、24小时值班巡查,及时消除博物馆的安全隐患,确保博物馆的安防、消防安全。

通山县博物馆采取人防和技防相结合的办法,固定专职保卫人员,电子监控全馆覆盖,中心监控室实行24小时监控,配备巡查器具,定期开展消防演练,及时消除安全隐患。做到了人员到位、职责到位、督查到位、工作到位,逐步建立了人防、物防、技防三位一体的安全防范体系;定期进行安全检查,全年未发生文物安全事故。

通城县博物馆以"人防为主,技防为辅",12处视频摄像头确保博物馆监控范围不留死角,固定专职保卫人员,坚持24小时值班,提倡"人在文物在,誓与文物共存亡"的口号。实行博物馆领导带班制,坚持24小时值班不间歇、一年365天值班不断人,严把交接班、清场、夜间巡逻几个环节,详细填写好值班日志,及时消除博物馆安全隐患。

崇阳县博物馆牢固树立安全防范意识,安全工作常抓不懈。以制度管人,以制度管事,使各项工作制度化、规范化。库房配置了双门双锁,有报警器、大屏幕监控器,展厅和库房共安装了16个红外线摄像头,安全监控基本上达到了全覆盖,购置了全套消防器材等安防设备,干部职工24小时轮岗进行安全值班,并填写当天的安全值班日志。以"人防为主,技防为辅",全馆人员全力以赴确保了全年免费开放和文物藏品未发生安全事故。2019年初完成了对全县8处咸宁市古民居保护名录单位张挂保护公示牌的工作。全年除对博物馆和各级文物保护单位开展常规消防和安全检查外,5—6月经检查、排查后,重点对博物馆、古建筑、古民居、古墓葬进行安全隐患整改,发现安全隐患16处,整改到位16处。其中,省级文物保护单位3处、县级文物保护单位5处、一般文物保护单位8处,其中对6处文物保护单位进行了电线电路整改,对8处文物保护单位开展了对柴火、茅草、棺木等易燃危险物品搬离的工作。对16处文物保护单位配送消防灭火器材共计90余套。

（四）人才培养

咸宁市博物馆为促进全面发展,不断提升博物馆综合实力,继续做好人才资源储备,一方面积极注重人才引进,另一方面继续加大在职人员的培训力度。组织考古业务人员学习专业操作规程,积极参加国家、省级各项文博讲座、研讨会议,抓好业务人员的学习培训,使业务人员的业务素质和能力进一步提高。高度重视专业技术人员的业务能力提升,提高学术研究水平和创新能力,鼓励自主

创办有本地特色的展览。2019年上半年,组织年轻业务人员参加咸宁古民居调查和资料整理工作,学习古民居知识,增强业务能力。3—9月共选派年轻专业技术人员参加考古调查和抢救性考古发掘工作8次,省外考察调研1次,撰写调查报告4篇。在博物馆陈列展览方面,着重培养自主策划、设计、制作的创新人才。2019年自主策划、设计、制作自办展览2个。

积极开展学术交流和研究,参加湖北省博物馆协会举办的各类文博学术交流、论文撰写活动,开展咸宁古民居、万里茶道调查研究,加强对优秀传统文化的保护和利用。积极开展博物馆协会工作,组织全体职工参加湖北省博物馆协会举办的2019年学术论文征文活动。

赤壁市博物馆注重加强人才队伍建设,先后组织讲解员到湖北省博物馆进行职业技能培训,同时与一片叶茶艺培训中心开展合作共建活动,对馆内工作人员进行茶艺、国学等知识的专题培训。

咸安区博物馆响应咸安区委、区政府的人才战略"招硕引博"工程,2019年新招录了2名硕士研究生,为博物馆的发展储备了后续人才。

嘉鱼县博物馆注重人才的培训,2019年12月派遣2名讲解员参加湖北省博物馆培训,学习讲解业务知识。选派年轻业务人员参加市博物馆的抢救性考古发掘工作,参加省级文物保护单位净堡桥修缮保护工程,举办首届夏令营活动,提升了业务能力。

通山县博物馆不定期开展职业道德教育和业务技能培训,全馆人员每月集中进行业务培训,同时选派业务骨干人员到省、市业务单位参加培训学习2人次。

通城县博物馆为配合新馆的发展需要,注重对博物馆队伍业务素质的培养,从完善队伍结构和提高业务能力入手,多次派员参加通城县沙堆镇团包山、四庄乡向家村战国

墓地、石泉村钢材机电市场二期工程古墓地的考古发掘及药姑山调查勘探、尧家林古遗址调查勘探工作,使博物馆人员的业务能力得到了大幅提高,并培养了后备力量。还采取"走出去"的办法,组织全馆职工到十堰、荆州等地的博物馆参观学习,观看展览、了解管理方法、借鉴讲解经验,这些学习和培训有助于提升全馆人员的综合素质,使他们成为新馆发展的中坚力量。

崇阳县博物馆积极鼓励干部职工自学成才,加大在职专业技术人才的培训力度,选派人员参加省、市举办的文物安全、文物行政执法、考古等各种专业培训,积极参加省、市博物馆协会举办的学术研讨会。通过一系列的业务培训和学术交流,干部职工们学到了新知识,获取了新信息,开阔了视野,为更好地开展各项文物保护工作创造了有利条件,为新博物馆的发展储备了人才。

## 八、公众评价

### (一)观众满意度

咸宁市博物馆有五大基本陈列,2019年举办了8个临时展览。基本陈列通过大量精美的出土文物全面系统地展示了咸宁地区的历史文化风貌和历史画卷,运用高科技的多媒体手段生动、具体地再现了宏大的历史场景,以精美的陈列艺术呈现了咸宁英杰的风采。"咸宁民俗文化展"充分使用民俗文物陈列来展现独具地域特色的鄂南文化,展现了礼仪民俗和各种岁时民俗,真实地复原了古代丰富的生活场景,展现了咸宁民间艺术的魅力和咸宁人民的智慧。美术厅藏有当代书画大家启功、范曾、邵声朗等人的墨宝,以及咸宁本地书画家董继宁等人的优秀作品。博物馆不断加强制度建设,开展文明单位创建活动,加大服务设施、设备的更新力度,2019年做好博物馆基础设施的定期维修保养以及后勤保障工作。发现问题及时处理,每月督促维修保养人员定期对各种重要设施、设备

进行检查和维修保养,保障设备的安全正常运行,确保博物馆免费开放能正常进行。2019年下半年完成中央空调的清洗维修,完成外围护栏围栏、大门门框、景观灯具、油漆翻新,完成房屋维修、外墙清洗,完成电力设备维护工作,完成广场喷泉景观的新建、改建、验收工作。加强外部环境的整治力度,营造文明尚礼的氛围,强化日常卫生保洁管理及安防、消防管理,保持绿化带整齐美观、活动广场卫生整洁以及室内清洁卫生、窗明几净、安全有序。制定各项服务措施,放置服务标示牌,为观众提供免费停车场、参观说明、导览手册、储物柜、饮用水、休息椅等,为特殊观众、未成年观众做好服务工作,做到热情接待,满足观众合理要求,使观众感受到咸宁的热情,体会到宾至如归的感觉。博物馆整洁优美的环境、完善的服务设施、宽敞明亮的展览大厅、独具地域特色的精美陈列展览、热情的接待服务,令观众流连忘返,得到了社会各界的一致好评,来参观的外国友人常常赞不绝口。前台"观众意见簿"上,群众满意度较高。临时展览极大地丰富了群众的文化生活,咸宁市博物馆现已成为咸宁市地方文化展示的重要窗口、文化遗产保护的主要阵地、青少年的教育基地以及广大群众修身养性、夏季纳凉、休闲娱乐、开展文化活动的好去处。

### (二)社会关注度

2019年,咸宁市博物馆利用现代化网络信息技术开展博物馆宣传工作。加强馆际信息交流,充分运用现代信息、互联网、多媒体、新媒体等技术手段,运用公共信息(网络)平台发布信息,其中通过电视台(云上咸宁)发布25条,报社(《咸宁日报》App)发布38篇(条),博物馆官方微信平台发布60篇,新浪微博发布42条及其他网络技术平台发布6条,浏览量达10万人次,使博物馆文化成果惠及更多民众,服务社会经济发展。

赤壁市博物馆借助"文化赤壁"微信平台

与观众进行沟通交流,社会舆论反映良好。咸安区博物馆与《长江日报》携手合作打造RED互联网红色教育平台,并将其作为湖北·咸宁第十一届温泉文化旅游节系列活动之一。视频《叶挺:在烈火和热血中永生》和RED红色专题通讯稿已在《人民日报》、学习强国App、爱奇艺、《长江日报》等各大媒体或平台进行专题报道,反响较好。嘉鱼县博物馆建立了"嘉鱼县文物安全工作联席会议制度"。通城县博物馆积极联合全县党政机关、企事业单位、中小学、各类社会团体及组织开展社会教育和爱国主义教育活动,反响

良好。通山县博物馆充分利用"5·18"国际博物馆日、"文化和自然遗产日"和"12·4"法制宣传日进行宣传活动,社会关注度较高。崇阳县博物馆开展进学校、进社区、进景区宣传巡展活动,2019年5—6月,以宣传"文化和自然遗产日"活动为契机历时近2个月,参观人数达5万余人,获得了较好的社会反响。

(供稿:咸宁市博物馆,丁伟;赤壁市博物馆,饶洁;咸安区博物馆,刘娅彤;通山县博物馆,高东明;崇阳县博物馆,匡文;通城县博物馆,李剑;嘉鱼县博物馆,罗浩。撰稿人:丁伟)

# 条　目

【博物馆馆际交流】 2019年1月25日,咸宁市博物馆联合随州市久洲艺术博物馆举办了"金枝玉叶——中国古代贵族首饰艺术专题展"。本次展览精选了古代不同时期200多件女子头饰精品,带领观众走进古代首饰的艺术殿堂,欣赏唐代首饰的富丽堂皇、明代首饰的华贵浓艳、清代首饰的华贵繁缛。这些精品首饰制作精美、清新典雅、五彩斑斓,使人感受到震慑人心之美,体会到古代首饰神秘而浪漫的历史与艺术,让许多观众流连忘返。

【特别主题团日暨纪念"五四"运动100百周年活动】 2019年4月28日上午,咸宁市博物馆联合咸宁市高投集团团委和咸安区横沟桥镇团委共同举办"青春心向党·建功新时代"特别主题团日暨纪念"五四"运动100周年活动,共有50余名青年团员参加活动。在上午的活动中,全体团员齐唱国歌,随后进行参观学习,追忆咸宁本地的革命故事,

缅怀英雄先烈,传承五四精神。在二楼报告厅,咸宁市委党校的专家教授以"'五四'运动100周年"为主题讲授了微团课,青年团员代表围绕如何在新时代继承和弘扬五四精神、争做担当民族复兴大任的时代新人发表了演讲。全体团员重温了入团誓词,齐唱团歌。这次活动加强了青年团员的凝聚力和向心力,让肩负着新时代使命的共青团员们感悟历史、坚定信仰,时刻牢记跟党走的初心,在拼搏与实践中放飞青春梦想、谱写人生华章,为咸宁高质量转型发展贡献青春力量,以优异的成绩向中华人民共和国成立70周年、"五四"运动100周年献礼。

【"5·18"国际博物馆日活动】 在2019年"5·18"国际博物馆日来临之际,5月17日,"创意咸博　美好生活"咸宁市博物馆文化创意产品设计征集活动启动仪式在咸宁市博物馆一楼大厅启动,本次文创产品设计征集活动主要依托咸宁市博物馆馆藏特色,挖

掘博物馆藏品的文化资源,促进藏品的研究与当代社会审美时尚相融合,以此打造具有咸宁地域特色的文创产品,进一步提升咸宁市博物馆品牌的知名度和社会影响力,进一步推动博物馆文创事业的发展。启动仪式上邀请了湖北科技学院、咸宁职业技术学院艺术设计类师生共计 130 人,希望通过本次活动为艺术设计类学生提供社会实践的平台,同时锻炼学生的能力,通过对传统文化、流行文化、当代社会主流价值观的审视,探索鄂南优秀传统文化的内在价值。启动仪式现场展出了故宫博物院、湖北省博物馆、湖北科技学院文创产品 300 余件(套)。文创设计大赛作品征集活动到 6 月 18 日截止,并组织专家进行了评审,颁发了获奖证书。此次活动为咸宁文创产品的开发创新、逐步发展,起到了积极的推动作用。

【庆"六一"民俗体验活动】 2019 年 6 月 1 日,为庆祝"六一儿童节",咸宁市博物馆联合贝拉美学、柚子美术等社会团体,在市博物馆共同举办"梦回盛世"庆六一民俗体验活动。当天上午,130 组家庭来到博物馆,在老师和志愿者的帮助下,孩子们学习用蜡笔棒和颜料在扇子、纸伞上作画。红梅、兰花、桂花、银杏叶……孩子们用稚嫩的笔触、鲜艳的色彩,直观地表达出内心的喜悦和对传统文化的热爱。在萌宝汉服 T 台秀环节,穿着汉服的孩子们手执画扇和手绘纸伞走上红毯,充分展示自己的作品和才艺。孩子们的精彩表演,吸引了大批家长和市民驻足观看,整个博物馆成了欢乐的海洋。此次活动,让孩子们度过了一个愉快的"六一儿童节"。

【文化和自然遗产日活动】 为积极响应"文化和自然遗产日",大力传承和弘扬中华优秀传统文化,2019 年 6 月 8 日,咸宁市文化和旅游局联合通城县政府在通城县黄袍山红色广场举办"文化和自然遗产日——保护文化遗产 传承红色基因"大型活动。咸宁市博物馆作为重要参与者,在广场上展示了

"咸宁市重点文物图文展",群众艺术馆在舞台上展示了非遗类表演节目,非遗传承人现场展示了手艺等。此次活动以习近平新时代中国特色社会主义思想为指导,全面贯彻党的十九大和十九届二中、三中全会的精神,实施中华优秀传统文化传承发展工程,普及文化遗产知识和"见人、见物、见生活"的保护理念,大力弘扬中华优秀传统文化,营造全社会共同参与、关注和保护、传承优秀传统文化的浓厚氛围,为人民美好生活增色添彩。

【第六期"小小讲解员"培训班活动】 2019 年 7 月,咸宁市博物馆继续开展第六期"小小讲解员"培训班活动。7 月中旬认真做好培训的各项准备工作,精心设计课程内容,选定 8 节实训互动课程和 4 节体验实践课程,并制作趣味性强的 PPT。通过微信公众号发布招募信息,招募面试学员 52 人。7 月 20 日举行面试选拔活动,通过自我介绍、朗读文章、智慧答题三个环节录取 35 名 9～14 岁的学员。7 月 23—28 日每日上午开展"小小讲解员"培训课程,课堂上小学员们认真学习、积极回答提问,半数以上学员可以背诵一样器物的讲解词。培训课程结束后,根据学员综合评分评选出 10 名第六期"小小讲解员"培训班优秀学员,成绩合格者颁发"小小讲解员"结业证书。"小小讲解员"培训班活动,为小学生们提供了一个很好的课外课堂,极大丰富了咸宁市广大学生的暑期文化生活。

【"我和我的祖国"共迎祖国 70 周年华诞系列活动】 为庆祝中华人民共和国成立 70 周年,2019 年 9 月 28 日上午,由咸宁市博物馆主办,咸宁市超凡美术、贝拉美学、柚子美术、咸宁市传媒少儿艺术团、艺双琴行志愿者服务队协办的"我和我的祖国"咸宁市博物馆志愿者喜迎中华人民共和国成立 70 周年系列活动在咸宁市博物馆一楼大厅举行。活动以绘制百米长卷画、青少年合唱、朗诵表演、乐器演奏等形式进行。同时在活动中为"创

意咸博　美好生活"咸宁市博物馆文化创意产品征集活动获奖作品及 2019 年湖北省文博系统"小小讲解员"讲解大赛咸宁分赛区获奖选手颁奖。学生们用自己的才艺抒发着对祖国的热爱,在百米长卷上,100 名爱好绘画的小朋友们齐聚一堂,在志愿者的指导下,发挥想象力与创造力,提起画笔、泼墨挥毫,有庄严的天安门、鲜艳的五星红旗、宏伟的万里长城,有奇思妙想的漫画,有栩栩如生的素描,有天真幼稚但又充满想象的油彩画;参与活动的孩子们围绕主题尽情发挥想象,你画一笔,我添一色,精心绘制,画出自己心中最美的景色。长长的画布上五彩缤纷,一幅壮美中国、幸福中国、辉煌中国的画作展现在观众的面前。

咸宁市博物馆充分发挥爱国主义教育基地的作用,积极培育和践行社会主义核心价值观,引导青少年以自己的视角发现祖国日新月异的变化,用诚挚的心灵抒发对祖国的热爱与赞美,用具体的行动描绘自己心中的祖国,共同表达对祖国母亲的深情祝福。

【创办"咸宁考古四十年成果展——展示咸宁历史,守护香城文脉"】 2019 年 10 月

25 日,咸宁市博物馆举办了"咸宁考古四十年成果展——展示咸宁历史,守护香城文脉"。此次展览为博物馆自主策划设计创办的展览,集中展示了史前、商周、汉魏六朝、唐宋、明清 5 个重要历史时期咸宁 40 处具有代表性的考古项目成果,多角度、全方位地展示了咸宁的历史和文化,反映出咸宁市文物考古事业的丰硕成果。通过举办"咸宁考古四十年成果展——展示咸宁历史,守护香城文脉",使广大市民进一步了解咸宁的历史文脉。博物馆将继续努力用不同的形式,大力弘扬中华优秀传统文化,继续提炼、展示、传播咸宁文物蕴含的精神内涵、文化精髓和当代价值,充分发挥文博的阵地作用,讲好咸宁文物故事,全力提升咸宁旅游知名度,为咸宁旅游业增添活力,增强咸宁的文化自信,积极实现文化开发、文旅共融的美好蓝图。展览期间,发放自行设计制作的展览宣传折页 1000 余份,原咸宁市博物馆馆长作为志愿者亲自为观众进行讲解,取得了较好的宣传效果。

(撰稿人:丁伟)

# 大　事　记

## 1 月

1—2 月,咸宁市博物馆元旦春节期间开展"进馆送福　参观有礼""巧手做灯笼,欢喜庆元宵"等活动,开展知识竞答送春联和精美便签、免费讲解等惠民服务。

1 月,崇阳县博物馆开展王世杰故居布展工作。

1 月中旬,咸宁市博物馆安排考古专业技术人员对通城县隽水镇石泉村二组鸿森钢材机电市场二期工程取土点遭破坏的古墓葬进行了抢救性考古发掘,共发掘古墓葬 5 座,抢救出南北朝时期珍贵文物 40 余件。

## 2 月

2 月,崇阳县博物馆开展王世杰故居申

报全国重点文物保护单位工作。

## 3月

3月,崇阳县博物馆对赵国泰故居开展布展工作。

3—5月,咸宁市博物馆指导市、区、县博物馆开展咸宁市古民居保护信息收集、整理和确认工作。

## 4月

4月5日,咸宁市文化和旅游局在赤壁羊楼洞古镇举办文化进景区活动。

4月6日,北京索菲思教育机构在赤壁市开展"了不起的孩子·春·颉茶"活动并参观赤壁市博物馆。

4月崇阳县博物馆开展中华人民共和国成立70周年临时展览活动。

4月21日—5月12日,通山县博物馆利用双休日连续开展了"小小讲解员"培训,为城关8所学校培训了32名"小小讲解员"。

4月28日,咸宁市博物馆联合咸宁市高投集团团委和咸安区横沟桥镇团委举办"青春心向党·建功新时代"特别主题团日暨纪念"五四"运动100周年活动。

## 5月

5月,崇阳县博物馆配合湖北省文物交流信息中心、湖北省古建筑保护中心开展"5·18"国际博物馆日进校园图片展及文物鉴定活动。

5月17日,咸宁市博物馆开展"5·18"国际博物馆日活动,"创意咸博 美好生活"咸宁市博物馆文创产品设计征集活动启动仪式在咸宁市博物馆一楼大厅举行。

5月16—17日,咸安区博物馆围绕"5·18"国际博物馆日主题,精心策划,在北伐汀泗桥战役纪念馆举办了系列宣传活动。

5月18日,"5·18"国际博物馆日活动期间,通山县博物馆开展中小学生进博物馆接受革命传统教育活动,近3000名小学生轮流进馆参观,学生们既领略了历史文化,又丰富了课余生活。通城县博物馆联合赤壁市博物馆开展宣传教育活动。

5月21日,咸安区政府领导何琼珍、徐珍等一行调研督办沈鸿宾故居、刘家桥民居文物保护工作。

5月28日,通城县博物馆完成省级文物保护单位灵官桥保养维护及周边环境整治工作。

5月31日,在咸宁市文化和旅游局党办组织下,咸宁市博物馆中层以上党员干部参观了咸宁市廉政教育馆,开展廉政教育活动。

## 6月

6—12月,咸宁市博物馆先后开展对咸宁高新技术产业园区"光谷南"产业基地、嘉鱼经济开发区、通城经济开发区、崇阳经济开发区天城工业园、通山经济开发区南林工业园、湖北药姑山中医药健康科技产业园(特色小镇)进行文物保护统一评价工作。

6月1日,咸宁市博物馆和贝拉美学、柚子美术联合举办"梦回盛世"庆六一民俗体验活动。

6月8日,咸宁市文化和旅游局在通城县黄袍山红色广场举办"文化和自然遗产日——保护文化遗产 传承红色基因"大型活动。咸宁市博物馆积极配合活动,以图文展形式展示了咸宁市重点文物。

6月8日,通山县博物馆在政府广场开展"文化和自然遗产日"活动,以展板的形式宣传文物保护法律法规、展示馆藏珍贵文物图片。

6月21日,通山县博物馆举办"中国钢笔画第一人"毛才奇钢笔画展。

## 7月

7月上旬,咸宁市博物馆继续开展第六期"小小讲解员"暑期培训班活动,评选出10名第六期"小小讲解员"培训班优秀学员,成绩合格者颁发"小小讲解员"结业证书。

7月,嘉鱼县博物馆完成省级文物保护单位净堡桥修缮保护工程。

7月,崇阳县博物馆省级文物保护单位寿昌县苏维埃政府旧址维修保护工程开工。

## 8月

8月,咸宁市博物馆安排专业技术人员参加市人大组织的古桥立法学习考察,到四川都江堰市、重庆涪陵区实地了解古桥的保护、利用做法,并撰写考察报告。

8月,崇阳县博物馆与崇阳县政府组织召开崇阳县博物馆布展大纲审议现场办公会。

## 9月

9月,咸宁市博物馆专业技术人员向市政府提供咸宁机场预选场址文物分布及保护情况的说明。

9月,咸安区博物馆完成北伐汀泗桥战役纪念馆"铁血军魂——北伐汀泗桥战役(革命)史迹展"陈列展览提档升级工程,9月30日正式免费对外开放,向中华人民共和国成立70周年献礼。

9月,通城县博物馆联合湖北省博物馆举行"礼乐学堂"系列活动,为祖国70华诞献礼。

9月3日,咸宁市博物馆党员干部到咸安区盘源村开展精准扶贫活动,送物资并走访慰问贫困户。

9月14日,咸宁市博物馆参加由湖北省博物馆协会主办的2019年湖北省文博系统"小小讲解员"讲解大赛,荣获综合三等奖和优秀组织奖。

9月20日,通城县博物馆新馆布展大纲及布展施工招投标程序完成,并进行布展方案设计程序。

9月28日,由咸宁市博物馆主办,咸宁市超凡美术、贝拉美学、柚子美术、咸宁市传媒少儿艺术团、艺双琴行志愿者服务队协办的"我和我的祖国"咸宁市博物馆志愿者喜迎中华人民共和国成立70周年系列活动在咸宁市博物馆一楼大厅举行。

9月28日,赤壁市博物馆邀请武汉市军运会志愿者培训老师胡昇到赤壁开展"志愿者服务工作"讲座。

9月29日,"一路是风景——'万里茶道'油画创作与研究鄂南'美丽乡村'绘画创作展",在咸宁市博物馆三楼展厅开展。

## 10月

10月1日,赤壁市博物馆陈列布展升级改造工程完成并开馆试运行。

10月,崇阳县博物馆开展崇阳县工业开发区文物统一评价工作。

10月18日,咸宁市博物馆党员干部到咸安区盘源村开展精准扶贫活动,送物资并走访慰问贫困户。

10月25日,咸宁市博物馆举办"咸宁考古四十年成果展——展示咸宁历史,守护香城文脉"。集中展示了史前、商周、汉魏六朝、唐宋、明清5个重要历史时期咸宁40处具有代表性的考古项目成果,多角度、全方位地展示了咸宁的历史和文化。

10月28日,美国茶叶协会会长一行10人参观赤壁市博物馆,了解赤壁茶文化。

10月29日,时值举国欢庆中华人民共和国成立70周年之际,通山县博物馆与县政协联合举办了"如歌岁月、大美通山"书法作品展。

## 11月

11月6日,由中央档案馆、国家档案局主办,湖北省档案馆协办,咸宁市档案馆承办的"不忘初心、牢记使命"历史档案文献展在咸宁市博物馆三楼临时展厅开展。

11月,崇阳县博物馆对省级文物保护单

位米应生故居开展维修保护工作。

## 12月

12月19日,咸宁市博物馆召开咸宁市龙窖山堆石遗址考古调查、勘测项目结项验收专家评审会。与会专家一致同意通过该项目结项验收。

12月,崇阳县博物馆布展工程、安防工程在县交易中心挂网公开招标。

# 荣 誉 集 锦

在湖北省博物馆协会2019年学术论文征文活动中,咸宁市博物馆相关人员荣获二等奖1篇,并被收录进《作为文化中枢的博物馆:传统的未来——2019年湖北省博物馆协会学术研讨会论文集》。在湖北省博物馆组织的"传统文化大闯关"活动中,咸宁市博物馆荣获优秀组织奖。在湖北省博物馆协会主办的2019年湖北省文博系统"小小讲解员"讲解大赛中咸宁市博物馆推荐的"小小讲解员"荣获综合三等奖,咸宁市博物馆获优秀组织奖。

# 随　　州

## 随州市博物馆工作综述

随州市现有各类博物馆、纪念馆8家,分别是随州市博物馆、随县博物馆、广水市博物馆、曾侯乙墓遗址博物馆(擂鼓墩文化管理处)、杨坚故居博物馆、随州市九口堰五师旧址纪念馆、夏帝明玉珍故里纪念馆、久洲艺术博物馆。其中免费开放的国有博物馆、纪念馆共4家,即随州市博物馆、随县博物馆、广水市博物馆、随州市九口堰五师旧址纪念馆。全市拥有全国重点文物保护单位5处,省级文物保护单位31处,市级文物保护单位215处。第三次全国文物普查数据显示,随州市共有不可移动文物1966处,其中古文化遗址566处、古墓葬(群)808处、古建筑446处、古石刻32处、近现代重要史迹114处。2019年,全市各类博物馆、纪念馆坚持以业务工作为中心,认真履行职责,在博物馆建设与管理、陈列展览、免费开放与社会教育、藏品收藏与保护、安全管理、考古调查与发掘、人才培养与学术研究等各项工作中取得了较好的成绩,全市的文博事业蓬勃发展。

### 一、博物馆建设与管理

九口堰五师旧址纪念馆在全市率先倡导"红色引领,绿色发展"的立体式发展新模式,以九口堰红色教育基地为中心,联盟辐射周边景区、民宿点和美丽乡村,共同打造全域旅游联盟,成立了随州九口堰红色文化教育有限公司。通过联盟实体来接待参学党员干部、青年学生,带动当地经济的全面发展,做大做强旅游平台,拉长旅游链条。2019年开发了罗什寨抗战遗址、32位革命烈士墓、方家冲等12处革命旧址群红色文化教学点,并开发了小岭冲、张畈、龚店等美丽乡村游。作为乡村振兴、乡村体验、课程教学基地,让广大的学员走红色抗战路,住乡村民宿屋,吃忆苦思甜饭,做新时代先进人,从真正意义上达到了"红色引领、绿色发展"的战略目标。

2019年,曾侯乙墓遗址博物馆成立研学教育基地,开展中小学生社会实践活动,实施东门照壁亮化工程建设工作,启动博物馆广场和考古遗址公园的设计方案,进行改造,做好考古遗址公园的管理工作。

### 二、陈列展览

2019年6—9月,随县博物馆挑选49件出土文物,参加了由湖北省文化和旅游厅组织的在随州市博物馆举办的"鄂北水资源配置工程文物保护考古发掘出土文物展"。九口堰五师旧址纪念馆共有展示厅大小房屋56间,展陈共分为16大展块,分别有司令部匾额、司令部会议室、作战指挥室、李先念办公室、司令部伙房、参谋处作战指挥室、政治部大门匾额、政治部会议室、任志斌办公室、政治部大伙房、机要室、电台室、警卫排室、李先念木工房、纺织间、八一军政大会礼堂等。2013年5月经中央批准后,在原十三旅部旧址上扩建了新四军第五师纪念园。纪念园与纪念馆只相隔320米,其间以古老而又美丽的九口堰塘相连接。纪念园占地面积13000平方米,建筑面积3600平方米,共设9个展厅,即怒潮喷涌、挺进豫鄂、五师抗战、战略包围、抗战胜利、神韵随州,以及廉政教育展的正本清源、警钟长鸣、清廉随州等。曾侯乙墓遗址博物馆基本陈列是曾侯乙墓木椁原址、主棺复制品、陪葬棺原件以及出土的珍贵文物图片。

### 三、免费开放与社会教育

广水市博物馆的开放时间为周二至周日,周一闭馆,上午8:30—12:00,下午14:30—17:00,节假日正常开放。全年免费开放时间310天。"5·18"国家博物馆日和"文化和自然遗产日",随县博物馆采取悬挂临街横幅、展出图片展板,印制《中华人民共和国文物保护法》《文物保护条例》,博物馆免费发放服务宣传册、文物保护知识答卷等方式,在老县城街道、小区、广场、学校等场所设置宣传服务台,举办集中宣传教育活动,让博物馆进校园、进社区,营造了热爱文物、保护文物、传承弘扬历史文化和文化遗产的浓厚社会氛围,让炎帝精神进一步深入人心。近年来,九口堰五师旧址纪念馆积极探索爱国主义教育基地建设模式,广泛发展社会共建,在爱国主义教育基地建设中,取得显著成效。2015年被命名为"全国爱国主义教育示范基地"后,新四军第五师纪念园带头发起了共建爱国主义

教育基地活动。2019年已与随州市纪监委、银杏书院等10多个政府机关、大专院校、中小学校、企业等签订爱国主义教育基地协议,定期参观交流,并开展流动展览活动,巡回送教育进机关、进企业、进校园。曾侯乙墓发掘后,其椁室得以保存并建遗址博物馆对外开放,曾侯乙墓遗址博物馆是共青团中央全国青少年爱国主义教育基地,湖北省与随州市首批中小学生爱国主义教育基地。2019年优免接待有组织的千余名中小学生学习战国历史文化,充分发挥了爱国主义教育基地的功能。

### 四、藏品收藏与保护

随县博物馆按照与湖北省文物考古研究所签订的"鄂北水资源配置工程""武襄十高铁文物保护工程"考古协议相关文物隶属管理的原则,由湖北省文物考古研究所承担发掘任务的万福店狮子湾遗址、吴山田坡湾墓群、汪家湾墓群、窑湾墓群、张家寨遗址等项目考古发掘所有出土文物均已同发掘单位办理了出土文物和相关资料的移交工作,增加了馆藏文物116件(套)、标本560件。九口堰五师旧址纪念馆馆藏文物1500余件,为了加强管理,先后制定了文物保护管理办法和多项规章制度。2019年制定的《随州市九口堰五师旧址纪念馆保护方案》,经专家组实地考察验收合格。曾侯乙墓遗址博物馆作为专题性博物馆,主要负责曾侯乙墓遗址的保护和曾侯乙墓景区的接待,对现存曾侯乙墓椁室、陪葬棺、部分复制文物及文物图片进行保护。现有不可移动文物53件。

### 五、安全管理

2019年全市博物馆、纪念馆进一步加强了人防、物防、技防管理工作。广水市博物馆注重落实,狠抓文物消防安全和文物安全工作。2019年初与市政府、各乡镇、文物点专管员签订了"一处一策"文物安全责任目标。落实文物安全巡查工作,成立专管巡查小组,

对省、市级文物点巡回查看,全年出勤检查100余次,对全市479处文物点逐一核查,并把安全隐患记录在册,督促地方政府整改落实。落实安全值班工作。单位安全值班采取两人一组值守。在值班期间不得请假,不得擅离岗位,查看安全系统是否正常运行,如实填写值班日志,对存在的隐患和问题如实记录,并及时向领导汇报。2019年5月16日邀请随州防火中心到单位讲解消防安全知识,让职工了解灭火器适用范围和使用方法,还现场组织职工演练用灭火器如何灭火,并更换过期灭火器材,做到防患于未然,把隐患消灭在萌芽状态。"5·18"国际博物馆日,在广场大荧屏上滚动播放文物消防安全知识,向市民发放文物政策法规材料500余份,宣传"保护文物、人人有责"。制定《消防安全应急预案》《突发事件应急预案》和《安保人员职责》等系列制度并上墙,做到有条可依、有规可行。

随县博物馆始终把文物安全保卫工作放在首位,实行逐级安全责任制,健全了以安全岗位责任制为中心的各项安全管理制度。与随县保安公司签约,三位安保人员每班两人24小时轮流值守。展厅及库房内外全部安装监控设备,对一些有隐患的监控设备和线路及时进行维护、更换。邀请县消防支队消防安全专业技术人员来馆,组织全馆干部职工和安保人员就博物馆文物消防安全进行培训,并进行消防器材操作演练。以言传身教的方式提高干部职工和安保人员应对公共安全突发事件的应急能力。加强安全防范队伍建设,做到人员到位、职责到位、督查到位、工作到位。逐步建立了人防、物防、技防三位一体的安全防范体系。定期进行安全检查,对博物馆陈列室、保管室、整理室的各项设施设备进行检查维护,及时排除安全隐患。随县博物馆把安全防范工作做到常抓不懈,警钟长鸣。

九口堰五师旧址纪念馆与公安部门紧密配合,齐抓共管,认真落实文物安防、消防管理制度,开展经常性文物安全检查,及时发现安全隐患。定期对消防设备进行检查维修。加强了夜间巡查力度,并认真做好巡查记录,发现安全隐患及时排除。

曾侯乙墓遗址博物馆强调安全意识,举行消防安全培训和演练。曾侯乙墓景区及擂鼓墩古墓群日夜巡逻常态化。擂鼓墩文物保护区监控中心工作运转顺利。

## 六、考古调查与发掘

广水市博物馆配合随州考古队,做好随信高速的文物调查工作和协助安陆市博物馆做好"引徐济安"引水工程的文物调查、勘探工作。做好国电和华润两家风电场用地的文物调查和勘探工作。

2019年,随县博物馆与华润集团签约了3个13万元的风电项目工程和几个建设单位用地文物勘探技术服务合同,及时组织考古技术人员到施工现场勘察,并督促施工方将原定在佛山寨内及寨墙外旁的三处塔位全部移走另行选址,使古佛山寨遗址免遭破坏,得到了更好的保护。2019年10月,有群众举报均川河口村小树林、刘家崖、周家塝等古墓群被盗严重,随县博物馆接到消息后迅速组织专业技术人员协同文保中心人员第一时间赶到现场,及时对现场情况进行处理,拍照、测绘,并整理好材料及时向上级文物部门汇报。为切实做好全省开发区、工业园区区域性建设项目文物保护统一评价工作,2019年底,随县博物馆与随县经济开发区签订"随县经济开发区第二批次用地文物保护调查、勘探技术服务合同",并按相关规定做好用地范围内的文物调查、勘探工作,使地下文物在基本建设发展中得到更好的保护。

2019年6—8月,曾侯乙墓景区考古部工作人员积极配合湖北省文物考古研究所完成青铜小镇前期的勘探工作。

## 七、人才培养与学术研究

2019年,九口堰五师旧址纪念馆以内部

互相学习和走出去学习相结合的方式,安排馆职人员到外地学习达 10 余场次,使其受到良好的教育、启发和收获,为其综合业务素质的提高起到了很大的推动作用。曾侯乙墓遗址博物馆定期组织人员学习,以互帮互学为主,着力内部培养,并支持专业人员参与考古活动,如参与枣树林墓地发掘整理工作、曾侯乙墓椁室保护修缮工程方案等。

(撰稿人:丁纯)

# 随州市博物馆

随州市博物馆位于曾都区南郊办事处擂鼓墩大道 98 号,西与全国重点文物保护单位擂鼓墩古墓群毗邻。它是一座集文物收藏、科学研究、宣传教育、文物考古及编钟演奏于一体的国家二级博物馆。占地面积 118 亩,建筑面积 20400 平方米,其中陈列面积 8000 平方米。展览主题为"汉东大国",内设"炎帝神农故里""屹立汉东——随州叶家山西周墓地""曾(随)国迷踪""曾侯乙墓""擂鼓墩二号墓""汉风唐韵""追回的宝藏" 7 个常设展览,一个曾侯乙编钟乐团演奏厅,一个湖北省廉政文化教育基地展厅。

随州市博物馆设综合办公室、保卫科、财务科、保管部、陈列部、社教服务中心、曾侯乙编钟乐团、考古所协调部、《汉东文博》编辑部共 9 个内部机构。管理 7 级 1 人,管理 8 级 3 人,管理 9 级 4 人;专业技术岗 8 级 2 人,专业技术岗 9 级 4 人,专业技术岗 10 级 15 人,专业技术岗 11 级 4 人,专业技术岗 12 级 1 人,专业技术岗试用期 1 人;技师 4 人,高级工 1 人,中级工 1 人,初级工 4 人,普工 1 人。

2019 年,随州市博物馆在随州市委、市政府和市文化和旅游局的关心、支持下,经过全馆干部职工的共同努力,认真落实博物馆工作的各项方针政策,充分发挥博物馆的收藏、保护、研究、教育等功能,出色地完成了各项工作目标任务。全年接待观众 53.8 万人次。

## 一、博物馆藏品管理

### (一)藏品档案

随州市博物馆现有藏品总计 10183 件(套)。其中一级文物 318 件(套);二级文物 573 件(套);三级文物 993 件(套)(计 3475 件);珍贵文物总计 1884 件(套)(计 5504 件)。

2019 年湖北省文物考古研究所移交叶家山墓地出土文物 2113 件(套)和文峰塔墓地出土文物 1186 件(套)。

叶家山高等级贵族墓地的发现是近二十年来首次在湖北且墓地的规格和规模在江汉地区乃至长江流域都是最大的一次重要考古发现。有目的地揭露西周高等级贵族同期墓葬,并且所见墓葬保存之好、出土文物之丰、时代特征之明确都为迄今湖北考古发现之仅有。科学发掘所获的大量西周陶器、铜器和原始瓷器等器物群,不仅保存完好,而且组合和共存关系明确,是研究湖北汉水流域西周文化的重要标准性器物群,丰富了西周年代学研究的实物资料库。叶家山墓地西周早期所见青铜铭文表明,曾国早在西周早期就已在汉东地区存在并已称侯,这对于西周曾国的研究是个重大突破。大量成熟、品类齐全的原始瓷器屡现于随州叶家山西周墓,将有助于解开原始瓷器的产地问题。原始瓷器过去在湖北发现的不多,且器类单一,这次集中发现的批量原始瓷器将成为学术界探讨的重要物证。叶家山墓地发现的青铜器大多有铭文,已知铭文总字量为 400 余字,铭文内容除常见的一些西周早期的族氏文字和方国名外,也有大量过去所不见的人名,对于排定墓地的世系及与其他方国的关系具有重大的研究价值,为汉东方国的研究提供了最新材料。汉东西周方国格局素为学术界所重视,这次出土的文物资料将在这一方面促成突破性进展。

文峰塔墓地首次科学、完整地揭示了一批春秋中晚期的曾国墓葬,并出土了大批带有"曾"字铭文的铜器,对于判定墓葬国属及墓主身份具有重大的学术价值。首次在随州境内发现了曾国的车马坑,已清理的 3 座车马坑为二马驾和四马驾。对认识和揭示春秋曾国车马殉葬制度提供了重要实物依据。首次在随州乃至湖北发现"亚"字形墓葬,已发现的"亚"字形墓葬南北长 16.6 米、东西宽 15.6 米。其南还带有一条长方形的斜坡墓道,在其"亚"字形的东、西、北三面还各有一个 2 米×2 米的方形附坑。这一墓葬形制为过去所不见,刷新了湖北境内已有的东周墓葬形制。首次在随州发现了随国铜器,M21 中除出土了一批带"曾"字铭文的铜器外,还发现了一件带有"随"字铭文的铜戈,铭文为"随大司马献有之行戈"。"随"字在此无疑作国名,这是中华人民共和国成立以来经科学发掘出土的第一件随国铜器。

(二)藏品保管、修复与保护

通过申报国家专项资金、市级专项资金和自筹资金,随州市博物馆启动实施了"随州市博物馆馆藏文物预防性保护项目""随州市博物馆文物储藏柜、架采购及安装项目""随州市博物馆购置文物库房设备(库房门)项目"。"随州市博物馆馆藏文物预防性保护项

目"实现了对藏品库房和展厅环境的监测、藏品库房湿度的调控;"随州市博物馆文物储藏柜、架采购及安装项目"采购了 100 个文物专用储藏柜、100 个文物专用储藏架和 12 个恒温恒湿柜,提升了随州市博物馆藏品的保存水平。"随州市博物馆购置文物库房设备(库房门)项目"安装了文物库房专用门,提高了藏品保管的安全级别。

2019 年共修复馆藏青铜器 31 件、陶器 121 件,完成了 528 枚竹简和 4 块木牍玻璃包装的更换和细微修复工作。

(三)藏品数字化工作

通过申报国家专项资金,2019 年随州市博物馆启动实施了"随州市博物馆珍贵文物数字化项目",建立了专有的藏品管理系统,实现了藏品账目与档案管理的数字化,实现了藏品管理系统化、智能导览、数字化展示。

二、博物馆陈列展览

(一)基本陈列

随州市博物馆内设"炎帝神农故里""屹立汉东——随州叶家山西周墓地""曾(随)国迷踪""曾侯乙墓""擂鼓墩二号墓""汉风唐韵""追回的宝藏"7 个常设展览。其中"屹立汉东——随州叶家山西周墓地"展厅于 2019 年 5 月 27 日正式对观众免费开放,整个展厅分为上下两层,展出面积为 1390 平方米,展线长 458 米。展览由"曾随之谜""始封曾侯""曾侯威仪""君侯宗亲""礼玉天地"5 个单元组成,共展出近 300 件(套)精美文物。大量国宝级文物惊艳亮相:如出土于 M111 墓的一套保存完好的编钟,由 1 个镈钟和 4 件甬钟所组成,是迄今所见我国西周时期出土数量最多的成套双音编钟,对研究我国古代乐悬制度及音乐的发展具有重要的学术价值。如 M111 出土的一件铜簋上发现了"犺作剌(烈)考南公宝尊彝"的铭文,说明"南公"是曾侯的直系祖先,对于确定叶家山为姬姓曾国提供了非常重要的文字资料。"曾(随)国迷

踪"厅展出从商代、西周时期至春秋时期的青铜器,随枣走廊是周王南征的要道,这里留下了他们的遗迹。商周时期是我国古代青铜铸造技术发展的高峰期,各种青铜器的政治、理论和社会内涵,甚至超出器具本身的社会功能。以大批曾国青铜器群为代表的藏品,表明这里是曾国所在地。出土于文峰塔墓地的曾侯舆编钟,破解了困扰学术界多年的"曾随之谜"。考古专家从出土的器物及铭文记载,推测随国与曾国应是一国两名。春秋初期的随国大夫季梁是我国著名的政治家、思想家,他提出"民为神主"的民本思想及"修政而亲兄弟之国"的外交主张,遂使曾国成为汉东大国。"曾侯乙墓"厅展出 1978 年随州擂鼓墩曾侯乙墓出土的青铜礼器、乐器、兵器、车马器、金玉器、漆木用具和竹简等珍贵文物复制品,反映了战国早期曾国辉煌的礼乐文明,展示了这个像谜一样的诸侯国巅峰时期的文化与生活。"擂鼓墩二号墓"厅展示的是战国中期另一个曾国高等级贵族墓葬。该墓出土的 36 件青铜甬钟与曾侯乙编钟构成百钟之势,音律互补,珠联璧合,号称"姊妹钟"。"炎帝神农故里"厅展示了 5000 多年前,炎帝神农"植五谷、尝百草、疗民疾、制耒耜、兴贸易",以卓越的功绩开启了璀璨的中华农耕文明,创造了特征鲜明的炎帝神农文化。通过捕鱼、狩猎、生产生活场景及相关的文物,再现炎帝神农氏部落的生活情景。"汉风唐韵"厅展示了汉唐时期随州地区出土的青铜器、陶器和金银器。"追回的宝藏"厅展示了随州市公安干警雷霆出击,历经艰辛,与犯罪分子斗智斗勇,追缴大批珍贵文物,续接历史文脉的精彩破案瞬间和感人事迹;同时也展示了公安机关和文物部门紧密合作,共护国宝,震慑文物犯罪,弘扬正义力量,增强"四个意识",坚定"四个自信"的自觉行动。这些陈列内容是发展随州文化生态旅游的基础和重要资源。

## (二)启动"汉东大国"主题展览提档升级工作

随州市博物馆"汉东大国"主题展览于 2008 年 12 月竣工并对外开放,累计接待观众 500 余万人次。近十年来,随州不断有考古新发现,特别是叶家山和文峰塔曾国墓地,共出土各类精美文物 3299 件(套)(计 8473 件)。据统计,新发现 10 位曾侯大墓,即曾侯谏、曾侯白生、曾侯犺、曾侯石、曾公、曾侯宝、曾侯得、曾侯舆、曾侯郎、曾侯丙。曾国 700 年的历史脉络清晰,曾侯谱系逐渐明朗,这在周天子统领的八百诸侯中是绝无仅有的。原展览已不能准确、完整地展示曾国历史。"汉东大国"主题展览提档升级工作,已得到随州市委、市政府主要领导的支持,并纳入 2019 年市政府工作目标。

## (三)临时展览

### 1. 馆内展览

为贯彻落实习近平总书记在十九大报告中提出的关于"坚定文化自信,推动社会主义文化繁荣兴盛"的要求,随州市博物馆举办了 9 次临时展览。1 月 20 日"随州市政协首届书画作品展"。1 月 28 日"扇来春风过新年——大清帝国外销扇专题展"。4 月 8 日"随州旅游摄影大赛入围作品展"。5 月 1 日"随州市第二届艺术品精品展"。5 月 16 日"黄亮明书画篆刻回乡展"。5 月 26 日"楚北翰墨·襄阳市十堰市随州市书法篆刻联展"。7 月 2 日"鄂北地区水资源配置工程文物保护工作及出土文物展",此次展览的 47 处文物点,发掘出土文物超过 5 万件,其中珍贵文物有 2360 件。其类别有金银器、陶器、瓷器、铁器、铜器、石器、玉器、漆木器、骨器等,时间跨度从新石器时代到明清时期,为研究湖北地区历史与文化提供了丰富的第一手资料,具有重大的学术价值。为了办好这次展览,随州市博物馆对空间进行了详尽规划,优选了 18 个文物点重点展示,采用了文物与图片相结合,配合场景复原、多媒体展示、视频播放等多种辅助展览手段,全面展示文物保护工作的相关内容及出土文物。11月2日"随州市第二届新人新作书法篆刻展"。12月30日"'黄鹤楼酒·陈香杯'随州体育摄影大赛暨中华人民共和国成立70周年体育成就图片展"。通过举办一系列高品质的展览,不仅让市民在博物馆品尝到丰盛的文化大餐,感受到艺术的魅力,更为随州的文化事业注入了无限生机与活力。

### 2.馆际交流

2019年,随州市博物馆积极组织文物外展活动,加大宣传力度,营造文化氛围,盘活文物,讲好中国故事。7月5日,随州市博物馆馆藏83套(104件)精品文物赴深圳市南山博物馆,参加"曾国700年——历代曾侯出土青铜器展"。7月15日,赴温岭市博物馆,参加"随珠荆玉——叶家山出土玉器展"。12月2日,赴广州西汉南越王博物馆,参加"曾国宝藏——曾侯乙的祖先和子孙们出土文物专题展"。12月13日,赴南宁市博物馆,参加"珠联璧合——商周方国玉器联展"。

## 三、博物馆教育

为进一步传承中华文化、弘扬随州历史,随州市博物馆充分利用2019年"5·18"国际博物馆日及中国传统节日,开展丰富多彩的社会教育活动,努力使博物馆免费开放工作有新提升。

(1)3月23日,湖北省博物馆与随州市博物馆联合开展"礼乐学堂"——"乐享编钟"中小学研学活动,以寓教于乐的形式,激发学生对编钟历史和家乡文化的热爱。由讲解员和志愿者组成的社教团队,通过采用现场讲解、动画演示、触摸文物、角色扮演、体验互动等教学手段,让"礼乐学堂"的课程走进了广大学生当中。通过了解和触摸国宝编钟,参加活动的学生们对编钟古乐之乡——随州有了更深的感触和认识。

(2)实施惠民政策,组织市民免费听讲解、看编钟乐舞。博物馆是重要的对外文化宣传窗口,应加大博物馆免费开放的工作力度,进一步增强博物馆宣传教育功能和文化惠民举措。

(3)开展让文物知识进社区活动。为拉近博物馆与市民之间的距离,让市民更加深入地了解随州历史,5月13日"文博讲坛"走进龙门街社区,讲解员现场解说了12张图文并茂的展板并邀请市民现场体验编钟,丰富了市民的生活和其对家乡的认知。

(4)开展"小小讲解员"志愿讲解活动。"5·18"国际博物馆日当天上午九点,"小小讲解员"们身穿绿色马甲,戴着解说牌,忙碌的身影穿梭在随州市博物馆各个展厅中。他们有的给观众讲解文物,有的向观众礼貌问好。这些"小小讲解员"三人一组,负责一个展厅的讲解工作。每次讲解完毕,他们都会得到观众感谢和鼓励的掌声,也有不少观众跟他们合影留念。

(5)加大文化遗产宣传力度。联合随州日报社、随州电视台、随州广播电台等新闻媒体对"5·18"国际博物馆日期间开展的各项文化活动进行全面报道和刊发;设计印制精美且通俗易懂的《中华人民共和国文物保护法》《"5·18"国际博物馆日的由来》等文物法规和博物馆宣传手册,在市内各社区和学校免费发放和提供咨询服务,营造全民参与博物馆事业建设的良好氛围。

## 四、博物馆研究

2019年10月,随州市博物馆、随州市公安局主编的《追回的宝藏——随州市打击文物犯罪成果荟萃Ⅰ》由武汉大学出版社出版发行。后加升撰写的《从敌对到融合》《随州发现曾太保铜盨》论文发表于《湖南省博物馆馆刊(第十五辑)》;范江玲、黄艳玲撰写的《看展览 听故事 悟历史——"汉东大国"研学之旅》论文发表于《作为文化中枢的博物馆:传统的未来——2019年湖北省博物馆协会学术研讨会论文集》;邹红霞撰写的《编钟敲

起来  唱响新时代——记我们祖孙三代与曾侯乙编钟的不解之缘》论文发表于《我与曾侯乙编钟——纪念曾侯乙编钟出土四十年征文集》,《一脉千秋的华夏始祖——炎帝神农》论文发表于《讲好荆楚故事》。

5月29日,随州枣树林墓地考古发掘汇报会在随州市博物馆303会议室召开,汇报人郭长江、陈虎,湖北省文物考古研究所邀请了武汉、山东、河南等地的专家来现场参观指导考古发掘工作。

6月6日上午,随州市枣树林墓地专家现场论证会在随州市博物馆303会议室召开,与会代表有中国考古学会理事长、中国社会科学院考古研究所原所长王巍,北京大学考古文博学院教授刘绪,中国社会科学院考古研究所夏商周研究室副主任、副研究员常怀颖,湖北省文化和旅游厅党组成员、副厅长黎朝斌,湖北省文化和旅游厅文物保护与考古处一级主任科员张君,湖北省博物馆馆长、研究员方勤,湖北省文物考古研究所副所长、研究员孟华平,湖北省文物考古研究所研究员黄凤春,湖北省文物考古研究所学术研究中心副主任、副研究员凡国栋,湖北省文物考古研究所协调部副主任、副研究员、枣树林墓地考古发掘领队郭长江,随州市文化和旅游局局长曾云峰,随州市博物馆馆长、研究员黄建勋。

7月17日,由湖北省文化和旅游厅博物馆与社会文物处组织的"随州市博物馆馆藏文物预防性保护项目实施方案"专家评审会在随州市博物馆303会议室召开,与会专家听取了汇报,审阅了具体实施方案,经质询、讨论,形成意见如下:根据湖北省文化和旅游厅的批复,结合馆方预防性保护实际需求及实际下达经费情况所制定的"随州市博物馆馆藏文物预防性保护项目实施方案",在加强监测的基础上,注重文物保存环境的调控,目标明确、技术路线合理,能有效提升随州市博物馆馆藏文物预防性保护水平。与会专家一致同意通过该实施方案。

## 五、考古调查与发掘保护

(1)遵照随州市政府统一部署,1月对高新区、工业园区进行了区域文物统一评价考古调查,提交文物保护方案。

(2)联合湖北省文物考古研究所,对枣树林墓地进行全面考古发掘,新发现了两位春秋中期早段曾侯大墓。

(3)对随州至信阳高速公路建设项目沿线进行考古调查,提交了文物保护方案。

(4)对庙台子遗址和汉东东路墓地出土文物进行修复和资料整理。

(5)完成了随州齿轮时光记忆小镇建设用地的考古勘探与发掘工作。

(6)派出文物修复专业技术人员参与随州地区和京山苏家垄墓地出土的曾国青铜器修复保护工作。

(7)完成了鄂州机场建设项目车湖砖厂墓地考古勘探与发掘工作。

## 六、智慧博物馆

随州市博物馆实现了公共免费Wi-Fi全覆盖,使游客参观更便捷。馆内LED显示屏通过滚动播放文物讲座、文物动态、考古勘探、馆藏文物精品、编钟乐舞等,宣传展示随州的优秀历史文化。

随着科技的不断发展,展厅文物智能讲解技术渐渐走进我们的生活,让参观者感受到先进信息技术带来的便利。随州市博物馆智能讲解系统的启用:游客扫描博物馆微信公众号的二维码进入展厅,查看展馆在地图上的分布,对想去的展区进行导航;在参观过程中,系统会自动将游客周边的展品信息推送到其手机上,游客可通过文字语音以及视频信息、展品照片、文字图片了解展品。2019年增设的"屹立汉东——随州叶家山西周墓地""追回的宝藏"两个常设展览也已纳入智能讲解系统,游客扫描博物馆微信公众号的二维码进入展厅,扫描文物的二维码即可收听中文、英文语音自动讲解。

## 七、博物馆文创产品开发

随州市博物馆依托本馆的藏品优势，开发了20余种既反映地区文化特色，又具有实用、欣赏和收藏价值的文创产品。博物馆后庭仿明清古建筑商铺一条街，2019年商铺招商入驻率为100%，成为抢手的文创产品销售专区，商铺年销售总额为200余万元，取得较好的经济和社会效益。

## 八、博物馆建设与管理

### （一）发展规划与建设

随州市博物馆成立于1978年10月，是一座集文物收藏、科学研究、宣传教育、文物考古及编钟演奏于一体的国家二级博物馆。目前博物馆已免费对外开放10余年，常设展览内容陈旧，展线不明晰；馆舍破损较严重，游客参观专用电梯不够；博物馆地下室阴暗潮湿、不通风，工作环境较差；编钟演艺服务设施设备老化严重，急需改造升级；文物库房不足，无独立办公楼和文物科研保护中心。在未来几年，将启动随州市博物馆文化综合提升工程项目建设。项目内容和规模："汉东大国"["曾（随）国历史文化展"]提档升级，陈列布展面积约9000平方米（含主馆中央大厅）；馆舍修缮及屋面亮化、新增乘客电梯，建筑面积约10000平方米；博物馆地下室改造，使用面积约6000平方米；编钟演艺服务设施设备提档升级，使用面积约1000平方米；文物科研中心、文物库房及附属用房建设，建筑面积约7000平方米。

随州市博物馆文化综合提升工程是建设文旅名城、曾随文化走廊，弘扬编钟文化的重要组成部分，也是随州市委、市政府打造编钟文化产业基地，推动"四园多点一走廊"建设、争创国家一级博物馆和国家AAAAA级景区的重要内容。全面改善博物馆环境，综合提升博物馆文化软、硬件实力，充分利用丰富的馆藏文物资源，为发展随州文博事业和社会经济服务。其中"汉东大国"["曾（随）国历史文化展"]是重要人文资源，对提高随州知名度具有极高的历史文化品牌价值。与此同时，它无疑又是重要的旅游资源和环境资源，对其进行有效保护、合理运用，可促进旅游业持续发展，为发展第三产业创造新的经济增长点。随州市博物馆交通方便，可进入性强，便于对外沟通相邻的旅游区和周边各地的历史文化与自然景区，形成旅游网络，具有良好的旅游经济发展前景。

### （二）安全管理

随州市博物馆与公安部门、消防部门紧密配合，齐抓共管，确保消防安全形势稳定。日常做好防火巡查、检查、整改等工作。定期对安保人员进行岗位培训，学习消防安全知识，并开展防火、灭火演练，提高安保人员的应急处置能力。配备个人防护装备、灭火器、消防水带、应急照明灯、火灾自动报警器、干粉灭火器、自动灭火器等消防设施。开展不定时巡逻，检查馆内和馆周边的安全隐患，发现安全隐患，及时上报，及时整改。2019年，随州市博物馆更换消防泵房水泵设备及其配套设施和消防水池、水箱液位显示装置；更换主馆、南附馆、地下室火灾自动报警系统线路配线，增配消防控制室火灾自动报警系统CRT图形显示装置，增配消防控制室至消防支队远程监控系统；更换一批室外消火栓、应急照明灯具、疏散指示标志、消防水带、干粉灭火器。加强对博物馆安全技术防范系统监控中心的管理工作，严禁无关人员进入。特别是五一、十一、元旦、春节期间，对博物馆严加防范，对包括展厅、楼道、电梯、周边外围安全环境进行检查，并通过周界报警器、馆内红外线电子报警器及电视监控系统，进行全面细致的检查。加强夜间巡逻，做好巡查记录登记工作。强化组织领导，落实领导带班、干部值班制度。确保全天候馆内安全稳定、秩序良好，工作正常开展。积极配合做好各项临展和外展期间的文物出入库、运输等安全保卫工作。

完成安防系统相关建设工作，各项安全防范设施设备不断完善：2019年，随州市博物馆完成"屹立汉东——随州叶家山西周墓地"展厅和"追回的宝藏"展厅的安防系统建设工作；完成监控中心存储设备的扩容和增加部分监控点位的工作；完成地下室文物库房增加出入口控制系统的工作；购置无线对讲机及安全防护器械，并已应用于日常的安保工作中；完成日常的系统维护和维修工作。

配合做好馆内研学旅行活动，确保参观学生的安全。2019年，随州市博物馆累计接待研学旅行来馆参观师生12600余人。因每批参观学生人数众多，为确保馆内人、财、物安全，随州市博物馆制定了《随州市博物馆游客高峰期应急预案》，当有大批学生入馆参观时，校方领队应事先与游客服务中心取得联系，组织学生列队进入、有序参观，严禁在馆内打闹、狂奔、乱跑等，并迅速通知保卫科，保卫科在第一时间做出响应，并维护好现场秩序，立即组织人员对各出入口实施控制，同时疏散人员，加强巡逻，并向研学游学生和游客提供必要的服务援助或咨询。

### （三）人才培养

2019年，按照随州市委、市政府《关于印发〈随州市急需紧缺高层次人才引进办法〉的通知》的精神，随州市博物馆通过事业单位公开招聘招考，引进一名硕士研究生——刘宇林，男，毕业于山东大学考古学专业，负责科技考古工作。

随州市博物馆积极鼓励全体职工参加文化知识、业务技能的学习与培训，支持业务人员参与学术交流，为此制定切实可行的计划和制度，在物质和时间上给予支持。1月18—20日，馆长黄建勋、考古所协调部主任刘振洪、考古所工作人员陈凯赴荆州，参加湖北田野考古成果交流会。4月2日，社教服务中心主任邹红霞及讲解员李菱到厉山炎帝神农景区学习"研学旅行"项目建设情况。4

月18日，副馆长孙建辉、社教服务中心主任邹红霞到随州宾馆，参加研学旅行活动培训，培训时间两天。6月21日，财务科科长刘丹丹到市财政局，参加随州市政府采购管理系统暨2018年政府财务报告编报培训会。7月7—12日，《汉东文博》编辑部主任王生慧到中国人民大学，参加高层人士政治理论学习。8月20—24日，《汉东文博》编辑部主任王生慧赴河南省郑州市，参加由中国文物保护技术协会联合河南省文物考古研究院举办的考古现场保护技术研习班学习。9月1—6日，陈列部主任唐金昊、工作人员程辉赴内蒙古呼伦贝尔市，参加"全国博物馆展览策划与展陈提升"培训班学习。9月5—9日，馆长黄建勋赴新疆阿克苏市，参加由中国玉文化研究会举办的中国玉文化研究会第二次会员代表大会。9月16日—11月15日，党支部副书记、副馆长孙建辉赴中共随州市委党校，参加"市直科级干部进修一班"学习。9月30日，党支部书记、馆长黄建勋赴中共随州市委党校，参加2019年市直机关"不忘初心、牢记使命"主题教育支部书记能力提升培训班学习。10月28—31日，馆长黄建勋、考古所副所长后加升赴湖南省博物馆，参加中国博物馆协会乐器专业委员会学术研讨会。10月24—27日，社教服务中心主任邹红霞及讲解员李菱、李傲丽赴随州宾馆，参加全市研学旅行导师培训班学习。10月31日—11月2日，社教服务中心主任邹红霞赴黄石，参加全省中小学生研学课程资源建设经验交流会。11月26日，党支部副书记孙建辉带队，党员余大钊、陈运兵、张妍苗一行4人赴曾都区洛阳九口堰红色教育基地学习。12月10日，随州市博物馆中层及以上干部在303会议室，参加中国知网博物馆业务平台使用培训会。12月16—20日，社教服务中心主任邹红霞赴河南省平顶山博物馆（河南博物院平顶山分院），参加由中国博物馆协会社会教育专业委员会和市场推广与公共关系专业委员会举办的"全国博物馆研学旅行培训暨优秀课程与优秀线路交流会"。

### 九、公众评价

#### (一)观众满意度

根据 2019 年游客参观满意度调查统计显示,随州市博物馆来馆游客对展览、展陈环境与服务满意度达到 95% 以上,普遍认为全馆展品种类繁多且有特色、陈列有序、设施齐全、服务热情,并期待市政府加大对地方财政的经费投入,对现有展览进行提档升级,进一步提升陈列展览水平。

#### (二)社会关注度

通过博物馆网站、中国知网、智能导览系统、微信公众号等方式加大对博物馆的宣传力度及拉近与公众的距离。2019 年,随州市博物馆积极通过新闻媒体宣传博物馆动态,在《随州日报》、《楚天都市报》、《编钟之声》、随州广播电视台上均有宣传报道。

（撰稿人：孙建辉　丁纯）

# 条　目

2019 年 5 月 27 日,"屹立汉东——随州叶家山西周墓地"展厅正式对观众免费开放。叶家山西周早期曾国墓地的考古发现,是继曾侯乙墓之后在随州地区最为重要的考古发现,也是近年来全国西周考古的一次重大发现,对于西周考古和曾国历史的研究都具有非同寻常的意义。自发现曾侯乙墓后,长期困惑学术界的"曾随之谜"问题有了曾国就是西周早期周室赫赫有名的功臣南宫适的封国的新认识。入选为"2011 年度全国十大考古新发现""2011 年、2013 年中国考古最有学术价值六大新发现"。2011 年、2013 年,两次考古发掘共揭露面积 8700 平方米,发掘墓葬 142 座、马坑 7 座,出土青铜器、陶器、玉器、原始青瓷器、漆器及象牙器等器物 6000 余件。

随州市博物馆南附馆的"屹立汉东——随州叶家山西周墓地"展厅分为上下两层,展出面积 1390 平方米,展线长 458 米。

多方协调,精心准备,尽全力办好"鄂北地区水资源配置工程文物保护工作及出土文物展"。2019 年 7 月 2 日上午 9：00,"鄂北地区水资源配置工程文物保护工作及出土文物展"开幕式在随州市博物馆主馆大厅举行。此次展览展出的是文物保护工作和出土文物两个方面,不同以往仅仅是历史文物的展览。改革开放 40 多年来,城市发展和基础建设日新月异,这里面离不开考古工作者的默默奉献。这次展览全面、客观地介绍了广大考古工作者的工作环境、工作流程、工作方法以及工作成果,是对他们艰苦而有成效的工作的肯定。

# 大 事 记

## 2月

2月15日，中央政治局委员、中央书记处书记、中央宣传部部长黄坤明到随州市博物馆参观调研，湖北省委书记蒋超良、随州市委书记陈瑞峰陪同。

## 3月

3月23日，湖北省博物馆与随州市博物馆联合开展"礼乐学堂"——"乐享编钟"中小学研学活动，以寓教于乐的形式，激发了大家对编钟历史和家乡文化的热爱。

## 5月

5月12日，牙买加驻华大使丘伟基一行来随州市博物馆参观"大美湖北——随州篇"，体验了漆器制作、编钟演奏及制作。

5月18日，国际博物馆日，随州市博物馆紧紧围绕"作为文化中枢的博物馆：传统的未来"这一主题，精心策划，开展"文博讲坛"进社区、小小讲解员、散发宣传单、免费观看编钟乐舞表演等一系列活动，不断创新活动形式，提高活动的影响力，搭建博物馆与公众沟通、互动的平台。

5月27日，随州市博物馆"屹立汉东——随州叶家山西周墓地"展厅正式对观众免费开放，整个展厅分为上下两层，展出面积1390平方米，展线长458米。展览由"曾随之谜""始封曾侯""曾侯威仪""君侯宗亲""礼玉天地"5个单元组成，共展出近300件（套）精美文物。大量国宝级文物惊艳亮相，如出土于M111墓的一套保存完好的编钟，由1个镈钟和4件甬钟所组成，是迄今所见

我国西周时期出土数量最多的成套双音编钟，对研究我国古代乐悬制度及音乐的发展具有重要的学术价值；如M111出土的一件铜簋上发现了"犺作剌（烈）考南公宝尊彝"的铭文，说明"南公"是曾侯的直系祖先，对于确定叶家山为姬姓曾国提供了非常重要的文字资料。

## 6月

6月6日上午，随州市枣树林墓地专家现场论证会在随州市博物馆303会议室召开。

6月11日，曾侯乙编钟乐团演职人员赴武汉，参加中国2019世界邮展演出活动。

## 7月

7月2日上午9:00，"鄂北地区水资源配置工程文物保护工作及出土文物展"开幕式在随州市博物馆主馆中央大厅举行。出席开幕式的领导、嘉宾有湖北省文化和旅游厅文物保护与考古处二级调研员侯军、鄂北地区水资源配置工程建设与管理局规划财务部主任宋建华、鄂北地区水资源配置工程建设与管理局规划财务部副主任晏文莉、湖北省文物考古研究所副所长罗运兵、襄阳市博物馆党支部书记胡俊玲、随州市文化和旅游局副调研员张华以及市、区、县文物管理部门负责人，老河口市博物馆、襄州区文物管理处、枣阳市博物馆、随县博物馆、曾都区考古队、广水市博物馆、随州市文化和旅游局文物科及局属单位有关负责人员。

7月5日，随州市博物馆馆藏83套（104件）精品文物赴深圳市南山博物馆，参加"曾

国 700 年——历代曾侯出土青铜器展"。

7 月 17 日,由湖北省文化和旅游厅组织的"随州博物馆馆藏文物预防性保护项目实施方案"专家评审会在随州市博物馆 303 会议室召开,与会专家听取了汇报,审阅了具体实施方案,经质询、讨论,与会专家一致同意通过该实施方案。

## 12 月

12 月 2 日,随州市博物馆馆藏精品文物赴广州西汉南越王博物馆,参加"曾国宝藏——曾侯乙的祖先和子孙们出土文物专题展"。

# 荣 誉 集 锦

2019 年 12 月,随州市博物馆曾侯乙编钟乐团演职人员赴随县,参加中央电视台国防军事频道《乡村大舞台》节目摄制,荣获"乡村大舞台出彩乡村之星"。

2019 年,随州市博物馆被评为"2019 年度社会治安综合治理突出单位"。

2019 年,随州市博物馆范江玲、黄艳玲的论文《看展览　听故事　悟历史——"汉东大国"研学之旅》发表于《作为文化中枢的博物馆:传统的未来——2019 年湖北省博物馆协会学术研讨会论文集》,并荣获三等奖。

# 恩　　施

## 恩施土家族苗族自治州博物馆工作综述

2019 年,恩施土家族苗族自治州(以下简称恩施州),共有国有博物馆、陈列馆、纪念馆 9 个,全州除利川市无博物馆外,其余各市、县均设有博物馆、陈列馆或纪念馆。恩施州文博系统全面贯彻党的十九大精神,服务恩施州公共文化服务体系建设,加强文旅融合、免费开放、文化惠民、文物保护等各项工作全面落实。恩施市抗战历史陈列馆被湖北省政府纳入"湖北省第四批国防教育基地"名单;建始直立人遗址文化遗址公园项目列为 2019—2023 年湖北省重点文物保护项目。

### 一、博物馆藏品管理

恩施州各博物馆现有藏品总数 119420件(套),其中,一级文物 49 件(套)、二级文物 253 件(套)、三级文物 912 件(套)。2019 年,共征集藏品 979 件(套),其中,利川市文物事业管理局征集民间文物 173 件;宣恩县民族博物馆征集民俗文物和革命文物共 429 件(套)。鹤峰县文化遗产局配合五里坪革命旧址和中营红三军军部陈展工作,征集民族、民俗文物 370 件。

### 二、博物馆陈列展览

恩施州各博物馆、陈列馆、纪念馆共设有基本陈列 25 个,举办临时展览 9 个。来凤县民族博物馆引进南京民俗博物馆"'布·同凡响'祁竞布艺画展",咸丰县民族博物馆引进了"'布·同凡响'祁竞布艺画展"并举办了"'民族情'书画摄影及手工艺制作展"。建始县博物馆协助官店镇人民政府完成官店革命历史陈列馆陈列布展,该馆于 7 月 1 日开馆。

### 三、博物馆宣传教育

"5·18"国际博物馆日及"文化和自然遗产日",恩施州博物馆展览联盟在恩施市第一中学、咸丰县民族博物馆以及恩施州文化广场巡回展览。恩施市文物局开展"我们的节日·清明"系列主题活动;与杭州市"五四宪法"历史资料陈列馆签订友好共建协议;联合六角亭中心学校组织百人行走施州古城徒步活动;参与六角亭中心学校《走访施州古城》校本教材开发座谈会,与学校建立长效机制,共同打造恩施历史文化传统教育课程;派员参加庆祝中华人民共和国成立 70 周年"讲好恩施红色旅游故事"演讲活动;配合恩施电视台、恩施州纪委拍摄《恩施解放档案故事——叶挺在恩施》系列节目及《叶挺在恩施》专题视频。利川市文物局联合利川市非物质文化遗产传承馆、市普庵小学举办文化遗产进校园活动，通过讲革命故事、戏曲演出、文化遗产手抄报展等形式宣传利川文化遗产知识。巴东县博物馆举行第七届长江三峡（巴东）纤夫文化旅游节暨中国土家族打击乐音乐会开幕式。

### 四、博物馆学术研究

2019 年 7 月 8 日，恩施州博物馆组织承办了"中国博物馆协会民族博物馆专业委员会 2019 年恩施年会暨学术研讨会"，会议邀请了全州各市、县博物馆参加，以"文化交流与文化中枢建设：民族地区发展进程中的博物馆角色定位"为主题进行了学术研讨。通过此次会议，恩施州博物馆成为中国博物馆协会民族博物馆专业委员会副主任委员单位，各市、县文博单位均被吸纳为成员单位。这不仅为恩施州文博事业的发展搭建了新的交流合作平台，同时也为宣传、推介恩施民族文化架起了一座沟通桥梁。

### 五、博物馆公共服务

2019 年，全州各博物馆、陈列馆、纪念馆接待观众人数 82.6783 万人次。恩施市抗战历史陈列馆与湖北民族大学马克思主义学院签订友好合作协议，旨在将其打造成为大学生社会实践基地；湖北省文物考古研究所在鹤峰县新庄乡屏山村挂牌成立屏山考古工作站，与湖北大学和三峡大学共建容美土司遗址研究学习基地、大学生社会实践基地，促进学术交流。

# 恩施土家族苗族自治州博物馆

2019 年，恩施州博物馆全面深化落实党的十九大精神、服务恩施州公共文化服务体系建设，在恩施州委、州政府的领导下，在恩施州文化和旅游局的指导下，围绕全州、全系统、全馆的中心工作，以"让文物活起来"为指导思想，恪守职责，改革创新，抢抓机遇，实现了跨越式发展。当选为中国博物馆协会民族博物馆专业委员会副主任委员单位；荣获2019 年度湖北省文博系统"十佳社教团队"称号；在 2019 年湖北省文博系统"小小讲解员"讲解大赛中，选送的志愿者王培量获一等奖；在"庆祝新中国成立 70 周年——讲好恩施故事"活动中，讲解员黄萌获三等奖。

### 一、博物馆藏品管理

#### （一）藏品征集

文物征集是扩充馆藏的重要渠道，恩施州博物馆通过协调沟通，接受捐赠"民国巴东县印"1 枚，《湖南民国地图》1 件，《清代施南府志》1 套 14 本，《现代黄氏族谱》1 套 14 本，"恩施舰"模型 1 件，20 世纪 80 年代相机5 部、手机 1 部。

#### （二）藏品管理

恩施州博物馆借助可移动文物数据平台，开展馆藏文物的登记归档工作，全年完成文物编目电子档 2.2 万件、文物总登记账电子档 2.3 万件。

## 二、博物馆陈列展览

### (一)基本陈列

恩施州博物馆设有"武陵足音""恩施记忆"与"生态恩施"3个基本陈列。为建设恩施州红色革命教育基地,经恩施州委、州政府批复同意实施基本展陈"恩施记忆"改造升级项目,恩施州发改委批复项目概算566.32万元,工程费用486.01万元。

### (二)临时展览

#### 1.馆内展览

2019年,恩施州博物馆引进江苏南京民俗博物馆"'布'同凡响——南京非物质文化遗产专题展"、浙江宁波服装博物馆"霓赏之真——中国近现代服装变迁展"、广东瑶族博物馆"多彩瑶族——瑶族风情展"、北京周口店遗址博物馆"'我'从远古走来——世界文化遗产:周口店遗址文物特展"、广州南越王博物馆"从南越国宫署遗址到海上丝绸之路展"以及宁夏博物馆"朔地恋歌——宁夏岩画特展"等6个展览。

#### 2.境内馆外展览

推出原创展览"经纬大千——中国土家族西兰卡普主题展"到江苏南京市民俗博物馆、云南文山壮族苗族自治州博物馆、广东清远市连南瑶族自治县瑶族博物馆、云南大理白族自治州博物馆展出。该展览在第三届(2018年度)湖北省博物馆、纪念馆六大陈列展览精品推介活动中获"优胜奖"。

## 三、博物馆教育

"博学雅识"为恩施州博物馆一项常设性及代表性社教品牌项目,包含流动博物馆"五进"、学术讲座进校园、志愿服务、社教宣传、专家讲解历史等子项目。通过开展各项活动,让博物馆的社教活动"走出去、请进来",尝试利用多种方式和途径让博物馆的社教活动"活"起来,架起博物馆与观众之间沟通的桥梁。

#### 1."五进"活动开展活跃

依托恩施州博物馆展览联盟,以"5·18"国际博物馆日和"文化和自然遗产日"为契机,原创展览"'画'说七十年'图'强恩施州——恩施州建国七十周年图片展"在恩施市第一中学、咸丰县皇城广场以及恩施州文化中心广场巡回展览;八一建军节,"流动博物馆"送展进恩施州武警中队。

#### 2."学术讲座"持续升温

按年初计划开展"学术讲座进校园"活动,分期到云南文山壮族苗族自治州博物馆、湖北民族大学美术与设计学院、恩施市第一中学、重庆师范大学历史与社会学院、咸丰县文化馆举办了"土家织锦——西兰卡普""从虎钮錞于和铜鼓看西南民族地区青铜文化的交流""镇馆之宝——虎钮錞于""土家族地区的二次葬及文化解读""土家族吊脚楼的历史价值、生态价值及艺术价值"等学术讲座5场。讲座全程录像,并上传至恩施州博物馆官方网站设立的"文博课堂"专栏,便于更多观众收看学习。

#### 3.社教活动推陈出新

2019年,恩施州博物馆与恩施点彩画室200名师生共同开展"与美同行,与历史对画"写生活动;组织老师到华中师范大学幼儿园为小朋友们讲述古代钱币小知识;同时结合中国传统节日开展一系列活动,包括在馆内举办"博物馆里迎新年"和"爸气十足"父亲节主题社教活动;在恩施州民族幼儿园举办"巧手绘西兰"——献礼母亲节主题社教活动;在恩施市龙凤镇中心幼儿园,以中秋节为主题讲述传统文化;开设微信课堂献礼祖国70华诞;与恩施职业技术学院签订合作协议,授牌设立"恩施职业技术学院大学生思想政治实践教学基地""恩施职业技术学院爱国主义教育基地""恩施职业技术学院志愿者服务基地"。

#### 4.开展"专家讲解历史"活动

为充分发挥博物馆宣教作用,恩施州博

物馆创新思路,开展"学术面向观众,专家讲解历史"活动,每周三由馆学术研究专家针对不同的观众群体现场讲解"武陵足音"历史文物陈列,全年讲解 30 场。

## 四、博物馆研究

### (一)学术活动

#### 1. 举办学术会议

2019 年 7 月 8 日,恩施州博物馆组织承办了"中国博物馆协会民族博物馆专业委员会 2019 年恩施年会暨学术研讨会",此次大会共有北京、内蒙古、广西、云南、贵州、四川、甘肃、黑龙江、吉林、辽宁、上海、湖南、湖北、广东的博物馆参加。包括民族地区省级博物馆 8 个,省级民族博物馆 5 个,民族院校博物馆 3 个,民族地区地市级博物馆 22 个,民族地区县级博物馆 8 个。恩施州人民政府副州长高敬佩,恩施州文化和旅游局副局长胡福先,湖北省博物馆副馆长何广,中国博物馆协会常务理事、中国博协民族博物馆专业委员会常务副主任委员、民族文化宫博物馆馆长们发延出席开幕式并先后致辞、讲话。

#### 2. 参加学术会议

应邀参加了长江师范学院举办的第三届"中国土司论坛"、三峡大学民族学院与长江师范学院武陵山片区民族理论政策研究基地联合举办的"乡村振兴与民族地区经济社会发展"研讨会、重庆綦江博物馆与中国三峡博物馆联合举办的"第三届僚学研究"等学术研讨会,向大会共提交学术论文 7 篇。

### (二)学术成果

#### 1. 出版成果

恩施州博物馆为集中记述建馆以来在队伍建设、社会教育、陈列展览、考古勘探、收藏保管、学术研究、宣传信息、后勤保障、创新创造等方面的发展,出版了《风雨恩博——向建国 70 周年献礼》一书。同时,为展示恩施州博物馆馆藏精品文物,策划出版了《恩施州博物馆精品文物之历史篇》,成为交流、研学、参观等活动的高效辅助读物。

#### 2. 发表或交流学术论文

全年在《三峡论坛》《三峡大学学报》《重庆民族研究》《鄂西民族》《宜昌文博》等学术刊物上发表学术论文 8 篇,其中在省级以上出版刊物上发表学术论文 2 篇。

### (三)学术刊物

恩施州博物馆内部刊物《文博之友》秉承保护民族遗产、传承民族文明、繁荣民族文化、弘扬民族精神的理念,由半年刊改为季刊,全年刊载文博工作研究、考古文化、土司文化、三峡文化、非遗文化、抗战文化、土家族文化研究等方面的学术文章 61 篇。

## 五、博物馆公共服务

### (一)观众服务

2019 年,恩施州博物馆接待观众 52.284 万人次,其中未成年人 4.286 万人次,境外观众 325 人次。先后接待国务院副总理胡春华,国家民委副主任郭卫平,陕西省委常委宣传部部长牛一兵,陕西省退役军人事务厅厅长高中印,湖北省文化和旅游厅党组书记、厅长雷文洁,湖北省高级人民法院审判委员会专职委员姚智明,国家发展改革委综合司巡视员刘宇南等人调研参观。

### (二)社会服务

#### 1. 为社会单位服务

为配合公安机关接受举报的关于盗取文物的案件,恩施州博物馆对相关文物进行了鉴定与价值评估,出具鉴定报告和意见,为公安机关处理案件提供了基础。利川市双庙村为恩施州博物馆精准扶贫帮扶村,市级文物保护单位"中共利川县第一个党支部旧址"位于该村,为落实文物保护政策,根据恩施州文化和旅游局的要求,完成了陈列布展设计方案。另外,根据恩施州委、州政府要求,受恩施州退役军人事务管理局委托,恩施州博物馆完成了以恩施州城市名称命名的护卫舰"恩施舰"通道文化建设陈列布展设计。

### 2.文物保护统一评价

2019年，为配合全州经济开发区"优化营商环境"建设，恩施州博物馆联合各县市博物馆、文物局完成恩施州高新区、恩施市、鹤峰县、巴东县、建始县、来凤县经济开发区的文物保护统一评价及文物调查勘探工作，共发现清代墓葬5座，未发现地下遗物和遗迹。联合建始县文物事业管理局完成建始县红岩寺蛇皮洞水库的文物调查勘探工作。

## 六、博物馆建设与管理

### （一）安全管理

#### 1.安全设施设备

为切实解决安防系统老化、损坏严重的问题，恩施州博物馆积极争取项目资金，获恩施州委、州政府批复同意实施安防系统改造升级项目，并严格按照程序完成招标，工程总投资696万元。另外，为切实解决消防控制室24小时双人双岗值班问题，恩施州博物馆积极争取，于2019年10月获恩施州政府批复同意采取劳务派遣的方式落实值班人员6人，并于12月完成招标，消防安全值班问题达标，并形成长效管理机制。

#### 2.安全运行

为保障文物及游客安全，进一步提高工作人员防患于未然的安全意识，恩施州博物馆于2019年3月4日、8月7日开展消防安全及反恐防暴培训暨演练活动，邀请恩施州消防救援支队就火灾隐患、应对措施、处置方法、逃生技能等方面进行培训授课。全年坚持24小时值班制度，不定时电话查访、现场抽查，通过人防、物防、犬防和技防相结合，有效预防和控制安全事故的发生，全年实现安全零事故。

### （二）人才培养

2019年，恩施州博物馆在发展各项业务工作的同时，更加注重人才培养。一是派员参加"中国博物馆协会2019年第一期讲解员高级研讨班""湖北省文博系统社会教育培训班""恩施州人才脱贫攻坚能力提升培训班（杭州）"，以及"恩施州茶文化培训班"等学习培训。二是鼓励、支持干部职工报考硕士研究生，当年考取硕士研究生1人，新招聘硕士研究生1人。

## 七、公众评价

为进一步提升博物馆的展览服务水平，适应博物馆数字化建设的新需求，同时缓解旅游旺季讲解人员的压力，便于观众随时获取文物信息，恩施州博物馆结合实际，实施展馆数字化（实景三维）及展览数字化与二维码导览服务项目，提供数字化参观服务，同时实现展厅Wi-Fi覆盖。在展览、环境及服务水平上更加突出细节，观众满意度提高。同时，为提高社会关注度，不断加强宣传，扩大博物馆影响力，在官方网站发布动态信息66条，发布《文博之友》电子期刊4期，上线5个讲座视频，在官方微信公众号平台发布消息53条。在学习强国App湖北学习平台推出2篇文章、新浪网4篇文章、搜狐网2篇文章、荆楚网2篇文章、中国博物馆协会网站1篇文章、弘博网1篇文章、恩施州人民政府网站8篇文章等，馆外媒体宣传报道155篇（次）。恩施州博物馆各项工作得到社会广泛关注，掀起参观博物馆的新热潮。

（撰稿人：龚艳萍）

# 大　事　记

## 1 月

1 月 18 日,湖北省文化和旅游厅安全鉴定处处长陈权胜到恩施州博物馆对安全工作进行专项检查。

## 3 月

3 月 19 日,恩施州博物馆正式收藏"恩施舰"(以恩施州城市名称命名的护卫舰)模型。

3 月 22 日,国家民委经济发展司副司长冯常海率调研组到恩施州博物馆参观调研。

## 4 月

4 月 18 日,湖北省文化和旅游厅党组书记、厅长雷文洁到恩施州博物馆调研,就安全生产等工作进行指导。

## 5 月

5 月 17 日,恩施州博物馆原创精品展览"经纬大千——中国土家族西兰卡普主题展"获得第三届(2018 年度)湖北省博物馆、纪念馆六大陈列展览精品推介活动"优胜奖";社教团队在 2019 年度湖北省文博系统"十佳"社教团队推介展示活动中被评为"十佳社教团队"。

5 月 30 日,国家民委党组成员、副主任郭卫平一行到恩施州博物馆参观调研。

## 6 月

6 月 13 日,陕西省委常委、宣传部部长牛一兵一行到恩施州博物馆参观调研。

## 7 月

7 月 8—9 日,恩施州博物馆承办中国博物馆协会民族博物馆专业委员会 2019 年恩施年会暨学术研讨会。民族文化宫博物馆、中国民族博物馆、中央民族大学民族博物馆、内蒙古博物院、甘肃省博物馆、青海省博物馆、西藏博物馆、呼伦贝尔民族博物院、黑龙江省民族博物馆、上海纺织博物馆、广西民族博物馆、贵州省民族博物馆、云南民族博物馆、中南民族大学民族学博物馆等全国 40 多家博物馆的专家学者参会。通过此次会议,恩施州博物馆成为中国博物馆协会民族博物馆专业委员会副主任委员单位。

## 9 月

9 月 4 日,原华中科技大学校长李培根院士到恩施州博物馆参观。

9 月 6 日,故宫博物院开放管理处管理人员一行到恩施州博物馆参观考察。

9 月 13—14 日,2019 年湖北省文博系统"小小讲解员"讲解大赛在湖北省博物馆举行,恩施州博物馆"小小讲解员"王培量荣获一等奖。

9 月 20 日,中国人民解放军 91192 部队十八支队政委万仕一行到恩施州博物馆参观并座谈。

## 10 月

10 月 7 日,中共中央宣传部全国干部学院副院长陈宝忠到恩施州博物馆参观。

## 11 月

11 月 14 日,湖北省应急管理厅党组成员、副厅长杨光武带队到恩施州博物馆调研检查消防工作。

## 12 月

12 月 24 日,中央政治局委员、国务院副总理胡春华到恩施州博物馆参观。

12 月 27 日,恩施州博物馆实施展陈改造升级项目及相关建设项目,经请示,州政府同意闭馆。

# 仙　桃

## 仙桃博物馆

2019年,仙桃市博物馆深入学习贯彻党的十九大和十九届二中、三中、四中全会精神,以习近平新时代中国特色社会主义思想为指导,深入贯彻习近平总书记系列重要讲话精神,坚持"保护为主,抢救第一,合理利用,加强管理"的文物工作方针。根据上级对文物保护工作的要求和部署,以开展支部主题党日活动和"不忘初心、牢记使命"主题教育为契机,狠抓贯彻落实,文物保护和博物馆免费开放工作都得到了长足发展。

### 一、博物馆藏品管理

#### (一)藏品征集

2019年9月3日,闵大炳捐赠《新中国百年书画大师榜》(中国新闻出版社,2019年5月第1版)、2015年心经书法、2016年贺建市30周年诗作书法、31册书画(中医、佛教)印本。

2019年10月8日,何慧敏捐赠1996—2008年台北市沔阳同乡会编印的《沔阳通讯》第1~26期合订本、《楚简集字丛帖》1套3册(中国艺术出版社,2019年9月第1版)、"全国书法篆刻展览"优秀书家作品集《国展

精英榜——何慧敏》(《书法报社》,2019年6月第1版)。

2019年11月5日,罗耀武、罗传义、罗新洲捐赠《大汉皇室后裔豫章堂罗氏宗谱》3套12册。

#### (二)藏品管理

2019年,仙桃市博物馆完善藏品账目,做好新征集文物的总账、分类账以及藏品档案。

### 二、博物馆陈列展览

#### (一)基本陈列

1.陈友谅纪念馆陈列

陈友谅纪念馆陈列以陈友谅反抗元代统治者的暴政为主要线索,包括"起义反元——摧毁元朝南方统治势力""逐鹿江南——打造世界上最强大的水军""推行屯田——开启沔阳三蒸文化之源""历史记忆——功过褒贬自有春秋评说"和"后裔觅踪——改名换姓分布大江南北"等5个部分。

2.沔阳名人馆陈列

沔阳名人馆陈列以沔阳(仙桃)籍名人主要活动时间为依据,设古代厅(重点为元末明

初至 1840 年)、近现代厅(1840 年至 1949 年 10 月 1 日)、当代厅(1949 年 10 月 1 日至 2017 年 12 月)三个部分。古代厅陈列名人包括农民起义领袖、明清进士、治沔名宦等;近现代厅包括辛亥时期志士、著名实业家、教育家、政界精英、著名烈士等;当代厅包括历任省部(将军)级干部、正厅(师)级在职干部、中国科学院院士、学部委员、博士生导师及科技精英、外交大使、上市企业家、获得国家级大奖的文艺人才、世界体育冠军等。

(二)临时展览

2019 年仙桃市博物馆举办了 4 个临时展览。

1. 金猪拱福——己亥年生肖文物图片展

3 月 8 日至 5 月中旬,仙桃市博物馆举办了“金猪拱福——己亥年生肖文物图片展”。本次展览集合了全国 20 多家博物馆收藏的数百幅以猪为题材的文物、艺术品和珍贵标本的图片。通过“有豕于家”(从野猪到家猪)、“富贵乌金”(文物艺术品中的猪)、“天蓬值岁”(民俗文化里的猪)3 个单元,从历史、文化、艺术、民俗等多个角度来讲猪的故事,使广大观众在农历猪年到来之际,了解猪的前世今生,感受传统年俗文化的魅力。该图片展先后在仙桃市图书馆一楼大厅及部分中小学校免费展出。

2. 廉政文化图片展

5 月 18 日,为了庆祝 2019 年“5·18”国际博物馆日并配合开展全市党风廉政建设宣教月活动,仙桃市博物馆在沔阳名人馆前广场举办了“廉政文化图片展”。该展览共分为“廉洁教化”“廉政制度”“廉政春秋”3 个单元,通过对中国古代金、元、明、清四朝“成由勤俭败由奢”这一历史教训,警示广大党员领导干部不断增强自我净化、自我完善、自我革新、自我提高的能力,努力推进党风廉政建设工作向纵深发展。当天,仙桃职业学院教育学院组织大二学生集体参观了廉政文化图片展,观看展览后,学生们表示“在思想上感触很大,对廉政文化有了更新的理解和更高的认识。今后将积极践行‘敬廉崇洁,从我做起’”。

3. “乡游仙桃 沔风楚韵”图片展

5 月 19 日,为了庆祝 2019 年“5·19”中国旅游日,仙桃市博物馆在排湖风景区游客集散中心广场举办了“乡游仙桃 沔风楚韵”图片展。该展览共分为“仙桃风光”“非物质文化遗产”两个单元,以图文并茂的形式向观众讲述“仙桃风情”。仙桃风光部分通过城区新貌、市政园林、村镇建设、人民生活等方面让观众真真切切地感受到仙桃改革开放以来的发展成就;非物质文化遗产部分涵盖了仙桃雕花剪纸、麦秆剪贴、渔鼓皮影等多项仙桃市非物质文化遗产,向人们讲述它们的来源、发展与故事。该展览吸引了众多观众围观欣赏,其中有自驾游的市民,有爱好单车骑行的骑手,有参加中国旅游日仙桃市主题活动启动仪式的来宾……观众们都看得津津有味,丝丝细雨也挡不住参观热情。此次图片展持续至 6 月下旬,并以送展上门的方式,到城区的部分学校、社区进行了巡回展出。

4. 庆祝中华人民共和国成立 70 周年图片展

9 月 18 日,由仙桃市博物馆举办的“中华人民共和国成立 70 周年——共创中华民族伟大复兴的美好未来”图片展在仙桃市图书馆一楼大厅开幕。该展览多方面、多角度地展示了中国在政治、经济、军事、文化、科技、教育、交通、旅游事业发展以及民族团结、国际关系等领域所取得的一系列重大成就。仙桃市龙华山小学五年级师生近两百人集体参观了开幕展。随后,仙桃市博物馆还开展了送展览进校园活动,先后走进仙桃市汉江中学、仙桃市第三实验小学、仙桃市第三中学、仙桃职业学院以及仙桃中学免费展出,同学们在讲解员的带领下,共同回顾祖国 70 年的风雨历程和中华民族发展史,祝福伟大祖国繁荣昌盛,进一步坚定“四个自信”,增强民族自豪感。

## 三、博物馆教育

仙桃市博物馆以陈友谅纪念馆、沔阳名人馆为依托,积极开展社会主义核心价值观、遵德守礼、法治文化宣传,在馆内设置了仙桃市道德模范、仙桃楷模宣传栏,坚持不懈地面向观众进行唯物主义历史观教育,主动承担起继承和发扬中华民族优良传统和革命传统的重要阵地作用。

## 四、博物馆公共服务

### (一)观众服务

2019 年,仙桃市博物馆免费开放 321 天,共接待观众 18.2 万人次,其中陈友谅纪念馆接待观众 59477 人次,沔阳名人馆接待观众 74534 人次,举办的 4 个临时展览接待观众 4.8 万余人次。全年接待参观团体 227 个,其中陈友谅纪念馆接待 61 个团队,沔阳名人馆接待 152 个团队,临时展览接待 14 个团队。

### (二)社会服务

为社会服务是博物馆的宗旨。仙桃市博物馆提供咨询、讲解、物件寄存,以及针线包、应急药箱、免费饮用水供应等服务,为学校开展研学教育、单位开展主题活动、社会团体开展实践活动提供便利。

## 五、博物馆建设与管理

### (一)发展规划与建设

2019 年,仙桃市博物馆新馆完成了土建工程。预计 2020 年完成主体工程及配套工程,实施陈列布展工程,2021 年上半年建成并对外开放。

### (二)制度建设

配合"不忘初心、牢记使命"主题教育活动中检视问题的整改,制定和完善了领导带班值班、考勤、财务管理、车辆管理等制度,建立加强履职尽责工作长效机制,全面推行岗位责任制,推动主体责任、第一责任、分管责任、监督责任、直接责任落实落地。

### (三)安全管理

仙桃市博物馆安全设施设备包括安防设施(防盗报警设施、防破坏设施、安全防护器具等)、消防设施(消防栓、水带、喷枪、灭火器、应急照明灯、疏散指示牌等)。为了做好安全设施的日常管理工作,设立了设备维护员岗位,专门负责设施设备的检查和维护,确保其安全运行。仙桃市博物馆制定了安全设施维护管理制度,对管理分工、日常维修与检验、安全设施的选用和保管等方面作了明确规定。

### (四)人才培养

3 月 27—29 日,仙桃市文化和旅游局主办了"仙桃市 2019 年导游和讲解员培训班",旨在为仙桃全域旅游发展储备导游人才,提升文化旅游公共服务场所讲解员的接待能力和服务水平。仙桃市博物馆 9 名讲解员参加了本次培训。培训内容包含导游服务技巧、导游工作中紧急事件的处理、导游服务礼仪规范、导游带团技巧、导游讲解技巧及案例解说、梦里水乡现场解说大比武、现场导游示范和导游服务质量提升新探等课程。

## 六、公众评价

仙桃市博物馆在陈友谅纪念馆、沔阳名人馆醒目处设置意见箱、意见簿、留言簿,广泛征求观众对博物馆工作的意见和建议,开展观众满意度调查。观众对陈友谅纪念馆、沔阳名人馆的展览内容和展览形式、展厅环境、接待服务比较满意。

仙桃市博物馆主要通过官方微信公众号以及新闻媒体(《仙桃日报》、中国仙桃网等)进行文博宣传工作,提高博物馆的社会关注度、知名度和社会影响力。

# 条 目

【开展消防安全知识培训】 4月9日、12月5日，仙桃市博物馆分别邀请武汉全民防火知识咨询中心高级讲师聂斌、湖北社安消防安全宣教中心讲师高元为全馆干部职工进行消防安全知识培训。宣教员结合真实的火灾案例，详细讲述消防安全的重要性和严峻性，就火灾的危险性、火灾的预防与扑救、火场疏散、火灾逃生和自救等方面知识进行了形象生动的讲解，现场用实物演示了如何使用干粉灭火器、二氧化碳灭火器、投掷型灭火弹、便携式微粒子灭火器、防烟面罩、新型灭火毯、逃生器、消防锤等消防工具。通过培训，全馆干部职工对消防日常管理、火灾三级防火责任制有了更加直观的了解，进一步掌握了紧急疏散及逃生自救相关知识，并掌握了消防器材特别是新型消防器材的正确使用方法，对消防安全的重要性有了更深层次的理解，增强了"居安思危，思则有备，有备无患"的消防安全意识和责任意识，为做好博物馆消防安全工作打下了坚实的基础。

【开展"比作为，晒成绩"活动】 5月，为贯彻落实仙桃市文化和旅游局关于推进机关建设、发挥职能作用的统一安排和部署，仙桃市博物馆开展了"比作为，晒成绩"活动，召开了动员会，宣布了《仙桃市博物馆劳动纪律和考勤制度》《仙桃市博物馆薪酬管理制度》，公布了全体在职人员的具体岗位职责。为推动"比作为，晒成绩"活动扎实有效开展，仙桃市博物馆组织全馆干部职工进行了"比作为，晒成绩"大讨论活动。全体人员结合各自工作岗位的实际，严肃认真地查找问题，人人书面发言，个个公开承诺，并将书面材料张贴在馆公示栏内，接受全体人员的监督。通过学习、自我剖析、集体讨论，每个人都明确了自己的工作职责，承诺今后更好地履职尽责，争先创优。会上，党支部书记、馆长郑军与在职在岗的干部职工签订了2019年工作目标责任书，以此进一步增强干部职工爱岗敬业、开拓进取、迎难而上、奋力担当的责任意识，促进全馆转变工作作风，为打造一支信念坚定、敢于担当的队伍奠定坚实的基础。

【文物调查勘探】 2019年5月21日，对三伏潭镇南堤村宝善桥进行了现场调查。6月，对仙桃500千伏变电站—监东（沧浪）220千伏线路工程路径涉及区域进行了文物调查。7月25日，对干河街道观音寺"咸丰七年蠲免税费碑"进行了文物认定。11月21日，对张沟镇杨庄村出土的牌坊构件进行了现场调查。12月12日，陪同湖北省文物考古研究所专家到仙桃高新技术产业开发区进行实地踏勘，为下一步做好开发区文物保护统一评价工作奠定基础。

【积极参加湖北省导游大赛】 2019年6月29日，由湖北省文化和旅游厅、湖北省总工会、共青团湖北省委会、湖北省妇女联合会、宜昌市人民政府主办，宜昌市文化和旅游局、宜昌市总工会、共青团宜昌市委员会、宜昌市妇女联合会承办的湖北省第十二届导游大赛决赛完美落幕。在两天的比赛时间里，来自全省的70名选手，在个人形象风采、知识考核、导游讲解、才艺展示4个环节里，展现湖北导游队伍的职业技能水平、良好形象和精神风貌。仙桃市博物馆的严红媛作为仙桃市代表参加了此次比赛，并荣获优秀奖。

【沔阳名人馆被命名为湖北省"三星级法治文化建设示范点"】 2019年7月，省司法厅、省普法办发布《关于命名全省第三批"省级法治文化建设示范点"的通报》(鄂普法办〔2019〕11号),沔阳名人馆被命名为全省第三批"三星级法治文化建设示范点"。

**【开展"不忘初心、牢记使命"主题教育活动】** 9月20日,仙桃市博物馆召开"不忘初心、牢记使命"主题教育动员部署会,传达上级关于开展主题教育工作的会议精神,公布了实施方案。9月29日,召开主题教育工作推进会。10月22日,仙桃市文化和旅游局第二督导组对仙桃市博物馆的主题教育活动开展情况进行了督查指导。10月24日,仙桃市文化和旅游局副局长吴雄与仙桃市博物馆党支部委员开展主题教育谈心谈话活动,用实际行动推进主题教育落地见效。11月28日,仙桃市委"不忘初心、牢记使命"主题教育工作第三巡回指导组副组长张雁冰、成员石晓晨参加仙桃市博物馆党支部主题党日活动,听取了支部委员对照党章党规找差距的发言,要求进一步抓细抓实下一阶段的主题教育工作。

主动教育活动期间,仙桃市博物馆紧扣"守初心、担使命、找差距、抓落实"总要求和"理论学习有收获、思想政治受洗礼、干事创业敢担当、为民服务解难题、清正廉洁做表率"具体目标,把学习教育、调查研究、检视问题、整改落实四项重点措施贯穿始终,狠抓思想认识到位、检视问题到位、整改落实到位、组织领导到位,以强化组织领导为关键,以深化理论学习为基础,以抓实调查研究为载体,以深入检视问题为契机,以狠抓整改落实为驱动,强化了干部职工的理论武装,提振了干事创业的精气神,有序推进主题教育的各项工作。

# 大 事 记

## 3月

3月8日,仙桃市博物馆举办的"金猪拱福——己亥年生肖文物图片展"开幕。

3月27—29日,仙桃市博物馆9名讲解员参加仙桃市文化和旅游局主办的"仙桃市2019年导游和讲解员培训班"。

## 4月

4月9日,仙桃市博物馆邀请武汉全民防火知识咨询中心高级讲师聂斌为全馆人员进行消防安全培训讲座。

## 5月

5月18日,仙桃市博物馆举办的"廉政文化图片展"开幕。

5月19日,仙桃市博物馆举办的"'乡游仙桃,沔风楚韵'图片展"在排湖游客接待中心广场开幕。

5月30日,湖北省文化和旅游厅党组书记、厅长雷文洁就加快湖北省全域旅游发展赴仙桃调研期间,在仙桃市委书记胡玖明的陪同下,视察仙桃市文化中心(包含仙桃市博物馆)项目工地。

5月,仙桃市博物馆开展"比作为,晒成绩"活动。

## 7月

7月,仙桃市沔阳名人馆被命名为省级"三星级法治文化建设示范点"[省司法厅、省普法工作办公室发布《关于命名全省第三批"省级法治文化建设示范点"的通报》(鄂普法办〔2019〕11号)]。

## 9月

9月18日,仙桃市博物馆举办的"中华人民共和国成立70周年——共创中华民族伟大复兴的美好未来"图片展开幕。

9月20日—12月31日,仙桃市博物馆开展"不忘初心、牢记使命"主题教育活动。

## 10月

10月22日,仙桃市博物馆召开支部党员大会,投票选举产生了新一届支部委员会,郑军当选为党支部书记,宋永平当选为党支部副书记,余立、杨三中、杨蕾当选为支部委员。

## 12月

12月5日,仙桃市博物馆邀请湖北社安消防安全宣教中心讲师高元为全馆人员进行消防安全培训。

12月23日,仙桃市汉江中学研学教育实践基地在沔阳名人馆挂牌。

(撰稿人:雷静)

# 天 门

## 天门市博物馆

2019年,天门市博物馆加强管理、加大资金投入,在陈列展览、免费开放与宣传教育、藏品收藏与保护管理、文物安全管理、馆员业务技能学习提升、社会公共服务等方面均有新的进步和发展,并针对国家经济和社会发展的新形势,创造性地开展工作。

### 一、博物馆藏品管理

#### (一)藏品保管

天门市博物馆新馆建有标准化固定文物专用库房三间(其中精品库房一间),具备防火、防盗、防虫、防潮、防光、防震、防污染的功能。藏品按质地分类分库存放、双门双锁,设专人管理,准确详细地建账、立卡,做好文物信息登记工作。文物账、物分开,组织专人专管。文物的出入库工作严格履行相关手续,明确归还时间,明确责任界限,认真做好文字记载和当日库房日志的记录工作。进一步保障文物库房设备安全,健全消防安全管理制度,坚持24小时值班巡查制度;主要领导和分管领导不定期进行巡查;定期组织内保干部进行系统培训,不断提高相关人员的安全防范意识,人人掌握"三防知识";对文物进行定期查看、保管,保证文物不受潮、不被虫蛀,避免自然损害,达到了科学管理的要求,确保了馆藏文物的安全。

截至2019年12月底,天门市博物馆馆藏文物共计13226件(套)[其中一级文物3件(套)、二级文物9件(套)、三级文物152件(套)]。馆藏文物信息已全部录入全国可移动文物普查登录平台,做到了馆藏文物信息化、数字化。

#### (二)藏品修复与保护

2019年9月,委托专业文保单位为馆藏42件(套)青铜器文物编制专门的修复方案,拟开展相关修复工作,计划在修复过程中对铜器的合金、锈层进行科学分析,清除铜器表面的灰尘泥土,去除有害锈和覆盖在纹饰与铭文上的锈斑,对已完全矿化疏松的铜器进行局部加固,粘接、焊接铜器的碎片、裂缝,对残缺部分进行补缺并对修补部位进行传统做旧处理。

2019年10月,配合湖北省古籍保护中心专家对馆藏古籍进行普查登记,在系统中登记录入了每部古籍的索书号、题名卷数、著者、版本、册数、存缺卷数等信息。在征询古籍保护研究与修复方面的专家的意见后,对馆藏古籍逐一清点,排查病害,根据受损程度确定修复名单,最终筛选出35部123册急需保护修复的古籍,委托荆州博物馆会同有关专家编制保护与修复方案,并依据文物保护修复原则和国内外常见纸质文物保护修复方法进行古籍修复。

委托文保单位对馆藏碑刻进行拓印,挑选出具有较高文物价值的碑刻,在做好前期保护工作的前提下,由专业人员制作碑文拓片,并将拓片编号归档,制作专门的碑刻档案资料,为后期开展碑刻文物保护、陈展与研究提供依据。

## 二、博物馆陈列展览

### (一)基本陈列

天门市博物馆位于竟陵西湖路一号,馆舍为四层仿唐式建筑,建筑面积14151.64平方米,展厅面积8000平方米。内部空间划分为公共活动区、展陈区、文物库区、办公区。目前常设有4个基本陈列展区,即"文明之光——天门石家河文化展""竟陵记忆——天门通史陈列展""三乡宝地——天门民俗与侨乡文化展""状元之乡——天门状元与进士展"。

#### 1. 文明之光——天门石家河文化展

石家河遗址在天门市石家河镇发现,距今4000~5900年,是长江中游地区迄今发现的面积最大、延续时间最长、等级最高的新石器时代大型城址聚落。

展厅分为"初生"展、"少年"展、"壮年"展、"老年"展、"葬礼"展以及玉器展6个单元,以一个人成长的历程来代表石家河文化的历史演进脉络。向观众展示了遗址发现的时代背景、石家河遗址与石家河文化、遗址群内涵及文明起源等内容。

#### 2. 竟陵记忆——天门通史陈列展

天门历史文化底蕴深厚,地上地下文物丰富。无论是从地下文物遗存看,还是从几十年来发掘征集的文物看,天门文化遗迹丰富,分布面积广泛,地域无空白,时代无缺失,时间跨度约5000年。

本展厅展示了天门的历史沿革、馆藏精品文物、彭家山楚墓发掘还原场景等。

#### 3. 三乡宝地——天门民俗与侨乡文化展

天门民间艺术源远流长,被评为"民间曲艺之乡",有着丰富多样的民间艺术形式,在江汉平原有着广泛的影响。本展厅展示了天门花鼓戏、天门皮影、天门糖塑、天门纸花等民间艺术表现形式及各种表演道具。

天门是中国内陆著名的侨乡。旅居国外的天门籍华侨达28万人,分布在世界五大洲40多个国家,其中尤以印度尼西亚、新加坡、马来西亚、泰国、斯里兰卡、菲律宾、俄罗斯、美国、法国、加拿大等国家和地区为多。展厅突出展示天门华侨的生活环境、生活条件、生活方式以及华侨对家乡的重要贡献。

#### 4. 状元之乡——天门状元与进士展

在天门历史发展进程中,出现了楚国令尹子文、世界文化名人"茶圣"陆羽、唐末现实主义诗人皮日休、明代竟陵文学创始人钟惺和谭元春、清代状元蒋立镛等灿若星辰的历史人物。展厅集中展示了与明清科举考试相关的馆藏文物,通过场景还原,再现科举考试、状元还乡等情景。

### (二)临时展览

本馆一楼设有临时展厅两处,常年举办临时展览,一方面加强与各文物单位间的业务交流;另一方面也力求满足广大观众的文化需求,丰富市民、游客的文化生活。

2019年共举办临时展览5次,1月举办"烙画——火与纸的艺术展",展出《青山巍峨》《牧归》《圆形山水》《雨霖》《驰骋》《湖光山色》等代表作。

5月举办"庆祝中华人民共和国成立70周年——毛泽东像章展",像章主体涵盖民主主义革命和社会主义建设各个历史时期的重大事件,涉及政治会议、军事国防、文化艺术、工农产业等各个领域。

2019年举办"走进博物馆——博物馆里的生僻字展",开展生僻字图片展,图文并茂,生动再现了文物与文字结合的妙趣,增进观众对文物知识的了解与认知。

10月先后举办"壮丽七十年·阔步新时代"庆中华人民共和国成立70周年天门市邮展和"天赋青山绿水·门开盛世华章"庆祝中华人民共和国成立70周年摄影展。专题邮展汇集集邮爱好者的30余部作品和记录天门市集邮史的50余期会刊资料及照片资料;摄影展分城市美、产业强、生态好、民生优四个篇章,以150余幅生动的照片直观展示天门人民寻梦、追梦、筑梦的光辉历程,展现70年来天门所取得的巨大成就和发生的深刻变化。

## 三、博物馆教育

天门市博物馆作为天门市公共文化设施的重要组成部分,积极开展社会主义核心价值观教育与爱国主义教育实践活动。在向社会公众开放的馆舍及公共场所设立"社会主义核心价值观"、学习道德模范等宣传专栏,并张贴"讲文明树新风"等公益广告画,营造公众自觉学习社会主义核心价值观的良好氛围。

除天门市博物馆、陆羽纪念馆、胡家花园常设的主题陈列展览外,另开展"5·18"国际博物馆日和"文化和自然遗产日"等主题活动。

3月9日,开展"诵读经典,传承文化"活动。天门市小夫子国学馆组织学生诵读《弟子规》并参观博物馆。

4月12日,台湾高雄文德女子高中40余名师生代表来到天门,开展以"华夏文明·薪火相传"为主题的研学旅游活动。

4月16日,湖北省博物馆"礼乐学堂"社教团队走进天门石家河镇,开展系列文化教育活动,来自石家河初中的60名学生,在参

观了石家河文化考古研究中心后,聆听了湖北省博物馆"礼乐课堂"老师精心准备的课程——"走进玉器王国,学做谦谦君子"。

4月25日,湖北明清古建筑博物馆社教部、天门市博物馆宣教部一行走进天门实验小学,开展"古建课堂"教育活动,丰富了学生们对古代建筑的认知。

6月以来,天门市博物馆"微展览"活动先后在两个乡镇、五所学校开展,共计服务群众、师生两万余名,该活动主要选取40余件文物器物生僻字,制成展板进行图文展示,博物馆志愿者现场解说答疑,并重点讲解天门市博物馆展出的石家河遗址出土文物中的生僻字,活动吸引了众多师生和群众驻足观看。

## 四、博物馆研究

### (一)学术活动

3月8日,"中国玉文化研究会——璞玉之旅考察交流团"来到天门交流考察,来自全国各地的30余名会员齐聚天门市博物馆,探索古玉的奥秘。中国玉文化研究会会长侯彦成,中国玉文化研究会副会长、原湖北省文化厅副厅长、湖北省文物局原局长沈海宁参加了此次活动。此次活动历时3天,分别从"玉的历史与文化""后石家河文化玉器考古发现与研究""石家河遗址与石家河玉器"三大板块进行交流学习。

4月20日,中国玉文化研究会考察交流团再次来到天门市博物馆交流学习,中国玉文化研究会会长侯彦成为"中国玉文化研究会天门石家河交流基地"授牌。活动期间,武汉大学教授余西云就"玉器研究的几个问题"开展了专题讲座,深入浅出地论述了玉器的重要性及如何研究玉器等问题。南京博物院研究员、中国玉文化研究会学术委员会主任陆建芳为学员分享了"飞翔的神人——龙山时代玉器中的人神表现"以及"中国玉器发展史"等主题内容。

## （二）学术成果

发表湖北省博物馆协会年会参会论文两篇，分别为《数字化博物馆公众参与的理念与创新》（获三等奖）、《浅议博物馆在民族文化传承中的作用——以民族服饰为例》。

## 五、博物馆公共服务

### （一）观众服务

2019年，天门市博物馆免费接待游客30万余人次，其中未成年人6.5万余人次，境外观众0.4万余人次，配合市委、市政府接待各类党政代表、招商引资、学术交流等团体400余批次。

### （二）社会服务

#### 1.举办讲座、开展主题教育

天门市博物馆举办"道德讲堂"活动，单位职工、市民代表100余人齐聚博物馆，聆听文博人员讲述道德故事。本次活动涵盖演唱歌曲、观看短片、讲述故事、诵读经典、谈论感悟、点评等六个环节。

9月5日，天门消防大队教导员、大中队全体指战员、专职消防队员及文职人员共同参观了博物馆，接受了爱国主义教育。消防队员仔细观看博物馆展陈的历史文物，并观看了视频《纪念王绍南同志》，参观了"庆祝中华人民共和国成立70周年——毛泽东像章展"。

#### 2.为社会单位提供服务

7月4日，蒙华铁路项目考古验收工作会在天门市博物馆召开。湖北省文化和旅游厅、湖北省文物考古研究所和各项目发掘单位参加了此次会议。会上，各项目负责人汇报了本单位负责发掘文物点的相关情况，后通过专家组点评验收。

## 六、博物馆建设与管理

### （一）制度建设

天门市博物馆隶属于天门市文化和旅游局，主要社会功能为收藏、展览、保护文物；宣传《中华人民共和国文物保护法》；弘扬民族文化；兼有文物管理和保护的职能。截至2019年，天门市博物馆共有在编工作人员22人，内设6个部门，即办公室、财务部、保管（卫）部、陈列部、宣教部、考古部。

自免费开放以来，天门市博物馆严格按制度管理，制定了各项规章制度，主要有《博物馆干部职工集中学习制度》《博物馆干部工作责任制度》《博物馆馆风馆纪建设制度》《博物馆党风廉政建设制度》《博物馆民主生活会制度》《博物馆精神文明规范》《信息调研工作奖励细则》《考勤管理细则》《义务劳动管理细则》《上班和开会管理细则》《图章管理细则》《文秘工作管理细则》《财务管理制度》《招待费管理细则》《公费慰问住院病人及去世人员管理细则》《交接班制度》《展室安全制度》《景区车辆管理制度》。成立了履职尽责领导小组，认真开展党风廉政建设，完善各项规章制度，组织观看反腐倡廉警示教育片，开展党员领导干部上廉政党课活动、党风廉政警示教育活动和相关准则条例知识测试活动，制定了《天门市博物馆履职尽责实施方案》，并向社会公开承诺。

### （二）安全管理

健全文物安全责任体系，落实文物安全保护"一处一策"工作。按照文物建筑重点防火、古墓葬重点防盗掘、古遗址重点防破坏等防护要求，落实文物安全细化分类施策有关要求，落实文物安全主体责任，形成了文物安全保护精细化、精准化管理工作机制。在全市范围内构建了市政府、镇政府、村民委员会、管理人或使用人四级文物安全责任体系，市文物局、镇文化中心、文物保护员或信息员三级文物安全保护管理网络。目前，已结合各文物保护单位的实际状况，与16处省级以上文物保护单位和67处市级文物保护单位所在地乡(镇)层层签订了"文物安全目标责任书"和"文物保护单位管护协议书"。初步形成了以天门市文物局为中心,辐射全市的文物安全责任体系,进一步明确了文物保护单位的主体责任,建立了文物安全事故报告机制,对各级文物保护单位要求其发生重大责任事故必须上报,迟报、缓报、瞒报将予以问责。全面提升了文物保护单位安全防护工作的治理能力和治理水平。

1月,天门市文物局开展全市文物建筑消防安全巡查工作,确保春节期间文物点、文物建筑和人员的安全。3月,湖北省消防总队第八督导组莅临天门市督查迎"两会",开展查隐患、排风险的安全工作,总队第八督导组副组长胡静带队对天门市的省级文物保护单位胡家花园进行了检查督导。随后,天门市文物局成立文物巡查小组,对全市16处省级以上文物保护单位开展巡查工作。6月,湖北省文化和旅游厅第二调研组到天门市进行革命文物调研工作,对襄河襄北地委旧址、名震豫鄂碑两处省级文物保护单位的保护现状及展示展览利用情况进行了调研。

天门市博物馆定期开展文物安全巡查工作,确保全市文物安全,与各级文物保护单位责任人签订了"天门市文物安全状况大排查行动责任书",明确了各文物保护单位、文物保护看护人的职责。坚持当地看护人员每天巡查两次,责任单位每周巡查一次,监管单位每月巡查一次,对巡查过程中发现的问题及时上报,进行记录,统一形成安全巡查台账。

### (三)人才培养

为提升博物馆工作人员的专业技能水平,单位先后安排人员参加"全省文化文物统计业务审核培训会"、国家文物局举办的"2019年考古绘图培训班"、天门市行政学校"人才引进培训班"、全省文化和旅游安全工作培训班、湖北省文化和旅游系统政务服务"一网通办"系统培训班、"第十八期湖北省古籍保护工作培训班"、"2019年湖北省文博系统社会教育工作培训班"、"2019年全省文化旅游和文物统计培训班"等一系列专项业务培训活动,切实提高了工作人员的业务水平和综合素养。

### 七、公众评价

#### (一)观众满意度

为了更好地发挥博物馆相关主体的功能,更加全面地了解观众需求,按照天门市委、市政府相关部署要求,扎实开展"双评议"工作(即评议"十优十差"单位),认真做好来访人员个人信息登记工作,由参观人员在登记册上填写参观满意度。每天定时将相关信息录入"双评议"系统中,便于后期电话随访。截至目前没有接到任何投诉信息,来访人员对参观环境、服务等方面基本满意。

#### (二)社会关注度

2019年,利用"天门市博物馆"微信公众号发布信息33篇,"天门发布"微信公众号转发信息9篇。《天门周刊》《天门日报》等新闻媒体共报道10余次。配合中央电视台《回家吃饭》栏目组和中央电视台中文国际频道拍摄宣传片、纪录片。

(撰稿人:方强)

# 荣 誉 集 锦

天门市博物馆被评为湖北省卫生先进单位。

"文明之光——天门石家河文化展"荣获第三届(2018年度)湖北省博物馆、纪念馆六大陈列展览精品推介活动"精品奖"。

工作人员赵浴蓉在全市青少年"中华魂"主题教育读书活动演讲竞赛中荣获青年组优秀奖。

工作人员张扬在市直宣传战线"不忘初心跟党走,增强'四力'担使命"主题演讲比赛中荣获优秀奖。

# 潜　　江

## 潜江市博物馆工作综述

2019 年,潜江市博物馆、潜江市龙湾遗址文物管理处归潜江市文化和旅游局领导。原本由潜江市文化和旅游局领导的潜江市曹禺祖居博物馆、曹禺纪念馆于 2019 年 3 月划拨到潜江市文化事业发展中心管理。

### 一、博物馆藏品管理

潜江市曹禺祖居博物馆目前馆藏 493 件(套)文物。潜江市曹禺纪念馆目前馆藏 420 件(套)文物,其中一级文物 1 件、二级文物 3 件、三级文物 40 件。2019 年 7 月,潜江市曹禺纪念馆购买 1 个保险箱和 2 个樟木柜用于存放珍贵文物。

### 二、博物馆陈列展览

#### (一)基本陈列

潜江市曹禺纪念馆有"序厅""杰出的戏剧家曹禺第一馆""杰出的戏剧家曹禺第二馆""名人颂曹禺书画厅"4 个常设展厅。

潜江市曹禺祖居博物馆内设梅花奖得主、德馨堂、万德尊夫妇展厅、台屋等 26 间厅屋和堂屋,展示清末民初曹禺的家族生活场景。

潜江市龙湾遗址文物管理处常设展览为"章华台基址展示馆"和"天下第一章华台"。

#### (二)临时展览

2019 年 5 月 18 日—12 月 31 日,潜江市曹禺纪念馆和潜江市曹禺祖居博物馆举办"中华人民共和国成立 70 周年爱国主义教育图片展"。

潜江市龙湾遗址文物管理处开设"历代诗人咏章华"宣传橱窗。

### 三、博物馆教育

#### (一)节假日教育活动

2019 年正值中华人民共和国成立 70 周年,潜江市曹禺纪念馆和潜江市曹禺祖居博物馆以"中华人民共和国成立 70 周年爱国主义教育"为主题制作展牌 51 块。5 月 18—19 日在潜江市曹禺纪念馆馆外和曹禺文化产业园牌坊处布置临时展览,发放潜江市曹禺祖居博物馆、潜江市曹禺纪念馆宣传折页 600 余份、曹禺相关图书 100 余册。10 月 1 日,潜江市曹禺祖居博物馆在梅苑广场举办"庆祝中华人民共和国成立 70 周年纪念展"展览。

（二）面向不同公众策划的特色教育活动

5月6日，潜江市人民检察院团委在潜江市曹禺祖居博物馆举行"青春心向党·建功新时代"特别团日活动；7月2日，中共中央对外联络部英国北欧政党青年干部联合考察团参观潜江市曹禺祖居博物馆；8月29日，凤凰网全媒体人员在潜江市曹禺祖居博物馆举行"辉煌70周年　逐梦潜江城"庆祝中华人民共和国成立70周年主题活动。

（三）学校教育活动

1. 为学校提供支持和帮助

潜江市曹禺纪念馆是潜江市曹禺中学的长期课外活动基地与实践教育基地，并合作创设曹禺话剧社。潜江市曹禺中学师生随时可以到潜江市曹禺纪念馆进行学习。

2月23日，潜江市蓝天使语言培训机构到潜江市曹禺祖居博物馆举办教学活动；3月14日，潜江市华中产业幼儿园小朋友举行春游活动，走进潜江市曹禺祖居博物馆参观；3月25日，潜江市园林高中走进潜江市曹禺祖居博物馆，举行"潜江民俗文化、曹禺文化"朗诵主题班会；4月30日，潜江市江汉油田周矶学校走进潜江市曹禺祖居博物馆，举办"拥抱春天·邂逅曹禺"研学活动；5月12日，潜江市金话筒学校在潜江市曹禺祖居博物馆举行庆祝母亲节活动；5月25日，潜江市喻家台留守儿童服务中心组织留守儿童参观潜江市曹禺祖居博物馆；7月20日，潜江市妇女联合会组织留守儿童合唱团到潜江市曹禺祖居博物馆参观，了解曹禺文化、万氏家族、潜江旧事；10月15日，潜江市王场小学和德风学校师生举行"爱眼护眼·手拉手"行动，走进潜江市曹禺祖居博物馆参观；10月21日，潜江市博艺灵幼儿园在潜江市曹禺祖居博物馆举行秋游活动，让小朋友们感受中国传统文化；11月5日，潜江市园林二中南校区优秀学生代表团走进潜江市曹禺祖居博物馆进行参观学习；11月10日，潜江市曹

禺小学走进潜江市曹禺祖居博物馆举办"走进曹禺祖居"研学活动。

2019年4—6月，潜江市博物馆、潜江市曹禺文化产业园（潜江市曹禺纪念馆、潜江市曹禺祖居博物馆）、潜江市龙湾遗址文物管理处向潜江市教育局申报"潜江市中小学生研学实践教育基地"，并于10月9日被评审为"潜江市中小学生研学实践教育基地"，潜江市博物馆因展楼老旧、展线不足未能通过审核。潜江市龙湾遗址文物管理处精心设置研学课程，带领学生参观龙湾遗址博物馆和章华台基址展示馆，引导学生到考古工地现场体验考古发掘工作，将考古知识、龙湾遗址文化转化成可参与的活动项目，让学生感知历史、触碰历史。

2. 接纳在校学生社会实践

潜江市曹禺纪念馆每年都会面向各中小学校招聘"志愿者讲解员"。截至2019年10月底，潜江市曹禺纪念馆已累计招聘小小志愿者50余人。

2019年5月18日，潜江市龙湾遗址文物管理处组织龙湾镇中小学师生走进龙湾遗址博物馆亲身体验考古发掘，了解考古发掘知识，让考古走进校园。学生们在讲解员的带领下，先后参观了龙湾遗址博物馆、章华台基址展示馆、龙湾遗址考古工地，通过听取讲解、实地观看的方式，了解家乡历史、文物藏品与文物保护等知识，感受家乡古文化的独特魅力。在考古工地，学生们在专业老师的指导下，认识手铲等考古工具，亲身体验文物发掘的过程，了解什么是古文化遗址、什么是古墓葬、什么是遗迹、什么是遗物，让他们在体验考古的同时增长了知识、丰富了业余生活。

四、博物馆考古

1月9日，潜江市博物馆考古业务骨干沈红江和杨宁对老新镇棉条湾村某村民自家宅基地挖出清代钱币一事进行了调查。

潜江市龙湾遗址文物管理处定期对保护

区进行巡查,发现问题及时处理。2019年5月1—7日,湖北交投小龙虾有限公司利用双休日挖鱼池,潜江市龙湾遗址文物管理处发现后予以停工处理,报请潜江市文化和旅游局审批后,潜江市龙湾遗址文物管理处派人员到现场调查,发现古墓葬、古遗迹共3处,并控制施工方下挖的深度,确保地下文物安全。7—8月,张金镇政府要在黄罗岗遗址区内进行土地平整施工,潜江市龙湾遗址文物管理处组织人员专班对此事件进行调查,多次与张金镇政府进行协商和文物保护宣传,得到张金镇政府的理解与支持。张金镇政府放弃了在遗址保护区的土地平整项目,同时每周对黄罗岗遗址进行巡查和监管,确保文物安全。因龙湾遗址后续发展的需要,潜江市龙湾遗址文物管理处于7月获得潜江市政府的批准同意,对龙湾遗址10平方米的面积进行考古勘探。因龙湾遗址考古工地扩方需要,潜江市龙湾遗址文物管理处于8月27日—9月15日安排专人对近年来的考古积土进行转运,同时搭建650平方米的考古工棚,为考古工作做好后勤保障。

## 五、博物馆公共服务

### (一)观众服务

2019年潜江市博物馆、潜江市曹禺纪念馆、潜江市曹禺祖居博物馆、潜江市龙湾遗址文物管理处参观人数合计为43万余人次。

截至2019年10月底,潜江市曹禺祖居博物馆和潜江市曹禺纪念馆共接待参观团体600余个,参观观众达20余万人次,为未成年人学生团体提供免费讲解服务近50批次。重要接待主要有:国家发展改革委、中国文联、湖北省委、湖北省政府、华中师范大学、各商业联合考察团、中国潜江国际龙虾节参观团等部门、单位,以及来自北京、天津、山东、河南、江西、武汉、仙桃、荆州、宜昌等地的旅游团队。

潜江市龙湾遗址文物管理处接待游客10万余人次,提供讲解服务近700批次,门票收入28万元。

### (二)社会服务

2019年8月2日,潜江市龙湾遗址文物管理处被湖北省博物馆代表黄国栋博士授牌"海峡两岸考古教学基地"。

## 六、博物馆建设与管理

### (一)发展规划与建设

2019年5—6月,潜江市曹禺祖居博物馆安装新的视频监控系统、烟雾报警器和微型消防站,7月对全馆屋顶、院墙瓦头进行维修,更换馆内景观绿植。

2019年1月,潜江市曹禺纪念馆安装电气监控系统,11月4日与武汉卓尔集团合作对馆内展览进行闭馆升级改造,改造后一楼为曹禺纪念馆展厅,二楼为卓尔书店。

2019年,潜江市龙湾遗址文物管理处通过招标方式,由中国建筑历史研究所规划编制《龙湾国家考古遗址公园规划》,拟重新布展章华台基址展示馆的展陈设计,完善功能和布局、合理调整相关产业、促进文物保护与旅游开发;潜江市龙湾遗址文物管理处的安保、保洁、水电、票务等工作一直相对滞后,影响对外开放工作,现有工作人员无法承担该工作并满足相关的物业需求,为补齐这一短板,潜江市文化和旅游局向潜江市政府请示,对现有公共文化设施的安保、保洁、水电、票务等相关设施由潜江市政府统一采购,实行第三方服务外包,目前已进入招投标程序;4月25日,潜江市龙湾遗址文物管理处聘请武汉绿地设计公司按照国家AAA级景区标准设计旅游厕所,6月20—30日,设计单位到现场勘测,8月8日进行招投标,9月3日进场施工,2020年4月完工;主动与交通部门联系,提前规划近期及"十四五"期间龙湾遗址外部的交通体系,解决交通瓶颈问题,提高景区的可进入性;11月10日,龙湾考古遗址公园护坡工程开始施工,潜江市龙湾遗址文物管理处组织专人与龙湾镇政府、郑家湖村、瞄新村协调,确保护坡工程的顺利进行;11月25—27日,潜江市龙湾遗址文物管理处增添导视导览的说明文字和图片以及语音导览系统;潜江市龙湾遗址文物管理处彻底解决租用龙湾镇瞄新村内土地同地不同价的历史遗留问题,租用土地全部按每平方米1.5元一年的标准纳入财政预算;此外,潜江市龙湾遗址文物管理处正全力对花海项目遗留的建筑设施进行拆除。

2019年1月,潜江市政府将李汉俊纪念馆项目纳入重点投资项目;6月,潜江市文化和旅游局委托湖北省古建筑保护中心编制《李汉俊纪念馆(碑)建设方案》;8月27日,潜江市文化和旅游局委托湖北省古建筑保护中心编制《渔洋拖船埠中国工农红军第五军军部旧址修缮方案》,拟对拖船埠旧址分步实施修缮;9月12日,为加强对"五七干校"遗址文化的保护,以潜江市政府名义发文,将周矶广空农场"五七干校"和五七330农场"五七干校"纳入市级文物保护单位;11月14日,湖北省文化和旅游厅通过潜江市文化和旅游局关于潜江市熊口镇红军街公共服务设施修缮项目的审批,推动1.42亿元红色教育基地项目建设,打造熊口特色小镇。

(二)制度建设

潜江市龙湾遗址文物管理处健全创文档案,完善创建工作的各项软硬件设施,设置门前四包监督岗和志愿者服务岗,并落实志愿者。

(三)安全管理

2019年11月,对潜江市曹禺纪念馆和潜江市曹禺祖居博物馆的入册文物进行清理点查,并积极排查隐患,定期进行安全、消防检查,确保对隐患做到及时发现、及时解决。

潜江市龙湾遗址文物管理处全体工作人员长期吃住在单位,轮流值班守护,节假日领导带班,全员值班,确保景区的整体安全,每月进行1次安全检查。环境卫生、绿化等根据情况及时安排人员处理,保证景区的基本运行。4月9日下午和9月27日下午,潜江市龙湾遗址文物管理处组织全体干部职工、安保人员开展安全知识培训、安全应急演练活动。

(四)人才培养

潜江市曹禺纪念馆根据《曹禺纪念馆服务规范》制订综合训练计划,采取分管领导亲自带、定期开展形体语言训练等方式强化培训,进一步规范服务,提高讲解服务水平。

为开阔眼界、增长见识,对照先进找差距,潜江市龙湾遗址文物管理处安排干部职工于2019年4月26—29日到浙江省杭州良渚遗址古城管理委员会、浙江省慈溪市上林湖越窑国家考古遗址公园、武汉市黄陂区盘龙城遗址博物院、荆门市屈家岭遗址文物管理处交流学习,11月26日到荆州市熊家冢国家考古遗址公园等国家大型遗址公园交流学习。

七、公众评价

(一)观众满意度

2019年,潜江市博物馆、潜江市曹禺祖居博物馆、潜江市曹禺纪念馆、潜江市龙湾遗址文物管理处受到参观游客的一致好评。

(二)社会关注度

2019年5月21日,潜江新闻网报道龙湾镇中小学生走进龙湾遗址文物管理处体验考古发掘。

# 潜江市博物馆

2019年，在湖北省、潜江市各级主管部门的正确指导下，在潜江市文化和旅游局的关心和大力支持下，潜江市博物馆的干部职工紧紧围绕"守初心 担使命"思想，以服务于社会、服务于经济为出发点，在文物保护利用、公益性服务、建设项目协调、日常运行管理等各方面整体得到提升。

## 一、博物馆藏品管理

### (一)藏品征集

#### 1.藏品征集数量与内容

10月25日下午，在潜江市博物馆会议室举行抗日英雄倪辑五后代文物捐赠仪式，易小平女士将爷爷倪辑五在1960年8月22日中央全会扩大会议中与毛泽东、周恩来、刘少奇等领导人的合影以及珍藏60多年的3张倪辑五委任状和李人林于1983年7月5日在《人民日报》发表的《水深波浪阔 难阻挽江澜——忆张执一同志》共5件文献资料捐赠给潜江市博物馆。

#### 2.所征集藏品的作用与意义

1960年8月22日"中央全会扩大会议倪辑五与毛泽东、周恩来、刘少奇等领导人合影"照片以及珍藏60多年的3张倪辑五委任状和李人林于1983年7月5日在《人民日报》发表的《水深波浪阔 难阻挽江澜——忆张执一同志》等文献资料丰富了潜江市博物馆的文献资料收藏。

### (二)藏品管理

潜江市博物馆目前馆藏15460件(套)文物，其中一级文物5件、二级文物6件、三级文物189件(套)。龙湾遗址文物管理处借展96件(套)文物，其中三级文物14件。

## 二、博物馆陈列展览

### (一)基本陈列

2019年，潜江市博物馆有"梦泽透迤——潜江历史陈列展""岁月铭记——潜江近现代历史陈列展"2个常设展览。

### (二)临时展览

2019年5月18日—12月31日，潜江市博物馆举办"热烈庆祝中华人民共和国成立70周年"图片临时展览1个。

## 三、博物馆教育

#### 1.节假日教育活动

潜江市博物馆充分发挥博物馆作为城市文化中枢和爱国主义教育基地的职能，利用"5·18"国际博物馆日契机，以"中华人民共和国成立70周年"为主题制作展牌28块，用于开展巡展和临展活动。"5·18"国际博物馆日当天，组织潜江市的教育培训机构开展"中华人民共和国成立70周年"流动展、"故国神游"大型壁画导赏、"泥塑章华"制作体验、"我是石油工"模型体验、"我的红色记忆"少儿绘画五大主题活动。

#### 2.面向不同公众策划的特色教育活动

6—12月，潜江市博物馆开展以"承志爱国情 奋进新时代"为主题的爱国主义学习教育活动，接待潜江市工商局、潜江市邮政局、潜江市机构编制委员会、潜江市运粮湖农场、潜江市竹根滩经济开发管理区、潜江市统战部、潜江市统计局、潜江市司法局、潜江市烟草局、潜江市法院、潜江市建筑管理办公室等多家企事业单位到潜江市博物馆参观。

#### 四、博物馆考古

1月9日，潜江市博物馆考古业务骨干沈红江和杨宁对老新镇棉条湾村某村民自家宅基地挖出清代钱币一事进行了调查。

5月中旬—6月中旬，潜江市博物馆考古人员对潜江市市民之家和文化中心项目建设用地进行文物调查勘探，未发现建设用地地下有历史文物遗存，允许市民之家和文化中心项目施工。

7—8月，潜江市博物馆对国家电力投资集团有限公司湖北潜江浩口风电场项目建设工程开展文物调查勘探工作，此次共调查勘探积玉口、浩口两镇境内36处建设用地（风机站点35处、升压站1处），累计勘探面积18300平方米，发现风机站点H17涉及一处古遗址，地表散落有陶瓷残片，器型有碗、罐等，初步判断为宋明时期遗址。与潜江绿动风电有限公司沟通后，该公司在原H17风机站点东北方向4000米处的新潭村水稻田内重新选址。经对H17新选址点调查后，未发现历史文化遗存，同意H17新选址意见。

为进一步保护、规划、建设、利用潜江革命文物点，打造潜江红色旅游景点。潜江市博物馆于6月5日和6月11日分别对周矶广空农场和五七330农场（隶属葛洲坝集团）的两处"五七干校"旧址的保存状况进行调查，7月9—11日对两处"五七干校"进行航拍和测绘。9—11月对潜江市境内的渔洋镇拖船埠、老新镇刘赤生烈士纪念碑、潜江市袁桥乡刘静庵烈士纪念碑、竹根滩贺其彩烈士墓、袁桥村两李诞生地、田关红军闸、新四军襄南第三军分区司令部旧址等处的革命文物点开展调查、航拍、测绘，为潜江市政府后续规划建设提供详细的参考资料。

#### 五、博物馆公共服务

2019年潜江市博物馆参观人数达122654人次，其中未成年人参观达93353人次。

#### 六、博物馆建设与管理

##### （一）发展规划与建设

2019年4月23日，潜江市文化中心建设项目（潜江市博物馆新馆）举行开工仪式，8月完成试桩和打桩，截至12月31日完成地下室建设。

4—6月，潜江市博物馆向潜江市教育局申报"潜江市中小学生研学实践教育基地"，但因展楼老旧、展线不足未能通过审核。

8月，潜江市博物馆向湖北省文化和旅游厅申请解决新馆陈列布展经费缺口问题和调整免费开放经费，并顺利争取到200万元的新馆陈列布展经费。

8—11月，潜江市博物馆进行展楼消防系统项目施工，在展楼后修建消防蓄水池和泵房，展楼内增加消防水管、烟雾报警器等设施设备，在博物馆大门右侧门房设置微型消防站。

##### （二）制度建设

（1）与潜江市文化和旅游局签订"党风廉政建设责任状""目标管理工作责任状""党组织书记抓基层党建工作专项承诺书"，同时修订并完善陈列部、办公室、保卫部、文印部的工作管理职责，将责任落实到每个人，形成一级抓一级、层层抓落实的工作格局。

（2）积极开展创先评优活动。针对全馆工作纪律懒散、缺乏责任担当等问题，积极召开各块工作专题会议，层层签订工作责任状，修订完善各项工作管理制度和岗位职责，严明和重申考勤管理，落实请销假管理，并建立各类工作管理台账。

##### （三）安全管理

潜江市博物馆每周对馆内安全设施设备进行1次巡查，每月进行1次自查，并先后2次对馆内消防设施进行大检查，排查电线老化等消防安全隐患。

6月20日,潜江市博物馆联合潜江市图书馆对职工进行消防知识培训及灭火器材的正确使用演练。

10月24日,湖北省文化和旅游厅对潜江市博物馆在第七届世界军人运动会期间的消防安全情况进行突击检查,潜江市博物馆顺利通过检查。

### (四)人才培养

2019年7月20—25日,潜江市博物馆安排讲解员胡婷婷、刘晴参加湖北省中小学校长协会校外教育管理专业委员会在武汉组织的第四期全省中小学研学导师培训班,顺利结业并拿到研学导师资格证。

2019年8月26—28日,潜江市博物馆安排讲解员胡婷婷参加湖北省委宣传部、湖北省文化和旅游厅联合主办的"共和国故事汇——湖北省红色故事宣讲大赛"决赛。

## 七、公众评价

### (一)观众满意度

2019年,潜江市博物馆受到参观游客的一致好评。

### (二)社会关注度

1.官网

潜江市博物馆根据潜江市政府要求,将官方域名 www.qjsbwg.com 变更为 www.qjsbwg.cn。

2.新闻媒体

2019年潜江市博物馆被新闻媒体报道8次:5月23日,《潜江日报》报道《潜江市博物馆"5·18"国际博物馆日活动》;6月28日,《潜江日报》报道潜江市博物馆开展的李汉俊革命烈士纪念馆资料征集工作进展顺利;7月24日,《潜江日报》报道运粮湖管理区党委理论学习中心组组织开展"承志爱国情 奋进新时代"爱国主义学习教育活动,走进潜江市博物馆参观了解潜江地方史、革命斗争史和民间民俗文化;7月25日,《潜江日报》报道7月23日潜江市税务局驻村干部与潜江市义工联合开展"爱祖国 爱家乡 快乐暑期一日游"活动,浩口镇庄场村的50名儿童走进潜江市博物馆参观;7月30日,《潜江日报》报道7月25日省委党史研究室调研组来潜江,就潜江市新时期党史工作情况走进潜江市博物馆调研;8月16日,《潜江日报》报道江汉油田教育实业集团8月14日开展"承志爱国情 奋进新时代"走进潜江市博物馆接受爱国主义教育的参观学习活动;9月12日,《潜江日报》报道潜江市生态环境局9月10日组织开展以"承志爱国情 奋进新时代"为主题的爱国主义学习教育活动;11月6日,《潜江日报》报道10月25日在潜江市博物馆举行的倪辑五后人向潜江市博物馆捐赠历史文献资料一事。

(撰稿人:赵歆)

# 大 事 记

## 1 月

1月,潜江市政府将李汉俊纪念馆项目纳入重点投资项目。

## 4 月

4月23日,潜江市文化中心建设项目(潜江市博物馆新馆)举行开工仪式。

## 6 月

6月,潜江市文化和旅游局委托湖北省古建筑保护中心编制《李汉俊纪念馆(碑)建设方案》。潜江市博物馆新馆建设项目开工,截至12月31日,已建好地下停车场。

## 8 月

8—11月,潜江市博物馆修建了博物馆展楼的消防系统,在展楼后修建消防水池和泵房,展楼内增加消防水管、烟雾报警器等设施,大门右侧门房设置微型消防站。

8月,潜江市博物馆向湖北省文化和旅游厅申请新馆陈列布展经费200万元。

8月2日,潜江市龙湾遗址文物管理处被湖北省博物馆代表黄国栋博士授牌"海峡两岸考古教学基地"。

8月27日,潜江市文化和旅游局委托湖北省古建筑保护中心编制《渔洋拖船埠中国工农红军第五军军部旧址修缮方案》,拟对拖船埠旧址分步实施修缮。

## 9 月

9月12日,为加强对"五七干校"遗址文化的保护,潜江市博物馆以潜江市政府的名义发文,将周矶广空农场"五七干校"和五七330农场"五七干校"纳入市级文物保护单位。

## 11 月

11月4日,潜江市曹禺纪念馆与武汉卓尔集团合作对馆内展览进行闭馆升级改造。

11月9日,曹禺文化产业园(潜江市曹禺纪念馆、潜江市曹禺祖居博物馆)、潜江市龙湾遗址文物管理处被潜江市教育局评审为"潜江市中小学生研学实践教育基地"。

11月14日,湖北省文化和旅游厅同意潜江市文化和旅游局关于潜江市熊口镇红军街公共服务设施修缮项目的审批。

# 神 农 架

## 神农架自然博物馆

2019年,在林区政府的高度重视下,在林区文化和旅游局的正确领导下,全馆工作人员团结一心、开拓进取,较好地完成了既定的工作目标与任务。一是综合管理成绩显著,安全保卫、免费开放、行政管理、制度建设得到加强;二是业务工作稳步推进,宣教成绩显著,圆满完成为庆祝中华人民共和国成立70周年举办的"大美神农架——中国画邀请展";三是社会服务水平逐年提升,基础设施条件不断改善,完成博物馆升级改造一期工程。为神农架博物馆事业发展做出了积极的贡献。

### 一、博物馆藏品管理

聘请专业的标本修复团队对馆藏动植物标本进行除尘、修复、防腐、防虫处理。完善藏品管理制度,做到账目清楚、保管妥善、查用方便。

### 二、博物馆陈列展览

#### (一)基本陈列

神农架自然博物馆常设陈列展览厅有大厅垂直生态小景、综合展览厅、兽类标本展览厅、鸟类标本展览厅、两栖类标本展览厅、蝴蝶标本展览厅、化石文物展览厅、书画展览厅、摄影展览厅、奇石展览厅、根艺展览厅。

#### (二)临时展览

1. 馆内展览

(1)大美神农架——中国画邀请展。

为庆祝中华人民共和国成立70周年,举办"大美神农架——中国画邀请展"。本次展览展出当代中国画创新大师、湖北省文联原主席周韶华及张军、魏金修等知名画家的160余幅精品佳作。展览吸引了众多市民前来观赏,观众纷纷对此次邀请画展赞不绝口。周韶华先生挂帅的创作团队为祖国山川代言,为中华文化代言,为大美神农架代言而展出的精品力作,在中华人民共和国成立70周年之际表达了对祖国的热爱和深情的祝福。

(2)神农架四季摄影展。

摄影展共展出神农架的风光摄影图片87幅,这些作品都饱含着摄影艺术家对神农架深深的热爱和美好的祝福。

2. 境内馆外展览

开展"走进林场"展览活动。送展览下基层,走进红花朵林场举办临时展览,不仅丰富了基层干部职工的精神文化生活,还让他们更加了解自己的家乡。

### 三、博物馆教育

2019年神农架自然博物馆闭馆4个月完成布展提升一期工程。于9月25日重新开馆,开馆后博物馆积极开展各项教育活动,夯实"爱我家乡"教育品牌。邀请林区区直单位、学校、企业等42个单位约21000人次来神农架自然博物馆接受区情教育,激发公众热爱家乡、建设家乡的热情;同时利用节假日开展"进基层、进校园""'5·18'进社区"主题宣传教育活动,分别走进红花朵林场、林区实验小学、狮象坪社区,受众达3200余人次,取得了良好的社会效益。

### 四、博物馆公众服务

2019年神农架自然博物馆共免费接待观众183000人,其中未成年人57000人次,老年人49321人,残疾人357人次,免费讲解486批次。博物馆不断完善便民服务设施,通过设置便民服务站,为参观的观众提供免费开水、针线包、物品寄存箱、医用箱、轮椅,并在旅游旺季根据观众人数情况延长免费开放时间,得到了广大群众的一致好评。

### 五、智慧博物馆建设

推出神农文化云智慧博物馆(http://360.snjwhy.com/museum/index.html),馆内Wi-Fi全覆盖。

### 六、博物馆文创产品开发

神农架自然博物馆文创产品开发目前还处于起步阶段。在原奇石、根雕系列文创产品的基础上,不断丰富产品种类,结合博物馆特色开发了昆虫、植物、花卉等标本挂件类文创产品,深受广大观众喜爱。

### 七、博物馆建设与管理

#### 1. 发展规划与建设

神农架自然博物馆布展提升一期工程已顺利完成,该布展提升项目总体布局方案于2018年12月通过专家评审,并根据评审会的意见,对布展提升方案进行深化修改,2019年5月完成布展提升施工招标。完成了闲置仓库、奇石厅、大厅、植物厅等13个展厅及卫生间的升级改造。

#### 2. 制度建设

完善各项管理制度,明确责任、规范管理、严格执行。主要修订完成了《财务管理办法》《考勤和请销假制度》《讲解员工作制度》《消防安全规章制度》《突发事件应急预案》《安全保卫工作制度》《博物馆服务承诺》等27项规章制度。

#### 3. 安全管理

为落实安全制度,安全工作安排专人分管、专人负责,实行24小时值班制,开展消防安全大检查,神农架自然博物馆邀请消防中队对博物馆消防器材进行全面排查,并开展了消防安全演练。确保全年无安全事故发生。

#### 4. 人才培养

全年共安排馆内工作人员外出参加各类培训学习15次,按照"学习有体会,培训有心得,大事有报道"的原则,要求参加学习的人员必须写学习心得体会,通过学习提高职工的整体素质。

### 八、公众评价

#### (一)观众满意度

根据问卷调查、意见簿留言统计显示,观众对神农架自然博物馆的环境卫生、各项展览、服务活动给予了高度评价。神农架自然博物馆面向社会公布了投诉电话,在博物馆醒目位置张贴服务承诺。2019年没有发生观众投诉事件。

#### (二)社会关注

2019年,神农架自然博物馆在微信平台、林区文化和旅游局网站发布社教活动及各类动态信息15条。《神农架报》、神农架电视台、神农架论坛等新闻媒体均有报道。

### 九、单位荣誉

神农架自然博物馆的暑期青少年志愿者活动被评为神农架林区"优秀志愿服务项目"。

(撰稿人:王宇琳)